فكّر وازدد ثراءً

يعرض هذا الكتاب، وللمرة الأولى، الصيغة الشهيرة التي وضعها أندرو كارنيغي لصناعة الثروة، القائمة على الثلاث عشرة خطوة الموثوقة إلى الثراء، والتي رسّختها التجربة وأكّدتها السير الذاتية لأعاظم الرجال.

★ ★ ★ ★ ★

وقد جرى تنظيم هذه الفلسفة عبر خمسة وعشرين عاماً من البحث المتواصل، وبالتعاون مع أكثر من خمسمائة رجل مرموق من أصحاب الثروات الضخمة، ممن أثبتت مسيرتهم العملية أن هذه الفلسفة ليست مجرد نظريات، بل منهج واقعي قابل للتطبيق.

★ ★ ★

بقلم

نابليون هيل

مؤلف كتاب

فلسفة

قانون النجاح

★

1937

نشرته جمعية رالستون، ميريدن، كونيتيكت.

2026

الترجمة العربية: داليا علي قطب

بتكليف ونشر: مشروع ترونس

ماذا تريد حقًا؟

هل هو المال الذي يفتح لك أبواب العالم؟ أم الشهرة التي تجعل اسمك يتردد في كل مكان؟

أم القوة التي تمنحك سيطرة وحضورًا؟ أم الطمأنينة الداخلية التي تمنح قلبك راحة دائمة؟ أم الشخصية المؤثرة التي تترك أثراً في كل من حولك؟ أم راحة البال، أم السعادة التي تشعر بها كل يوم؟

إن الثلاث عشرة خطوة نحو الثراء التي يعرضها هذا الكتاب تمثل أقصر وأوثق فلسفة لتحقيق الإنجاز الفردي، وقد صيغت خصيصًا لخدمة كل رجل أو امرأة يسعون لهدف محدد وواضح في حياتهم.

وقبل أن تبدأ رحلتك في قراءة هذا الكتاب، عليك أن تدرك حقيقة أساسية: *هذا الكتاب لم يكتب للتسلية أو الترفيه*. محتواه لا يُستوعب في أسبوع أو شهر؛ بل يحتاج إلى تمعّن وتأمل وصبر.

وبعد قراءه الكتاب بتمعّن، قال الدكتور ميلر ريس هاتشيسون، المهندس الاستشاري المعروف على المستوى الوطني ورفيق توماس ألفا إديسون الطويل:

"هذه ليس رواية، بل هو كتاب دراسي عن الإنجاز الفردي مستمد مباشرة من تجارب مئات من أنجح رجال أمريكا. يجب أن *يُدرس* هذا الكتاب، و*يُهضم محتواه*، و*يُتأمل فيه بتمعّن*. لا ينبغي قراءة أكثر من فصل واحد في ليلة واحدة. على القارئ أن يضع خطًا تحت الجمل التي تركت أثراً في نفسه، ثم يعود إليها لاحقًا ليقرأها مرة أخرى. *الطالب الحقيقي لن يكتفي بقراءة هذا الكتاب*، بل سيستوعب محتواه ويجعله جزءًا من شخصيته. يجب اعتماد هذا الكتاب في جميع المدارس الثانوية، ولا يجوز السماح لأي فتى أو فتاة بالتخرج دون اجتياز اختبار يثبت استيعابه لمضامينه. هذه الفلسفة لن تحل محل المواد الدراسية الأخرى، لكنها تمنح القارئ القدرة على *تنظيم المعرفة التي اكتسبها وتطبيقها*، وتحويلها إلى خدمة نافعة ومكافأة عادلة، دون إضاعة للوقت."

وقال الدكتور جون آر. تيرنر، عميد كلية مدينة نيويورك، بعد قراءة الكتاب: "أفضل مثال على صحة هذه الفلسفة هو ابنك بلير، الذي سردت قصته الدرامية في فصل الرغبة."

وكان الدكتور تيرنر يشير إلى ابن المؤلف، الذي وُلد بقدرة سمعية محدودة، ولم يكتف بتجنب أن يصبح أصمّ أبكم، بل حوّل إعاقته إلى أصل لا يقدّر بثمن من خلال تطبيق الفلسفة الموصوفة في هذا الكتاب. وبعد....

الطريقة الأمثل لاستثمار هذا الكتاب

عندما تبلغ القصة المدرجة (ابتداءً من الصفحة 52)، ستدرك أنك أمام فلسفة يمكن أن تتحوّل – إذا أحسنت توجيهها – إلى ثروة ملموسة، كما يمكن أن ترتقي بك إلى راحة داخلية عميقة، ووضوح في الفهم، وانسجام روحي، بل وقد تساعدك، كما ساعدت ابن المؤلف، على تجاوز ما يبدو مستحيلاً من العلل الجسدية.

لقد اكتشف المؤلف، من خلال تحليله الدقيق لمئات من الرجال الذين تركوا بصمتهم في ميادين النجاح، أن جميعهم كانوا يمتلكون عادة ثابتة: عادة *الحوار العميق* وتداول الأفكار. كانوا يجتمعون حول طاولة واحدة عندما تشتدّ عليهم التحديات، ويتبادلون الرأي بصراحة، حتى يتبلور من اجتماع عقولهم مخطط قادر على حلّ المشكلة وفتح الطريق.

وأنت، قارئ هذا الكتاب، ستنال أعظم ما فيه إذا جعلت من مبدأ "مجموعة التفكير الإبداعي" نهجاً عملياً. ويمكنك تحقيق ذلك – كما يفعل الكثيرون ممن يحصدون نتائجه – عبر إنشاء حلقة دراسية تضم أفراداً منسجمين، تجمعهم نية التعلّم والتطوير. تجتمع الحلقة أسبوعياً، وتتناول في كل لقاء فصلاً واحداً من الكتاب، ثم ينخرط الأعضاء في نقاش حرّ حول أفكاره.

على كل عضو أن يدوّن **ما يخطر له من رؤى خلال النقاش**، وأن يقرأ الفصل مسبقاً على مهل، ليستوعب محتواه قبل عرضه في الاجتماع. ويُفضّل أن يقوم بالقراءة العلنية شخص يجيد إيصال المعنى، ويمنح الكلمات نبرة وإحساساً يبعثان على التفاعل.

باتباع هذا الأسلوب، لن تحصل فقط على عصارة تجارب مئات من الناجحين، بل *ستفتح بوابات جديدة داخل نفسك، وتستمدّ معرفة لا تُقدّر بثمن* **من كل عقل حاضر إلى جانبك.**

ومع المواظبة، ستقترب – وبقدر كبير من اليقين – من كشف الصيغة السرّية التي كوّن بها أندرو كارنيغي ثروته الأسطورية، كما أشار المؤلف في مقدمته.

المحكمة العليا للولايات المتحدة
واشنطن، دي. سي.

السيد نابليون هيل الموقر:

فرغت أخيراً من قراءة كتبك التعليمية حول قانون النجاح، ويسعدني أن أعبّر لك عن تقديري للجهد المتقن الذي بذلته في صياغة هذه الفلسفة.

لو أن رجال السياسة في بلادنا استوعبوا المبادئ السبعة عشر التي بُنيت عليها دروسك، لعمّ بينهم قدر أكبر من الكفاءة والحكمة. فهي تحمل معارف كان ينبغي لكل قائد، في أي ميدان، أن يفهمها جيداً.

أشعر بالرضا لأنني ساهمت، ولو بجزء يسير، في مساعدتك على تنظيم هذا العمل الرفيع، القائم على فلسفة راسخة من «الحسّ السليم».

المخلص لك،

(رئيس سابق ورئيس سابق للمحكمة العليا)

ملك متاجر الخمسة والعشرة سنتات

"لقد أسسنا سلسلة واسعة من المتاجر الناجحة مستندين إلى كثير من المبادئ السبعة عشر لقانون النجاح. ولا أرى مبالغة في القول إن مبنى وولورث نفسه يصلح أن يكون شاهداً على قوة هذه المبادئ."

ف. و. وولورث

عملاق صناعة البواخر

"أشعر بامتنان عميق لقراءتي كتابك قانون النجاح. ولو أن هذه الفلسفة وصلت إليّ قبل نصف قرن، لكان بإمكاني أن أحقق ما حققته في نصف الزمن. أتمنى أن يرى العالم قيمتك الحقيقية ويكافئك بما تستحق."

روبرت دولار

زعيم عمالي بارز

"إتقان فلسفة قانون النجاح يشبه امتلاك بوليصة تأمين ضد الفشل."

صمويل غومبرز

رئيس سابق للولايات المتحدة

"أود تهنئتك على مثابرتك التي لا تلين. فالرجل الذي يكرّس هذا القدر من الوقت... لا بد أن يصل إلى اكتشافات عظيمة تفيد الآخرين. لقد أثار إعجابي تفسيرك الدقيق لمبدأ ‹مجموعة التفكير الإبداعي›."

وودرو ويلسون

أحد كبار رواد التجارة

"أعرف تماماً أن مبادئك السبعة عشر صحيحة، لأنني طبقتها في عملي طوال أكثر من ثلاثين عاماً."

جون وناميكر

أكبر صانع للكاميرات في العالم

"إنك تقدم خدمة جليلة عبر قانون النجاح. ولا يمكنني وضع قيمة مالية لهذا التدريب، لأنه يهب الطالب صفات أثمن من المال ذاته."

جورج إيستمان

رائد أعمال معروف على مستوى البلاد

"إن كل نجاح حققته أدين به بالكامل لتطبيق المبادئ السبعة عشر لقانون النجاح. وأعتقد أنني أول من درس هذا المنهج."

ويليام ريغلي الابن

المقدّمة

بقلم غريغ س. ريد

منذ أكثر من مئة عام، وُلد كتاب "فكّر وازدد ثراءً" من فكرة تبدو بسيطة في صياغتها، عميقة في أثرها: أن الفكر، حين يُوجَّه بوعي ويُغذّى بهدف واضح، يمتلك القدرة على صناعة المصير. ولهذا السبب تحديدًا، تجاوز هذا الكتاب حدود الجغرافيا والزمن، وعبر الأجيال وتخطّى اختلاف المعتقدات، لأن جوهره إنساني عالمي لا يختص بثقافة دون أخرى.

إن مبادئه تتحدّث بلغة الطموح الواعي، والانضباط الذاتي، والإيمان بالقيمة والمعنى، والمثابرة التي لا تعرف الاستسلام ـ وهي قيم تجد صداها طبيعيًا في ضمير الشعوب، ولا سيما في الإرث العربي العريق، المفعم بالتجربة والحكمة والتاريخ.

ومع انتقال هذا العمل الخالد إلى اللغة العربية، لا يكتفي بأن يُترجم، بل يولد من جديد؛ ليصل إلى قرّاء يدركون أن الرؤية الصادقة تصنع الطريق، وأن الشرف أساس النجاح، وأن الأسرة والجذور والسمعة هي الامتداد الحقيقي لأي إنجاز.

وقبل أن تتبلور نظريات الإدارة الحديثة أو تُصاغ مفاهيم ريادة الأعمال، كانت هذه القيم متجسدة في التاريخ العربي: في قوافل شقّت الصحارى بثقةٍ ويقين، مسترشدة بالإيمان لا بالبوصلة وحدها؛ وفي علماء جعلوا من طلب المعرفة رسالة حياة؛ وفي قادةٍ بنوا الازدهار بالحكمة، وصانوه بالصبر، ورسّخوه بحسن التدبير.

لا يأتي كتاب "فكّر وازدد ثراءً" ليحلّ محل هذه التقاليد، بل ليصطفّ معها في انسجامٍ عميق. فهو يذكّرنا بأن النجاح يبدأ من الداخل، وأن وضوح النيّة يسبق الإنجاز، وأن الإيمان الثابت قادر على تحويل العوائق إلى فرص.

لقد أمضيت حياتي أدرس معاني النجاح، وأحاور كبار الناجحين في العالم، وأراقب حقيقة واحدة لا تقبل الجدل: أولئك الذين ينتصرون في الحياة، يفعلون ذلك أولاً في عقولهم. وقد عبّر نابليون هيل عن هذه الحقيقة بصفاء نادر؛ فلم يعد بسهولة، ولا بحظ، ولا بطرق مختصرة. بل قدّم خارطة طريق واضحة، تتطلّب تحمّل المسؤولية، والشجاعة، والتركيز الذي لا يتزعزع. هذه المبادئ لا تنتمي إلى أمة بعينها ولا إلى زمن محدد؛ إنها مِلك لكل من يمتلك الجرأة على تطبيقها.

وأنت تقرأ هذا الكتاب بلغتك، أدعوك ألّا تقرأه بعينيك فقط، بل بنيّتك أيضًا. دع أفكاره تتحدّاك، وتصقل أهدافك، وتشدّ عزيمتك. سواء كان طموحك هو النمو الشخصي، أو الاستقلال المالي، أو خدمة الآخرين، أو ترك أثر يبقى، فالبذور مغروسة هنا؛ لكن إيمانك، وعملك، ومثابرتك هي التي ستجلب الحصاد.

لتكن هذه الترجمة جسرًا بين الماضي والمستقبل، وبين الفكرة والفعل، وبين الرغبة والتحقّق. ولتذكّرك دائمًا بأن العظمة ليست حكرًا على قلة مختارة، بل متاحة لكل من يقرّر ـ بوعيٍ ويقين ـ أن يفكر... ثم يصبح ثرياً.

تمهيد الناشر

هذا الكتاب ينقل خبرات أكثر من خمسمائة رجل من أصحاب الثروات الطائلة، الذين بدأوا من الصفر، دون أن يملِكوا شيئًا يقدّمونه مقابل الثراء سوى **الأفكار، والرؤى، والخطط المنظمة.**

هنا ستجد الفلسفة الكاملة لصناعة المال، تمامًا كما نُظمت بناءً على إنجازات أكثر الرجال نجاحًا في أمريكا خلال الخمسين عامًا الماضية. يوضح الكتاب **ماذا تفعل**، وأيضًا **كيف تفعل ذلك!**

ويقدّم تعليمات كاملة حول **كيفية تسويق خدماتك الشخصية.**
كما يمنحك نظامًا متكاملاً لتحليل الذات، يكشف بسهولة ما كان يقف في طريقك نحو "الثروة الكبيرة" في الماضي.

ويصف الكتاب صيغة أندرو كارنيغي الشهيرة للنجاح الشخصي، التي من خلالها جمع مئات الملايين من الدولارات لنفسه، وصنع ما لا يقل عن عشرات المليونيرات من الرجال الذين كشف لهم سره.

ربما لا تحتاج إلى كل ما يحتويه الكتاب—لم يحتاج أحد من الرجال الخمسمائة الذين استُمدّت خبراتهم منه إلى كل شيء—لكنك قد تحتاج **فكرة واحدة، أو خطة، أو اقتراحًا واحدًا** يدفعك نحو هدفك. وفي مكان ما داخل هذا الكتاب، ستجد هذا الدافع المطلوب.

وقد استُلهم هذا الكتاب من أندرو كارنيغي، بعد أن جمع ثروته وتقاعد، وكتب على يد الرجل الذي كشف له كارنيغي السر المذهل لثروته، وهو نفس الرجل الذي كشف له الخمسمائة من الأثرياء مصدر ثرواتهم.

في هذا المجلد ستجد الثلاثة عشر مبدأ لصناعة المال، الضرورية لكل شخص يسعى إلى جمع ما يكفي من المال لضمان الاستقلال المالي الكامل.

تمهيد الناشر

ويُقدّر أن البحث الذي أُجري لإعداد هذا الكتاب—والذي استغرق أكثر من خمسة وعشرين عامًا من الجهد المستمر—لا يمكن تكراره اليوم بأقل من 100,000 دولار. والأهم من ذلك، أن المعرفة الواردة في الكتاب لا يمكن تكرارها بأي ثمن، لأن أكثر من نصف الرجال الخمسمائة الذين زودوا المعلومات التي يحتويها الكتاب قد رحلوا عن عالمنا.

الثروة لا تُقاس دائمًا بالمال!

فالمال والماديات ضرورية لحرّية الجسد والعقل، لكن هناك من يرى أن أعظم الثروات لا يمكن تقديرها إلا من خلال الصداقة الدائمة، والعلاقات الأسرية المتناغمة، والتفاهم والتعاطف بين شركاء العمل، والوئام الداخلي الذي يمنح راحة البال، والتي لا يمكن قياسها إلا بالقيم الروحية!

كل من يقرأ هذا الكتاب ويفهم فلسفته ويطبقها سيكون أكثر استعدادًا لجذب هذه الثروات العليا والاستمتاع بها، التي كانت وستظل *دائمًا محجوبة عن كل من لا يكون مستعدًا لها.*

لذلك، كن مستعدًا، حينما تنفتح على تأثير هذه الفلسفة، لتختبر **حياة متغيرة**، قد تساعدك ليس فقط على السير في الحياة بانسجام وفهم، بل وأيضًا على التحضير لجمع الثروات المادية بوفرة.

الناشر

تمهيد المؤلف

في كل فصل من هذا الكتاب، ستكتشف سر صناعة المال الذي صَنَع ثروات أكثر من خمسمائة رجل من أغنى أغنياء العالم، ممن درست حياتهم وتجاربهم بدقة على مدى سنوات طويلة.

لقد كشف لي هذا السر أندرو كارنيغي منذ أكثر من ربع قرن. ذلك الأسكتلندي الذكي المحبّب ألقاه ببساطة في ذهني حين كنت صبيًا، ثم جلس مبتسمًا ولامع العينين، يراقب بتمعّن ما إذا كنت أمتلك الذكاء الكافي لفهم عمق ما قاله لي.

وعندما أدرك أنني فهمت الفكرة، سألني إن كنت مستعدًا لقضاء عشرين عامًا أو أكثر لإعداد نفسي لنقل هذا السر إلى العالم، إلى رجال ونساء قد يمرون في حياتهم فاشلين لو لم يعرفوه. فأجبت بنعم، ومع تعاون السيد كارنيغي، التزمت بهذا الوعد.

هذا الكتاب يقدم لك السر نفسه، بعد أن خضع لاختبار عملي على يد آلاف الأشخاص في مختلف ميادين الحياة. كان كارنيغي يرى أن الصيغة السحرية التي منحته ثروة هائلة يجب أن تُتاح لكل من ليس لديه وقت لاستكشاف طرق جمع المال، وكان يأمل أن أبرهن على صحتها من خلال تجارب رجال ونساء في كل مجال ومهنة.

كان يؤمن أن هذه الصيغة يجب أن تُدرّس في جميع المدارس والكليات العامة، وقد صرح بأن تدريسها بشكل صحيح

تمهيد المؤلف

سيُحدث ثورة كاملة في نظام التعليم، بحيث يمكن تقليص الوقت المخصص للدراسة إلى أقل من نصفه، مع تحقيق نتائج مذهلة.

تجربة كارنيغي مع تشارلز م. شواب وغيرهم من الشباب المشابهين له، أقنعته بأن الكثير مما يُدرّس في المدارس لا قيمة له على الإطلاق فيما يتعلّق بفن كسب الرزق أو جمع الثروات.

وصل إلى هذا الاستنتاج بعد أن أدرج في أعماله شابًا تلو الآخر، كثير منهم محدود التعليم، ومن خلال توجيههم وتدريبهم على استخدام هذه الصيغة، طور فيهم مهارات قيادية نادرة. علاوة على ذلك، *فقد مكّنت تدريباته هؤلاء الشباب من تحقيق ثروات طائلة كلٌّ حسب التزامه بتعليماته.*

في فصل الإيمان، ستقرأ القصة المذهلة لتأسيس شركة الولايات المتحدة للصلب العملاقة، كما صاغها ونفذها أحد هؤلاء الشباب، الذي أثبت من خلاله كارنيغي أن صيغته تعمل *لأي شخص مستعد لتطبيقها.* هذا التطبيق الواحد للسر من قبل ذلك الشاب—تشارلز م. شواب—حقق له ثروة هائلة، سواء من المال أو **الفرص**. وبشكل تقريبي، كانت قيمة هذا التطبيق الخاص للصيغة تبلغ *ستمائة مليون دولار.*

هذه الحقائق—وهي حقائق معروفة تقريبًا لكل من عرف كارنيغي—تعطيك فكرة واضحة عما قد يجلبه لك قراءة هذا الكتاب، شريطة أن **تعرف بالضبط ما الذي تريد تحقيقه.**

فكّر وازدد ثراءً

حتى قبل أن يخضع هذا السر لاختبار عملي دام عشرين عامًا، تم نقله إلى أكثر من مائة ألف رجل وامرأة استخدموه لمصلحتهم الشخصية، كما خطط كارنيغي. بعضهم جمع ثروات هائلة بفضله، وآخرون استخدموه بنجاح لخلق الوئام في منازلهم. حتى رجل دين استخدمه بفاعلية، فحقق دخلًا تجاوز 75,000 دولار سنويًا.

استغل آرثر ناش، الخياط من سينسيناتي، عمله الذي كان على شفا الإفلاس كـ حقل تجارب حيّ لاختبار هذه الصيغة العجيبة. وعندما تم تطبيقها، عاد العمل إلى الحياة، محققًا ثروة هائلة لأصحابه. وما زال هذا المشروع يزدهر حتى اليوم، رغم رحيل السيد ناش. وكانت التجربة فريدة من نوعها لدرجة أن الصحف والمجلات خصصت لها ما يزيد على مليون دولار من التغطية الإيجابية.

ثم انتقل السر إلى ستيوارت أوستن وير من دالاس، تكساس، وكان مستعدًا له بكل جوارحه—مستعدًا لدرجة أنه تخلى عن مهنته ودرس القانون ليطبق هذا السر في حياته. هل نجح؟ نعم، وستجد القصة كاملة في الصفحات التالية.

أما جينينغز راندولف، فقد تسلم السر في يوم تخرجه من الجامعة، واستخدمه بمهارة فائقة، حتى أصبح الآن يخدم في الفترة الثالثة له كعضو في الكونغرس، مع فرصة ذهبية للاستمرار في تطبيقه حتى يصل إلى البيت الأبيض.

وأثناء عملي كمدير للإعلانات في جامعة لاسال إكستينشن، حينما كانت مجرد اسم بلا وزن، حظيت بشرف رؤية ج. ج. تشابلين، رئيس الجامعة، وهو يستخدم هذه الصيغة ببراعة مذهلة، حتى حول جامعة لاسال إلى واحدة من أعظم مؤسسات التعليم المستمر في البلاد، مذكورة بين الرواد والمبدعين في مجال التعليم.

السرّ الذي أتحدث عنه تردّد ذكره في هذا الكتاب عشرات المرّات، بل ما لا يقل عن مئة مرة. ومع ذلك، لم أذكره باسمه صراحةً؛ لأن هذا السرّ، على ما يبدو، يؤدي مفعوله بأقصى قوة حين يُكشَف دون أن يُعلَن، وحين يُترَك مكشوفًا أمام العيون، ليجده **أولئك المستعدّون له، الساعون إليه بصدق، فيلتقطوه بأنفسهم.** ولهذا ألقاه إليّ السيد كارنيغي في هدوء شديد، من غير أن يمنحه اسمًا محدّدًا.

وإذا كنتَ **مهيًّا حقًّا** لاستخدامه، فستلمحه — على الأقل — مرة واحدة في كل فصل من فصول هذا الكتاب. وددتُ لو أستطيع أن أخبرك كيف تعرف أنك مستعد، غير أن فعل ذلك كان سيحرمك من أعظم مكافأة في الرحلة: متعة الاكتشاف الشخصي، والقيمة العميقة التي لا تُنال إلا حين تصل إلى السرّ بطريقتك أنت.

وأثناء كتابة هذه الصفحات، كان ابني — الذي كان آنذاك يختم عامه الجامعي الأخير — قد التقط مسودة الفصل الثاني، وقرأها، فاكتشف السرّ بنفسه. ثم طبّق ما تعلّمه بمهارة لافتة، فقادته تلك المعرفة مباشرةً إلى منصب مسؤول، وبراتب ابتدائي يفوق ما يحلم به معظم الرجال طوال أعمارهم العملية. وقد أُشير إلى قصته بإيجاز في الفصل الثاني. وحين تقرؤها، قد تتبدّد تمامًا تلك الفكرة التي ربما راودتك في بداية الكتاب بأن وعوده أكبر من أن تُصدَّق.

وإن كنتَ قد ذُقت طعم الإحباط يومًا، أو واجهت عقبات أنهكت روحك حتى كادت تُطفئها، أو حاولت مرارًا وفشلت، أو قيّدك المرض أو الوهن الجسدي، فإن قصة اكتشاف ابني لهذا السرّ وتسخيره لما يُعرف بصيغة كارنيغي قد تكون لك الواحة المنشودة في صحراء الأمل المفقود — تلك التي طالما بحثت عنها لتستعيد بها إيمانك من جديد.

فكّر وازدد ثراءً

لقد استُخدم هذا السرّ على نطاق واسع من قِبل الرئيس وودرو ويلسون خلال الحرب العالمية. وقد نُقل بعناية إلى كل جندي خاض غمار تلك الحرب، ملفوفًا داخل برامج التدريب التي تلقّوها قبل التوجّه إلى ساحات القتال. وقد أخبرني الرئيس ويلسون بنفسه أن هذا السرّ كان عاملًا حاسمًا في جمع الأموال الهائلة التي تطلّبتها الحرب.

وقبل أكثر من عشرين عامًا، استلهم حضرة مانويل ل. كويزون — وكان آنذاك المفوّض المقيم لجزر الفلبين — هذا السرّ في سعيه لنيل حرية شعبه. وقد تحققت الحرية للفلبين بالفعل، وأصبح كويزون أول رئيس للدولة الحرة.

ومن أغرب ما في هذا السرّ أن من يمتلكه ويشرع في استخدامه، يجد نفسه وكأنه يُدفَع دفعًا نحو النجاح، بجهدٍ يسير، ودون أن يعود بعدها للاستسلام للفشل أبدًا. وإن ساورك الشك، فما عليك إلا أن تتتبّع أسماء أولئك الذين استخدموه حيثما ذُكروا، وأن تراجع إنجازاتهم بنفسك، لتصل إلى اليقين.

فلا وجود لشيء اسمه "مقابل لا شيء".

إن السرّ الذي أتحدث عنه لا يُنال بلا ثمن، وإن كان ثمنه أقل بكثير من قيمته الحقيقية. ولا يمكن الحصول عليه — مهما كان المقابل — لمن لا يبحث عنه عمدًا وبإرادة واعية. لا يُمنَح هبة، ولا يُشترى بالمال، لأنه يتكوّن من جزأين؛ أحدهما موجود أصلًا لدى أولئك المستعدين لتلقّيه.

ويؤدي هذا السرّ مفعوله بالقوة نفسها لدى جميع من هم مهيّأون له. فالتعليم لا علاقة له به. وقبل مولدي بزمن طويل، وجد هذا السرّ طريقه إلى توماس إديسون، الذي استخدمه بذكاء فائق، فأصبح أعظم مخترع عرفه العالم، رغم أنه لم يتلقَّ من التعليم سوى ثلاثة أشهر فقط.

تمهيد المؤلف

وقد انتقل هذا السرّ إلى أحد شركاء إديسون في العمل، فاستثمره بفاعلية مذهلة؛ فعلى الرغم من أن دخله آنذاك لم يكن يتجاوز اثني عشر ألف دولار سنويًا، فقد كوّن ثروة طائلة، واعتزل عالم الأعمال وهو لا يزال في ريعان شبابه. ستجد قصته في مستهل الفصل الأول. وهي كفيلة بأن تقنعك بأن الثراء ليس بعيد المنال، وأن بإمكانك أن تكون ما تشاء، وأن المال، والشهرة، والتقدير، والسعادة، متاحة لكل من كان مستعدًا وعازمًا على امتلاك هذه النِّعم.

وكيف أعلم أنا كل هذا؟ ستجد الإجابة قبل أن تطوي الصفحة الأخيرة من هذا الكتاب. قد تعثر عليها في الفصل الأول، أو ربما في السطر الأخير.

وخلال العشرين عامًا التي كرّستها للبحث — تنفيذًا لما طلبه مني السيد كارنيغي — قمت بتحليل مسيرات مئات الرجال المعروفين، وقد أقرّ كثير منهم بأنهم جمعوا ثرواتهم الضخمة بمساعدة سرّ كارنيغي. ومن بين هؤلاء الرجال:—

ثيودور روزفلت	هنري فورد
جون دبليو ديفيس	ويليام وريغلي الابن
إلبرت هوبارد	جون وانا ميكر
ويلبر رايت	جيمس ج. هيل
ويليام جينينغز	جورج س. باركر
برايان	إي. إم. ستاتلر
الدكتور ديفيد ستار	هنري ل. دوهرتي
جوردان	سايروس هـ. كيه. كيرتس
ج. أوجدن آرمور	جورج إيستمان

فكّر وازدد ثراءً

<table>
<tr><td>تشارلز م. شواب</td><td>آرثر بريزبين</td></tr>
<tr><td>هاريس ف. ويليامز</td><td>وودرو ويلسون</td></tr>
<tr><td>الدكتور فرانك غنسولوس</td><td>ويليام هوارد تافت</td></tr>
<tr><td>دانيال ويلارد</td><td>لوثر بربانك</td></tr>
<tr><td>كينغ جيليت</td><td>إدوارد دبليو بوك</td></tr>
<tr><td>رالف أ. ويكس</td><td>فرانك أ. منسي</td></tr>
<tr><td>القاضي دانيال ت. رايت</td><td>إلبرت هـ. غاري</td></tr>
<tr><td>جون د. روكفلر</td><td>الدكتور ألكسندر</td></tr>
<tr><td>توماس أ. إديسون</td><td>غراهام بيل</td></tr>
<tr><td>فرانك أ. فاندرليب</td><td>جون هـ. باترسون</td></tr>
<tr><td>ف. و. وولوورث</td><td>يوليوس روزنوالد</td></tr>
<tr><td>الكولونيل روبرت أ. دولار</td><td>ستيوارت أوستن وير</td></tr>
<tr><td>إدوارد أ. فيلين</td><td>الدكتور فرانك كرين</td></tr>
<tr><td>إدوين سي. بارنز</td><td>جورج م.</td></tr>
<tr><td>حضرة جينينغز</td><td>ألكسندر</td></tr>
<tr><td>راندولف</td><td>ج. ج. تشابلن</td></tr>
<tr><td>آرثر ناش</td><td>كلارنس دارو</td></tr>
</table>

هذه الأسماء لا تمثّل سوى جزء ضئيل من مئات الشخصيات الأمريكية المعروفة، التي تُثبت إنجازاتها — المالية وغيرها — أن من يفهم سرّ كارنيغي ويُحسن تطبيقه، يبلغ أرفع المراتب في الحياة. ولم أعرف قط إنسانًا استلهم هذا السرّ وعمل به، إلا وحقق نجاحًا لافتًا في المجال الذي اختاره. كما لم أعرف شخصًا تميّز حقًا، أو جمع ثروة ذات شأن، من دون أن يكون هذا السرّ بحوزته.

تمهيد المؤلف

ومن هاتين الحقيقتين أخلص إلى أن هذا السرّ، بوصفه عنصرًا من عناصر المعرفة الضرورية لتقرير المصير، يفوق في أهميته أي معرفة تُكتسب عبر ما يُعرف شائعًا باسم "التعليم".

وما هو "**التعليم**" على أي حال؟ لقد أُجيب عن هذا السؤال بالتفصيل في موضع آخر.

أما من حيث الدراسة النظامية، فقد كان نصيب كثير من هؤلاء الرجال منها ضئيلًا للغاية. وقد أخبرني جون وانا ميكر ذات مرة أن ما حصّله من تعليم كان شبيهًا بالطريقة التي يلتقط بها القطار البخاري الماء أثناء اندفاعه؛ أي إنه كان "يغرفه وهو يسير". أما هنري فورد، فلم يبلغ حتى المرحلة الثانوية، ناهيك عن التعليم الجامعي. ولست هنا أقلّل من قيمة الدراسة، بل أعبّر عن قناعتي العميقة بأن من يتقن هذا السرّ ويطبّقه، سيصل إلى أعلى المراتب، ويجمع الثروات، ويتفاوض مع الحياة وفق شروطه الخاصة، حتى وإن كان تعليمه محدودًا.

وفي مكان ما، وأنت تقرأ هذه الصفحات، سيقفز السرّ الذي أشير إليه فجأة من بين السطور، ويقف أمامك بوضوح وجسارة — **إن كنتَ مستعدًا له**. وعندما يظهر، ستعرفه دون تردّد. وسواء صادفت الإشارة في الفصل الأول أم في الفصل الأخير، توقّف لحظة عند ظهورها، وارفع كأسًا احتفالًا، فذلك الحدث سيمثّل نقطة التحوّل الأهم في مسار حياتك.

والآن ننتقل إلى الفصل الأول، وإلى قصة صديق عزيز عليّ، اعترف بسخاء بأنه أبصر العلامة الغامضة، وتشهد إنجازاته العملية على أنه رفع الكأس فعلًا. أثناء قراءتك لقصة هذا الرجل وقصص الآخرين،

فكّر وازدد ثراءً

تذكّر أنها تتناول قضايا الحياة الجوهرية، تلك المشكلات التي يواجهها الجميع: السعي لكسب الرزق، البحث عن الأمل والشجاعة، تحقيق الرضا وراحة البال، والسعي لتراكم الثروات والاستمتاع بحرية الجسد والروح.

وتذكّر أيضًا أن هذا الكتاب قائم على الحقائق لا الخيال، ويهدف إلى نقل حقيقة كونية عظيمة تمكّن كل من هم **مستعدون من تعلم ما يجب فعله وكيفية فعله**، بالإضافة إلى **تزويدهم بالدافع الحيوي للشروع في التنفيذ.**

وقبل أن تخطو إلى الفصل الأول، اسمح لي بأن أقدم لك لمحة قد تكون مفتاحًا للتعرف على سر كارنيجي:
كل إنجاز، وكل ثروة مكتسبة، تبدأ بفكرة!
إذا كنت مستعدًا لاستقبال السر، فأنت تمتلك نصفه بالفعل، والنصف الآخر سيكتشفه عقلك فور وصوله إلى ذهنك.

المؤلف

جـدول المحتويـات

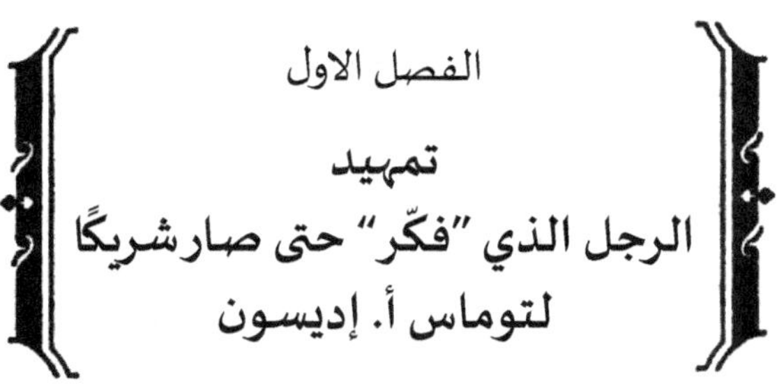

حقًّا... إن "الأفكار أشياء". بل هي من أعظم القوى حين تتّحد بوضوح الهدف، وبالمثابرة، وبـ**رغبة متّقدة** لا تخمد في أن تتحوّل إلى ثروة، أو إلى أي صورة من صور المكاسب المادية.

قبل أكثر بقليل من ثلاثين عامًا، اكتشف إدون سي. بارنز حقيقة مذهلة: أن الإنسان يستطيع فعلًا أن **يفكّر... فيغتني.** ولم يكن هذا الاكتشاف وليد لحظة عابرة، بل تَشكّل خطوة بعد خطوة، بدءًا من **رغبة ملتهبة** في أن يصبح شريكًا في العمل مع العبقري الكبير إديسون.

وكان أكثر ما ميّز رغبة بارنز أنها لم تكن ضبابية أو مترددة؛ بل كانت واضحة، حادّة، لا لبس فيها. لم يشأ أن يعمل عند إديسون، بل أن يعمل معه. وإذا تتبّعت بعناية الكيفية التي حوّل بها **هذه الرغبة** إلى حقيقة ملموسة، فستبدأ في استيعاب جوهر المبادئ الثلاثة عشر التي تقود إلى الثراء.

عندما لمع هذا **الدافع** — هذه الشرارة الفكرية — في ذهنه للمرة الأولى، لم يكن بارنز في وضع يسمح له باتخاذ خطوة عملية. فقد اعترض طريقه حاجزان كبيران: لم يكن يعرف إديسون شخصيًا، ولم يكن يملك المال الكافي لشراء تذكرة قطار إلى أورانج، في ولاية نيوجيرسي.

وكانت هاتان العقبتان كفيلتين بإخماد طموح معظم الناس. غير أن ما كان يسكن بارنز لم يكن مجرّد أمنية عابرة! لقد بلغ به الإصرار حدًّا جعله يرفض الهزيمة رفضًا قاطعًا، فقرّر أن يشقّ طريقه بأي وسيلة ممكنة، حتى لو اضطر إلى السفر بما يُعرف بـ"الأمتعة العمياء". (ولغير العارفين، فهذا يعني أنه سافر إلى إيست أورانج على متن قطار بضائع).

وحين وصل إلى مختبر إديسون، وقف بثبات وقدّم نفسه، معلنًا أنه جاء ليكون شريكًا في عمل المخترع العظيم. وبعد سنوات، استعاد إديسون ذكرى ذلك اللقاء الأول، فقال:

"وقف أمامي، يبدو كمتشرّد عادي، لكن في عينيه شيء لا يُخطئه الحدس؛ شيء يوحي بعزم لا يلين. ومن خلال خبرتي الطويلة مع الناس، تعلّمت أن الرجل الذي **يرغب** في أمرٍ ما بعمق، إلى درجة أنه مستعد لأن يراهن بمستقبله كله على دورة واحدة من عجلة الحظ، لا بد أن يفوز. لذلك منحته الفرصة التي طلبها، *لأنني رأيت أنه قرّر ألا يغادر قبل أن ينجح.* وقد أثبتت الأيام أنني لم أُخطئ تقديري".

وما تفوّه به بارنز في ذلك اللقاء لم يكن في حقيقته ذا أهمية تُذكر، مقارنةً بما كان يحمله في ذهنه. وقد أكّد إديسون ذلك بنفسه. فمظهر الشاب لم يكن سببًا في فتح الأبواب أمامه — بل كان على الأرجح عائقًا. إنما الذي صنع الفارق هو ما كان **يفكّر** فيه، وما آمن به في أعماقه.

ولو أمكن نقل معنى هذه الحقيقة إلى كل قارئ، لما بقيت حاجة إلى ما يتبع من صفحات، ولا إلى هذا الكتاب بأسره.

لم ينل بارنز شراكته مع إديسون من المقابلة الأولى. لكنه حصل على ما هو أثمن في تلك المرحلة: فرصة للعمل داخل مكاتب إديسون، مقابل أجر زهيد للغاية، في مهام لا تكاد تعني شيئًا لإديسون، لكنها كانت تعني كل شيء لبارنز؛ إذ أتاحت له أن يعرض "بضاعته" في المكان الذي تقع عليه عين الشريك الذي قصده منذ البداية.

ومضت الشهور. وعلى السطح، بدا وكأن شيئًا لم يتغيّر، وكأن الهدف المنشود الذي رسمه بارنز في ذهنه بوصفه غايته **الكبرى الواضحة** لم يقترب قيد أنملة. غير أن أمرًا بالغ الأهمية كان يحدث في داخله؛ فقد كانت رغبته في أن يصبح شريكًا لإديسون تزداد توهّجًا وقوة يومًا بعد يوم.

وقد أصاب علماء النفس حين قالوا: "عندما يكون الإنسان مستعدًا حقًا لشيء ما، فإن ذلك الشيء لا بد أن يظهر له". كان بارنز مستعدًا لشراكة مع إديسون، وأكثر من ذلك، كان عازمًا على أن **يظل مستعدًا إلى أن ينال ما يسعى إليه.**

لم يقل في نفسه: "لا جدوى من هذا... سأغيّر رأيي وأبحث عن وظيفة بائع". بل قال: "لقد جئت إلى هنا لأدخل في عمل مع إديسون، وسأحقق هذا الهدف ولو استغرق ذلك ما تبقّى من عمري". ولم تكن هذه عبارة عابرة؛ *لقد كان يعنيها* بكل ما في الكلمة من معنى.

كم كانت ستختلف قصص الناس لو أنهم تبنّوا هدفًا محددًا، ثم تمسّكوا به حتى يُمنح الوقت الكافي ليتحوّل إلى هوسٍ مسيطر لا يقبل التراجع!

وربما لم يكن بارنز الشاب يدرك ذلك آنذاك، لكن إصراره العنيد، وثباته الذي لا يلين خلف رغبة واحدة، كان مقدَّرًا له أن يكتسح كل عائق، وأن يقوده في النهاية إلى الفرصة التي ظل يبحث عنها بلا كلل

حين جاءت الفرصة، لم تظهر بالصورة التي توقّعها بارنز، ولا من الجهة التي كان يترقّبها. وتلك إحدى حِيَل الفرص الكبرى؛ إذ لها عادة ماكرة في التسلّل من الباب الخلفي، وغالبًا ما تأتي متنكرة في هيئة محنة، أو هزيمة مؤقتة. وربما لهذا السبب يعجز كثيرون عن التعرّف إليها حين تمرّ بهم.

كان إديسون قد انتهى لتوّه من ابتكار جهاز مكتبي جديد، عُرف آنذاك باسم آلة الإملاء من إديسون (والتي تُعرف اليوم بالإيديفون). غير أن مندوبي المبيعات لم يتحمّسوا للجهاز، ولم يؤمنوا بإمكانية تسويقه دون جهد شاق. عندها لمح بارنز فرصته. لقد زحفت إليه في صمت، متخفية داخل آلة غريبة الشكل لم تُثر اهتمام أحد، سوى بارنز والمخترع نفسه.

كان بارنز واثقًا من قدرته على بيع آلة الإملاء. عرض فكرته على إديسون، فنال فرصته على الفور. وبالفعل، باع الجهاز — بل باعه بنجاح باهر — إلى حدّ أن إديسون منحه عقدًا لتوزيعه وتسويقه في أنحاء البلاد كافة. ومن تلك الشراكة وُلد الشعار الشهير: "صُنع على يد إديسون... ورُكّب على يد بارنز".

وقد استمر هذا التحالف التجاري لأكثر من ثلاثين عامًا. ومن خلاله، لم يصنع بارنز ثروة مالية فحسب، بل حقق إنجازًا أعظم بما لا يُقاس؛ إذ أثبت بالدليل القاطع أن الإنسان يستطيع حقًّا أن يفكّر... فيغتني.

ولا أملك وسيلة لمعرفة القيمة المالية الدقيقة التي عاد بها ذلك الطموح الأصلي على بارنز. ربما بلغت مليونين أو ثلاثة ملايين دولار

غير أن هذا الرقم — مهما بلغ — يتضاءل أمام الثروة الأكبر التي حصدها: *المعرفة اليقينية بأن الدافع الفكري غير الملموس يمكن تحويله إلى واقع مادي ملموس، متى طُبّقت المبادئ الصحيحة.*

لقد *فكّر* بارنز نفسه حرفيًا حتى صار شريكًا للعظيم إديسون! وفكّر نفسه إلى ثروة. لم يكن يملك في البداية مالًا، ولا تعليمًا يُذكر، ولا نفوذًا. لكنه كان يملك شيئًا آخر: **القدرة على معرفة ما يريد بدقة، والعزم الذي لا يلين على التمسّك بتلك الرغبة حتى تتحقق.**

لم يبدأ برأس مال. لم يتسلّح بشهادات. لم يعتمد على علاقات. لكنه امتلك المبادرة، والإيمان، وإرادة الانتصار. وبهذه القوى غير المرئية، صنع *لنفسه* مكانة الرجل الأول إلى جانب أعظم مخترع عرفه التاريخ.

والآن، دعونا ننتقل إلى موقف مغاير تمامًا، ونتأمل قصة رجل امتلك دلائل مادية واضحة على الثراء، لكنه خسرها، *لأنه توقّف قبل الهدف بثلاثة أقدام فقط.*

ثلاثة أقدام تفصل عن الذهب

من أكثر أسباب الفشل شيوعًا عادةُ الاستسلام عند أول هزيمة مؤقتة. ولا يكاد يخلو إنسان من الوقوع في هذا الخطأ في مرحلة ما من حياته.

كان أحد أعمام ر. يو. داربي قد أُصيب بحُمّى الذهب في أيام اندفاع المنقّبين، فرحل غربًا ليحفر... ويغتني. ولم يكن يعلم أن ذهب العقول البشرية قد فاق في كميته *كل الذهب الذي استُخرج يومًا من باطن الأرض.* سجّل حقًّا باسمه، وبدأ العمل بالفأس والمعول. كانت الطريق شاقّة، لكن شغفه بالذهب كان واضحًا، وحادًّا، لا غموض فيه.

فكّر وازدد ثراءً

بعد أسابيع طويلة من الكدّ والعمل المضني، كوفئ أخيرًا باكتشاف العِرق اللامع من الخام. غير أن الوصول إلى الكنز لم يكن نهاية الرحلة؛ فقد كان بحاجة إلى آلات ثقيلة لاستخراج الخام ورفعه إلى السطح. وفي صمتٍ وحذر، أعاد طمر المنجم، وعاد أدراجه إلى منزله في ويليامزبرغ بولاية ماريلاند. هناك، أخبر أقاربه وعددًا من جيرانه بنبأ "الضربة الموفّقة". تكاتف الجميع، وجُمِع المال اللازم لشراء المعدات المطلوبة، ثم شُحنت الآلات إلى الموقع. وعاد العمّ برفقة داربي ليستأنفا العمل في المنجم، وقد امتلأت صدورهما بالأمل.

وسرعان ما استُخرِجت أول عربة من الخام، وأُرسِلت إلى المصهر. وجاءت النتائج مبهرة؛ فقد أثبتت التحاليل أنهم يقفون فوق واحد من أغنى مناجم كولورادو على الإطلاق! ولم يكن يفصلهم عن سداد الديون سوى بضع عربات أخرى من ذلك الخام. وبعدها ــ كما بدا لهم ــ سيبدأ الحصاد الحقيقي، وتنهال الأرباح الطائلة التي طال انتظارها.

هوت المثاقب في الأرض! وارتفعت آمال داربي والعمّ إلى السماء! ثم حدث ما لم يكن في الحسبان: اختفى عرق الذهب فجأة! لقد وصلوا إلى نهاية قوس قزح، لكن وعاء الذهب لم يعد هناك! واصلوا الحفر بيأس، محاولين استعادة العرق، لكن كل جهودهم باءت بالفشل.

وفي النهاية، قرروا الاستسلام.
باعوا المعدات لرجل خردة مقابل بضعة مئات من الدولارات، وركبوا القطار عائدين إلى منازلهم.

بعض رجال الخردة قد يكونون أحمق، لكن هذا لم يكن كذلك! فقد استدعى مهندس مناجم ليفحص المنجم ويجري بعض الحسابات. وأخبرهم المهندس أن المشروع قد فشل لأن المالكون لم يكونوا على دراية بـ"خطوط الفوالق". وأظهرت حساباته أن عرق الذهب كان **موجودًا فقط على بعد ثلاثة أقدام من المكان الذي توقّف فيه داربي عن الحفر**... وهذا بالضبط المكان الذي وُجد فيه لاحقًا!

استخلص رجل الخردة ملايين الدولارات من المنجم، لأنه عرف قيمة استشارة الخبراء قبل الاستسلام.

أما معظم المال الذي استُثمر في شراء المعدات، فقد جُمِع بفضل جهود ر. يو. داربي، الذي كان شابًا في مقتبل العمر حينها. جاء هذا المال من أقاربه وجيرانه، الذين وضعوا ثقتهم الكاملة فيه وإيمانهم بقدراته. وقد سدّد داربي كل دولار من هذا المال في نهاية المطاف، رغم أن ذلك استغرق سنوات طويلة من الجهد والمثابرة

بعد سنوات، تعوَّضت خسارة السيد داربي مرات عديدة، *عندما اكتشف الحقيقة الذهبية*: أن **الرغبة القوية** يمكن تحويلها إلى ثروة حقيقية. وقد جاء هذا الاكتشاف بعد دخوله مجال بيع التأمين على الحياة.

تذكّر داربي أنه فقد ثروة هائلة لأنه **توقف ثلاثة أقدام فقط** عن الذهب، فاستفاد من تلك التجربة في عمله الجديد بطريقة بسيطة، قائلاً لنفسه:

"لقد توقفت ثلاثة أقدام عن الذهب، لكنني لن أتوقف أبدًا لمجرد أن الناس يقولون لي 'لا' حين أطلب منهم شراء التأمين."

ويُعد داربي واحدًا من مجموعة صغيرة لا تتجاوز خمسين رجلاً، يبيعون سنويًا أكثر من مليون دولار في التأمين على الحياة. وهو مدين بثباته وإصراره لما تعلمه من درسه في مجال التعدين، حيث سبق له أن استسلم في وقت سابق.

قبل أن يحلّ النجاح في حياة أي إنسان، من المؤكد أن يواجه الكثير من الهزائم المؤقتة، وربما بعض الفشل. وعندما يغلبه الإحباط، فإن أسهل وأوضح تصرّف هو **الاستسلام**. وهذا بالضبط ما يفعله معظم الناس.

أكثر من خمسمائة من أنجح رجال هذا البلد كشفوا للمؤلف أن أعظم نجاحاتهم جاءت خطوة واحدة بعد النقطة التي غلبهم فيها الفشل. الفشل هو محتال ماكر، يملك حسًّا حادًا للسخرية والمكر، ويستمتع بإسقاط الإنسان حين يكون النجاح على أعتابه تقريبًا.

درس بخمسين سنتًا في فنّ الإصرار

بعد فترة قصيرة من تخرّج السيد داربي من "جامعة التجارب القاسية"، ومع قراره أن يحوّل تجربة فشله في التنقيب عن الذهب إلى مكسب حقيقي، شهد موقفًا بسيطًا لكنه بالغ الدلالة، علّمه أن كلمة "لا" لا تكون دائمًا نهاية الطريق.

في أحد أيام الظهيرة، كان يساعد عمّه في طحن القمح داخل طاحونة قديمة. كان العم يملك مزرعة واسعة يعيش ويعمل فيها عدد من المزارعين المستأجرين. وفي هدوء، انفتح الباب، ودخلت طفلة صغيرة، ابنة أحد هؤلاء المستأجرين، وتوقفت قرب المدخل دون أن تُحدث جلبة.

رفع العم رأسه، ورآها، فقال بحدّة: "ماذا تريدين؟"

أجابت الطفلة بصوت خفيض ومهذّب: "أمي تقول أبعث لها خمسين سنتًا."

ردّ العم بلهجة قاطعة:
"لن أعطيك شيئًا. عودي إلى البيت فورًا."

قالت الطفلة بهدوء: "نعم يا سيدي." *لكنها بقيت واقفة في مكانها.*

عاد العم إلى عمله، منغمسًا فيه، فلم ينتبه إلى أن الطفلة لم تغادر. وحين رفع رأسه مرة أخرى ورآها لا تزال هناك، انفجر غاضبًا:
"قلت لكِ اذهبي إلى البيت! تحرّكي الآن، وإلا سأعاقبك!"

قالت الطفلة للمرة الثانية: "نعم يا سيدي." *ومع ذلك، لم تتحرّك خطوة واحدة.*

عندها أسقط العم كيس الحبوب الذي كان على وشك سكبه في فم الطاحونة، والتقط لوحًا خشبيًا من أحد البراميل، واتجه نحو الطفلة، وعلى ملامحه غضب يوحي بأن الأمر أوشك أن يتصاعد.

حبس داربي أنفاسه. كان على يقين بأنه على وشك أن يشهد جريمة. كان يعرف حدّة طبع عمّه، ويعلم تمامًا أن الأطفال السود في ذلك الجزء من البلاد لم يكن يُسمح لهم بتحدّي البيض أو الوقوف في وجوههم.

وحين وصل العم إلى المكان الذي كانت تقف فيه الطفلة، تقدّمت فجأة خطوة واحدة إلى الأمام، رفعت رأسها، ونظرت مباشرة في عينيه، ثم صرخت بأعلى صوتها الحاد: «**أمّي لازم تاخد الخمسين سنت!**»

توقّف العم في مكانه. حدّق فيها لبرهة، ثم أنزل لوح الخشب ببطء إلى الأرض، وأدخل يده في جيبه، وأخرج نصف دولار، ومدّه إليها.

أخذت الطفلة النقود، وبدأت تتراجع نحو الباب ببطء، دون أن تزيح عينيها عن الرجل الذي هزمته للتو. وبعد أن غادرت، جلس العم على صندوق خشبي، وأخذ يحدّق من النافذة إلى الفراغ لأكثر من عشر دقائق، غارقًا في ذهول عميق... كأنه يتأمّل الضربة التي تلقّاها، لا بجسده، بل بإرادته.

أما داربي، فكان بدوره غارقًا في التفكير. كانت تلك أول مرة في حياته يرى فيها طفلة سوداء تتغلّب عن عمد على رجل أبيض بالغ.
كيف فعلت ذلك؟
ما الذي أصاب عمّه فجأة، فذابت حدّته، وتحول من رجل مخيف إلى وديع كالحمل؟
وأي قوة غريبة امتلكتها هذه الطفلة، مكنتها من السيطرة على من يفوقها سنًا ومكانة؟

تدفّقت هذه الأسئلة وغيرها في ذهن داربي، لكنه لم يجد إجاباتها إلا بعد سنوات طويلة، حين روى لي القصة بنفسه.

ومن الغريب أنني سمعت هذه القصة في الطاحونة القديمة ذاتها، وفي المكان نفسه الذي "تلقّى فيه العم هزيمته". والأغرب من ذلك أنني كنت قد قضيت ما يقارب ربع قرن أدرس تلك القوة نفسها، التي مكّنت طفلة جاهلة، لا تقرأ ولا تكتب، من إخضاع رجل ذكي وراشد.

وبينما كنّا نقف في ذلك المكان العتيق المليء برائحة الزمن، أعاد داربي سرد القصة، ثم سألني:

"كيف تفسّر ما حدث؟ ما تلك القوة الغريبة التي جعلت تلك الطفلة تهزم عمّي تمامًا؟"

ستجد الجواب عن هذا السؤال في المبادئ التي يعرضها هذا الكتاب. جوابًا كاملًا، واضحًا، ومفصّلًا، يتضمن ما يكفي من الشرح والإرشاد ليُمكّن أي إنسان من فهم هذه القوة، وتطبيقها في حياته، تمامًا كما فعلت الطفلة دون أن تدري.

ابقِ ذهنك متيقظًا، وستلاحظ بنفسك ما تلك القوة التي هرعت لنجدتها. وستلمح ملامحها بوضوح في الفصل التالي. وفي مكان ما من هذا الكتاب، ستصادف فكرة توقظ قدرتك على التلقّي، وتضع بين يديك — ولمصلحتك الشخصية — هذه القوة نفسها التي لا تُقاوَم.

قد تكتشفها في الفصل الأول، أو قد تبرق في ذهنك فجأة في فصل لاحق، قد تأتيك في صورة فكرة واحدة، أو في شكل خطة واضحة، أو غاية محددة. وقد تدفعك إلى العودة إلى إخفاقاتك وهزائمك الماضية، لتستخرج منها درسًا يعيد إليك كل ما خسرته بسبب الاستسلام.

وحين شرحت لداربي القوة التي استخدمتها الطفلة دون وعي، عاد بسرعة يستعرض ثلاثين عامًا من خبرته في بيع التأمين على الحياة، واعترف بصراحة أن نجاحه في هذا المجال كان — إلى حدٍّ كبير — ثمرة لذلك الدرس.

قال داربي:

"في كل مرة كان أحد الزبائن يحاول إنهاء الحديث دون شراء، كنت أرى تلك الطفلة واقفة في الطاحونة القديمة، بعينيها الواسعتين المتحدّيتين، فأقول لنفسي: لا بد أن أتمّ هذه الصفقة. وأغلب مبيعاتي تحقّقت بعد أن قال الناس: لا".

ثم استعاد خطأه القديم، حين توقّف على بُعد ثلاثة أقدام فقط من الذهب، وأضاف:

"لكن تلك التجربة كانت نعمة متخفّية. لقد علّمتني أن *أواصل السير* مهما اشتدت الصعوبات، وهو درس كان لا بد أن أتعلمه قبل أن أنجح في أي شيء".

ولا شك أن قصة داربي وعمّه، والطفلة، ومنجم الذهب، سيقرأها مئات من الرجال الذين يكسبون رزقهم من بيع التأمين على الحياة. وإلى هؤلاء جميعًا، يودّ المؤلف أن يلفت النظر إلى حقيقة واحدة: إن قدرة داربي على بيع أكثر من مليون دولار من وثائق التأمين سنويًا، تعود في جوهرها إلى هاتين التجربتين وحدهما.

الحياة عجيبة، وغالبًا ما تبدو عصيّة على الفهم! فالنجاحات والإخفاقات معًا تنبع جذورهما من تجارب بسيطة للغاية. كانت تجارب السيد داربي عادية ومألوفة في ظاهرها، لكنها في حقيقتها كانت تحمل الإجابة الكاملة عن مصيره في الحياة، ولهذا كانت — بالنسبة له — في أهمية الحياة نفسها.

لقد استفاد من هاتين التجربتين المفصليتين لأنه لم يتجاهلهما، بل *أخضعهما للتحليل*، واستخلص منهما الدروس التي كانتا تخفيانها.

لكن ماذا عن الإنسان الذي لا يملك الوقت، ولا الرغبة، في دراسة الفشل بحثًا عن المعرفة التي تقوده إلى النجاح؟

فكّر وازدد ثراءً

أين يتعلّم هذا الإنسان؟ وكيف له أن يتقن فنّ تحويل الهزيمة إلى درجاتٍ تقوده نحو الفرص؟

للإجابة عن هذه الأسئلة، كُتب هذا الكتاب.

اقتضت الإجابة شرح ثلاثة عشر مبدأ، لكن تذكّر — وأنت تقرأ — أن الإجابة التي تبحث عنها، لتلك الأسئلة التي طالما دفعتك للتأمل في غرابة الحياة، قد تجدها في *داخلك أنت*، عبر فكرة، أو خطة، أو هدفٍ قد يشرق في ذهنك أثناء القراءة.

فكرة واحدة صحيحة قد تكون كل ما يحتاجه الإنسان ليحقق النجاح. والمبادئ الواردة في هذا الكتاب تضم أفضل وأكثر الأساليب العملية المعروفة لابتكار الأفكار النافعة وتحويلها إلى واقع.

وقبل أن نمضي قدمًا في شرح هذه المبادئ، نرى أنه من حقك أن تتلقى هذه الملاحظة الجوهرية:

عندما تبدأ الثروة في القدوم، فإنها تأتي بسرعة مذهلة، وبوفرة هائلة، حتى يتساءل المرء: أين كانت تختبئ طوال سنوات الشحّ والحرمان؟ إنها عبارة صادمة بحق، وتزداد دهشتها حين نضع في الاعتبار الاعتقاد الشائع بأن الثروة لا تأتي إلا لأولئك الذين يعملون طويلًا وبشقّ الأنفس.

عندما تبدأ حقًا في أن **تفكّر فتزداد ثراءً**، ستكتشف أن الثروة لا تبدأ بالكدّ والعمل الشاق، بل تبدأ أولًا بحالة ذهنية، وبوضوح الهدف، وبقدرٍ ضئيل — أو معدوم — من الجهد المرهق.

وأنت، كما كل إنسان آخر، يجدر بك أن تهتم بمعرفة كيف تكتسب تلك الحالة الذهنية القادرة على جذب الثروة إليك.

لقد أمضيت خمسةً وعشرين عامًا في البحث والدراسة، حلّلت خلالها أكثر من خمسةٍ وعشرين ألف شخص، لأنني — أنا أيضًا — كنت أبحث عن إجابة لسؤال واحد:
"كيف يصبح الأثرياء أثرياء؟"
ولولا هذا البحث، لما وُلد هذا الكتاب.

انتبه هنا إلى حقيقة بالغة الأهمية:
لقد بدأت الأزمة الاقتصادية الكبرى عام 1929، واستمرت في التفاقم حتى بلغت مستوى غير مسبوق من الدمار، إلى أن تولّى الرئيس روزفلت منصبه. بعد ذلك، بدأت الأزمة تتلاشى تدريجيًا حتى اختفت.

تمامًا كما يرفع كهربائي المسرح الإضاءة ببطء، فتتحوّل العتمة إلى نور دون أن نشعر باللحظة الفاصلة، كذلك تلاشى الخوف من عقول الناس، وتحول شيئًا فشيئًا إلى إيمان وثقة.

راقب جيدًا: ما إن تتقن مبادئ هذه الفلسفة، وتبدأ بتطبيق تعليماتها، حتى ستلاحظ تحسّن وضعك المالي، وستجد أن كل ما تلمسه يبدأ في التحوّل إلى قيمة مضافة تعمل لصالحك. هل يبدو هذا مستحيلًا؟ أبدًا.

إحدى أعظم نقاط الضعف لدى البشر هي ألفتهم المفرطة بكلمة "مستحيل".
فالإنسان العادي يعرف كل القواعد التي **لا تنجح**، ويحفظ عن ظهر قلب كل الأشياء التي **لا يمكن فعلها**. أما هذا الكتاب، فقد كُتب لأولئك الذين يبحثون عن القواعد التي صنعت نجاح غيرهم، ولديهم الاستعداد لأن يراهنوا بكل ما يملكون على هذه القواعد.

منذ سنوات طويلة، اشتريت قاموسًا فاخرًا. وأول ما فعلته به، أنني فتحت صفحة كلمة "مستحيل"، وقصصتها بعناية وأخرجتها من الكتاب. ولن يكون من الحكمة أبدًا — بالنسبة لك — أن تفعل غير ذلك.

فكّر وازدد ثراءً

النجاح يأتي لأولئك الذين يصنعون لأنفسهم وعيًا بالنجاح.

أما الفشل، فيصيب من يسمحون لأنفسهم — بلا مقاومة — أن **يعيشوا في وعيٍ بالفشل.**

وهذا هو الهدف الجوهري من هذا الكتاب: أن يساعد كل من يطلب العون، على إتقان فنّ الانتقال من **عقلية الفشل إلى عقلية النجاح.**

ومن أشيع نقاط الضعف لدى عددٍ كبير من الناس، ميلهم إلى قياس كل شيء وكل شخص وفق تصوراتهم ومعتقداتهم الشخصية. سيقرأ بعضهم هذه الصفحات وهم مقتنعون سلفًا بأن الإنسان لا يمكنه أن **يفكّر فيصبح ثريًا.** ولماذا؟ لأنهم عاجزون عن التفكير بمنطق الثراء؛ إذ تشبّعت عقولهم بعادات فكرية غارقة في الفقر، والحاجة، والبؤس، والإخفاق، والهزيمة.

وهؤلاء التعساء يذكّرونني بقصة رجلٍ صيني بارز جاء إلى أمريكا ليتعلّم الأسلوب الأمريكي في الحياة. التحق بجامعة شيكاغو، وذات يوم التقى به رئيس الجامعة "هاربر" في الحرم الجامعي، فتوقف للحديث معه وسأله:

"ما أكثر ما لفت انتباهك في الشعب الأمريكي؟"

فأجاب الشاب الصيني بدهشة صادقة:

"ميل عيونكم الغريب! عيونكم مائلة على نحو غير مألوف!"

فماذا نقول نحن عن الصينيين؟

نحن نرفض تصديق ما لا نفهمه. ونقع في خطأ ساذج حين نعتقد أن حدودنا نحن هي المقياس الصحيح لحدود الآخرين. وبالطبع، تبدو عيون الآخر "مائلة"، فقط لأنها **ليست مثل عيوننا.**

ينظر ملايين الناس إلى إنجازات هنري فورد بعد أن بلغ القمة، فيحسدونه على "حظه" أو "موهبته" أو "عبقريته"، أو أي مسمّى يعلّقون عليه ثروته. لكن ربما شخصًا واحدًا فقط من بين كل مئة ألف يعرف السر الحقيقي وراء نجاح فورد. وحتى أولئك القلائل الذين يعرفونه، غالبًا ما يترددون في الإفصاح عنه — إما تواضعًا، أو لأن *بساطته الشديدة* تجعله غير قابل للتصديق.

ومعاملة واحدة كفيلة بأن تكشف هذا "السر" بوضوح تام.

قبل سنوات، قرر فورد إنتاج محرّكه الشهير V-8. واختار أن يُصنَع المحرّك بحيث تُصبّ الأسطوانات الثماني كاملةً في قالبٍ واحد. فأصدر تعليماته للمهندسين بوضع التصميم. وما إن رُسم التصميم على الورق، حتى أجمع المهندسون — دون استثناء — على أن صبّ محرّك بثماني أسطوانات في كتلة واحدة أمر مستحيل.

قال فورد بهدوء: "نفّذوه على أي حال". ردّوا: "لكن هذا مستحيل!" فقال فورد بحزم: "تابعوا العمل، ولا تتوقفوا حتى تنجحوا، مهما استغرق الأمر من وقت".

مضى المهندسون في العمل؛ فلم يكن أمامهم خيار آخر إن أرادوا البقاء ضمن فريق فورد.

انقضت ستة أشهر... ولم يحدث شيء. ثم مضت ستة أشهر أخرى... ولا نتيجة تُذكر.

استنفد المهندسون كل خطة يمكن تصورها لتنفيذ التعليمات، لكن المشروع ظل — في نظرهم — خارج حدود الممكن. كان الحكم واحدًا لا يتغير: "*مستحيل!*"

ومع نهاية العام، عاد فورد ليسألهم عن التقدم. فجاءه الرد ذاته: لم يجدوا وسيلة واحدة لتنفيذ ما طلب.

فقال فورد، ببرود الواثق وحزم من يعرف ما يريد: "واصلوا العمل. أنا أريده... وسأحصل عليه".

واصل المهندسون العمل، وفجأة، وكأن السحر وقع، تم اكتشاف السر.

لقد انتصر **إصرار** فورد مرة أخرى!

قد لا تُروى هذه القصة بكل تفاصيلها الدقيقة، لكن جوهرها وملخصها صحيح تمامًا. استخلصوا منها، أنتم الذين ترغبون في **التفكير لتصبحوا أغنياء**، سر ثروة فورد إذا استطعتم. لن تحتاجوا للبحث بعيدًا.

هنري فورد ناجح لأنه يفهم *ويطبق* مبادئ النجاح. ومن أهم هذه المبادئ: الرغبة العارمة، أي معرفة ما تريد بالضبط.

تذكروا قصة فورد هذه أثناء القراءة، وانتبهوا إلى السطور التي تكشف سر إنجازه الهائل. إذا تمكنتم من التعرف على مجموعة المبادئ التي جعلت فورد ثريًا، يمكنكم تحقيق إنجازاته تقريبًا في أي مجال تناسبونه.

أنتم سادة قدركم وقادة أرواحكم،
لأننا نملك القدرة على التحكم في أفكارنا.

الأثير الذي تحوم فيه الأرض، والذي نعيش ونتحرك فيه، هو شكل من أشكال الطاقة فائقة الاهتزاز، ومليء بقوة كونية تتكيف مع طبيعة أفكارنا، وتؤثر علينا بشكل طبيعي لتحويل هذه الأفكار إلى واقع ملموس.

لو أخبرنا الشاعر هنلي بهذه الحقيقة، لكنا فهمنا تمامًا **لماذا** نحن سادة **قدرنا** وقادة أرواحنا. فهذه القوة لا تميز بين الأفكار البناءة والهدمية؛ فهي تدفعنا لتحقيق أفكار الفقر كما تدفعنا لتحقيق أفكار الثراء.

أدمغتنا تصبح ممغنطة بالأفكار المسيطرة التي نحملها، وهذه "المغانط" تجذب إلينا الظروف، والأشخاص، والفرص التي تتناغم مع طبيعة أفكارنا.

ولكي نجمع الثروات الكبيرة، يجب أن نمغنط عقولنا برغبة شديدة بالثراء، وأن نصبح واعين بالمال حتى تدفعنا **الرغبة** إلى وضع خطط واضحة للحصول عليه.

لكن هنلي، كونه شاعرًا، اكتفى بوضع هذه الحقيقة العظيمة في صورة شعرية، تاركًا تفسير المعنى الفلسفي للمتابعين.

قليلًا قليلًا، تكشفت الحقيقة تدريجيًا، حتى أصبح من المؤكد الآن أن المبادئ الواردة في هذا الكتاب تحمل سر السيطرة على مصيرنا الاقتصادي.

نحن الآن على أتم الاستعداد لاستعراض أول هذه المبادئ. حافظ على ذهن متفتح أثناء قراءتك، وتذكّر أن هذه المبادئ ليست اختراع شخص واحد، بل هي خلاصة تجارب حياة أكثر من 500 رجل تمكنوا بالفعل من جمع ثروات هائلة؛ رجال بدأوا من الفقر، بقليل من التعليم، ودون أي نفوذ، ومع ذلك نجحت هذه المبادئ معهم، ويمكنك أنت أيضًا تطبيقها لتحقيق مكاسب دائمة لنفسك.

ستجد أن تنفيذها سيكون سهلاً وليس صعبًا.

قبل أن تنتقل إلى الفصل التالي، أريدك أن تعلم أن المعلومات الواردة فيه قد تغير مصيرك المالي بالكامل، كما أحدثت بالفعل تغييرات ضخمة في حياة شخصين ذُكرا في الكتاب.

وأود أيضًا أن تعلم أن العلاقة بيني وبين هذين الرجلين كانت قوية جدًا، بحيث لم أكن لأتمكن من التلاعب بالحقائق، حتى لو رغبت في ذلك. أحدهما صديقي المقرب منذ ما يقارب خمسة وعشرين عامًا، والآخر هو ابني. إن نجاحهما غير العادي، الذي يعزيان الفضل فيه بسخاء إلى المبدأ الموصوف في الفصل التالي، يبرر تمامًا الإشارة إليهما لتوضيح قوة هذا المبدأ وتأثيره الشامل.

قبل نحو خمسة عشر عامًا، ألقيت خطاب التخرج في كلية سالم، سالم، وست فرجينيا، حيث ركزت على المبدأ الذي سيأتي في الفصل التالي بدرجة كبيرة، حتى أن أحد خريجي الفصل استوعبه تمامًا وجعله جزءًا من فلسفته الخاصة. هذا الشاب الآن عضو في الكونغرس، وله دور مهم في الإدارة الحالية.

قبل أن يُنشر هذا الكتاب، كتب إليّ برسالة أوضح فيها رأيه حول المبدأ الذي سيتم شرحه في الفصل التالي، حتى قررت نشر رسالته كمقدمة لذلك الفصل.

وهذا يعطيك فكرة عن المكافآت التي ستأتي.

"عزيزي نابليون:

لقد منحني عملي كعضو في الكونغرس فهمًا عميقًا لمشاكل الرجال والنساء، وأكتب إليك لأقدّم اقتراحًا قد يكون مفيدًا لآلاف الأشخاص الجديرين بالاهتمام.

وأعتذر مقدمًا، إذ يجب أن أعترف بأن تنفيذ هذا الاقتراح سيتطلب منك عدة سنوات من العمل والمسؤولية، لكنني متفائل بتقديمه لأنني أعلم حبك الكبير لتقديم خدمة نافعة.

في عام 1922، ألقيت خطاب التخرج في كلية سالم، وكنت حينها أحد أعضاء دفعة التخرج. في هذا الخطاب، زرعت في ذهني فكرة كانت السبب في الفرصة التي أتيحت لي الآن لخدمة أبناء ولايتي، وستكون سببًا، إلى حد كبير، في أي نجاح أحققه مستقبلاً.

الاقتراح الذي أرغب في تقديمه هو أن تضع في كتاب جوهر ومضمون خطابك في كلية سالم، وبذلك تمنح شعب أمريكا فرصة للاستفادة من سنوات خبرتك الطويلة وعلاقاتك بالرجال الذين، بعظمتهم، جعلوا أمريكا أغنى أمة في العالم.

أتذكر، كما لو كان بالأمس، الوصف الرائع الذي قدمته للطريقة التي ارتقى بها هنري فورد، رغم قلة تعليمه، وبدون أي دولار أو أصدقاء نافذين، إلى أعلى المراتب. حينها قررت، حتى قبل أن تنهي خطابك، أن أخلق لنفسي مكانًا، مهما كانت الصعوبات التي يجب أن أتجاوزها.

سيكمل هذا العام آلاف الشباب تعليمهم، وخلال السنوات القليلة القادمة، سيبحث كل واحد منهم عن رسالة تشجيع عملي مماثلة لتلك التي تلقيتها منك. سيرغبون في معرفة إلى أين يتجهون، وماذا يفعلون، كي يبدأوا حياتهم العملية. وأنت قادر على توجيههم، لأنك ساعدت في حل مشاكل الكثيرين من قبل.

إذا كان هناك أي وسيلة ممكنة لتقديم هذه الخدمة العظيمة، أود أن أقترح أن تُرفق مع كل نسخة من كتابك واحدًا من مخططات التحليل الشخصي الخاصة بك، بحيث يستفيد قارئ الكتاب من تقييم شامل لنفسه، موضحًا، كما بينت لي قبل سنوات، كل ما يقف في طريق نجاحه.

خدمة من هذا النوع، تمنح قراء كتابك صورة كاملة ومحايدة عن نقاط ضعفهم وقوتهم، ستكون بمثابة الفارق بين النجاح والفشل بالنسبة لهم، وخدمتك ستكون لا تُقدّر بثمن."

"يواجه اليوم الملايين من الناس تحدّي إعادة البناء بعد الركود الاقتصادي، وأتحدث من خبرتي الشخصية عندما أقول إنني أعلم أن هؤلاء الأشخاص الجادين سيرحبون بفرصة أن يشاركوك مشاكلهم، وأن يحصلوا على توجيهاتك لحلها.

"أنت تعرف مشاكل أولئك الذين يضطرون للبدء من جديد من الصفر. هناك آلاف الأشخاص في أمريكا اليوم يريدون أن يعرفوا كيف يمكنهم تحويل أفكارهم إلى أموال، ويحتاجون للانطلاق من لا شيء واسترداد خسائرهم. ومن يستطيع مساعدتهم إذا لم تكن أنت؟

"إذا قررت نشر الكتاب، أود أن أحصل على النسخة الأولى الصادرة من المطبعة، موقّعة بخط يدك شخصيًا.

"مع أطيب التحيات،

"   ا   لم   خلص   ،
»جينينغز راندولف«

الفصل الثاني

الرغبة

نقطة البداية لكل إنجاز

الخطوة الأولى نحو الثراء

عندما نزل إدوين سي. بارنز من القطار البريدي في أورانج، نيوجيرسي، قبل أكثر من ثلاثين عامًا، ربما بدا كشخص بلا مأوى، لكن أفكاره كانت ملكية!

بينما كان يشق طريقه من مسارات السكك الحديدية إلى مكتب توماس أ. إديسون، كان عقله في حالة عمل مستمرة. تخيل نفسه *واقفًا أمام إديسون*، سمع نفسه يطلب من السيد إديسون فرصة لتحقيق **الهوس الأعمى الذي يسيطر على حياته**، رغبة مشتعلة في أن يصبح شريكًا تجاريًا للمخترع العظيم.

لم تكن رغبة بارنز مجرد *أمل* أو أمنية! بل كانت **رغبة حادة ونابضة بالحياة** تتجاوز كل شيء آخر. كانت رغبة **محددة وواضحة.**

لم تكن هذه الرغبة جديدة عندما اقترب من إديسون؛ فقد كانت **الرغبة المسيطرة** على بارنز لفترة طويلة. في البداية، عندما ظهرت هذه الرغبة في ذهنه، ربما كانت مجرد أمنية، لكنها لم تعد كذلك عندما ظهر أمام إديسون بها.

بعد عدة سنوات، وقف إدوين سي. بارنز مرة أخرى أمام إديسون، في نفس المكتب الذي التقى فيه المخترع لأول مرة. هذه المرة، كانت **رغبته قد تحولت إلى واقع.** أصبح شريكًا في العمل مع إديسون. أصبح **حلم حياته المسيطر** حقيقة ملموسة. اليوم، يحسد الناس بارنز بسبب "الفرصة" التي منحته إياها الحياة، ويرون أيام انتصاره دون أن يبذلوا جهدًا لفهم سبب نجاحه.

الرغبة

نجح بارنز لأنه اختار هدفًا محددًا، ووضع كل طاقته، وكل إرادته، وكل جهده، وكل شيء خلف ذلك الهدف. لم يصبح شريكًا لإديسون في اليوم الأول لوصوله؛ كان راضيًا بالبدء في أبسط الأعمال، طالما أنها توفر له فرصة لاتخاذ خطوة واحدة نحو هدفه المرموق.

مرت خمس سنوات قبل أن تظهر له الفرصة التي كان يسعى إليها. خلال كل تلك السنوات، لم يظهر أي شعاع من الأمل، ولم يُعطَ أي وعد بتحقيق رغبته. بالنسبة للجميع، باستثناء نفسه، كان يبدو مجرد قطعة صغيرة في آلة أعمال إديسون، لكن في ذهنه، **كان شريك إديسون في كل دقيقة** منذ اليوم الأول الذي بدأ فيه العمل هناك.

إنها مثال رائع على قوة **الرغبة المحددة**. لقد حقق بارنز هدفه لأنه أراد أن يكون شريكًا تجاريًا لإديسون أكثر مما أراد أي شيء آخر. وضع خطة لتحقيق هذا الهدف، لكنه **حرق كل الجسور خلفه**. وقف بجانب **رغبته** حتى أصبحت الهوس المسيطر على حياته – وأخيرًا – حقيقة ملموسة.

عندما ذهب إلى أورانج، لم يقل لنفسه: "سأحاول إقناع إديسون بمنحي وظيفة ما." بل قال: "سأقابل إديسون وأجعله يعلم أنني جئت لأدخل معه في شراكة تجارية."

فكّر وازدد ثراءً

لم يقل لنفسه: "سأعمل هنا لبضعة أشهر، وإذا لم أحصل على أي تشجيع، سأستقيل وأبحث عن وظيفة في مكان آخر." بل قال: "سأبدأ من أي مكان. سأفعل كل ما يأمرني به إديسون، *ولكن قبل أن أنتهي*، سأصبح شريكه."

لم يقل: "سأبقي عيني مفتوحتين لفرصة أخرى، في حال فشلت في الحصول على ما أريد داخل منظمة إديسون." بل قال: "هناك شيء واحد فقط في هذا العالم أنا مصمم على الحصول عليه، وهو شراكة تجارية مع توماس أ. إديسون. سأحرق كل الجسور خلفي، وأراهن **بمستقبلي بأكمله** على قدرتي على الحصول على ما أريد."

لم يترك لنفسه أي مخرج. كان عليه أن ينتصر أو يندثر!

وهذا كل ما في قصة نجاح بارنز!

منذ زمن طويل، واجه محارب عظيم موقفًا اضطر فيه لاتخاذ قرار يضمن نجاحه في المعركة. كان على وشك إرسال جيوشه ضد عدو قوي، يفوق عدده جيوشه. حمل جنوده على السفن، أبحر إلى أرض العدو، نزّل الجنود والمعدات، ثم أعطى الأمر بحرق السفن التي نقلتهم. مخاطبًا جنوده قبل المعركة الأولى، قال: "ترون السفن وهي تحترق. هذا يعني أننا لا نستطيع مغادرة هذه الشواطئ أحياء إلا إذا انتصرنا! الآن لا خيار أمامنا — *ننتصر أو نندثر!*" وقد انتصروا.

كل شخص يحقق النجاح في أي مسعى يجب أن يكون مستعدًا لحرق سفنه وقطع كل مصادر التراجع. فقط بهذه الطريقة يمكن للمرء أن يحافظ على حالة العقل المعروفة باسم **الرغبة الملتهبة في الانتصار، الضرورية** لتحقيق النجاح.

في صباح اليوم التالي للحريق العظيم في شيكاغو، وقف مجموعة من التجار في شارع ستيت ينظرون إلى بقايا محلاتهم المحترقة. اجتمعوا لاتخاذ قرار: هل يحاولون إعادة البناء، أم يغادرون شيكاغو ويبدؤون من جديد في منطقة تبدو أكثر وعدًا؟ توصلوا جميعًا إلى قرار المغادرة — ما عدا واحدًا.

التاجر الذي اختار البقاء وإعادة البناء أشار بإصبعه إلى أنقاض متجره وقال: "سادة، في هذا الموقع بالذات سأبني أعظم متجر في العالم، مهما احترق مرارًا وتكرارًا".

لقد مر أكثر من خمسين عامًا منذ ذلك القرار، واليوم يقف المتجر شامخًا كرمز حي لقوة العقلية التي تُعرف **بالرغبة الملتهبة**. كان من السهل على مارشال فيلد أن يفعل كما فعل زملاؤه من التجار، أن يرحل ويبحث عن طريق أسهل، لكن ما ميزه هو إصراره على مواجهة الصعاب وعدم الاستسلام، تمامًا كما يميز الناجحين عن غيرهم من الذين يرضون بالهزيمة عند أول عقبة.

انتبه جيدًا لهذا الفرق بين مارشال فيلد وبقية التجار، لأنه نفس الفرق الذي يميز إدوين سي. بارنز عن آلاف الشباب الآخرين الذين عملوا في مؤسسة إديسون. إنه نفس الفرق الذي يفصل بين غالبية الناجحين وأولئك الذين يفشلون.

كل إنسان يصل إلى سن الإدراك ويفهم الغرض من المال، يرغب فيه. لكن مجرد الرغبة لن تجلب الثروة. أما *الرغبة* في الثراء بحالة ذهنية تتحول إلى هاجس، ثم وضع خطط محددة ووسائل لتحقيق الثروة، ودعم تلك الخطط بإصرار لا *يعترف بالفشل*، فسيؤدي حتمًا إلى تحقيق الثروة.

الطريقة التي يمكن بها تحويل **الرغبة** في الثروة إلى مكافئها المالي تتكون من ست خطوات محددة وعملية، وهي كالتالي:

أولاً: حدد بدقة في ذهنك المبلغ المالي الذي ترغب في الحصول عليه. ليس كافياً مجرد القول: "أريد الكثير من المال". كن محدداً بشأن المبلغ. (هناك سبب نفسي لأهمية التحديد سيتم شرحه في فصل لاحق).

ثانياً: حدد بدقة ما ستقدمه مقابل المال الذي ترغب فيه. (لا يوجد شيء اسمه "شيء مقابل لا شيء").

ثالثاً: ضع تاريخاً محدداً تمتلك فيه المال الذي ترغب فيه.

رابعاً: أنشئ خطة واضحة لتحقيق رغبتك، وابدأ *فوراً*، سواء كنت مستعداً أم لا، لتطبيق هذه الخطة.

خامساً: اكتب بياناً واضحاً وموجزاً يوضح: المبلغ المالي الذي تنوي الحصول عليه، الموعد النهائي لتحقيقه، ما ستقدمه مقابل المال، والخطة التفصيلية التي ستتبعها لتجميعه.

سادساً: اقرأ بيانك المكتوب بصوت عالٍ مرتين يومياً، مرة قبل النوم ومرة بعد الاستيقاظ صباحاً. و أثناء القراءة – شاهد، واشعر، **وصدق أنك تمتلك المال بالفعل.**

الرغبة

من المهم جدًا أن تلتزم بالتعليمات الموضحة في هذه الخطوات الست، ولا سيما أن تركز على التعليمات الموجودة في الفقرة السادسة. قد تشكو قائلًا إنه من المستحيل أن "ترى نفسك تمتلك المال" قبل أن تحصل عليه فعليًا. هنا تأتي قوة **الرغبة الملتهبة** لتقف إلى جانبك. إذا كانت **رغبتك** في المال قوية إلى درجة أنها أصبحت هاجسًا دائمًا، فلن تجد أي صعوبة في إقناع نفسك بأنك ستحصل عليه. الهدف هو أن ترغب بالمال بشدة، وأن تصبح مصممًا لدرجة أنك **تقنع** نفسك بأنك ستمتلكه بلا شك.

فقط أولئك الذين يصبحون واعين بالمال هم من يجمعون الثروات الكبيرة. فالوعي بالمال يعني أن العقل قد تشبع تمامًا **بالرغبة** في المال، بحيث يستطيع الإنسان أن يرى نفسه بالفعل في حالة امتلاك المال.

بالنسبة لغير المبتدئين، أو لأولئك الذين لم يتعلموا بعد مبادئ عمل العقل البشري، قد تبدو هذه التعليمات غير عملية. ومن المفيد، لمن لا يدركون صحة الخطوات الست، أن يعرفوا أن المعلومات التي تحتويها استُقيت من أندرو كارنيجي، الذي بدأ حياته كعامل عادي في مصانع الصلب، ومع ذلك استطاع، رغم بداياته المتواضعة، أن يجعل هذه المبادئ تمنحه ثروة تزيد بكثير عن مئة مليون دولار.

قد يكون من المفيد أيضاً أن تعرف أن هذه الخطوات الست تم تدقيقها بعناية من قبل الراحل توماس إديسون، الذي وضع ختم موافقته عليها باعتبارها ليست فقط خطوات أساسية لتراكم المال، بل ضرورية *لتحقيق أي هدف محدد*.

هذه الخطوات لا تتطلب "عملاً شاقاً" ولا تضحية كبيرة. ولا تتطلب منك أن تصبح مثيراً للسخرية أو ساذجاً. ولا تحتاج إلى تعليم واسع. ولكن التطبيق الناجح لهذه الخطوات الست يتطلب قدرًا كافيًا من *الخيال* الذي يمكنك من رؤية وفهم أن تراكم المال لا يمكن تركه للصدفة أو الحظ أو الحظوظ العشوائية. يجب أن تدرك أن جميع من جمعوا ثروات كبيرة، بدأوا أولاً بكمية من الأحلام، والأمل، **والرغبات، والتخطيط** *قبل* أن يحصلوا على المال فعلياً.

عليك أن تعرف منذ الآن أنك لن تحصل على ثروات كبيرة **إلا** إذا استطعت أن تشعل في نفسك **رغبة ملتهبة** تجاه المال، **وتؤمن** تماماً بأنك ستمتلكه.

وعليك أن تعرف أيضاً أن كل قائد عظيم، منذ فجر الحضارة وحتى اليوم، كان حالِمًا. المسيحية، على سبيل المثال، هي أعظم قوة محتملة في العالم اليوم، لأن مؤسسها كان حالِمًا شديد الشدة، يمتلك الرؤية والخيال ليرى الحقائق في شكلها العقلي والروحي قبل أن تتحول إلى واقع مادي.

إذا لم ترَ الثروات الكبرى في خيالك، فلن تراها أبداً في رصيدك البنكي.

الرغبة

في هذه اللحظة، هناك فرصة استثنائية لأولئك الذين يعرفون كيف يحلمون بطريقة عملية. الانهيار الاقتصادي الذي دام ست سنوات جعل الجميع على قدم المساواة تقريبًا، ممهدًا الطريق لسباق جديد. الجوائز في هذا السباق هي ثروات هائلة ستتراكم خلال السنوات العشر القادمة. وقد تغيرت قواعد اللعبة، إذ أصبح العالم اليوم مهيأً للجماهير، لأولئك الذين كانت فرصهم محدودة أو معدومة خلال سنوات الكساد، حين شل الخوف طموح الناس وأوقف نموهم.

نحن، الذين نسعى للثروات، يجب أن نتفائل، فالعالم المتغير يطلب أفكارًا جديدة، طرقًا مبتكرة، قادة جدد، اختراعات جديدة، وسائل تعليم حديثة، أساليب تسويق مبتكرة، كتب جديدة، برامج إذاعية مبتكرة، وأفكار سينمائية متجددة. وراء هذا الطلب المستمر على الجديد والأفضل، هناك صفة واحدة تفصل بين الناجحين والفاشلين: **وضوح الهدف**، معرفة ما تريد، وامتلاك **رغبة ملتهبة** لا تُقاوم لتحقيقه.

لقد مثلت أزمة الأعمال نهاية عصر وبداية عصر جديد، عصر يكرّم الحالمين العمليين، أولئك الذين لا يكتفون بالأحلام، بل يحولونها إلى أفعال ملموسة. هؤلاء الحالمون العمليون هم دائمًا صانعو الحضارة ومهندسو التقدم.

وعلى من يسعى لجمع الثروات أن يتذكر أن القادة الحقيقيين في العالم كانوا دائمًا من استطاعوا استغلال القوى الخفية للفرص القادمة، وتحويل نبضات الفكر والأفكار غير المرئية إلى واقع ملموس: ناطحات سحاب، مدن، مصانع، طائرات، سيارات، وكل وسيلة ترفع من مستوى حياة البشر وتجعلها أكثر سهولة وراحة.

التسامح والانفتاح على الأفكار الجديدة من ضروريات أي حالم في عصرنا الحالي. فالأشخاص الذين يخشون الأفكار الجديدة يُحكم عليهم بالفشل قبل أن يبدؤوا. لم يسبق أن حان وقت أكثر مناسبة للمبدعين من الآن. صحيح أنه لم يعد هناك "غرب متوحش" لغزوه كما في أيام العربات المغطاة، لكن هناك عالم واسع من الأعمال والمال والصناعة يحتاج إلى إعادة تشكيل وإعادة توجيه وفق طرق وأفكار جديدة وأفضل.

عند تخطيطك للحصول على نصيبك من الثروات، لا تدع أحداً يجعلك تحتقر الحالمين. لكي تحقق المكاسب الكبرى في هذا العالم المتغير، يجب أن تتبنى روح الرواد العظام في الماضي، أولئك الذين أعطت أحلامهم للحضارة كل ما لها من قيمة، الروح نفسها التي تشكل شريان الحياة لأمتنا، والتي تمثل فرصتك لتطوير مواهبك وتسويقها.

لنتذكّر دائمًا أن كولومبوس حلم بعالمٍ مجهول، وراهن بحياته على وجوده، ثم مضى ليكتشفه بالفعل.

وكوبرنيكوس، ذلك الفلكي العظيم، حلم بتعدّد العوالم، فكشفها للبشرية. لم يجرؤ أحد على وصفه بـ"غير العملي" بعد أن انتصر حلمه؛ بل إن العالم كله انحنى إجلالًا له. وهكذا يتأكد مرةً أخرى أن **النجاح لا يحتاج إلى اعتذار، أما الفشل فلا يملك أي مبرر.**

إذا كان ما ترغب في تحقيقه صحيحاً، وتؤمن به حقاً، فانطلق وابدأ العمل! حقق حلمك، ولا تكترث لما يقوله "الآخرون" إذا واجهت هزيمة مؤقتة، **فربما هم لا يعلمون أن كل فشل يحمل بداخله بذرة نجاح مساوٍ أو أعظم.**

الرغبة

هنري فورد، الفقير والأمي، حلم بعربة بلا حصان، بدأ بالعمل بما يملك من أدوات، دون انتظار الفرصة لتسانده، والآن أصبحت آثار حلمه تمتد حول العالم. لقد وضع عجلات أكثر مما فعل أي إنسان في التاريخ، لأنه لم يخشَ أن يدعم أحلامه.

توماس إديسون حلم بمصباح يمكن تشغيله بالكهرباء، بدأ من حيث كان ليضع حلمه حيز التنفيذ، وبرغم أكثر من عشرة آلاف فشل، تمسك بذلك الحلم حتى جعله حقيقة ملموسة. الحالمون العمليون **لا يستسلمون أبداً!**

كان ويلان رجلًا بدأ بحلمٍ بسيط: أن يؤسس سلسلة من متاجر السيجار. لم يكتفِ بالحلم وحده، بل حوّله إلى عملٍ منظم وخطواتٍ عملية. ونتيجة لإصراره وثباته، أصبحت متاجر يونايتد سيجار ستورز اليوم تحتل أرقى الزوايا وأفضل المواقع في مختلف أنحاء الولايات المتحدة، شاهدةً على قوة الحلم حين يُدعَّم بالفعل.

لينكولن حلم بحرية العبيد السود، وبدأ بتحويل حلمه إلى عمل، ولم يلبث أن غاب عن الحياة قبل أن يرى الشمال والجنوب موحدين يحققان حلمه على أرض الواقع.

الأخوة رايت حلموا بآلة تطير في السماء، والآن يمكن رؤية دليل حلمهم في كل مكان حول العالم.

حلم ماركوني بنظام قادر على تسخير القوى غير المرئية في الأثير. ولم يكن حلمه عبثًا أو خيالًا فارغًا؛ فالدليل عليه حاضر اليوم في كل جهاز لاسلكي وكل راديو في العالم. بل إن حلم ماركوني جمع بين أبسط كوخٍ وأفخم قصر، ووضعهما جنبًا إلى جنب، بعدما أزال الحواجز التي كانت تفصل بين البشر والمسافات. جعل شعوب الأرض كلها جيرانًا متقاربين، كأن المسافات قد تلاشت، وكأن لكل أمة بابًا خلفيًا يفتح مباشرة على الأخرى.

لقد أتاح هذا الاكتشاف لرئيس الولايات المتحدة وسيلة يخاطب بها جميع أبناء الشعب الأمريكي في وقت واحد، وبأقصر إشعار ممكن. وقد يثير اهتمامك أن تعرف أن "أصدقاء" ماركوني أنفسهم قاموا باحتجازه وإخضاعه للفحص في مستشفى للأمراض النفسية، عندما أعلن أنه اكتشف مبدأً يتيح إرسال الرسائل عبر الهواء، دون أسلاك أو أي وسيلة مادية مباشرة. أما حلمُ اليوم، فحالُ الحالمين فيه أفضل بكثير.

لقد اعتاد العالم الآن على الاكتشافات الجديدة، بل وأكثر من ذلك، أصبح مستعدًا لمكافأة الحالم الذي يمنحه فكرة جديدة تغيّر وجه الحياة.

"أعظم الإنجازات كانت في البداية مجرد حلم، لفترة من الزمن."

"البذرة تحمل البلوط، والبيضة تحمل الطائر، وفي أسمى رؤى الروح يتحرك ملاك مستيقظ. **الأحلام هي بذور الواقع.**"

انهضوا، أيها الحالمون في العالم، وأعلنوا وجودكم، فالنجوم قد أشرقت لكم الآن. لقد جلبت الأزمة الاقتصادية العالمية الفرصة التي طال انتظارها. لقد غرست في الناس درس التواضع، وروح التسامح، والانفتاح على الأفكار الجديدة.

العالم اليوم يعج بوفرة من **الفرص** التي لم يختبرها الحالمون في الماضي.

الرغبة الملتهبة في أن تكون وأن تفعل هي نقطة الانطلاق لكل من يريد تحويل حلمه إلى واقع. فالأحلام لا تولد من اللامبالاة، ولا من الكسل، ولا من قلة الطموح.

الرغبة

لم يعد العالم يسخر من الحالم، ولا يصفه بالخيالي أو غير الواقعي. وإن كنت تشك في ذلك، فقم برحلة إلى ولاية تينيسي، وشاهد بنفسك ما حققه الرئيس الحالم في استثمار القوة الهائلة للمياه في أمريكا. قبل عشرين عامًا، كان مثل هذا الحلم يُعد جنونًا محضًا.

لقد واجهت خيبات أمل، ومررت بهزائم خلال فترة الكساد، وشعرت بقلبك ينزف تحت وطأة الضغوط. خذ نفسًا عميقًا، فكل تلك التجارب صقلت معدن روحك وجعلتك أقوى—إنها ثروات لا تُقدّر بثمن.

تذكّر أيضًا أن جميع من يحققون النجاح في الحياة غالبًا ما يبدأون بدايات صعبة، ويواجهون العديد من الصعوبات القاسية قبل أن يصلوا إلى مبتغاهم. وغالبًا ما تأتي نقطة التحول في حياة الناجحين عند لحظة من الأزمات، التي تُعرّفهم على "ذواتهم الأخرى" وتكشف عن قوتهم الكامنة وإمكاناتهم الحقيقية.

جون بانيان كتب تقدم الحاج، أحد أعظم الأعمال الأدبية في اللغة الإنجليزية، بعد أن حُبِس في السجن وتعرّض لأشد العقوبات بسبب آرائه الدينية.

أما أو. هنري، فقد اكتشف العبقرية الكامنة في عقله بعد أن واجه سلسلة من المصائب الكبيرة وحُبِس في زنزانة بسجن كولومبوس، أوهايو. تلك المصائب **أجبرته على مواجهة "ذاته الأخرى" واستدعاء خياله**، فانتقل من كونه مجرماً بائساً ومنبوذاً إلى كاتب عظيم، اكتشف قدراته الحقيقية وصنع من فكره عالماً جديداً من الإبداع.

طرق الحياة مليئة بالمفاجآت والتقلبات، والأعجب من ذلك طرق الذكاء الإلهي، الذي أحيانًا يجبر الإنسان على المرور بمحن وعقوبات قبل أن يدرك قوة عقله، ويكتشف قدرته على ابتكار أفكار قيمة وواقعية عبر خياله الخصب.

إديسون، أعظم مخترع وعالم في التاريخ، بدأ حياته كعامل متجول في التلغراف، وفشل مرات لا تُعد ولا تُحصى قبل أن يُكتشف العبقري الكامن في عقله. الإصرار والمثابرة دفعاه في النهاية لتحقيق أحلامه وتحويلها إلى واقع ملموس.

تشارلز ديكنز بدأ حياته البسيطة بلصق الملصقات على أواني الطلاء الأسـود. مأساة حبه الأول غاصت في أعماق روحه وحولت ألمه إلى وقود لإبداعه، فظهر كواحد من أعظم الأدباء العالميين. هذه التجربة أنتجت روايته ديفيد كوبرفيلد، ثم سلسلة من الأعمال الأدبية التي جعلت العالم أغنى وأكثر عمقًا لكل من قرأها. غالبًا ما تدفع خيبات الحب الآخرين إلى الانحراف أو اليأس، لكن الذين يعرفون تحويل مشاعرهم العميقة إلى أحلام بنّاءة هم من يصنعون الفارق.

هيلين كيلر فقدت السمع والبصر والنطق في سن مبكرة جدًا، ومع ذلك تركت بصمة لا تُمحى في صفحات تاريخ العظماء. حياتها بأكملها دليل على أن *الهزيمة لا تأتي إلا عندما نقبلها واقعًا*.

روبرت بيرنز، الفتى الأمي من الريف، الذي عاش في فقر مدقع وكاد أن يُدمره الإدمان، حول حياته إلى جمال عبر الشعر، فاستبدل الشوك بالورود وأهدى العالم أفكارًا نضرة من قلبه.

وُلد بوكَر تي. واشنطن عبدًا، مثقلًا بقيود العِرق واللون. لكن لأنه كان متسامحًا، منفتح العقل في كل الأوقات وعلى جميع القضايا، ولأنه كان **حالمًا**، فقد ترك بصمة خالدة غيّرت مصير أمة بأكملها.

الرغبة

بيتهوفن فقد سمعه، وملتون فقد بصره، ومع ذلك بقي اسمهما خالدًا عبر الزمن، لأنهما حلمَا وحوّلا أحلامهما إلى واقع ملموس من خلال أفكار منظمة وإرادة صلبة.

قبل الانتقال إلى الفصل التالي، أشعل من جديد في قلبك شعلة الأمل، والإيمان، والشجاعة، والتسامح. إذا امتلكت هذه القوى الذهنية، وفهمت مبادئ هذا الكتاب بوعي عملي، فإن كل ما تحتاجه سيأتي إليك في اللحظة التي تكون فيها **جاهزًا** لاستقباله. كما قال إيمرسون: "كل مثل، وكل كتاب، وكل قول حكيم مُعد لمساعدتك سيجد طريقه إليك، سواء عبر مسارات مباشرة أو ملتوية. وكل صديق حقيقي، لا بإرادتك العجيبة، بل بروحك العظيمة والحنونة، سيحتضنك."

هناك فرق جوهري بين **تمني** شيء وبين أن تكون **مستعدًا** لتلقيه. لا يصبح المرء *جاهزًا* لشيء ما حتى *يصدق* بقدرته على تحصيله. الحالة الذهنية يجب أن تكون **إيمانًا راسخًا**، لا مجرد أمل أو رغبة سطحية. الانفتاح الذهني ضروري لتغذية الإيمان، فالعقول المغلقة لا تولّد الشجاعة، ولا الثقة بالنفس، ولا الطموح.

تذكر، السعي نحو القمم والمطالبة بالازدهار لا يتطلب جهدًا أكبر من قبول البؤس والفقر. لقد عبّر شاعر عظيم عن هذه الحقيقة بحكمة قائلاً:

"تساومت مع الحياة على قرش،
ولم تمنحك الحياة أكثر،

ومع ذلك كنت أتوسل في المساء،
وأعدّ ما تبقّى لديّ من القليل.

فالحياة، يا صديقي، عادلةٌ في جزائها،
تعطي كل من يسعى ويطلب حقّه.

لكن حين تحدد أنت أجرك،
فعليك أن تتحمّل الثمن كله.

عملتُ بأجر زهيد،
وعرفت بدهشةٍ،

أن أي أجر كنت أطلبه من الحياة،
لربّما كانت الحياة لتمنحه لي بسخاء،
لو طالبت به بكل ثقة وإيمان.

الرغبة تتحدى المستحيل

ولنختم هذا الفصل بحكاية من أغرب ما رأيت: قبل أربع وعشرين سنة، ولد طفلي بلا أي أثر للأذنين. وأقر الطبيب، عند سؤاله عن حالة الطفل، بأنه قد يكون أصمًا وأبكم مدى الحياة.

لكنني رفضت قبول ذلك. كوالد، كنت أعلم في قرارة نفسي أن ابني سيستمع ويتحدث. الطبيعة قد تمنح طفلًا بلا أذنين، لكنها لا تستطيع فرض حدود على الإرادة البشرية.

في أعماقي، كنت أعلم أن ابني سيُسمع ويَتكلّم. كيف؟ لم يكن لديّ جواب جاهز، لكني كنت واثقًا أن الطريق موجود، وأنّي سأكتشفه. تذكرت كلمات إيمرسون الخالدة: "كل مجريات الأمور في الحياة تهدف إلى تعليمنا الإيمان. كل ما علينا فعله هو الطاعة."

الرغبة

هناك هداية مخصّصة لكل واحد منا، وبالاستماع المتواضع والمتأنّي، سنلتقط *الكلمة الصحيحة*.

وما هي تلك الكلمة الصحيحة؟ **الرغبة!** أكثر من أي شيء آخر، كنت **أتوق** بقوة ألا يكون ابني أصمّ وأبكم. ومن تلك الرغبة لم أتراجع لحظة واحدة، ولا لثانية واحدة.

قبل سنوات طويلة، كتبت: "حدودنا الوحيدة هي تلك التي نضعها في عقولنا نحن أنفسنا". ولأول مرة، ترددت في صدق هذه المقولة. أمامي على السرير كان طفل حديث الولادة، بلا قدرة طبيعية على السمع. وحتى لو استطاع أن يسمع ويتحدث يومًا ما، كانت حالته مشوهة بوضوح مدى الحياة. بلا شك، كانت هذه حدودًا لم يضعها الطفل في ذهنه.

فماذا عساي أن أفعل؟ كنتُ أعلم، على نحوٍ ما، أنني سأجد سبيلًا لأن أزرع في عقل ذلك الطفل **رغبتي المتّقدة** في إيجاد وسائل وطرائق لنقل الصوت إلى دماغه من غير عون الأذنين.

وحين يبلغ العمر الذي يستطيع فيه التعاون، سأملأ عقله امتلاءً كاملًا **برغبةٍ ملتهبة** في السمع، حتى إن الطبيعة —بطرائقها الخاصة— ستحوّلها إلى واقعٍ جسديّ ملموس.

كان كلّ هذا التفكير يدور في أعماقي وحدي، ولم أبح به لأحد. وفي كلّ يوم، كنتُ أجدّد العهد الذي قطعته على نفسي: ألا أقبل أبدًا بأن يكون لي ابنٌ أصمّ أبكم.

وحين تقدّم به العمر وبدأ يعي ما يدور حوله، لاحظنا أن لديه قدرًا ضئيلًا من القدرة على السمع. وعندما بلغ السنّ التي يبدأ فيها الأطفال عادةً بالكلام، لم يحاول أن ينطق بكلمة واحدة، غير أنّ تصرّفاته كانت تكشف لنا أنه يسمع بعض الأصوات، ولو على نحوٍ خافت.

وكان هذا وحده كلّ ما احتجتُ إلى معرفته! فقد ترسّخ في يقيني أنه إذا كان قادرًا على السمع، ولو بدرجة يسيرة، فإن بوسعه أن يطوّر قدرة سمعية أكبر. ثم وقع أمرٌ بعث في نفسي الأمل؛ أمرٌ جاء من مصدرٍ لم يكن يخطر على بال على الإطلاق.

اشترينا جهاز "فيكترولا". وحين سمع الطفل الموسيقى للمرّة الأولى، غمرته نشوةٌ عارمة، وسرعان ما استولى على الجهاز كأنّه صار ملكه الخاص. ولم تمضِ فترة قصيرة حتى أبدى تفضيلًا لأسطوانات بعينها، كان من بينها مقطع "إنه طريق طويل إلى تيبيراري".

وفي إحدى المرّات، ظلّ يعيد تشغيل تلك المقطوعة بلا انقطاع لما يقارب ساعتين كاملتين، واقفًا أمام جهاز فيكترولا، *وقد شدّ أسنانه على حافة الصندوق*. ولم ندرك مغزى هذه العادة التي ابتدعها بنفسه إلا بعد سنواتٍ طويلة، إذ لم نكن آنذاك نعرف شيئًا عن مبدأ "انتقال الصوت عبر العظام".

وبعد وقتٍ قصير من استيلائه على الجهاز، اكتشفتُ أنه كان يسمع صوتي بوضوحٍ تام حين أتحدّث إليه وشفتيّ تلامسان العظم الخُشّائي خلف أذنه، أو عند قاعدة الدماغ. وقد وضعت هذه الاكتشافات بين يديّ الوسائل اللازمة التي بدأتُ بها تحويل *رغبتي المتّقِدة* في مساعدة ابني على تنمية السمع والكلام إلى واقع ملموس. وفي تلك المرحلة كان قد بدأ يحاول نطق بعض الكلمات على نحوٍ متعثّر. ولم يكن الأفق يومها مبشّرًا، غير أنّ **الرغبة المؤيَّدة بالإيمان** لا تعرف معنى الاستحالة.

وحين تيقّنتُ أنه يسمع صوتي بجلاء، شرعتُ فورًا في غرس الرغبة في السمع والكلام في أعماق ذهنه. وسرعان ما اكتشفتُ أن الطفل يستمتع بحكايات ما قبل النوم، فانصرفتُ إلى ابتكار قصصٍ صُمّمت خصيصًا لتنمية الاعتماد على النفس، وإطلاق الخيال، *وإشعال رغبةٍ عميقةٍ لديه في أن يسمع، وأن يكون إنسانًا طبيعيًا.*

كانت هناك قصة واحدة بعينها، كنت أحرص على إضفاء لمسة جديدة ودرامية عليها في كل مرة أرويها. كان الهدف منها أن أزرع في ذهنه فكرة أن إصابته ليست عائقًا، بل أصل ذو قيمة عظيمة. بالرغم من أن كل الفلسفات التي اطلعت عليها كانت تشير بوضوح إلى أن **كل محنة تحمل في طياتها بذرة ميزة مكافئة**، يجب أن أعترف أني لم يكن لدي أدنى فكرة كيف يمكن لهذه الإصابة أن تتحول يومًا إلى ميزة. ومع ذلك، واصلت ممارسة حكايات ما قبل النوم، ملفوفة بهذه الفلسفة، على أمل أن يحين الوقت الذي سيجد فيه هو نفسه خطة تجعل من إعاقته وسيلة لخدمة غرض مفيد.

كان العقل المنطقي يخبرني بصراحة أنه لا يوجد تعويض كافٍ عن فقدان الأذنين والقدرة الطبيعية على السمع. لكن **الرغبة** المدعومة **بالإيمان** أزاحت العقل جانبًا، وألهمتني على المضي قدمًا.

وحين أعود اليوم لتحليل تلك التجربة، أرى بوضوح أنّ *إيمان ابني بي* كان له أثرٌ بالغ في النتائج المدهشة التي تحققت. لم يكن يشكّك في شيءٍ مما أقوله له. لقد أقنعته بأن له ميزةً خاصّة يتفوّق بها على أخيه الأكبر، وأن هذه الميزة ستنعكس عليه في صورٍ شتّى. فعلى سبيل المثال، كان المعلّمون في المدرسة يلاحظون أنه بلا أذنين، وبسبب ذلك كانوا يولونه عنايةً خاصّة، ويعاملونه بلطفٍ استثنائي. وقد فعلوا ذلك فعلًا؛ إذ كانت أمّه تحرص على زيارة المعلّمين، والتنسيق معهم ليمنحوا الطفل ما يلزمه من اهتمامٍ إضافي.

كما غرستُ في ذهنه فكرةً أخرى، مفادها أنه عندما يبلغ السنّ التي تسمح له ببيع الصحف—وكان أخوه الأكبر قد سبقه إلى هذه المهنة—— سيكون له تفوّقٌ واضح عليه؛ لأن الناس سيدفعون له مالًا أكثر مقابل بضاعته، حين يرون فيه فتىً ذكيًا مجتهدًا، رغم أنه بلا أذنين.

كنا نلاحظ تدريجيًا تحسن سمع الطفل. علاوة على ذلك، لم يكن لديه أي شعور بالحرج أو الخجل بسبب إعاقته. وعندما بلغ نحو السابعة من عمره، ظهر أول دليل على أن طريقتنا في رعاية عقله كانت تؤتي ثمارها. فقد ظل لعدة أشهر يطلب بإلحاح فرصة بيع الصحف، لكن والدته رفضت إعطاء موافقتها، لأنها كانت تخشى أن تكون إعاقته السمعية سببًا في عدم أمانه عند خروجه إلى الشارع بمفرده.

وأخيرًا، قرر أن يأخذ الأمور بيده. في أحد الأيام بعد الظهر، عندما تُرك في المنزل مع الخدم، تسلّق من نافذة المطبخ، نزل إلى الأرض، وانطلق بمفرده. استدان ستة سنتات كرأس مال من صانع الأحذية في الحي، استثمرها في شراء الصحف، باعها بالكامل، وأعاد الاستثمار، واستمر على هذا المنوال حتى وقت متأخر من المساء. بعد أن قام بموازنة حساباته وسداد الستة سنتات التي استدانها من صانع الأحذية، حقق صافي ربح قدره اثنان وأربعون سنتًا. وعندما عدنا إلى المنزل تلك الليلة، وجدناه في السرير نائمًا، والمال متماسكًا بإحكام في يده.

فتحت أمّه يده، أخرجت النقود، وانهمرت دموعها. يا للعجب! أن تبكي على أوّل انتصارٍ يحقّقه ابنها بدا أمرًا غير مناسبٍ على الإطلاق. أمّا ردّ فعلي فكان على النقيض تمامًا؛ إذ ضحكتُ من أعماقي، لأنني أدركتُ أن مسعاي لغرس الثقة بالنفس في عقل الطفل قد كُتب له النجاح.

الرغبة

لقد رأت أمّه، في أول تجربةٍ تجاريةٍ له، طفلًا أصمّ صغيرًا خرج إلى الشوارع وعرّض حياته للخطر ليكسب بعض المال. أمّا أنا، فرأيتُ فتىً شجاعًا، طموحًا، يعتمد على نفسه؛ رجل أعمالٍ صغيرًا ازدادت قيمته في نظر نفسه مئة في المئة، لأنه دخل عالم العمل بمبادرةٍ ذاتية، وانتصر. وقد أسعدني ذلك الحدث، لأنني أدركتُ أنه كشف عن سمةٍ من سِمات الحيلة وحسن التصرّف ستلازمه طوال حياته. وقد أثبتت الوقائع اللاحقة صدق هذا التقدير.

كان أخوه الأكبر، إذا أراد شيئًا، يتمدّد على الأرض، ويركل بقدميه في الهواء، ويبكي حتى يناله. أمّا "الطفل الأصمّ الصغير"، فإذا اشتهى شيئًا، خطّط لطريقةٍ يكسب بها المال، ثم اشتراه بنفسه. وما يزال إلى اليوم يسير على النهج ذاته.

حقًّا، لقد علّمني ابني أن الإعاقات يمكن تحويلها إلى درجاتٍ نصعد بها نحو غايةٍ نبيلة، ما لم نقبلها بوصفها عوائق، ونتّخذها أعذارًا للتقاعس.

لقد اجتاز ذلك الطفل الأصمّ المراحل الدراسية، من الابتدائية إلى الثانوية ثم الجامعة، من دون أن يسمع معلّميه، إلا حين كانوا يصرخون بأعلى أصواتهم وعلى مسافةٍ قريبة. **ولم نُدخله مدرسةً خاصّة بالصمّ.** ولم نسمح له بتعلّم لغة الإشارة. كنا مصمّمين على أن يعيش حياةً طبيعية، وأن يخالط أطفالًا عاديين، وثبتنا على هذا القرار رغم ما كلّفنا إيّاه من نقاشاتٍ حادّة مع مسؤولي المدارس.

وأثناء دراسته في المرحلة الثانوية، جرّب جهازًا كهربائيًا للسمع، غير أنه لم يكن ذا فائدةٍ تُذكر؛ وذلك—كما كنّا نعتقد—بسبب حالةٍ كُشف عنها عندما كان في السادسة من عمره، على يد الدكتور ج. غوردون ويلسون من شيكاغو، حين أجرى عمليةً جراحيةً في أحد جانبي رأس الطفل، فاكتشف عدم وجود أيّ أثرٍ لأدوات السمع الطبيعية.

في أسبوعه الأخير بالجامعة، وبعد ثمانية عشر عامًا كاملة على تلك العملية الجراحية، وقع الحدث الذي رسم أعظم منعطف في مسار حياته. وبما بدا وكأنه محض مصادفة، وصل إلى يديه جهازٌ كهربائيّ آخر للسمع، أُرسل إليه ليُجرِّب. كان متردّدًا في اختباره، مثقلًا بخيبة أملٍ قديمة من جهازٍ مشابه. غير أنه، في لحظةٍ أقرب إلى العفوية منها إلى الترقّب، وأخيرًا، التقط الأداة، وبشكل عفوي إلى حد ما، وضعها على رأسه، وصل البطارية، وإذا بالمعجزة تحدث! **رغبته الدائمة في السمع الطبيعي تتحقق أخيرًا!** ولأول مرة في حياته، سمع تقريبًا بنفس جودة أي شخص ذو سمع طبيعي.
"إنّ لله في خلقه شؤونًا، وله في الأقدار أسرارًا، يُجري بها عجائبه".
غمرته نشوةٌ لا توصف بالعالَم الجديد الذي فُتح له فجأة عبر ذلك الجهاز الصغير. اندفع إلى الهاتف، واتصل بأمّه، فسمع صوتها صافيًا واضحًا كما لم يسمعه من قبل. وفي اليوم التالي، جلس في قاعة الدرس وسمع أصوات أساتذته بجلاءٍ تامّ—لأوّل مرّة في حياته! بعدما كان لا يدرك كلماتهم إلا إذا صرخوا وعلى مقربةٍ شديدة. سمع الراديو، وسمع الأفلام الناطقة، وتحدّث مع الناس حديثًا طبيعيًا حرًّا، بلا عناء، وبلا حاجةٍ إلى رفع الأصوات. لقد امتلك حقًّا عالمًا جديدًا؛ عالمًا تغيّر وجهه ومعناه. كنّا قد رفضنا أن نستسلم لما بدا خطأً من أخطاء الطبيعة، وبرغبةٍ مُلحّةٍ لا تعرف الفتور، دفعنا الطبيعة نفسها إلى أن تُصلح ذلك الخطأ، عبر الوسيلة العملية الوحيدة التي كانت متاحة. وهكذا، انتصرت **الرغبة المثابِرة**، وتحولت المعاناة الطويلة إلى فجرٍ طال انتظاره.

الرغبة

بدأت **الرغبة** تؤتي ثمارها، لكن النصر لم يكن كاملًا بعد. لا يزال على الصبي أن يجد طريقة محددة وعملية لتحويل إعاقته إلى *أصل ذي قيمة*.

وبينما لم يكن يدرك تمامًا مدى أهمية ما حققه حتى الآن، وكان مسحورًا بفرحة عالمه الجديد من الأصوات، كتب رسالة إلى مصنع جهاز السمع، يصف فيها تجربته بحماس شديد. شيء ما في رسالته—شيء ربما لم يُكتب صراحة على السطور، بل وراءها—جعَل الشركة تدعوه إلى نيويورك.

وعند وصوله، اصطحبوه في جولة عبر المصنع، وأثناء حديثه مع كبير المهندسين عن عالمه الجديد المتغير، خطرت له فكرة، أو وحي، أو حدس—سمّه كما شئت—وأصبح هذا *الدافع الفكري* هو ما حوّل إعاقته إلى أصل، مقدر أن يحقق أرباحًا من المال والسعادة لآلاف الأشخاص على مر الأزمان.

وخلاصة تلك الفكرة كانت بسيطة وعميقة في آنٍ واحد: خطر له أنه يستطيع أن يمدّ يد العون إلى الملايين من ضعاف السمع الذين يعيشون حياتهم محرومين من أجهزة السمع، إذا وجد طريقةً يروي لهم بها قصة "عالَمه الجديد". وفي تلك اللحظة ذاتها، اتخذ قرارًا حاسمًا بأن يكرّس ما تبقّى من عمره لخدمة ذوي الإعاقات السمعية، خدمةً نافعة صادقة.

على مدى شهرٍ كامل، انكبّ على بحثٍ مكثّف، حلّل خلاله نظام التسويق بأكمله لدى الشركة المصنّعة لجهاز السمع، وابتكر وسائل وطرائق للتواصل مع ضعاف السمع في شتى أنحاء العالم، ليشاركهم تجربته ويفتح لهم باب "العالَم المتغيّر" الذي اكتشفه حديثًا. وبعد أن أتمّ ذلك، صاغ خطةً مكتوبة تمتدّ لعامين، قائمةً على ما توصّل إليه من نتائج. وحين عرض خطته على الشركة، مُنح فورًا وظيفةً تتيح له تنفيذ طموحه.

لم يكن يدري، حين بدأ عمله، أنه مقدّرٌ له أن يحمل الأمل والعلاج العملي لآلافٍ من فاقدي السمع، أولئك الذين كانوا—لولا جهوده— محكومين بالصمم والبكم إلى الأبد.

وبعد فترةٍ وجيزة من التحاقه بالشركة المصنّعة لجهاز السمع، دعاني لحضور فصلٍ تدريبيّ تشرف عليه شركته، يهدف إلى تعليم الصمّ كيف يسمعون ويتكلّمون. لم أكن قد سمعتُ بمثل هذا النوع من التعليم من قبل، فحضرتُ الدرس متحفّظًا، وإن كان الأمل يراودني بألّا يضيع وقتي سُدى. وهناك شهدتُ عرضًا فتح أمامي آفاقًا أوسع، وجعلني أرى بوضوح أعظم أثر ما كنتُ قد غرسته في عقل ابني من رغبةٍ متّقدة في السمع الطبيعي. رأيتُ الصمّ البكم يتعلّمون السمع والكلام فعليًا، عبر تطبيق المبدأ نفسه الذي استخدمته قبل أكثر من عشرين عامًا، حين أنقذتُ ابني من مصير الصمم والبكم

وهكذا، وبمنعطفٍ عجيب من منعطفات عجلة القدر، كُتب لي ولابني بلير أن نُسهم في تصحيح الصمم والبكم لأجيالٍ لم تُولد بعد؛ إذ إننا —فيما أعلم—الإنسانان الوحيدان على قيد الحياة اللذان أثبتا، بالدليل القاطع، أن الصمم والبكم ليسا حكمًا أبديًا، وأنه يمكن تصحيحهما إلى الحدّ الذي يعيد المصاب بهما إلى حياةٍ طبيعية. لقد تحقّق ذلك في حالةٍ واحدة، وسيتحقّق في حالاتٍ أخرى.

ولا يساورني أدنى شكٍّ في أن بلير كان سيظلّ أصمّ أبكم طوال حياته، لولا أنني ووالدته نجحنا في تشكيل عقله على النحو الذي فعلناه. فالطبيب الذي أشرف على ولادته أخبرنا—على سبيل المصارحة— أن الطفل قد لا يسمع أو يتكلّم أبدًا. وقبل أسابيع قليلة، قام الدكتور إيرفينغ فورهيس، وهو من أبرز المتخصّصين في مثل هذه الحالات، بفحص بلير فحصًا دقيقًا. وقد بدا عليه الذهول حين علم إلى أيّ مدى صار ابني يسمع ويتكلّم، وقال إن فحوصه تشير إلى أنّ "الطفل—من الناحية النظرية—لا ينبغي أن يكون قادرًا على السمع إطلاقًا". ومع ذلك، فإن الفتى يسمع فعلًا، على الرغم من أنّ صور الأشعة السينية تُظهر عدم وجود أيّ فتحةٍ في الجمجمة تصل بين موضع الأذنين والدماغ.

عندما غرستُ في ذهنه **الرغبة** في السمع والكلام والعيش كإنسانٍ طبيعي، صاحَبَ تلك الدفعةَ شيءٌ غامض، تأثيرٌ خفيّ، جعل الطبيعة نفسها تقوم بدور البنّاء، فتمدّ جسرًا فوق هوّة الصمت، لتصل بين دماغه والعالم الخارجي، بوسائل لم يستطع أمهر الأطباء والمتخصّصين تفسيرها حتى اليوم. وليس من اللائق—ولا من الورع—أن أجرؤ على تخمين الكيفية التي صنعت بها الطبيعة هذه المعجزة. لكن من غير المغتفر أن أهمل إخبار العالم بما أعلمه عن الدور المتواضع الذي قمتُ به في هذه التجربة العجيبة.

إنه واجبي، وهو شرفٌ أعتزّ به، أن أقول إنني أؤمن—وليس إيماني هذا بلا سبب—بأن لا شيء مستحيل على من يسند **رغبته بإيمانٍ راسخٍ** لا يلين.

حقًّا، إنّ **الرغبة المتّقدة** تسلك مسالك عجيبة، ملتوية أحيانًا، لتتحوّل في نهاية المطاف إلى ما يعادلها في الواقع المادي. لقد **رغب بلير** في سمعٍ طبيعي، وها هو اليوم يمتلكه. وُلد بإعاقة كان من السهل أن تقذف بمن هو أقلّ وضوحًا في **الرغبة** إلى هوامش الحياة، إلى الشوارع، يحمل حزمة أقلامٍ وعلبة صدقات. أمّا تلك الإعاقة نفسها، فقد غدت اليوم وعدًا بأن تكون الوسيلة التي يقدّم من خلالها خدمةً نافعةً لملايين من ضعاف السمع، وبأن تمنحه عملًا شريفًا ذا مردودٍ ماليّ كريم لبقية عمره.

إنّ "الأكاذيب البيضاء" الصغيرة التي زرعتُها في عقله وهو طفل، حين قدته إلى **الإيمان** بأن علّته ستغدو أصلًا ثمينًا يمكنه أن يستثمره، قد برّرت نفسها أتمّ تبرير. حقًّا، لا شيء—صوابًا كان أم خطأً—تعجز العقيدة الراسخة حين **تقترن برغبةٍ متّقدة** عن تحويله إلى واقعٍ ملموس. وهذه الصفات ليست حكرًا على أحد؛ إنها متاحة للجميع.

وفي مجمل خبرتي في التعامل مع الرجال والنساء ممّن أثقلتهم مشكلات الحياة، لم أصادف حالةً واحدةً تُجسّد قوة **الرغبة** كما تجسّدها هذه القصة. فكثيرًا ما يخطئ الكتّاب حين يكتبون عن موضوعاتٍ لا يملكون عنها سوى معرفةٍ سطحية أو بدائية. أمّا أنا، فقد كان من حظّي أن أُمنح فرصة اختبار صدق **قوة الرغبة** اختبارًا عمليًا، من خلال ابتلاء ابني نفسه. ولعلّ في مجيء هذه التجربة على هذا النحو عنايةً ربّانية؛ فمن ذا أحقّ منه بأن يكون شاهدًا حيًّا على ما يحدث حين تُوضَع **الرغبة** على محكّ الامتحان؟

فإذا كانت الطبيعة الأم نفسها تنحني أمام سلطان الرغبة، أفمن المنطق أن يُظَنّ أنّ بشرًا عاديين قادرون على قهر رغبةٍ متّقدة؟

الرغبة

غريبةٌ وعصيّةٌ على القياس هي قوّة العقل الإنساني! فنحن لا ندرك الكيفية التي يستخدم بها كلّ ظرف، وكلّ إنسان، وكلّ شيءٍ ماديّ يقع في متناوله، وسيلةً لتحويل **الرغبة** إلى ما يعادلها في الواقع الملموس. ولعلّ العلم يكشف هذا السرّ يومًا ما.

لقد غرستُ في عقل ابني **الرغبة** في أن يسمع ويتكلّم كما يسمع ويتكلّم أيّ إنسانٍ طبيعي، وقد أصبحت تلك **الرغبة** اليوم حقيقةً قائمة. وغرستُ في ذهنه **الرغبة** في تحويل أعظم إعاقاته إلى أعظم أصوله، وقد تحقّقت تلك **الرغبة** أيضًا. أمّا الآلية التي تحقّقت بها هذه النتيجة المذهلة، فليست صعبة الوصف؛ إذ قامت على ثلاث حقائق واضحة ومحدّدة:
أوّلًا، **مزجتُ الإيمان بالرغبة** في السمع الطبيعي، ثم نقلتُ هذا المزيج إلى ابني.
ثانيًا، أوصلتُ رغبتي إليه بكلّ وسيلةٍ يمكن تصوّرها، وبجهدٍ دؤوبٍ متواصل، على مدى سنواتٍ طويلة.
ثالثًا، **لقد صدّقني!**

بينما كان هذا الفصل يُستكمل، ورد خبر وفاة السيدة شومان– هاينك. وقد تضمّن أحد الأسطر القصيرة في البرقيات الإخبارية مفتاحًا يفسّر ذلك النجاح الهائل الذي حقّقته هذه المرأة الاستثنائية كمغنّية. أورد هذا المقطع هنا، لأن السرّ الذي يحمله ليس سوى **الرغبة**.

في بداياتِ مسيرتها المهنية، زارت السيدة شومان-هاينك مدير أوبرا البلاط في فيينا لتطلب منه اختبار صوتها. لكنه لم يختبره. فبعد أن ألقى نظرة واحدة على الفتاة المحرجة سيئة الملبس، صاح، دون أي لطف يُذكر: "بهذا الوجه، وبدون أي شخصية على الإطلاق، كيف يمكنك أن تتوقعي النجاح في الأوبرا؟ يا ابنتي العزيزة، تخلّي عن هذه الفكرة. اشتري ماكينة خياطة واذهبي إلى العمل. **لن تكوني مغنية أبدًا**".

كلمة "أبدًا" زمن طويل! كان مدير أوبرا البلاط في فيينا يعرف الكثير عن تقنيات الغناء، لكنه كان يعرف القليل عن قوة الرغبة عندما تبلغ حدّ الهوس. ولو كان يعرف المزيد عن تلك القوة، لما ارتكب خطأ إدانة العبقرية من دون أن يمنحها فرصة.

قبل عدة سنوات، أصيب أحد شركائي في العمل بمرض. وساءت حالته مع مرور الوقت، وفي النهاية نُقل إلى المستشفى لإجراء عملية جراحية. وقبل أن يُنقل على السرير إلى غرفة العمليات، ألقيت نظرة عليه وتساءلت كيف يمكن لشخص نحيل وهزيل إلى هذا الحد أن ينجح في اجتياز عملية جراحية كبرى. حذّرني الطبيب من أن فرصتي في رؤيته حيًّا مرة أخرى ضئيلة، إن لم تكن معدومة. لكن ذلك كان **رأي الطبيب**، ولم يكن رأي المريض. فقبل أن يُنقل بعيدًا، همس بصوت واهن: "لا تقلق يا سيدي، سأخرج من هنا خلال بضعة أيام". نظرت إليّ الممرضة المناوبة بشفقة. لكن المريض نجا بالفعل. وبعد أن انتهى كل شيء، قال طبيبه: "لم ينقذه سوى رغبته الخالصة في الحياة. لم يكن ليصمد لو أنه قبل بإمكانية الموت".

الرغبة

أنا أؤمن بقوة **الرغبة** حين تسندها **الإيمان**، لأنني رأيت هذه القوة ترفع أناسًا من بدايات متواضعة إلى مواقع النفوذ والثروة؛ ورأيتها تنتزع ضحاياها من براثن القبر؛ ورأيتها تكون الوسيلة التي أعادت بها أناسًا إلى الوقوف بعد أن هُزموا بمئة طريقة مختلفة؛ ورأيتها تمنح ابني حياة طبيعية، سعيدة وناجحة، رغم أن الطبيعة أرسلته إلى هذا العالم بلا أذنين.

كيف يمكن للإنسان أن يسخّر قوة **الرغبة** ويستخدمها؟ لقد تمت الإجابة عن هذا السؤال في هذا الفصل والفصول التي تليه من هذا الكتاب. وهذه الرسالة تتوجّه إلى العالم في أعقاب أطول الكساد وأشدّه قسوة ربما عرفته أمريكا على الإطلاق. ومن المنطقي أن نفترض أن هذه الكلمات ستصل إلى كثيرين جُرحوا بفعل ذلك الكساد: من فقدوا ثرواتهم، ومن خسروا مناصبهم، وأعدادًا كبيرة ممن باتوا مضطرين إلى إعادة ترتيب خططهم والبدء من جديد. وإلى جميع هؤلاء أود أن أنقل فكرة واحدة: إن كل إنجاز، أيًّا كانت طبيعته أو غايته، لا بد أن يبدأ **برغبة ملتهبة**، متقدة، في شيء محدد وواضح.

ومن خلال مبدأ غريب وقوي من "كيمياء العقل" لم تفصح عنه الطبيعة قط، فإنها تُغلّف في دافع **الرغبة القوية** ذلك "الشيء" الذي لا يعترف بكلمة مستحيل، ولا يقبل بفكرة الفشل بوصفها واقعًا.

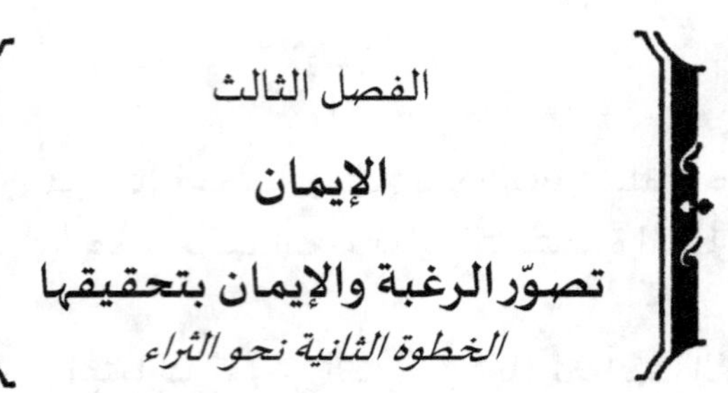

الإيمان هو كبير الكيميائيين في العقل البشري. حين يمتزج **الإيمان** باهتزازات الفكر، يلتقط العقل الباطن هذا الاهتزاز فورًا، يحوّله إلى شكله الروحي، ثم يرسله إلى الذكاء اللانهائي، كما يحدث عند ممارسة الدعاء.

إن مشاعر **الإيمان والحب والجنس** هي أقوى المشاعر الإيجابية على الإطلاق. وحين تمتزج هذه المشاعر الثلاثة، فإنها تُلوّن اهتزازات الفكر بطريقة تجعلها تصل فورًا إلى العقل الباطن، حيث تتحوّل إلى صورتها الروحية، وهي الشكل الوحيد القادر على استدعاء استجابة من الذكاء اللانهائي.

الحب والإيمان طاقتان نفسيّتان، متصلتان بالجانب الروحي في الإنسان. أمّا الجنس فهو طاقة بيولوجية خالصة، لا ترتبط إلا بالجانب الجسدي. لكن مزج هذه المشاعر الثلاثة معًا يفتح قناة اتصال مباشرة بين العقل الإنساني المحدود المفكّر، وبين الذكاء اللانهائي.

كيف نُنمّي الإيمان

نصل الآن إلى حقيقة توضّح بصورة أعمق مدى الأهمية التي يكتسبها مبدأ الإيحاء الذاتي في تحويل الرغبة من مجرد فكرة إلى مقابلها المادي أو المالي.

أي: **الإيمان** هو حالة ذهنية يمكن تحفيزها أو خلقها عن طريق الإيحاء الذاتي، أي إعطاء تأكيدات أو تعليمات متكررة للعقل الباطن.

كمثال، ضع في اعتبارك الغرض الذي من أجله تقرأ هذا الكتاب على الأرجح. الهدف، بطبيعة الحال، هو اكتساب القدرة على تحويل دافع الفكر غير الملموس **للرغبة** إلى نظيره المادي، أي المال. باتباع التعليمات المبينة في فصول الإيحاء الذاتي والعقل الباطن، والتي تم تلخيصها في فصل الإيحاء الذاتي، يمكنك **إقناع** عقلك الباطن بأنك تؤمن بأنك ستحصل على ما تطلبه، وسوف يتصرف عقلك الباطن بناءً على هذا الإيمان، والذي يعود إليك في صورة **إيمان**، يليه خطط محددة للحصول على ما ترغب فيه.

طريقة تطوير **الإيمان**، إذا لم يكن موجودًا مسبقًا، صعبة للغاية في الوصف، بل هي صعبة تقريبًا مثل محاولة وصف اللون الأحمر لرجل أعمى لم يرَ الألوان من قبل، ولا يمتلك شيئًا يمكنه المقارنة به بما تصفه له. الإيمان هو حالة ذهنية يمكن للمرء تطويرها بإرادته بعد أن يتقن الثلاثة عشر مبدأً، لأنه حالة ذهنية تتطور طوعًا من خلال تطبيق هذه المبادئ واستخدامها.

تكرار التأكيدات والتوجيهات إلى العقل الباطن هو الطريقة المعروفة الوحيدة لتطوير شعور الإيمان بشكل إرادي.

قد يصبح المعنى أوضح من خلال المثال التالي عن كيفية تحول بعض الرجال أحيانًا إلى مجرمين. وفقًا لكلمات عالم الجريمة الشهير: "عندما يختلط الرجال أول مرة بالجريمة، يكرهونها. إذا استمروا في الاختلاط بها لبعض الوقت، يعتادون عليها ويتحملونها. وإذا ظلوا مرتبطين بها فترة كافية، فإنهم في النهاية يتبنونها، ويصبحون متأثرين بها".

هذا يعادل القول بأن أي دافع فكري يُمرّر للعقل الباطن بشكل متكرر يُقبل في النهاية ويُنفّذ بواسطة العقل الباطن، الذي يقوم بعد ذلك بترجمته إلى نظيره المادي، باستخدام أكثر الإجراءات العملية المتاحة.

وبالارتباط مع هذا، ضع في اعتبارك مرة أخرى العبارة التالية: **كل الأفكار التي تمت إضفاء المشاعر عليها** (أي التي أُعطيت إحساسًا) **وتم مزجها بالإيمان**، تبدأ فورًا في تحويل نفسها إلى نظيرها المادي أو الملموس.

إن المشاعر، أو جزء "الإحساس" من الأفكار، هي العوامل التي تمنح الأفكار الحيوية، الحياة، والفعل. فعندما تمتزج مشاعر الإيمان والحب والجنس مع أي دافع فكري، فإنها تمنحه قوة وتأثيرًا أكبر مما يمكن لأي من هذه المشاعر أن تقدمه بمفردها.

وليس فقط الدوافع الفكرية التي تم مزجها بالإيمان هي التي تؤثر على العقل الباطن، بل أي دافع فكري مختلط بأي من المشاعر الإيجابية أو حتى السلبية قد يصل إلى العقل الباطن ويؤثر فيه.

ومن هذا البيان، ستفهم أن العقل الباطن يترجم إلى نظيره المادي أي دافع فكري سلبي أو مدمر بنفس السهولة التي يتصرف بها تجاه الدوافع الإيجابية أو البناءة. وهذا يفسر الظاهرة الغريبة التي يختبرها الملايين من الناس، والمعروفة باسم "النحس" أو "سوء الحظ".

هناك ملايين الأشخاص الذين **يؤمنون** بأنهم "محكوم عليهم" بالفقر والفشل، بسبب قوة غريبة **يعتقدون** أنهم لا يملكون أي سيطرة عليها. إنهم خالقو "نحوسهم" بأنفسهم، بسبب هذا **الإيمان** السلبي، الذي يلتقطه العقل الباطن ويترجمه إلى نظيره المادي.

وهنا يكون من المناسب أن أشير مرة أخرى إلى أنه يمكنك الاستفادة من تمرير أي رغبة تريد تحويلها إلى نظيرها المادي أو المالي إلى عقلك الباطن، بحالة توقع وإيمان بأن هذا التحويل سيحدث فعليًا. إن إيمانك هو العنصر الذي يحدد تصرف العقل الباطن. لا يوجد ما يمنعك من "خداع" عقلك الباطن عند إعطائه التعليمات عبر الإيحاء الذاتي، كما فعلت مع عقل ابني الباطن.

ولجعل هذا "الخداع" أكثر واقعية، تصرّف تمامًا كما لو كنت تمتلك الشيء المادي الذي تطالبه به بالفعل عند مخاطبة عقلك الباطن.

سـوف يقوم العقـل الباطـن بتحويل أي أمـر يُعطى له إلى نظيره المـادي، باسـتخدام أكثر الوسـائل مباشـرة وفعاليـة، إذا أُعطي هذا الأمـر بحالة **إيمـان أو ثقـة** بأن الأمـر سينفّـذ.

لقـد ذُكر حتى الآن ما يكفي ليشـكل نقطة انطلاق يمكـن من خلالهـا للمـرء، من خلال التجربة والممارسـة، اكتسـاب القدرة على مزج **الإيمان** مع أي أمـر يُعطى للعقل الباطن. الكمـال يأتي بالممارسـة، *وليس بمجرد قراءة* التعليمات.

إذا كان صحيحًـا أن المـرء قـد يصبـح مجرمًـا نتيجـة اختلاطه بالجريمة (وهـو حقيقـة معروفة)، فإنـه من الصحيـح بنفس القـدر أن المـرء قـد يطور الإيمان عن طريق الإيحـاء الذاتي الإرادي للعقل الباطن بأنه مؤمن. فالعقـل، في النهايـة، يتبنى طبيعـة المؤثرات التـي تسـيطر عليـه. فهم هذه الحقيقة سيجعلك تدرك أهمية تشجيع *المشاعر الإيجابية* كقـوى مهيمنة في عقلك، ومنع —*وإلغاء*— المشاعر السلبية.

العقـل المهيمـن عليه المشاعر الإيجابية يصبح مكانًـا مناسبًـا لحالة ذهنيـة تُعـرف بالإيمان. وعقـل مهيمن عليه بهذه الطريقـة يمكنـه، عند الرغبة، إعطـاء التعليمات للعقل الباطن، الذي سـيقبلها وينفذها على الفـور.

الإيمان هو حالة ذهنية يمكن
تحفيزها بالإيحاء الذاتي.

على مر العصـور، نصح رجال الدين البشـر المكافحين بأن "يؤمنوا" بهـذه العقيـدة أو تلك، لكنهـم فشـلوا في أن يوضحوا كيـف يكون الإيمان. لم يذكروا أن "الإيمان هو حالة ذهنية، ويمكن تحفيزها عن طريق الإيحاء الذاتي".

الإيمان

بلغة بسيطة يمكن لأي إنسان عادي فهمها، سنصِف كل ما هو معروف عن المبدأ الذي يمكن من خلاله تطوير **الإيمان** إذا لم يكن موجودًا مسبقًا.

آمن بنفسك، وآمن باللانهائي.

قبل أن نبدأ، يجب تذكيرك مرة أخرى بأن:
الإيمان هو "الإكسير الأبدي" الذي يمنح الحياة والقوة والفعل لدافع الفكر!
هذه الجملة تستحق أن تُقرأ مرة ثانية، وثالثة، ورابعة. بل يُستحسن أن تُقرأ بصوت عالٍ!

الإيمان هو نقطة البداية لكل تراكم للثروات!

الإيمان هو أساس كل "المعجزات"، وكل الأسرار التي لا تستطيع قواعد العلم تحليلها!

الإيمان هو الترياق الوحيد المعروف ضد **الفشل!**

الإيمان هو العنصر، أو "المركب الكيميائي"، الذي يمنح عند مزجه بالدعاء اتصالًا مباشرًا بالذكاء اللانهائي.

الإيمان هو العنصر الذي يحوّل الاهتزازات العادية للفكر، التي يخلقها العقل البشري المحدود، إلى نظيرها الروحي.

الإيمان هو الوسيلة الوحيدة التي يمكن للإنسان من خلالها تسخير القوة الكونية للذكاء اللانهائي واستخدامها.

وكل واحدة من هذه التصريحات قابلة للإثبات!

الإثبات بسيط ويمكن عرضه بسهولة، فهو متجسد في مبدأ الإيحاء الذاتي. لذا دعونا نركز انتباهنا على موضوع الإيحاء الذاتي، لنعرف ما هو، وما الذي يمكن أن يحققه.

من المعروف أن الإنسان في النهاية **يؤمن** بكل ما يكرره لنفسه، *سواء كانت العبارة صحيحة أم خاطئة*. إذا كرّر الإنسان كذبة مرارًا وتكرارًا، فسوف يقبلها في النهاية كحقيقة، **وسيؤمن بها** كحقيقة.

كل إنسان هو ما هو عليه بسبب **الأفكار المسيطرة** التي يسمح لها بالاستقرار في ذهنه. الأفكار التي يزرعها الإنسان عن قصد في ذهنه، ويغذيها بالتعاطف، ويخلطها بأي شعور أو أكثر من المشاعر، هي القوى الدافعة التي توجه وتتحكم في كل حركة وفعل وتصرف يقوم به!

والآن نصل إلى تصريح حقيقي بالغ الأهمية:
الأفكار التي تمزج بأي شعور من المشاعر تُشكّل قوة "مغناطيسية" تجذب، من اهتزازات الأثير، أفكارًا أخرى مشابهة أو ذات صلة. الفكر الذي يُصبح "مغناطيسيًا" بالمشاعر يمكن مقارنته بالبذرة التي، عند زراعتها في تربة خصبة، تنبت، وتنمو، وتتضاعف مرارًا وتكرارًا، حتى ما كان في البداية بذرة صغيرة واحدة يصبح ملايين البذور **من نفس النوع!**

الأثير هو كتلة كونية عظيمة من القوى الاهتزازية الأبدية. وهو يتكوّن من اهتزازات هدامة وأخرى بناءة. يحمل، في كل لحظة، اهتزازات الخوف، والفقر، والمرض

والفشـل، والبؤس؛ وأيضًا اهتزازات الازدهار، والصحة، والنجاح، والسـعادة، تمامًا كما يحمل أصوات مئات الأوركسترات الموسيقية، ومئات الأصوات البشرية، وكلها تحافظ على فرديتها ووسائل تعريفها عبر الإذاعة.

من المخزون العظيم للأثير، يجذب العقل البشري باستمرار الاهتزازات التي تتناغم مع ما **يسيطر** على العقل البشري. أي فكرة، أو خطة، أو غاية، *يحملها* المرء في عقله، تجذب من اهتزازات الأثير مجموعة من الأفكار ذات الصلة، تضيف هذه "الأفكار ذات الصلة" إلى قوتها الخاصة، وتنمو حتى تصبح **السيد المحفّز** المسيطر على الفرد الذي احتضنها في ذهنه.

والآن، لنعد إلى نقطة البداية، ونتعرّف على كيفية زرع البذرة الأصلية لأي فكرة أو خطة أو غاية في العقل. المعلومة بسيطة: يمكن وضع أي فكرة أو خطة أو غاية في العقل من *خلال تكرار الفكر*. ولهذا السبب يُطلب منك كتابة بيان الهدف الرئيسي المحدد، وحفظه عن ظهر قلب، وتكراره بكلمات مسموعة يومًا بعد يوم، حتى تصل اهتزازات الصوت هذه إلى عقلك الباطن.

نحن ما نحن عليه بسبب اهتزازات الفكر التي نلتقطها ونسجلها، من خلال مؤثرات بيئتنا اليومية.

عـزّم على التخلص من تأثير أي بيئة مؤسفة، وبناء حياتك الخاصة وفق **نظامك الخاص.**

عند جرد الأصول والسلبيات العقلية، ستكتشف أن أعظم نقاط ضعفك هي نقص الثقة بالنفس. ويمكن تجاوز هذا القيد، وتحويل الخجل إلى شجاعة، بمساعدة مبدأ الإيحاء الذاتي. يمكن تطبيق هذا المبدأ من خلال ترتيب بسيط من دوافع التفكير الإيجابية، تُكتب، وتُحفظ عن ظهر قلب، وتُكرر، حتى تصبح جزءًا من معدات العمل العقلية للعقل الباطن.

صيغة بناء الثقة بالنفس

أولًا: أعلم أن لدي القدرة على تحقيق هدف حياتي المحدد، لذلك **أطالب** نفسي بالعمل المستمر والمثابر نحو تحقيقه، وأعد هنا والآن أن أبذل هذا الجهد.

ثانيًا: أدرك أن الأفكار المسيطرة في عقلي ستتجسّد في أفعال خارجية، وستتحول تدريجيًا إلى واقع مادي، لذلك سأركّز أفكاري لمدة ثلاثين دقيقة يوميًا على التفكير في الشخص الذي أريد أن أصبحه، مما يخلق في ذهني صورة ذهنية واضحة لذلك الشخص.

ثالثًا: أعلم من خلال مبدأ الإيحاء الذاتي أن أي رغبة أتمسك بها باستمرار في ذهني ستسعى في النهاية إلى التعبير عن نفسها من خلال وسائل عملية لتحقيق الهدف الكامن وراءها، لذلك سأكرّس عشر دقائق يوميًا لمطالبة نفسي بتنمية **الثقة بالنفس.**

الإيمان

رابعًا: لقد كتبت بوضوح وصفًا **لهدفي الرئيسي المحدد في الحياة،** ولن أتوقف عن السعي لتحقيقه حتى أطور ثقة كافية بنفسي تمكنني من بلوغه.

خامسًا: أدرك تمامًا أن أي ثروة أو مكانة لا تدوم طويلًا إلا إذا بنيت على الحق والعدل، لذلك لن أشارك في أي صفقة لا تعود بالنفع على جميع من تؤثر عليهم. سأحقق النجاح بجذب القوى التي أرغب في استخدامها، وبالتعاون مع الآخرين. سأحث الآخرين على خدمتي بسبب استعدادي لخدمة الآخرين. سأقضي على الكراهية والحسد والغيرة والأنانية والتشاؤم من خلال تنمية الحب لجميع البشر، لأني أعلم أن النظرة السلبية تجاه الآخرين لا يمكن أن تجلب لي النجاح أبدًا. سأجعل الآخرين يؤمنون بي، لأنني سأؤمن بهم وبنفسي.

سأوقع اسمي على هذه الصيغة، وأحفظها عن ظهر قلب، وأرددها بصوت عالٍ مرة واحدة يوميًا، **بإيمان** كامل بأنها ستؤثر تدريجيًا على **أفكاري وأفعالي،** حتى أصبح شخصًا يعتمد على نفسه وناجحًا.

وراء هذه الصيغة يكمن قانون طبيعي لم يتمكن أي إنسان من تفسيره بعد. لقد حير علماء جميع العصور. وقد أطلق عليه علماء النفس اسم "الإيحاء الذاتي" واكتفوا بذلك.

الاسم الذي يُطلق على هذا القانون ليس ذا أهمية كبيرة. الأمر الأهم بشأنه هو—أنه

فكّر وازدد ثراءً

يعمل من أجل مجد ونجاح البشرية، **إذا** ما استُخدم بشكل بنّاء. من ناحية أخرى، وإذا أُسيء استخدامه، فإنه قادر على الهدم بنفس السهولة.

وفي هذا البيان تكمن حقيقة بالغة الأهمية، وهي أن أولئك الذين يسقطون في الهزيمة وينهون حياتهم في فقر وبؤس وشقاء، يفعلون ذلك نتيجة التطبيق السلبي لمبدأ الإيحاء الذاتي.

يمكن العثور على السبب في حقيقة أن جميع دوافع الفكر تميل إلى أن تتجسد في شكلها المادي المعادل.

العقل الباطن، ذلك المختبر الكيميائي الخفي الذي تُجمع فيه كل دوافع الفكر لتُحوّل إلى واقع ملموس، لا يفرق بين الفكر البنّاء والفكر الهدّام. إنه يعمل بما نغذيه له من أفكار، ويحوّلها إلى نتائج ملموسة في حياتنا. الفكرة المدفوعة **بالخوف** ستتجسد في الواقع بنفس السهولة التي تتجسد بها الفكرة المدفوعة **بالشجاعة** أو **الإيمان.**

تاريخ الطب مليء بحالات الانتحار بالإيحاء الذاتي. فكما يمكن للظروف أو الوسائل الخارجية أن تودي بحياة الإنسان، يمكن للفكر السلبي وحده أن يفعل ذلك بنفس القوة.

في إحدى المدن الأمريكية، ارتكب موظف بنك يُدعى يوسف غرانت تصرفًا متهورًا: استعار مبلغًا كبيرًا من أموال البنك دون إذن الإدارة، ثم خسره في القمار. وعندما بدأ مفتش البنك في مراجعة الحسابات، غادر يوسف البنك، واختبأ في غرفة فندق محلي. وبعد ثلاثة أيام، عُثر عليه ملقى على السرير، يئن ويصرخ، مكررًا بصوت يملؤه الرعب: "يا إلهي، هذا سيقتلني! لا أستطيع تحمل هذا العار!"

الإيمان

لم تمض لحظات طويلة حتى رحل عن الدنيا. وقد وصف الأطباء حالته بأنها انتحار عقلي نتيجة الإيحاء السلبي.

تمامًا كما تُشغّل الكهرباء عجلات الصناعة وتقدّم خدمات نافعة إذا استُخدمت بحكمة، أو تدمر الحياة إذا أسيء استخدامها، فإن قانون الإيحاء الذاتي قادر على أن يقودك إلى السلام والازدهار، أو يُسقطك في وادي الشقاء والفشل والموت، وفقًا لمدى فهمك وإتقانك لتطبيقه.

إذا ملأت عقلك **بالخوف** والشك وعدم الإيمان بقدرتك على التواصل مع قوى الذكاء المطلق واستخدامها، فإن العقل الباطن سيأخذ هذا الشعور بعدم الإيمان ويحوّله إلى واقع ملموس وفقًا لما يغذيه به من أفكار.

هذا البيان صحيح تماماً ويساوي في صحته معرفة أن اثنين و اثنين تساوي أربعة!

وكما تدفع الرياح سفينة نحو الشرق وأخرى نحو الغرب، فإن قانون الإيحاء الذاتي سيرفعك عاليًا أو يسحبك للأسفل، حسب الطريقة التي تضبط بها أشرعة **أفكارك** وتوجّه بها قوى عقلك.

إن هذا القانون، الذي يستطيع أي شخص من خلاله أن يرتقي إلى قمم إنجازات تفوق الخيال، يمكن تلخيصه في هذه الكلمات الحكيمة:

"إذا/عتقدت أنك مهزوم، فأنت مهزوم،
إذا/عتقدت أنك لا تجرؤ، فلن تجرؤ،
إذا رغبت في الفوز لكنك ظننت أنك لا تستطيع،
فالأرجح أنك لن تفوز."

فكّر وازدد ثراءً

"إذا *ظننت* أنك ستخسر، فأنت خاسر،
فمن خلال العالم نجد أن
النجاح يبدأ بإرادة الإنسان—
كل شيء يبدأ في العقل.

إذا/*اعتقدت* أنك أقل شأنًا من الآخرين، فأنت كذلك،
عليك أن تفكر بعظمة لتنهض،
وعليك أن *تثق بنفسك* قبل
أن تفوز بأي جائزة.

معارك الحياة لا تُحسم دائمًا
للأقوى أو الأسرع،
ولكن عاجلًا أم آجلًا، الرجل الذي ينجح
هو الرجل الذي **يؤمن أنه يستطيع!**"

انتبه إلى الكلمات المؤكدة، وستدرك العمق الحقيقي الذي أراده الشاعر.

في مكان ما في تكوينك—ربما في خلايا دماغك—تكمن بذرة الإنجاز *النائمة*، التي إذا أيقظت ووُضعت موضع التنفيذ، يمكن أن تصعد بك إلى قمم ربما لم تكن تحلم بها يومًا.

تمامًا كما يستطيع عازف ماهر أن يجعل أعذب الألحان تتدفق من أوتار الكمان، يمكنك أنت أيضًا أن توقظ العبقرية الكامنة في عقلك، وتجعلها تدفعك نحو أي هدف ترغب في الوصول إليه.

أبراهام لنكولن فشل في كل ما حاول القيام به حتى تجاوز الأربعين من عمره، كان رجلاً مجهولًا من لا مكان، حتى دخلت حياته تجربة عظيمة أيقظت العبقرية النائمة في قلبه وعقله، وأعطت العالم أحد أعظم الرجال.

الإيمان

كانت تلك "التجربة" مزيجًا من الحزن **والحب**، وجاءت إليه عبر آن روتليدج، المرأة الوحيدة التي أحبها حبًا حقيقيًا.

من الحقائق المعروفة أن شعور **الحب** قريب جدًا من حالة العقل التي تُسمى **الإيمان**، وذلك لأن الحب يمتلك القدرة على تقريب أفكارنا ودوافعنا إلى ما يعادلها على المستوى الروحي.

وخلال بحثه، اكتشف المؤلف أن دراسة حياة وإنجازات مئات الرجال البارزين كشفت عن تأثير حب امرأة خلف **معظم هؤلاء الرجال**، كشرارة أشعلت طاقات عظيمة كامنة. فالحب في قلب وعقل الإنسان يخلق مجالًا مغناطيسيًا فريدًا، يجذب الذبذبات العليا والنقية التي تحلق في الأثير، ويهيئ الأرضية لنشوء الإبداع والإنجازات العظيمة.

إذا أردت دليلًا على قوة **الإيمان**، فادرس إنجازات الرجال والنساء الذين استخدموه. وعلى رأس القائمة يأتي الناصري، فالمسيحية هي القوة الأعظم التي تؤثر في عقول البشر. الأساس في المسيحية هو **الإيمان**، مهما حاول البعض تحريفه أو إساءة تفسيره، ومهما وُجدت عقائد وطقوس تحمل اسمه لكنها لا تعكس جوهره.

جوهر تعاليم المسيح وإنجازاته، التي فسّرها البعض على أنها "معجزات"، لم تكن سوى **الإيمان**. وإذا كانت هناك معجزات، فهي لا تتحقق إلا من خلال حالة العقل المعروفة **بالإيمان!**

بعض المعلمين الدينيين، والعديد ممن يسمون أنفسهم مسيحيين، لا يفهمون **الإيمان** ولا يمارسونه.

لنتأمل قوة **الإيمان** كما تجلت في شخص معروف عالميًا، وهو المهاتما غاندي من الهند. في هذا الرجل نجد أحد أعظم الأمثلة على إمكانيات **الإيمان**. يمتلك غاندي قوة هائلة، رغم أنه لا يملك أدوات القوة التقليدية مثل المال، السفن الحربية، الجنود أو معدات الحرب. لا مال لديه، ولا منزل، ولا حتى بدلة، لكنه يمتلك القوة.

كيف حصل على هذه القوة؟

لقد خلقها من فهمه لمبدأ الإيمان، ومن خلال قدرته على زرع هذا الإيمان في عقول مئتي مليون شخص.

لقد حقق غاندي، بتأثير الإيمان، ما لم تستطع أقوى قوة عسكرية على الأرض تحقيقه أبدًا، وهو **القدرة على توحيد مئتي مليون عقل للتحرك كوحدة واحدة، وكعقل واحد.**

أي قوة أخرى على الأرض، سوى الإيمان، يمكن أن تفعل ذلك؟

سيأتي اليوم الذي يكتشف فيه كل من الموظفين وأصحاب العمل قوة **الإيمان** وإمكاناته الحقيقية... وذلك اليوم قد بدأ يلوح في الأفق بالفعل.

الإيمان

لقد أتيحت للعالم فرصة وفيرة، خلال الركود الاقتصادي الأخير، ليشهد تأثير **غياب الإيمان** على الأعمال والحياة الاقتصادية.

لقد أنجبت الحضارة ما يكفي من العقول الذكية لتستفيد من الدرس العظيم الذي علّمه العالم من خلال الأزمة الاقتصادية الأخيرة. فقد شهد العالم خلال هذه الأزمة كيف يمكن أن يشل **الخوف** المنتشر عجلات الصناعة والأعمال ويوقف عجلة التقدم.

ومن رحم هذه التجربة سيبرز قادة في عالم الأعمال والصناعة، يستفيدون من المثال الذي وضعه غاندي للعالم، ويطبقون في أعمالهم نفس الأساليب التي استخدمها في بناء أعظم حركة جماهيرية عرفها التاريخ. هؤلاء القادة سيأتون من بين الرجال العاديين غير المعروفين، الذين يعملون اليوم في مصانع الصلب، ومناجم الفحم، ومصانع السيارات، وفي المدن والقرى الصغيرة عبر أمريكا، حاملين معهم إرادة التغيير.

الأعمال التجارية على موعد مع إصلاح حقيقي، فلا يساوركم شك! فالطرق القديمة، القائمة على **القوة والخوف** والضغط على الآخرين، ستستبدل بالمبادئ الأصيلة القائمة على **الإيمان** والتعاون والمسؤولية المشتركة.

العمال سيحصلون على أكثر من مجرد أجور يومية؛ سيصبح لهم نصيب من الأرباح، تمامًا كما لأولئك الذين يزودون رأس المال. لكن أولًا عليهم أن **يعطوا أكثر لأصحاب الأعمال**، وأن يضعوا حدًا للشجار والمساومات بالقوة على حساب المصلحة العامة، *ليكتسبوا حقهم الشرعي في المشاركة بالأرباح.*

والأهم من كل شيء—سيقودهم قادة يفهمون ويطبقون المبادئ التي استخدمها المهاتما غاندي

فقط من خلال هذا النهج يمكن للقادة أن يستمدوا من أتباعهم روح التعاون **الكامل**، تلك الروح التي تشكّل القوة في أسمى صورها وأكثرها ديمومة.

لقد استهلك عصر الآلات الهائل الذي نعيش فيه، والذي بدأنا نخرج منه مؤخرًا، روح الإنسان. لقد تعامل قادة هذا العصر مع البشر كما لو كانوا قطعًا من الآلات الباردة، وكانوا مضطرين إلى ذلك بسبب الموظفين الذين تفاوضوا، على حساب الجميع، *لأخذ المزيد دون أن يعطوا* شيئًا.

سيكون شعار المستقبل **السعادة الإنسانية والرضا الداخلي**، وعندما تتحقق هذه الحالة الذهنية، سيتدفق الإنتاج بسهولة وكفاءة أكبر مما تحقق في أي وقت سابق، حيث لم يكن البشر قادرين على مزج **الإيمان** والمصلحة الفردية مع عملهم.

ونظرًا لأهمية الإيمان والتعاون في إدارة الأعمال والصناعة، سيكون من المفيد دراسة حدث يوضح طريقة تراكم الثروات الضخمة لدى الصناعيين ورجال الأعمال، من خلال *العطاء قبل السعي للأخذ*.

القصة المختارة تعود إلى عام 1900، حين كانت شركة الحديد والصلب الأمريكية تُبنى. وبينما تقرأ هذه القصة، تذكر هذه الحقائق الجوهرية لتفهم كيف تتحول **الأفكار** إلى ثروات هائلة:

أولًا، وُلدت فكرة الشركة الضخمة في عقل تشارلز م. شوب، على شكل **فكرة أبدعها بخياله**.

ثانيًا، مزج **الإيمان** بفكرته، مؤمنًا بقدرتها على التحقق.

ثالثًا، وضع **خطة** لتحويل **فكرته** إلى واقع مادي ومالي ملموس.

رابعًا، بدأ بتنفيذ خطته من خلال كلمته الشهيرة في نادي الجامعة

خامسًا، طبق **خطته بإصرار مستمر**، مدعومًا **بقرار حازم**، حتى تحققت بالكامل.

سادسًا، أعدّ الطريق للنجاح **برغبة ملتهبة** في التفوق والإنجاز.

إذا كنت من الذين تساءلوا عن كيفية تراكم الثروات الضخمة، فإن قصة تأسيس شركة الحديد والصلب الأمريكية ستكون بمثابة دليل حي وواضح. وإذا كنت تشكك في قدرة الإنسان على **التفكير والنمو نحو الثراء**، فهذه القصة ستبدد كل شكوكك، إذ ترى بوضوح تطبيق جزء كبير من المبادئ الثلاثة عشر الواردة في هذا الكتاب.

وقد روى جون لويل هذه القصة المذهلة عن قوة **الفكرة** بأسلوب درامي في صحيفة نيويورك وورلد-تليجرام، ونعيد نشرها هنا بفضل كرم الصحيفة:

خطاب أنيق بعد العشاء بمليار دولار

في مساء يوم 12 ديسمبر 1900، اجتمع نحو ثمانين من نبلاء المال في البلاد في قاعة الولائم بنادي الجامعة على الجادة الخامسة لتكريم شاب من الغرب الأمريكي، ولم يدرك نصف دزينة من الضيوف أنهم على وشك أن يشهدوا أهم حلقة في تاريخ الصناعة الأمريكية."
جي. إدوارد سيمونز وشارلز ستيوارت سميث...

كانت قلوب الحاضرين مليئة بالامتنان لحفاوة الاستقبال التي حظوا بها على يد تشارلز م. شوب خلال زيارته الأخيرة لمدينة بيتسبرغ، وقد نظموا هذا العشاء لتقديم رجل الصلب البالغ من العمر ثمانية وثلاثين عامًا إلى مجتمع المصارف الشرقي الراقي. لكنهم لم يتوقعوا أن هذا الشاب سيهز أركان المؤتمر ويترك أثرًا لا يُنسى.

حذّروه بأن القلوب المتعجرفة في نيويورك لن تتجاوب بسهولة مع أي خطاب، وأنه إذا لم يرغب في إزعاج كبار العائلات مثل ستيلمان وهاريمان وفاندر بيلت، فعليه أن يكتفي بخمس عشرة أو عشرين دقيقة من الكلمات اللبقة ويترك الأمر عند هذا الحد.

حتى جون بيربونت مورغان، الجالس على يمين شوب كما يليق بمكانته الإمبراطورية، كان ينوي المشاركة للحظات وجيزة فقط. وبالنسبة للصحافة والجمهور، بدا الحدث بلا أهمية تُذكر، فلم تصل أي أخبار عنه إلى الصفحات في اليوم التالي.

وهكذا، بدأ المضيفون وضيوفهم المرموقون بتناول وجباتهم المكونة من سبع أو ثماني أطباق تقليدية. كان الحوار قليلًا ومتحفظًا، فقلّة من المصرفيين والسماسرة قد قابلوا شوب من قبل، الذي تفتحت مسيرته على ضفاف نهر مونونغهيلة، ولم يعرفه أحد عن قرب.

لكن قبل أن تنقضي الأمسية، سَيُدهش الجميع—ومعهم سيد المال مورغان—وسيُولد "الطفل" المليارى، شركة الحديد والصلب الأمريكية.

قد يكون من المؤسف تاريخيًا أنه لم يُسجل خطاب شوب أثناء العشاء أبدًا. إلا أنه كرّر بعض مقاطعه لاحقًا في اجتماع مشابه لمصرفي شيكاغو،

ولاحقًا، عندما رفعت الحكومة دعوى لتفكيك احتكار الصلب، قدّم شواب شهادته من منصة الشهود موضحًا تصريحاته التي دفعت مورغان إلى اندفاع مالي هائل.

من المحتمل أن يكون خطابه، رغم تأثيره، بسيطًا بعض الشيء وغير متقن من الناحية اللغوية (فشواب لم يهتم مطلقًا بدقة اللغة)، لكنه كان غنيًا بالأقوال المأثورة والذكاء الخفي. ومع ذلك، فقد امتلك قوة وتأثيرًا كبيرين على رأس المال المقدر بخمسة مليارات دولار الذي مثّله الحضور. وبعد انتهاء الخطاب، وظل الجمهور تحت تأثيره، رغم أن شواب تحدث لمدة تسعين دقيقة، أخذ مورغان الخطيب إلى نافذة بارزة، حيث جلست أرجلهم متدلية من المقعد المرتفع وغير المريح، وتحدثا هناك لمدة ساعة إضافية.

لقد أُطلقت قوة شخصية شواب السحرية بكامل طاقتها، لكن الأهم والأكثر ديمومة كان البرنامج الواضح والمفصّل الذي وضعه لتوسيع نفوذ شركة الصلب. حاول كثيرون من الرجال الآخرين جذب اهتمام مورغان لتشكيل احتكار للصلب على غرار احتكارات البسكويت، والأسلاك والأطواق، والسكر، والمطاط، والويسكي، والنفط، أو العلكة. وقد حثّ جون دبليو. غيتس، المقامر، على ذلك، لكن مورغان لم يثق به. كما حاول شقيقا مور، بيل وجيم، وسطاء الأسهم في شيكاغو الذين جمعوا بين احتكار أعواد الثقاب وشركة البسكويت، دفع مورغان للقبول وفشلوا. أراد المحامي الريفي المتزمت إلبرت هـ غاري دعم الفكرة، لكنه لم يكن ذا تأثير كافٍ ليكون مقنعًا. وحتى جاء خطاب شواب البليغ ليأسر اهتمام ج. ب. مورغان ويشعل شرارة إنشاء أكبر شركة صلب عرفها التاريخ الأمريكي.

ارتقى مورغان إلى القمم التي مكنته من تصور النتائج الملموسة لأجرأ مشروع مالي عرفه التاريخ، ذلك المشروع الذي اعتبره الكثيرون في البداية مجرد حلم جنوني يسعى وراء أرباح سهلة.

لقد بدأ المغناطيس المالي منذ جيل كامل في اجتذاب آلاف الشركات الصغيرة، أحيانًا غير المنظمة بكفاءة، إلى تحالفات ضخمة قادرة على سحق المنافسة، وقد بدأ تأثيره يصل إلى عالم صناعة الصلب عبر الحيلة البارعة وروح الدعابة لمغامر الأعمال جون دبليو. جيتس.

لقد أسس جيتس شركة الصلب والأسلاك الأمريكية من سلسلة شركات صغيرة، ومع مورغان أسسا شركة الصلب الفيدرالية. كما شملت محفظة مورغان شركتي الأنابيب الوطنية والجسر الأمريكي، في حين تخلى الأخوان مور عن صناعة الكبريت والبسكويت لتأسيس المجموعة الأمريكية التي ضمت: الصفيح، الأطواق الفولاذية، ألواح الفولاذ، إلى جانب شركة الصلب الوطنية.

لكن أمام الاحتكار العمودي الهائل لأندرو كارنيجي، الذي كان يمتلكه ويديره خمسة وخمسون شريكًا، بدت كل هذه التحالفات الصغيرة هامشية وغير مؤثرة. يمكنها أن تتحد كما تشاء، لكنها جميعًا معًا لم تكن لتترك أي أثر يذكر في إمبراطورية كارنيجي، وكان مورغان على علم بذلك تمامًا.

وكان كارنيجي العجوز الغريب الأطوار يدرك الأمر أيضًا. من أعالي قلعة سكيّبو، كان يشاهد أولًا بسخرية، ثم بسخط مستتر، محاولات شركات مورغان الصغيرة للتسلل إلى أعماله. وعندما ازدادت جرأة هذه المحاولات، تحولت طباع كارنيجي إلى غضب محتدم ورد فعل صارم لا يرحم.

قرر أن يكرر كل مصنع يملكه منافسوه. حتى ذلك الوقت، لم يكن يهتم كثيرًا بالأسلاك أو الأنابيب أو الأطواق الفولاذية أو الألواح، وكان يكتفي ببيع هذه الشركات الفولاذ الخام، تاركًا لهم حرية تشكيله كيفما يشاءون. لكن الآن، ومع شوب كرئيس ورفيق مخلص، كان يخطط لدفع منافسيه إلى الزاوية وإجبارهم على الخضوع.

وهكذا، من خلال خطاب تشارلز م. شوب، وجد مورغان الحل الذهبي لمعضلة الدمج وخلق الاحتكار الحقيقي. فاحتكار بدون كارنيجي——العملاق الأعظم بينهم جميعًا——كان سيكون بلا قيمة، مجرد طبق حلوى بلا فواكه، كما وصفه أحد الكتاب.

في ليلة الثاني عشر من ديسمبر عام 1900، حمل خطاب شوب إشارة قوية إلى إمكانية ضم إمبراطورية كارنيجي الهائلة تحت مظلة مورغان، رغم أنه لم يقدم وعدًا مباشرًا بذلك. تحدث عن مستقبل صناعة الصلب في العالم، وعن إعادة تنظيم الشركات لتحقيق أعلى درجات الكفاءة، وعن التخصص، وإلغاء المصانع الفاشلة، وتركيز الجهود على المصانع المزدهرة، وعن ترشيد نفقات نقل الخام والإدارة، واستهداف الأسواق الخارجية بنهج ذكي.

وعلاوة على ذلك، كشف لشجعان الأعمال بينهم أخطاء سياساتهم السابقة في القرصنة التجارية. فقد كانت أهدافهم تنحصر في إنشاء احتكارات، رفع الأسعار، وتوزيع الأرباح الضخمة على أنفسهم عبر الامتيازات الخاصة. وقد ندّد شواب بهذا النظام بكل حماس وإخلاص بأقوى العبارات وأكثرها وضوحًا وأوضح لهم أن قصور النظر في هذه السياسة يكمن في أنها تقيد السوق في وقت كان كل شيء فيه يتطلب التوسع. وبخفض تكلفة الصلب، كما أوضح، ستتسع الأسواق بشكل هائل، وستُبتكر طرق جديدة لاستخدام الصلب، وستتولد فرص غير محدودة للنمو والازدهار.

وكان بالإمكان، من خلال هذه الرؤية، استحواذ جزء كبير من التجارة العالمية. وعلى الرغم من أنه لم يكن مدركًا لذلك، إلا أن شوب كان بالفعل رسول الإنتاج الكمي الحديث.

وهكذا انتهى العشاء في نادي الجامعة. عاد مورغان إلى منزله، يفكر في توقعات شوب المتفائلة، بينما عاد شوب إلى بيتسبرغ لإدارة أعمال الصلب لصالح "وي أندرا كارنيجي"، وعاد جاري وبقية الحضور إلى شاشات البورصة الخاصة بهم، متلهفين للتحرك القادم.

لم يمر وقت طويل قبل أن تأتي الخطوة التالية. فقد استغرق مورغان حوالي أسبوع لاستيعاب مأدبة الحكمة والفكر التي قدمها له شوب. وعندما تأكد من أن هذه الأفكار لن تسبب له أي اضطراب مالي، أرسل لاستدعاء شوب—ووجده شابًا متحفظًا إلى حد ما. أشار شوب إلى أن السيد كارنيجي قد لا يرضى إذا اكتشف أن رئيس شركته الموثوق كان يتودد إلى إمبراطور وول ستريت، الشارع الذي كان كارنيجي عازمًا على عدم الاقتراب منه أبدًا.

ثم اقترح جون دبليو. غيتس، الوسيط، أنه إذا كان شوب "بالصدفة" في فندق بلفيو في فيلادلفيا، فقد يكون مورغان أيضًا "بالصدفة" هناك. وعندما وصل شوب، كان مورغان مريضًا بشكل مزعج في منزله بنيويورك، ولذا، بناءً على دعوة ملحة من الرجل الأكبر سنًا، توجه شوب إلى نيويورك وقدم نفسه عند باب مكتبة الممول.

ويزعم بعض المؤرخين الاقتصاديين أن كارنيجي نفسه هو من أعد المسرح لهذه الدراما منذ البداية حتى النهاية—من عشاء شوب، والخطاب الشهير، وحتى اجتماع الأحد بين شوب وملك المال، كلها أحداث خطط لها هذا الإسكتلندي الذكي ببراعة

الحقيقة كانت على عكس ذلك تمامًا. عندما تم استدعاء شواب لإتمام الصفقة، لم يكن حتى واثقًا مما إذا كان "الرئيس الصغير"، كما كان يُلقب أندرو، سيستمع لأمر بالبيع، خصوصًا لمجموعة من الرجال الذين كان أندرو يعتبرهم أقل قداسة من اللازم. ومع ذلك، حضر شواب الاجتماع وهو يحمل معه بخط يده ستة أوراق نحاسية تحتوي على تقديرات القيمة الفعلية والقدرة الربحية المحتملة لكل شركة صلب اعتبرها عنصرًا أساسيًا في السماء المعدنية الجديدة.

أمضى أربعة رجال الليل بأكمله في دراسة هذه الأرقام. وكان الرئيس بالطبع مورغان، الثابت على اعتقاده بالحق الإلهي للمال، ومعه شريكه الأرستقراطي روبرت بايكون، العالم والسيد النبيل. والثالث كان جون دبليو غيتس، الذي احتقره مورغان باعتباره مقامرًا واستخدمه كأداة. والرابع كان شواب، الذي كان يعرف أكثر من أي مجموعة رجال أخرى عن عمليات صناعة وبيع الصلب. طوال الاجتماع، لم تُشكك أي جهة في أرقام شواب؛ فإذا قال إن شركة ما تساوي مبلغًا معينًا، فهي بالفعل تساوي ذلك المبلغ ولا أكثر.

كما أصر شواب على أن تشمل الصفقة فقط الشركات التي رشحها هو، ولم يدرج أي شركات لتلبية طمع الأصدقاء الذين أرادوا التخلص من شركاتهم على أكتاف مورغان. وهكذا، استبعد عمدًا عددًا من الشركات الكبرى التي كانت أعين وولروس وكاربنتر على وول ستريت تتوق إليها.

مع بزوغ الفجـر، نهض مورغـان ومد ظهـره، وبقي سـؤال واحد فقط: "هل تعتقد أنك تستطيع إقناع أندرو كارنيجي بالبيع؟"
أجاب شوب: "سأحاول."
قال مورغان: "إذا استطعت إقناعه بالبيع، سأتحمل أمر الصفقة."

لكن، هل سيوافق كارنيجي على البيع؟ وما المبلغ الـذي سيطلبه؟ (شـوب فكر في 320 مليـون دولار). بأي شكل سيكون الدفـع؟ أسـهم عادية أم مفضلة؟ سندات؟ نقدًا؟ لم يكن أحد قادرًا على جمع ثلث مليار دولار نقدًا.

وفي ينايـر، كان هنـاك لعب جولف على الأراضي المتجمدة في ملاعب سـانت أندروز في ويستشسـتر، وكان أندرو يلف نفسـه بالسـترات الثقيلة لمواجهة البرد، بينما كان تشـارلي يتحدث بثرثرة مسـتمرة ليحافظ على معنوياته. لم يذكر أي حديث عن الأعمال حتى جلس الاثنان في دفء كوخ كارنيجي القريـب. عندها، وبنفس الإقناع الـذي هيمـن به على ثمانين مليـونيرًا في نادي الجامعة، صب شـوب أمامه وعودًا لامعة بالتقاعد المريح والملايين الطائلة لتلبيـة نزواته الاجتماعيـة.

استسـلم كارنيجي، وكتب رقمًـا على قطعـة ورق، وسلمها لشـوب وقال: "حسـنًا، هذا هـو مبلغ البيع."

وكان الرقم تقريبًا 400 مليـون دولار، وقد تم التوصل إليه عبر أخذ الـ320 مليـون دولار التي ذكرهـا شـوب كأسـاس، وإضافة 80 مليون دولار لتمثيل زيادة القيمة الرأسمالية خلال العامين الماضيين.

الإيمان

لاحقًا، وعلى سطح إحدى البواخر العابرة للمحيط الأطلسي، قال الإسكتلندي لمورغان بنبرة أسى:
"ليتني طلبت منك مئة مليون دولار إضافية".
فأجابه مورغان بابتسامة واثقة:
"لو أنك طلبتها، لكنت حصلت عليها".

* * * * * * * *

وبالطبع، اندلع ضجيج هائل. فقد أرسل مراسل بريطاني برقية يفيد فيها بأن عالم صناعة الصلب خارج أمريكا قد أُصيب بالذهول والصدمة من هذا الاندماج الجبار. وصرّح رئيس جامعة ييل، هادلي، بأن البلاد، ما لم تُنظَّم الاحتكارات، قد تجد نفسها أمام "إمبراطور في واشنطن خلال خمسة وعشرين عامًا".

لكن مضارب الأسهم البارع كين اندفع يطرح أسهم الشركة الجديدة في الأسواق بحماسة منقطعة النظير، حتى إن كل "الهواء الزائد"——الذي قدّره البعض بنحو ستمائة مليون دولار——تم امتصاصه في لمح البصر. وهكذا حصل كارنيجي على ملايينه، ونال اتحاد مورغان اثنين وستين مليون دولار مقابل كل "عناءه"، بينما خرج جميع "اللاعبين"——من غيتس إلى غاري——بملايينهم كذلك.

* * * * * * * *

أما شوب، ذو الثمانية والثلاثين عامًا، فقد نال نصيبه من المكافأة؛ إذ عُيّن رئيسًا للشركة الجديدة، وظل ممسكًا بزمامها حتى عام 1903.

إن القصة الدرامية لـ"عالم الأعمال العملاقة" التي انتهيت للتو من قراءتها، أُدرجت في هذا الكتاب لأنها تمثل أدق وأوضح مثال على الكيفية التي يمكن بها **تحويل الرغبة إلى واقع ملموس.**

وقد يتساءل بعض القرّاء عن صحة القول بأن رغبة غير ملموسة يمكن أن تتحول إلى مكافئها المادي. ولا شك أن بعضهم سيقول: "لا يمكن تحويل **العدم** إلى **شيء**!"

يكمن الجواب في قصة شركة الولايات المتحدة للصلب

لقد نشأت هذه المؤسسة العملاقة في ذهن رجل واحد. والخطة التي بموجبها تم تزويد الشركة بمصانع الصلب التي منحتها الاستقرار المالي، كانت من بنات أفكار هذا الرجل نفسه. **إيمانه، ورغبته، وخياله، ومثابرته،** كانت هي المكونات الحقيقية التي ساهمت في بناء شركة الولايات المتحدة للصلب. أما مصانع الصلب والمعدات الميكانيكية التي استحوذت عليها الشركة، **بعد تأسيسها قانونيًا،** فكانت ثانوية، لكن التحليل الدقيق سيكشف أن القيمة المقدرة للعقارات التي استحوذت عليها الشركة قد ارتفعت بنحو **600 مليون دولار،** بمجرد إتمام الصفقة التي جمعتها تحت إدارة واحدة.

بعبارة أخرى، تم تسويق فكرة تشارلز إم. شوب، بالإضافة إلى **الإيمان** الذي نقلها به إلى جيه. بي. مورغان والآخرين، لتحقيق ربح يقارب 600 مليون دولار. مبلغ زهيد مقابل **فكرة واحدة!**

أما ما حدث لبعض الرجال الذين نالوا نصيبهم من ملايين الدولارات من الأرباح التي حققتها هذه الصفقة، فهو أمر لا يهمنا الآن. يكمن جوهر هذا الإنجاز المذهل في كونه دليلاً قاطعاً على صحة الفلسفة الموصوفة في هذا الكتاب، لأن هذه الفلسفة كانت أساس الصفقة برمتها. علاوة على ذلك، فقد ثبتت جدوى هذه الفلسفة من خلال حقيقة أن:

الإيمان

ازدهرت شركة الولايات المتحدة للصلب وأصبحت واحدة من أغنى وأقوى الشركات في أمريكا، حيث وظفت آلاف الأشخاص، وطورت استخدامات جديدة للصلب، وفتحت أسواقاً جديدة؛ مما يؤكد أن مبلغ الـ 600 مليون دولار من الأرباح التي حققتها فكرة شوب كان مستحقاً.

الثروة تبدأ من الفكرة!

لا يحدّ من هذا المبلغ إلا الشخص الذي يزرع **الفكرة** في ذهنه. **الإيمان** يزيل كل القيود! تذكر هذا عندما تكون مستعداً لمواجهة الحياة. مهما كان الثمن الذي تطلبه مقابل مرورك من هنا.

تذكر أيضًا أن الرجل الذي أسس شركة الولايات المتحدة للصلب كان مغمورًا تقريبًا في ذلك الوقت. لم يكن سوى مساعد أندرو كارنيجي المخلص حتى خطرت له **فكرته** الشهيرة. بعد ذلك، سرعان ما ارتقى إلى منصب السلطة والشهرة والثروة.

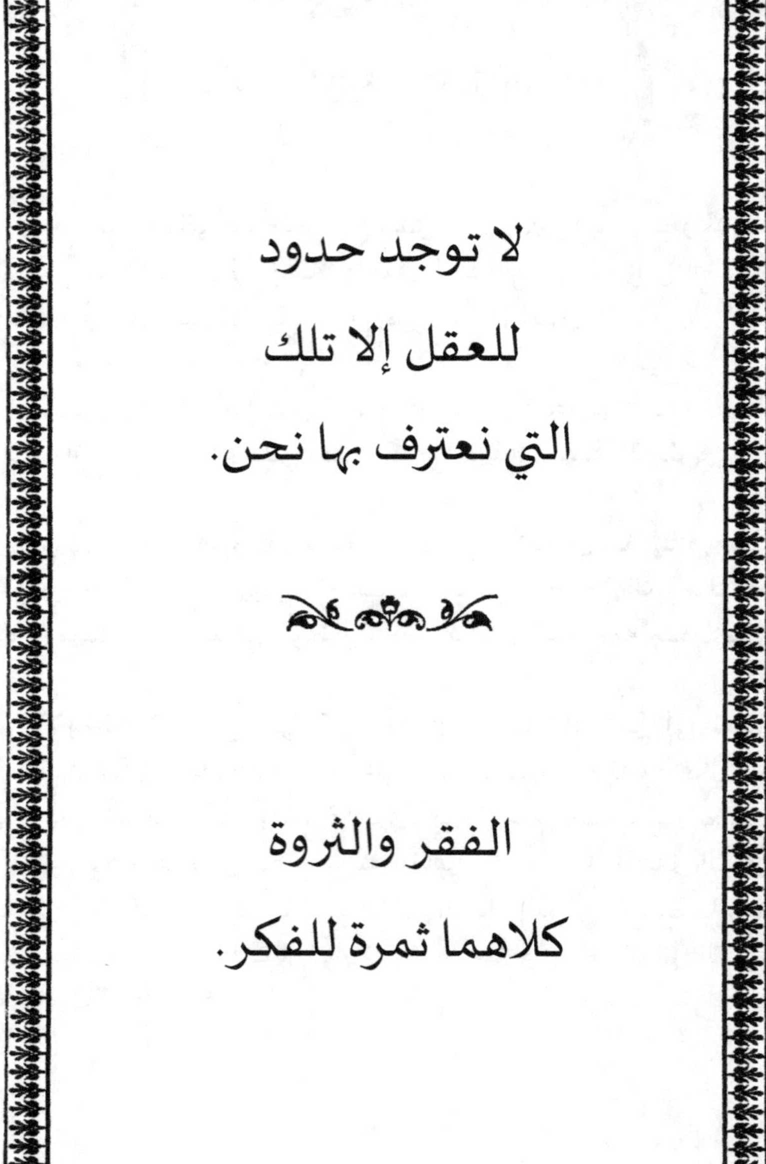

لا توجد حدود

للعقل إلا تلك

التي نعترف بها نحن.

الفقر والثروة

كلاهما ثمرة للفكر.

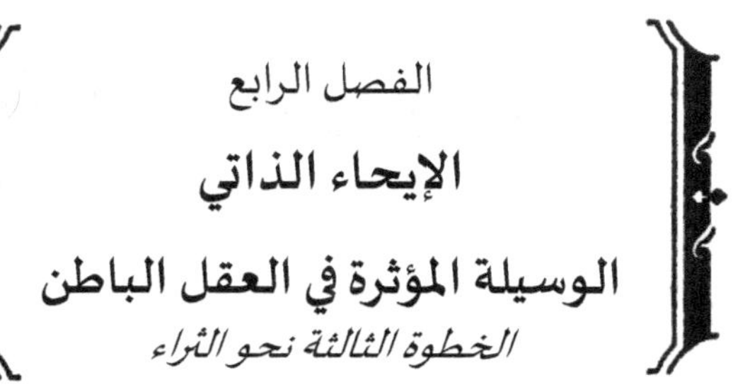

الإيحاء الذاتي هو المصطلح الذي يشمل كل الإيحاءات والمنبهات التي يزرعها الإنسان في نفسه، وتصل إلى عقله عبر الحواس الخمس. وبعبارة أخرى، فإن الإيحاء الذاتي هو إيحاء النفس لنفسها.

وهو وسيلة الاتصال بين الجزء من العقل الذي تجري فيه الأفكار الواعية، وذلك الجزء الذي يُعد مركز التنفيذ في العقل الباطن.

ومن خلال الأفكار المسيطرة التي يسمح الإنسان ببقائها في عقله الواعي—سواء كانت إيجابية أم سلبية، فذلك لا يغيّر من الأمر شيئًا— يصل مبدأ الإيحاء الذاتي طوعًا إلى العقل الباطن، ويؤثر فيه بهذه الأفكار.

لا يمكن لأي فكر، سواء كان سلبيًا أو إيجابيًا، **أن يدخل إلى العقل الباطن بدون الاستعانة بمبدأ الإيحاء الذاتي**، باستثناء الأفكار التي يتم التقاطها من الأثير. وبعبارة أخرى، فإن جميع الانطباعات الحسية التي تُدرك عبر الحواس الخمس، يتم إيقافها أولًا بواسطة **العقل الواعي** المفكر، ويمكن عندئذٍ إما تمريرها إلى العقل الباطن أو رفضها وفق الإرادة. لذلك، يعمل العقل الواعي كحارس خارجي يحمي العقل الباطن من أي تأثير غير مرغوب فيه.

لقد خلق الله الإنسان بحيث يكون لديه **سيطرة مطلقة** على المواد التي تصل إلى عقله الباطن عبر حواسه الخمس، إلا أن هذا لا يعني بالضرورة أن الإنسان **يمارس** هذه السيطرة دائمًا. ففي الغالبية العظمى من الحالات، **لا** يمارس الإنسان هذه السيطرة، وهذا يفسر سبب مرور العديد من الناس بحياة مليئة بالفقر.

تذكّر أن العقل الباطن أشبه بـ أرض خصبة فائقة العطاء؛ فإن تُركت بلا زرع، غزتها الأعشاب الضارة بلا استئذان.

وإن لم تُغرس فيها أفكار سامية وبنّاءة، فإن الأفكار الهدّامة ستنمو فيها وحدها، بقانون الطبيعة ذاته.

وهنا يتجلّى دور **الإيحاء الذاتي**: فهو الأداة التي تمكّنك من أن تُطعِم عقلك الباطن، بإرادتك، أفكارًا خلاّقة تُثمر بناءً وازدهارًا، أو—إن أهملت—أن تتركه فريسة لما يُفسده ويستنزفه.

في آخر خطوة من الخطوات الست الموضحة في فصل الرغبة، طُلب منك أن تقرأ مرتين يوميًا وبصوت **عالٍ** البيان **المكتوب لرغبتك في المال**، وأن **تتخيل وتشعر** بنفسك وكأنك تمتلك المال **بالفعل!** باتباعك لهذه التعليمات، ستقوم بنقل هدف **رغبتك** الحقيقية مباشرة إلى **عقلك الباطن** في إطار من **الإيمان** المطلق والثقة الكاملة. ومن خلال تكرار هذا الإجراء يوميًا، ستبدأ في تشكيل عادات فكرية قوية تدعم قدرتك على تحويل الرغبة إلى واقع مالي ملموس.

ارجع إلى الخطوات الست الموضحة في الفصل الثاني، وقم بقراءتها مرة أخرى بدقة شديدة قبل أن تتابع. ثم، عند وصولك إلى ذلك الجزء، اقرأ بعناية شديدة التعليمات الأربع الخاصة بتنظيم مجموعة "مجموعة التفكير الإبداعي" الخاصة بك،

كما وردت في فصل التخطيط المنظم. عند مقارنة مجموعتي التعليمات هذه مع ما تم شرحه عن التلقين الذاتي، ستلاحظ بالطبع أن هذه التعليمات تتضمن تطبيق مبدأ التلقين الذاتي.

لذلك، تذكّر عند قراءة بيان رغبتك بصوتٍ عالٍ (الذي من خلاله تحاول تطوير "وعي مالي") أن مجرد نطق الكلمات **لا يُحدث أي تأثير —** **إلا إذا** مزجت العاطفة أو الإحساس مع كلماتك. إذا كررت مليون مرة العبارة الشهيرة لإميل كووي: "يومًا بعد يوم، وفي كل شيء، أنا أتحسن وأتحسن"، دون أن تخلط العاطفة **والإيمان** مع كلماتك، فلن تحقق أي نتائج مرغوبة. فالعقل الباطن يتعرف على الأفكار المختلطة جيدًا بالعاطفة أو الإحساس **فقط** ويتصرف وفقها.

هذه الحقيقة ذات أهمية بالغة لدرجة تستدعي تكرارها في كل فصل تقريبًا، لأن عدم فهمها هو السبب الرئيسي الذي يجعل غالبية الناس الذين يحاولون تطبيق مبدأ التلقين الذاتي لا يحصلون على النتائج المرغوبة.

الكلمات العادية الباردة، الخالية من العاطفة، لا تؤثر على العقل الباطن. لن تحصل على نتائج ملموسة حتى تتعلم الوصول إلى عقلك الباطن بأفكار أو كلمات منطوقة مشحونة جيدًا **بالإيمان** والعاطفة.

ولا تدع الإحباط يتسلّل إليك إن لم تنجح في السيطرة على مشاعرك وتوجيهها منذ المحاولة الأولى. تذكّر دائمًا:
لا وجود لشيء يُؤخذ **بلا مقابل**، ولا ثمرة تُجنى بلا جهد.

إن القدرة على التأثير في عقلك الباطن لها ثمن، وعليك **أن تدفع هذا الثمن كاملًا.** لا مجال للتحايل، حتى لو رغبت في ذلك. وثمن امتلاك هذه القدرة هو **المثابرة** الدائمة التي لا تنقطع في تطبيق المبادئ المشروحة هنا. لا يمكن اكتساب هذه القوة بسعرٍ أقل. وأنت—و**أنت وحدك**— من يجب أن يقرّر ما إذا كانت المكافأة التي تسعى إليها، أي "وعي المال"، تستحق الجهد الذي يتطلبه تحقيقها.

إن الحكمة والدهاء وحدهما لا يجذبان المال ولا يحافظان عليه، إلا في حالات نادرة جدًا، حيث يتدخّل قانون الاحتمالات لصالح صاحبهما. أما الطريقة المعروضة هنا لجذب المال، فهي لا تعتمد على الحظ ولا على المصادفات، ولا تُحابي أحدًا. إنها تعمل بالكفاءة ذاتها مع أي شخص. وحين *يحدث الفشل*، فالفشل يكون من الإنسان، لا من المنهج. فإن حاولت وفشلت، فحاول مرة أخرى، ثم مرة ثالثة، حتى تنجح.

إن قدرتك على استخدام مبدأ الإيحاء الذاتي تعتمد إلى حدٍ كبير على قدرتك على **التركيز** في رغبة واحدة بعينها، إلى أن تتحول هذه الرغبة إلى **هوسٍ مشتعل لا يخبو.**

وعندما تبدأ في تنفيذ التعليمات المرتبطة بالخطوات الست الواردة في الفصل الثاني، سيكون لزامًا عليك أن تستعين بمبدأ **التركيز العميق.**

ودعنا هنا نقدّم إرشادات عملية للاستخدام الفعّال للتركيز: عندما تبدأ بتطبيق الخطوة الأولى من الخطوات الست—والتي تطلب منك أن "تحدّد في ذهنك المبلغ الدقيق من المال الذي ترغب فيه"—

ثبّت أفكارك على **ذلك** المبلغ عبر **التركيز الكامل**، أو تثبيت الانتباه، مع إغماض عينيك، إلى أن تستطيع أن **ترى** المال رؤيةً حسية واضحة.

قم بهذا التمرين مرة واحدة على الأقل كل يوم. وأثناء هذه الممارسة، التزم بالتعليمات الواردة في فصل **الإيمان**، وتخيّل نفسك بالفعل **ممتلكًا لهذا المال**، لا ساعيًا إليه فقط.

وهنا حقيقة بالغة الأهمية: إن العقل الباطن يتلقى أي أوامر تُقدَّم إليه بروح **الإيمان** المطلق، ويبدأ في تنفيذها، حتى وإن تطلّب الأمر تكرار تلك الأوامر **مرارًا وتكرارًا** قبل أن يُحسن تفسيرها.

وبناءً على ذلك، تأمّل إمكانية القيام بـ**"حيلة مشروعة تمامًا"** مع عقلك الباطن: اجعله يعتقد—*لأنك أنت تعتقد*—أنك لا بد أن تحصل على مبلغ المال الذي تتصوره، وأن هذا المال قد أصبح في انتظارك، **وأن على** العقل الباطن أن يزوّدك حتمًا بالخطط العملية اللازمة للحصول على هذا المال الذي هو حقك.

سلّم هذه الفكرة إلى **خيالك**، وانظر ماذا يستطيع خيالك—أو ماذا سيُجبَر—على ابتكاره من خطط واقعية لتجميع المال، عبر تحويل رغبتك إلى واقع مادي.

ولا تنتظر حتى تتكوّن لديك خطة واضحة ومحددة لتبادل خدماتك أو بضاعتك مقابل المال الذي تتصوره. ابدأ فورًا برؤية نفسك في حوزتك المال، تطالبه بثقة، وتنتظره بيقين...

لا تنتظر وجود خطة محددة، من خلالها تنوي تبادل خدمات أو بضائع مقابل المال الذي تتخيله، بل ابدأ فورًا برؤية نفسك في حوزتك المال، **مطالبًا ومتوقعًا** في الوقت ذاته أن يمدك عقلك الباطن بالخطة أو الخطط التي تحتاجها.

كـن متيقظًا لهذه الخطط، وعندما تظهر، ضعهـا **موضـع التنفيذ فورًا**. وعندما تظهر الخطط، فمن المحتمل أن تتسلل إلى ذهنك فجأة عبر الحاسـة السادسة، في شكل "إلهام". يمكن اعتبار هذا الإلهام بمثابة "برقية" مباشرة، أو رسالة من الذكاء اللامتناهي. عاملها بالاحترام، وتصرف وفقها بمجرد أن تتلقاها. الفشـل في القيـام بذلك سيكون **قاتلًا** لنجاحك.

في الخطوة الرابعة من الخطوات الست، طُلب منك أن "تضع خطة واضحة ومحددة لتحقيق رغبتك، وتبدأ فورًا في تنفيذها." عليك أن تتبع هذا التوجيه تمامًا كما وُصف في الفقرة السابقة، ولا تعتمد على "عقلك المنطقي" وحده عند وضع خطتك لجمع المال عن طريق تحويل الرغبة إلى حقيقة ملموسة. فالعقل وحده قد يكون محدودًا أو كسولًا، وإذا اعتمدت عليه بالكامل فقد يخذلك.

أثناء تخيل المال الذي تطمح في جمعه (وعينيك مغمضتان)، صوّر نفسك وأنت تقدم الخدمة أو تسلم البضاعة التي ستقابل بها هذا المال. هذا التصور ليس مجرد لعبة خيال، بل هو خطوة حاسمة لتحويل الرغبة إلى واقع ملموس.

ملخص التعليمات

حقيقة أنك تقرأ هذا الكتاب تُشير إلى أنك تبحث عن المعرفة بجدية. كما أنها تُشير إلى أنك تلميذ في هذا المجال. وإذا كنت مجرد تلميذ، فهناك فرصة لتعلم الكثير مما لم تكن تعرفه من قبل، لكنك ستتعلم فقط إذا اتخذت موقفًا من التواضع والانفتاح الذهني.

وتذكّر: إذا اخترت اتباع بعض التعليمات وتجاهلت أو رفضت الأخرى، *فلن تحقق النجاح!* لتحقيق نتائج ملموسة وملهمة، يجب أن تتبع جميع التعليمات **بإيمان** راسخ وعزم صادق.

التعليمات المقدمة فيما يخص الخطوات الست في الفصل الثاني سيتم تلخيصها الآن ودمجها مع المبادئ التي تناولها هذا الفصل كما يلي:

أولًا: اختر مكانًا هادئًا (ويفضل أن يكون في السرير مساءً) حيث لا يزعجك أحد، وأغلق عينيك، وكرر بصوت مسموع (لتسمع كلماتك بنفسك) البيان المكتوب للمال الذي تنوي جمعه، والمدة الزمنية المحددة لتحقيقه، ووصف الخدمة أو البضاعة التي تنوي تقديمها مقابل هذا المال. أثناء قيامك بهذه الخطوة، **تخيل نفسك بالفعل في حيازة المال.**

على سبيل المثال: لنفترض أنك تنوي جمع 50,000 دولار بحلول الأول من يناير بعد خمس سنوات، وأنك ستقدم خدمات شخصية مقابل المال بصفتك بائعًا. يجب أن يكون بيانك المكتوب مشابهًا لما يلي:

"بحلول اليوم الأول من يناير 19...، سأكون في حوزتي مبلغ 50,000 دولار، سيأتي إليّ على دفعات متفرقة خلال هذه الفترة.

مقابل هذا المال سأقدم أفضل خدمة يمكنني تقديمها، بكامل الكمية الممكنة وبأعلى جودة ممكنة، بصفتِي بائعًا لـ.......... (صِف الخدمة أو البضاعة التي تنوي بيعها)."

"أؤمن بأن هذا المال سيكون في حوزتي. إيماني قوي لدرجة أنني أراه أمام عيني الآن. يمكنني لمسه بيدي. إنه ينتظر تحويله إليّ في الوقت المناسب، وبالنسبة التي أقدم فيها الخدمة التي أنوي تقديمها مقابل المال. أنا في انتظار خطة لكيفية جمع هذا المال، وسأتبع هذه الخطة فور تلقيها."

ثانيًا: كرر هذا البرنامج صباحًا ومساءً حتى تتمكن، في خيالك، من رؤية المال الذي تنوي جمعه بوضوح.

ثالثًا: ضع نسخة مكتوبة من بيانك في مكان تراه صباحًا ومساءً، وقراءتها قبل النوم وعند الاستيقاظ حتى تحفظها عن ظهر قلب.

تذكر، وأنت تُنفذ هذه التعليمات، أنك تُطبق مبدأ الإيحاء الذاتي، بهدف توجيه الأوامر إلى عقلك الباطن. وتذكر أيضًا أن عقلك الباطن لن يستجيب إلا للتعليمات المُفعمة بالمشاعر، والتي تُقدم إليه بشعورٍ عميق. **الإيمان** هو أقوى المشاعر وأكثرها فاعلية. اتبع التعليمات الواردة في فصل **الإيمان**.

قد تبدو هذه التعليمات، في البداية، مجردة. لا تدع ذلك يُربكك. اتبع التعليمات، مهما بدت مجردة أو غير عملية في البداية.

مهما بدت الأفكار مجردة أو غير عملية في البداية، سيأتي الوقت قريبًا، إذا اتبعت التعليمات كما وُصيت بها، روحيًا وعمليًا، حينها سيتكشف أمامك عالم جديد من القوة والإمكانات.

الشك تجاه **كل** فكرة جديدة أمر طبيعي لدى كل البشر، لكن باتباعك لهذه التعليمات، سيتحول شكك إلى **إيمان**، وهذا الإيمان بدوره سيتبلور ليصبح إيمانًا مطلقًا. عندها ستتمكن بحق من القول: "أنا سيد مصيري، أنا قائد روحي!"

لقد أكد العديد من الفلاسفة أن الإنسان هو سيد مصيره على الأرض، إلا أن القليل منهم فسر سبب هذه السيادة. والواقع أن الإنسان قادر على التحكم في وضعه الأرضي، وخصوصًا وضعه المالي، لأنه يمتلك **قوة التأثير على عقله الباطن**. ومن خلال هذه القوة، يمكنه استدعاء تعاون الذكاء اللانهائي، فتُفتح أمامه أبواب الإمكانات والفرص كما لو كان صانع مصيره بيده.

أنت الآن تقرأ الفصل الذي يمثل حجر الزاوية لفلسفة هذا الكتاب. يجب فهم التعليمات الواردة فيه وتطبيقها **بعزم ومثابرة** إذا أردت تحويل الرغبة إلى ثروة ملموسة.

الخطوة الفعلية لتحويل **الرغبة** إلى مال تعتمد على استخدام التلقين الذاتي كأداة للوصول إلى العقل الباطن والتأثير فيه

المبادئ الأخرى في هذا الفصل هي أدوات فقط لتطبيق التلقين الذاتي بفعالية. تذكّر ذلك دائمًا، وستظل واعيًا بالدور الحيوي الذي يلعبه التلقين الذاتي في جهودك لتجميع المال وتحقيق النجاح كما يوضحه هذا الكتاب.

نفّذ هذه التعليمات كما لو كنت طفلاً صغيرًا، وأضِف إلى محاولاتك شيئًا من إيمان الطفل البسيط والثابت. لقد حرص المؤلف على أن تكون جميع التعليمات عملية وقابلة للتطبيق، بدافع رغبته الصادقة في مساعدتك.

بعد أن تنتهي من قراءة الكتاب بالكامل، عد إلى هذا الفصل واتبعه روحًا وعملاً:
اقرأ الفصل كاملًا بصوت عالٍ كل ليلة، حتى تتأكد تمامًا من صحة مبدأ التلقين الذاتي، وأنه قادر على تحقيق كل ما يُزعم عنه. أثناء القراءة، ضع خطًا بالقلم الرصاص تحت كل جملة تترك أثرًا إيجابيًا فيك.

اتباع هذه التعليمات بدقة سيفتح أمامك الطريق لفهم مبادئ النجاح والسيطرة عليها بالكامل.

المعرفة المتخصصة

الخبرات الشخصية أو الملاحظات

الخطوة الرابعة نحو الثراء

هناك نوعان من المعرفة: نوع عام، وآخر متخصص. فالمعرفة العامة، مهما بلغت كميتها أو تنوعها، فهي قليلة الفائدة حين يتعلق الأمر بتجميع المال. تمتلك كليات الجامعات الكبرى، مجتمعة، تقريبًا كل أشكال المعرفة العامة المعروفة في الحضارة، ومع ذلك، *فإن معظم الأساتذة قليلو المال أو لا يملكونه على الإطلاق*. فهم يختصون في تعليم المعرفة، لكنهم لا يختصون في تنظيمها أو استغلالها عمليًا.

لن تجذب **المعرفة** المال ما لم تُنظّم وتُوجّه بذكاء، من خلال **خطط عمل عملية**، نحو **هدف محدد** هو جمع المال. وقد كان عدم فهم هذه الحقيقة مصدرًا للحيرة لدى ملايين الأشخاص الذين يعتقدون خطأً أن "المعرفة قوة". إنها ليست كذلك على الإطلاق! المعرفة قوة *كامنة* فقط. لا تصبح المعرفة قوة إلا إذا نُظِّمت في خطط عمل محددة، ووُجِّهت نحو غاية محددة.

هذا "الحلقة المفقودة" في جميع نظم التعليم المعروفة في الحضارة اليوم تكمن في فشل المؤسسات التعليمية في تعليم طلابها كيفية تنظيم **المعرفة واستخدامها عمليًا بعد اكتسابها.**

يرتكب كثير من الناس خطأً بالاعتقاد أنه بما أن هنري فورد تلقى قليلًا من التعليم المدرسي، فهو ليس رجلًا متعلمًا. أولئك الذين يرتكبون هذا الخطأ لا يعرفون هنري فورد، ولا يفهمون المعنى الحقيقي لكلمة "تعليم". فالكلمة مأخوذة من الكلمة اللاتينية "educo"، والتي تعني الاستخراج، استنباط القدرات، أو **التطوير من الداخل.**

الرجل المتعلم ليس بالضرورة من يمتلك ثروة من المعرفة العامة أو المتخصصة، بل هو من طور قدرات عقله بحيث يمكنه الحصول على أي شيء يريده، أو ما يعادله، دون انتهاك حقوق الآخرين. وهنا يأتي هنري فورد ضمن هذا التعريف بشكل كامل.

أثناء الحرب العالمية، نشرت إحدى صحف شيكاغو بعض المقالات التحريرية التي وُصف فيها هنري فورد بأنه "مسالم جاهل". اعترض فورد على هذه التصريحات ورفع دعوى قضائية ضد الصحيفة بتهمة التشهير. وعندما جرت المحاكمة، حاول محامو الصحيفة تبرير المقالات، واستدعوا فورد نفسه كشاهد، لكي يثبتوا أمام هيئة المحلفين أنه جاهل.

ووجه المحامون لفورد مجموعة كبيرة من الأسئلة، جميعها تهدف لإثبات، بشهادته هو نفسه، أنه رغم امتلاكه معرفة متخصصة كبيرة في صناعة السيارات، إلا أنه في العموم جاهل.

تم توجيه لفورد أسئلة مثل:

"من هو بنديكت أرنولد؟" و"كم عدد الجنود الذين أرسلهم البريطانيون إلى أمريكا لقمع ثورة 1776؟"

المعرفة المتخصصة

إجابةً على السـؤال الأخيرأجاب السيد فـورد: "لا أعرف العـدد الدقيق للجنـود الذين أرسلهم البريطانيون، لكنني سـمعت أنه كان عـددًا أكبر بكثير من العدد الذي عاد إلى الوطن."

أخيرًا، سئم السيد فورد من هذا النوع من الاستجواب، وردًا على سـؤالٍ مُهينٍ بشكلٍ خـاص، انحنى وأشـار بإصبعه إلى المحامي الذي طرح السـؤال، وقال: "إذا كنتُ **أرغب** حقًا في الإجابة على سـؤالك السخيف هذا، أو **أيّ** من أسئلتك الأخرى، فاسمح لي أن أذكّرك بأن لديّ صفًا من الأزرار الكهربائية على مكتبي، وبضغطة زرٍّ واحدة، يُمكنني استدعاء رجالٍ قادرين على الإجابة على أيّ سـؤالٍ أرغب في طرحه بشأن العمل الذي أُكرّس له معظم جهودي. الآن، هلّا تفضلتَ بإخباري، **لماذا** أُرهق ذهني بمعلوماتٍ عامةٍ، بهدف الإجابة على الأسئلة، في حين أن لديّ رجالًا من حولي يُمكنهم تزويدي بأيّ معلومةٍ أحتاجها؟"

كان لهذا الردّ منطقٌ سليمٌ بلا شك.

أذهل هـذا الردّ المحامي. أدرك كلّ من في قاعة المحكمة أنه ليس ردّ رجلٍ جاهل، بل ردّ رجلٍ **مُثقَّف**. يُعتبر الإنسان مثقفًا إذا عرف من أين يحصّل على المعرفة عند الحاجة إليها، وكيف يُنظّمها في خطط عمل مُحـدّدة. وبفضل مسـاعدة فريق "العقـول المُبدعة" الذي كان يُديره، امتلك هنري فورد جميع المعارف المُتخصصة التي مكّنته من أن يُصبح أحد أثرى أثرياء أمريكا. *لم يكن ضروريًا أن تكون كل هذه المعرفة في ذهنه وحده*، فالقوة تكمن في القدرة على الاستفادة من العقول الأخرى.

ومن المؤكد أن أي شخص يمتلك الرغبة والذكاء الكافيين لقراءة كتاب مثل هذا لن يغفل أبدًا الدرس العميق الذي يقدمه هذا المثال عن قوة التعاون والتنظيم الذكي للمعرفة.

قبل أن تتمكن من التأكد من قدرتك على تحويل **الرغبة** إلى ما يعادلها من مال، ستحتاج إلى **معرفة متخصصة** بالخدمة أو السلعة أو المهنة التي تنوي تقديمها مقابل الثروة. وقد يكون من الضروري أن تمتلك معرفة متخصصة أكثر مما تستطيع اكتسابه بنفسك أو مما يميل إليه شغفك، وإذا كان هذا هو الحال، يمكنك سدّ هذا النقص بمساعدة مجموعة "العقول المبدعة".

ذكر أندرو كارنيجي أنه شخصيًا لم يكن يعرف شيئًا عن الجانب التقني لصناعة الصلب؛ بل لم يكن مهتمًا بمعرفة أي شيء عنه. وقد وجد المعرفة المتخصصة التي يحتاجها لتصنيع وتسويق الصلب متاحة من خلال وحدات مجموعته **العقول المبدعة".**

يتطلب تراكم الثروات الطائلة **قوة**، وتُكتسب القوة من خلال معرفة متخصصة عالية التنظيم وموجهة بذكاء، ولكن هذه المعرفة لا يجب بالضرورة أن تكون في حوزة الشخص الذي يجمع الثروة.

يجب أن تمنح الفقرة السابقة الأمل والتشجيع للرجل الطموح الذي يسعى لتجميع الثروة، لكنه لم يحصل بعد على "التعليم" اللازم للحصول على المعرفة المتخصصة التي قد يحتاجها. فبعض الرجال يمرون في حياتهم وهم يعانون من عقد النقص لأنهم ليسوا من فئة "المتعلمين". أما الرجل القادر على تنظيم وإدارة وحدات مجموعته "العقول المبدعة" المكوَّنة من أشخاص يمتلكون معرفة مفيدة

في جمع المال، هو رجل متعلم تمامًا كأي فرد آخر في المجموعة. **تذكر هذا** جيدًا، إذا كنت تشعر بالنقص بسبب محدودية تعليمك.

لم يتلقَ توماس أديسون سوى ثلاثة أشهر من التعليم طوال حياته. لم يكن يفتقر إلى التعليم، ولم يمت فقيرًا.

تلقى هنري فورد تعليماً يقل عن الصف السادس الابتدائي، لكنه استطاع أن يحقق نجاحًا ماليًا كبيرًا بمفرده.

تُعد **المعرفة المتخصصة** من أكثر أشكال الخدمة وفرة وأرخصها تكلفة! وإذا كنت تشك في ذلك، فما عليك سوى الاطلاع على قوائم الرواتب في أي جامعة.

من المجدي معرفة كيفية اكتساب المعرفة.

أولًا، حدد نوع المعرفة المتخصصة التي تحتاجها، والغرض منها. إلى حد كبير، هدفك الرئيسي في الحياة، والغاية التي تسعى لتحقيقها. سيساعدك العمل على تحديد المعرفة التي تحتاجها. بعد حسم هذا السؤال، تتطلب خطوتك التالية الحصول على معلومات دقيقة حول مصادر المعرفة الموثوقة. ومن أهم هذه المصادر:

(أ) خبرة الفرد وتعليمه
(ب) الخبرة والتعليم المتاحان من خلال التعاون مع الآخرين (تحالف العقول المبدعة)
(ج) الكليات والجامعات
(د) المكتبات العامة (من خلال الكتب والدوريات التي تضم جميع المعارف المنظمة حسب الحضارة)

(هـ) الدورات التدريبية المتخصصة (خاصة من خلال المدارس الليلية والدراسة المنزلية)

عندما يتم اكتساب المعرفة، يجب تنظيمها واستخدامها لهدف محدد من خلال خطط عملية. فالمعرفة لا قيمة لها إلا إذا استُخدمت لتحقيق غاية جديرة بالاهتمام. وهذا أحد الأسباب التي تجعل شهادات الجامعات لا تُقدَّر أكثر من قيمتها، فهي تمثل مجرد معرفة متفرقة وغير منظمة.

إذا كنت تفكر في مواصلة التعليم، حدد أولًا الهدف من المعرفة التي تسعى للحصول عليها، ثم اعرف أين يمكن الحصول على هذا النوع من المعرفة من مصادر موثوقة.

الرجال الناجحون في جميع المهن لا يتوقفون أبدًا عن اكتساب المعرفة المتخصصة المتعلقة بهدفهم الرئيسي أو عملهم أو مهنتهم. أما غير الناجحين، فعادةً ما يعتقدون خطأً أن مرحلة اكتساب المعرفة تنتهي بانتهاء المدرسة. الحقيقة هي أن التعليم المدرسي لا يفعل أكثر من وضع الطالب على الطريق لتعلم كيفية اكتساب المعرفة العملية.

مع العالم المتغير الذي بدأ بعد الانهيار الاقتصادي، ظهرت أيضًا تغييرات مذهلة في متطلبات التعليم. التركيز الآن على **التخصص!** وقد شدد روبرت بي. مور، سكرتير التعيينات في جامعة كولومبيا، على هذه الحقيقة.

"أكثر التخصصات طلبًا"

تحرص الشركات على توظيف المرشحين الذين تخصصوا في مجال محدد

خريجو كليات الأعمال المتدربون في المحاسبة والإحصاء، المهندسون بكافة أنواعهم، الصحفيون، المعماريون، الكيميائيون، وكذلك القادة والنشطون المتميزون من طلاب السنة النهائية.

"الرجل الذي كان نشطًا في الحرم الجامعي، وتسمح له شخصيته بالتعامل مع جميع أنواع الناس، وقد أتم واجباته الدراسية بشكل مرضٍ، يتمتع بميزة واضحة على الطالب الأكاديمي البحت. بعض هؤلاء، نظرًا لمؤهلاتهم المتنوعة والشاملة، تلقوا عدة عروض عمل، وقد حصل بعضهم على ما يصل إلى ستة عروض."

ابتعدت الشركات عن فكرة أن الطالب الحاصل على "الدرجات الكاملة" هو دائمًا من يحصل على أفضل الوظائف، إذ يولي معظمها اهتمامًا ليس فقط للسجل الأكاديمي، بل أيضًا لسجلات النشاط الشخصي وشخصية الطالب.

واحدة من أكبر الشركات الصناعية، الرائدة في مجالها، أرسلت رسالة إلى السيد مور بشأن طلاب السنة النهائية المحتملين في الجامعة، قالت فيها:

"نحن مهتمون بشكل أساسي بإيجاد رجال قادرين على تحقيق تقدم استثنائي في أعمال الإدارة. ولهذا السبب، نركز على صفات الشخصية والذكاء والكفاءة الشخصية أكثر بكثير من الخلفية التعليمية المحددة."

"اقتراح نظام التدريب المهني"

اقترح السيد مور نظام تدريب عملي للطلاب في المكاتب والمتاجر والمهن الصناعية خلال العطلة الصيفية. وأوضح أنه بعد السنتين أو الثلاث الأولى من الجامعة، يجب على كل طالب تحديد مسار مستقبلي واضح، وأن يتوقف عن الانجراف بلا هدف إذا كان يمر ببساطة عبر مناهج أكاديمية عامة وغير متخصصة دون خطة واضحة لمستقبله.

قال: "يجب على الكليات والجامعات أن تدرك حقيقة أن جميع المهن والوظائف تتطلب الآن متخصصين"، وحثّ المؤسسات التعليمية على تحمّل مسؤولية أكبر في التوجيه المهني.

واحدة من أكثر مصادر المعرفة موثوقية وعملية لأولئك الذين يحتاجون إلى تعليم متخصص، هي المدارس الليلية المنتشرة في معظم المدن الكبرى. أما مدارس المراسلة فتوفر تدريبًا متخصصًا في أي مكان تصل إليه خدمات البريد الأمريكي، في جميع المواد التي يمكن تدريسها بطريقة التعليم عن بُعد.

أحد أبرز مزايا التعليم المنزلي هو مرونة برنامج الدراسة، التي تتيح للطالب الدراسة في أوقات فراغه. وهناك ميزة مذهلة أخرى للتعليم المنزلي (إذا تم اختيار المدرسة بعناية)، وهي أن معظم الدورات المقدمة تأتي مع امتيازات استشارية سخية، والتي يمكن أن تكون ذات قيمة لا تُقدّر لمن يحتاج إلى معرفة متخصصة. بغض النظر عن مكان إقامتك، يمكنك الاستفادة من هذه المزايا.

كل شيء يُكتسب بدون جهد أو تكلفة غالبًا ما يُستهان به أو يُقلّل من قيمته؛ وربما لهذا السبب نحصل على القليل فقط من الفرص الرائعة التي توفرها المدارس العامة. **الانضباط الذاتي** الذي يكتسبه الطالب من خلال برنامج محدد للدراسة المتخصصة يعوّض، إلى حد ما، عن الفرص الضائعة عندما كانت المعرفة متاحة دون تكلفة.

رسوم الدراسة فيها منخفضة جدًا للدرجة أنها تُجبر على الإصرار على السداد في المواعيد المحددة.

إن مطالبة الطالب بالدفع، سواء حصل على درجات جيدة أو سيئة، تدفعه إلى إكمال الدورة الدراسية التي كان سيتخلى عنها لولا ذلك. لم تُشدد مدارس المراسلة على هذه النقطة بما فيه الكفاية، فالحقيقة أن أقسام التحصيل فيها تُعدّ أفضل أنواع التدريب على **اتخاذ القرار، والسرعة، والعمل، وعادة إتمام ما يبدأه المرء.**

تعلمت هذا من التجربة منذ أكثر من خمسة وعشرين عامًا. سجلت في دورة دراسة منزلية في مجال الإعلان. بعد إتمام ثماني أو عشر دروس، توقفت عن الدراسة، لكن المدرسة لم تتوقف عن إرسال الفواتير لي. بل وأصرت على الدفع، سواء واصلت دراستك أم لا.

قررت أنه إذا كان عليّ دفع رسوم الدورة (والتي التزمت بها قانونيًا)، فيجب عليّ إكمال الدروس والحصول على كامل قيمة أموالي. شعرت في ذلك الوقت أن نظام التحصيل في المدرسة منظم بشكل مبالغ فيه قليلًا، لكنني اكتشفت لاحقًا أن هذا كان جزءًا قيمًا من تدريبي، لم يُحتسب له أي مقابل.

وبالاضطرار للدفع، واصلت وأتممت الدورة. وفي وقت لاحق من حياتي، اكتشفت أن نظام التحصيل الفعّال في تلك المدرسة كان ذو قيمة كبيرة على شكل أموال كسبتها، بفضل التدريب في الإعلان الذي تلقيته على مضض، لكنه أثمر كثيرًا في النهاية.

لدينا في هذا البلد ما يُقال إنه أعظم نظام تعليم عام في العالم. لقد استثمرنا مبالغ طائلة في مبانٍ رائعة، ووفرنا وسائل نقل مريحة للأطفال الذين يعيشون في المناطق الريفية، حتى يتمكنوا من الالتحاق بأفضل المدارس، ولكن هناك نقطة ضعف مذهلة في هذا النظام الرائع - **إنه مجاني!**

من غرائب البشر أنهم لا يُقدّرون إلا ما له ثمن. فالمدارس المجانية في أمريكا، والمكتبات العامة المجانية، لا تُثير إعجاب الناس لمجرد *كونها مجانية*. وهذا هو السبب الرئيسي الذي يدفع الكثيرين إلى السعي لاكتساب تدريب إضافي بعد ترك الدراسة والالتحاق بالعمل. وهو أيضاً أحد الأسباب الرئيسية التي تجعل **أصحاب العمل يُولون اهتماماً أكبر للموظفين الذين يدرسون عن بُعد**. فقد تعلموا من التجربة أن أي شخص لديه الطموح لتخصيص جزء من وقت فراغه للدراسة في المنزل يمتلك في داخله صفات القيادة. وهذا التقدير ليس من باب الإحسان، بل هو حكمة تجارية سليمة من جانب أصحاب العمل.

هناك ضعف واحد في البشر لا يوجد له علاج، وهو الضعف الشائع **نقص الطموح!** الأشخاص، وخاصة الموظفون الذين يحصلون على رواتب، والذين يخططون أوقات فراغهم لتخصيص وقت للدراسة المنزلية، نادرًا ما يظلّون في القاع لفترة طويلة. فتصرفهم هذا يفتح لهم طريق الصعود، ويزيل العديد من العقبات من طريقهم، ويكسبهم اهتمام ودّي من يمتلكون القدرة على وضعهم على طريق **الفرص**

يُعدّ أسلوب الدراسة المنزلية مناسبًا بشكل خاص لاحتياجات العاملين الذين يجدون، بعد ترك الدراسة، أنهم بحاجة إلى اكتساب معارف تخصصية إضافية، ولكن لا يتوفر لديهم الوقت الكافي للعودة إلى مقاعد الدراسة.

المعرفة المتخصصة

لقد أجبر الكساد الاقتصادي آلاف الأشخاص على البحث عن مصادر دخل جديدة أو إضافية. بالنسبة لغالبية هؤلاء، الحل يكمن في اكتساب المعرفة المتخصصة. بعضهم سيجد نفسه مضطرًا لتغيير مساره المهني بالكامل.

تمامًا كما يبدّل التاجر البضائع التي لا تباع بأخرى مطلوبة، يجب على من يعمل في تسويق الخدمات الشخصية أن يكون تاجرًا بارعًا كذلك. فإذا لم تحقق خدماته عوائد كافية في مجال معين، فعليه أن ينتقل إلى مجال آخر تتوفر فيه فرص أوسع وإمكانات أكبر.

قام ستيوارت أوستن وير بتأهيل نفسه كمهندس إنشاءات واتبع هذا المجال حتى جاء الكساد الاقتصادي الذي قلّص سوقه إلى درجة لم تعد توفر له الدخل الذي يحتاجه. عندها قام بتقييم نفسه وقرر تغيير مهنته إلى القانون، فعاد إلى المدرسة والتحق بدورات متخصصة أعدته ليصبح محامي شركات.

وعلى الرغم من عدم إنتهاء الكساد، أكمل تدريبه، واجتاز امتحان القبول في المحاماة، وسرعان ما أسس ممارسة قانونية مربحة في دالاس، تكساس، حتى أصبح يضطر أحيانًا إلى رفض بعض العملاء بسبب كثرة الطلب.

ولتوضيح الأمر، وتفاديًا لأعذار من سيقولون: "لم أستطع الالتحاق بالجامعة لأن لديّ عائلة أعيلها"، أو "أنا كبير في السن"، سأضيف معلومة أن السيد وير كان قد تجاوز الأربعين من عمره، وكان متزوجًا عندما عاد إلى الدراسة. علاوة على ذلك، باختياره الدقيق لمقررات دراسية متخصصة للغاية، في كليات هي الأنسب لتدريس هذه المواد، أكمل السيد وير في غضون عامين

ما يأخذه معظم طلاب القانون في أربع سنوات لكن من المجدي معرفة كيفية اكتساب المعرفة!

الشخص الذي يتوقف عن الدراسة لمجرد تخرجه محكوم عليه بالبقاء في مستوى متواضع، مهما كانت مهنته. طريق النجاح هو السعي الدؤوب وراء المعرفة.

لننظر إلى مثال محدد.

خلال فترة الكساد، وجد بائع في متجر بقالة نفسه بدون وظيفة. وبما أن لديه بعض الخبرة في المحاسبة, التحق بدورة متخصصة في المحاسبة، وتعرف على أحدث معدات المحاسبة والمكاتب، ثم قرر بدء مشروعه الخاص.

بدأ بالعمل مع البقال الذي كان يعمل لديه سابقًا، وأبرم عقودًا مع أكثر من 100 تاجر صغير لتسجيل دفاترهم المحاسبية مقابل رسوم شهرية رمزية. كانت فكرته عملية جدًا، حتى أنه وجد نفسه مضطرًا لإنشاء مكتب متنقل داخل شاحنة خفيفة مجهزة بأحدث أجهزة المحاسبة.

اليوم، يمتلك أسطولًا من هذه المكاتب المحاسبية المتنقلة ويوظف عددًا كبيرًا من المساعدين، موفرًا للتجار الصغار خدمة محاسبية بمستوى يضاهي أفضل ما يمكن شراؤه بالمال، وبأقل تكلفة ممكنة.

المعرفة المتخصصة، إلى جانب الخيال والإبداع، كانت المكونات التي ساهمت في نجاح هذا المشروع الفريد. ففي العام الماضي، دفع صاحب هذا المشروع ضريبة دخل تقارب عشرة أضعاف ما كان يدفعه التاجر الذي عمل لديه سابقًا، عندما أجبره الكساد على مواجهة محنة مؤقتة، تبيّن لاحقًا أنها كانت نعمة مخفية في طيّة المحنة.

كانت بداية هذا المشروع الناجح **فكرة!**

وبما أني حظيت بشرف تزويد البائع العاطل عن العمل بتلك الفكرة، فإنني أتشرف الآن باقتراح فكرة أخرى تنطوي على إمكانية تحقيق دخل أكبر، فضلاً عن إمكانية تقديم خدمة قيّمة لآلاف الأشخاص الذين هم في أمسّ الحاجة إليها.

اقترح الفكرة البائع الذي ترك البيع وبدأ العمل في تسجيل الدفاتر المحاسبية على نطاق واسع. وعندما عُرضت عليه الفكرة كحل لمشكلته مع البطالة، قال بسرعة:
"أحب هذه الفكرة، لكن لا أعرف كيف أحولها إلى مال."
كان يعبر عن قلقه من أنه حتى بعد *اكتسابه للمعرفة المحاسبية*، لن يعرف كيفية تحويلها إلى فرصة مالية قابلة للاستثمار أو تسويقها بشكل ناجح.

وهذا أثار مشكلة جديدة كان لابد من حلها. بمساعدة كاتبة شابّة ماهرة في الخط اليدوي، قادرة على ترتيب النصوص وتجميع القصة، تم إعداد كتاب جذاب جدًا يصف مزايا النظام الجديد للمحاسبة. تم كتابة الصفحات بدقة ولصقها في دفتر عادي، ليصبح بمثابة مندوب مبيعات صامت، روى قصة هذا المشروع الجديد بشكل فعال لدرجة أن صاحب المشروع سرعان ما حصل على عدد من العملاء يفوق قدرته على التعامل معهم.

هناك آلاف الأشخاص في جميع أنحاء البلاد بحاجة إلى خدمات أخصائي تسويق قادر على إعداد ملخص جذاب لتسويق الخدمات الشخصية. قد يتجاوز إجمالي الدخل السنوي من هذه الخدمة بسهولة

الدخل الذي تحصل عليه أكبر وكالة توظيف، وقد تكون فوائد الخدمة للمشتري أكبر بكثير من أي فائدة يمكن الحصول عليها من وكالة توظيف.

وُلدت **الفكرة** الموصوفة هنا من رحم الحاجة، لسدّ حاجة طارئة كان لا بد من تلبيتها، لكنها لم تتوقف عند خدمة شخص واحد فقط. تتمتع المرأة التي ابتكرت الفكرة **بخيال** واسع. رأت في فكرتها الوليدة بداية مهنة جديدة، مهنة مُقدّر لها أن تُقدّم خدمة قيّمة لآلاف الأشخاص الذين يحتاجون إلى إرشادات عملية في تسويق الخدمات الشخصية.

المرأة التي ابتكرت الفكرة تتمتع بخيال واسع. بعد النجاح الفوري الذي حققته خطتها الأولى، **"خطة تسويق الخدمات الشخصية"**، اتجهت هذه المرأة النشيطة إلى حل مشكلة مماثلة تواجه ابنها الذي تخرج لتوه من الجامعة، ولكنه كان عاجزًا تمامًا عن إيجاد سوق لخدماته. كانت الخطة التي وضعتها له أروع نموذج رأيته على الإطلاق لتسويق الخدمات الشخصية.

عندما اكتملت الخطة، احتوت على ما يقارب خمسين صفحة من المعلومات المطبوعة بشكل جميل ومنظمة بدقة، تروي قصة موهبة ابنها الفطرية، ودراسته، وخبراته الشخصية، ومجموعة كبيرة ومتنوعة من المعلومات الأخرى التي يصعب حصرها. كما احتوت الخطة على وصف كامل للوظيفة التي يرغب بها ابنها، بالإضافة إلى وصف دقيق للخطة التي سيستخدمها لشغلها.

تطلب إعداد كتاب الخطة عدة أسابيع من العمل، وخلال هذه الفترة كانت صاحبة الفكرة ترسل ابنها إلى المكتبة العامة تقريبًا يوميًا للحصول على البيانات اللازمة لتمكينه من تسويق خدماته بأفضل شكل ممكن.

أرسلته أيضًا إلى جميع منافسي جهة العمل المُحتملة، وجمعت منهم معلومات قيّمة حول أساليب عملهم، والتي كانت ذات أهمية بالغة في وضع الخطة التي كان ينوي استخدامها لشغل الوظيفة التي يسعى إليها. وعندما اكتملت الخطة، احتوت على أكثر من ستة اقتراحات ممتازة، كانت في صالح جهة العمل المُحتملة. (وقد طبّقت الشركة هذه الاقتراحات).

قد يتساءل المرء: "لماذا كل هذا العناء للحصول على وظيفة؟" الإجابة مباشرة، بل ومؤثرة، لأنها تتناول موضوعًا بالغ الأهمية، يُصيب ملايين الرجال والنساء الذين يعتمدون في دخلهم الوحيد على الخدمات الشخصية.

... الجواب هو: "إتقان العمل لا يُسبب أي عناء! فالخطة التي أعدتها هذه المرأة لمصلحة ابنها ساعدته في الحصول على الوظيفة التي تقدم لها، من أول مقابلة، وبراتب حدده بنفسه."

علاوة على ذلك -وهذا مهم أيضاً- لم تتطلب الوظيفة من الشاب أن يبدأ من الصفر. فقد بدأ كمدير تنفيذي مبتدئ، براتب مدير تنفيذي.

قد تسأل: "لماذا كل هذا العناء؟"

حسنًا، أولًا، إن **العرض التقديمي المُخطط** له لطلب هذا الشاب للوظيفة اختصر ما لا يقل عن عشر سنوات كان سيحتاجها للوصول إلى ما بدأه، لو أنه "بدأ من الصفر وتدرج في السلم الوظيفي".

قد تبدو فكرة البدء من القاع ثم الصعود التدريجي فكرة سليمة من حيث المبدأ، غير أن الاعتراض الجوهري عليها هو هذا: كثيرون ممن يبدأون من القاع لا ينجحون أبدًا في رفع رؤوسهم بالقدر الكافي لتراهم **الفرصة**، فيبقون حيث هم. ويجب ألا نغفل أيضًا أن المشهد من الأسفل ليس مشرقًا ولا محفِّزًا؛ بل على العكس، غالبًا ما يكون قاتلًا للطموح.

نطلق على هذه الحالة اسم "الوقوع في الرتابة"؛ أي أن الإنسان يستسلم لمصيره لأنه يكوّن **عادة** الروتين اليومي، وهي عادة تشتد قوتها مع الوقت حتى يفقد الرغبة في كسرها أو التحرر منها. ولهذا سبب آخر يجعل من الحكمة أن يبدأ المرء خطوة أو خطوتين فوق القاع. فبهذه الطريقة يكوّن عادة مختلفة: **عادة** النظر من حوله، وملاحظة كيف يتقدم الآخرون، ورؤية **الفرص** عند ظهورها، ثم اقتناصها دون تردد.

دان هالبين مثال رائع لما أقصده. خلال سنوات دراسته الجامعية، كان مديرًا لفريق كرة القدم الشهير لجامعة نوتردام، الذي فاز ببطولة الجامعات الوطنية عام 1930، تحت قيادة الراحل كنوت روكن.

ربما استلهم طموحه من المدرب الأسطوري لكرة القدم، فتعلم أن يضع أهدافه عالية، وألا يخلط بين **الهزيمة المؤقتة والفشل الحقيقي**؛ تمامًا كما كان أندرو كارنيغي، عملاق الصناعة، يُلهِم مساعديه الشباب في عالم الأعمال بأن يطمحوا دائمًا إلى القمم لا إلى القناعة بالحد الأدنى.

على أي حال، أنهى هالبن دراسته الجامعية في توقيت بالغ السوء، حين جعل الكساد الاقتصادي فرص العمل نادرة وشحيحة. وبعد محاولات متفرقة في مجالَي المصارف الاستثمارية وصناعة السينما، انتهى به المطاف إلى قبول أول فرصة تحمل في طياتها مستقبلًا محتملًا، فعمل في بيع أجهزة السمع الكهربائية بنظام العمولة.

كان أيّ شخص قادرًا على البدء في مثل هذا العمل، وكان هالبن يدرك ذلك تمامًا، لكنه كان كافيًا ليفتح أمامه باب الفرصة.

على مدى ما يقرب من عامين، ظل يعمل في وظيفة لا تُرضي طموحه، وكان من المؤكد أنه ما كان ليتجاوزها لو لم يتحرّك لمعالجة شعوره بعدم الرضا. فحدّد هدفه الأول بوضوح: منصب مساعد مدير المبيعات في شركته. ولم يكتفِ بالطموح، بل ناله فعلًا.

تلك الخطوة الواحدة إلى الأعلى رفعته فوق الزحام بما يكفي ليرى فرصًا أعظم، والأهم من ذلك أنها وضعته في موقعٍ تستطيع فيه **الفرصة أن تراه.**

لقد حقق سجلًا لافتًا في بيع أجهزة السمع، إلى درجة أن إيه. إم. أندروز، رئيس مجلس إدارة شركة ديكتوغراف برودكتس—وهي شركة منافسة عريقة للشركة التي كان بها هالبن—أراد أن يعرف من يكون هذا الرجل، دان هالبن، الذي كان ينتزع مبيعات كبيرة من شركة راسخة في السوق. فأرسل في طلبه.

ما إن انتهت المقابلة حتى خرج هالبن منها مديرًا للمبيعات، مسؤولًا عن قسم أكوستيكُون. ولم يكتفِ السيد أندروز بذلك، بل قرر أن يختبر معدن الشاب الجديد اختبارًا حقيقيًا؛ فسافر إلى فلوريدا لمدة ثلاثة أشهر، وتركه وحده في موقعه الجديد، ليواجه مصيره: إما أن ينجح... أو يغرق.

لكنه لم يغرق.
لقد استلهم هالبن روح المدرب الأسطوري كنوت روكني وشعاره الشهير:
"العالم كله يحب الفائز، ولا وقت لديه للخاسر"

فألقى بكل طاقته في عمله، وبذل جهدًا يفوق المتوقع، حتى جاءت النتيجة لافتة ومذهلة. ففي وقتٍ وجيز، جرى اختياره نائبًا لرئيس الشركة، إلى جانب منصبه كـ مدير عام لقسم أكوستيكُون والراديو الصامت—وهو منصب يفخر كثير من الرجال ببلوغه بعد عشر سنوات من العمل المخلص. أما هالبن، فقد أنجز ما يشبه المعجزة في أقل من ستة أشهر.

يصعب الجزم أيّهما أحقّ بالثناء: السيد أندروز أم السيد هالبن؛ فكلٌّ منهما قدّم دليلًا واضحًا على امتلاكه تلك الخصلة النادرة للغاية المعروفة باسم **الخيال**.

يستحق السيد أندروز التقدير لأنه رأى في هالبن الشاب ساعيًا لا يهدأ من الطراز الرفيع. ويستحق هالبن التقدير لأنه رفض **أن يساوم الحياة بقبول وظيفة لا يريدها والاستمرار فيها**. وهذه إحدى النقاط الجوهرية التي أسعى إلى ترسيخها في هذه الفلسفة كلها:

نحن نرتقي إلى المراتب العليا، أو نبقى في القاع، **بسبب ظروف نستطيع التحكم فيها متى أردنا أن نتحكم**.

كما أؤكد نقطة أخرى لا تقل أهمية، وهي أن النجاح والفشل كلاهما، إلى حدٍّ كبير، ثمرة **العادة**. ولا يساورني أدنى شك في أن ارتباط دان هالبن الوثيق بأعظم مدرب كرة قدم عرفته أمريكا قد غرس في نفسه ذلك النوع من **الرغبة** المتقدة في التفوق التي جعلت فريق نوتردام حديث العالم.

حقًا، إن لفكرة الإعجاب بالقدوة قيمة حقيقية، شريطة أن تكون القدوة شخصاً **فائزًا**. ويؤكد هالبن نفسه أن روكني كان واحدًا من أعظم قادة الرجال في تاريخ العالم.

ترسّخ إيماني بنظرية أن العلاقات والارتباطات المهنية تُعد عوامل حاسمة في الفشل كما في النجاح، حين تجلّى ذلك عمليًا مؤخرًا أثناء تفاوض ابني بلير مع دان هالبن على وظيفة. فقد عرض عليه السيد هالبن راتبًا ابتدائيًا يقلّ بنحو النصف عمّا كان بإمكانه الحصول عليه من شركة منافسة.

مارستُ عليه ضغطًا أبويًا، وأقنعته بقبول الوظيفة لدى السيد هالِن،

لأنني أؤمن إيمانًا راسخًا بأن الاقتران القريب بشخص يرفض المساومة مع الظروف التي لا ترضيه هو مكسب لا يمكن قياسه بأي معيار مالي، ولا تقديره بأي مبلغ من المال.

إن القاع مكان رتيب، كئيب، وغير مجدٍ لأي إنسان. ولهذا السبب خصصتُ هذا الجهد لشرح كيف يمكن تجاوز البدايات المتواضعة عبر التخطيط السليم. ولهذا أيضًا أُفرد هذا الحيز الواسع لوصف تلك المهنة الجديدة التي ابتكرتها امرأة ألهمها الحرص على أن يحظى ابنها بـ"فرصة انطلاقة" مواتية، فأتقنت **التخطيط** وأحسنت التدبير.

ومع التحولات التي فرضها الانهيار الاقتصادي العالمي، برزت الحاجة إلى أساليب جديدة وأكثر فاعلية لتسويق **الخدمات الشخصية**. ومن المثير للاستغراب أن هذا الاحتياج الهائل لم يُكتشف في وقت أبكر، خاصة إذا علمنا أن أموالًا تفوق ما يُنفق لأي غرض آخر تُدفع مقابل الخدمات الشخصية. فالمبالغ التي تُصرف شهريًا كأجور ورواتب تُقدَّر بمئات الملايين، أما ما يُوزَّع سنويًا فيبلغ مليارات.

وربما يجد بعض القرّاء في **الفكرة** التي عُرضت هنا بإيجاز بذرة الثروة التي **يتطلعون** إليها. فقد انطلقت ثروات عظيمة من أفكار أقل قيمة بكثير. ولعل مثال متاجر وولوورث ذات الخمسة والعشرة سنتات خير دليل؛ فكرة متواضعة في جوهرها، لكنها راكمت ثروة هائلة لصاحبها.

أولئك الذين يلمحون **الفرصة** الكامنة في هذا الاقتراح سيجدون عونًا ثمينًا في الفصل الخاص ﺑ التخطيط المنظّم. ومن الجدير بالذكر أن المسوّق الكفء للخدمات الشخصية سيجد طلبًا متزايدًا على خدماته أينما وُجد رجال ونساء يبحثون عن أسواق أفضل لمهاراتهم وقدراتهم. وباستخدام مبدأ "مجموعة التفكير الإبداعي" يمكن لعدد محدود من الأشخاص ذوي المواهب المتكاملة أن يؤسسوا تحالفًا، ويبنوا مشروعًا مربحًا في وقت قصير.

فالمشروع يحتاج إلى شخص يجيد الكتابة ولديه حسّ إعلاني وقدرة على البيع، وآخر يتقن الطباعة والتخطيط اليدوي، وثالث يتمتع بقدرة عالية على جلب الأعمال ونشر الخبر ليصل إلى الناس كافة. وإذا امتلك شخص واحد هذه القدرات مجتمعة، فبوسعه أن يدير المشروع بمفرده إلى أن يتجاوز حجمه طاقته الفردية.

أما المرأة التي أعدّت "خطة تسويق الخدمات الشخصية" لابنها، فقد باتت اليوم تتلقى طلبات من شتى أنحاء البلاد للتعاون معها في إعداد خطط مماثلة لأشخاص آخرين يرغبون في تسويق خدماتهم الشخصية مقابل دخل أعلى.

وقد شكّلت فريقًا من الكتّاب والفنانين وخبراء الطباعة، يمتلكون قدرة استثنائية على صياغة السيرة المهنية بأسلوب درامي مقنع، يجعل من الممكن تسويق الخدمات الشخصية بقيمة تفوق بكثير الأجور السائدة لخدمات مماثلة. وهي واثقة إلى حدّ أنها تقبل أن يكون الجزء الأكبر من أتعابها نسبة من *الزيادة الفعلية* في الدخل التي تساعد عملاءها على تحقيقها.

ولا ينبغي أن يُظن أن خطتها تقوم فقط على حيل تسويقية ذكية تُمكّن الرجال والنساء من المطالبة بمبالغ أعلى لقاء الخدمات نفسها التي كانوا يقدمونها سابقًا بأجر أقل. فهي تحرص على حماية مصلحة صاحب العمل كما تحمي مصلحة مقدّم الخدمة، وتُعدّ خططها بحيث يحصل ربّ العمل على قيمة حقيقية ومتكافئة مقابل الزيادة الإضافية التي يدفعها.

إنّ الطريقة التي تحقق بها هذه النتيجة المذهلة سرٌّ مهنيٌّ لا تفصح عنه لأحدٍ سوى عملائها.

إذا كنتَ تمتلك **الخيال**، وتبحث عن منفذٍ أكثر ربحيةً لخدماتك الشخصية، فقد يكون هذا الاقتراح هو الحافز الذي كنتَ تبحث عنه. هذه **الفكرة** قادرةٌ على تحقيق دخلٍ يفوق بكثير دخل الطبيب أو المحامي أو المهندس "العادي" الذي تطلّب تعليمه سنواتٍ عديدةً في الجامعة. هذه الفكرة قابلةٌ للتسويق لمن يسعون إلى وظائف جديدة، في جميع الوظائف التي تتطلّب مهاراتٍ إداريةً أو تنفيذيةً تقريبًا، ولمن يرغبون في تحسين دخلهم في وظائفهم الحالية.

لا يوجد سعرٌ ثابتٌ **للأفكار** الجيدة!

وراء كل **فكرةٍ** معرفةٌ متخصصة. لسوء الحظ، بالنسبة لمن لا يجدون الثراء بوفرة، فإنّ المعرفة المتخصصة أكثر وفرةً وأسهل اكتسابًا من **الأفكار**. وبسبب هذه الحقيقة بالذات، هناك طلبٌ عالميٌّ وفرصةٌ متزايدةٌ باستمرارٍ للشخص القادر على مساعدة الرجال والنساء على بيع خدماتهم الشخصية بشكلٍ مربح. القدرة تعني **الخيال**، وهي الصفة الأساسية اللازمة لدمج المعرفة المتخصصة مع **الأفكار**، في شكل **خطط منظمة** مصممة لتحقيق الثراء.

إذا كنت تمتلك **الخيال**، فقد يقدم لك هذا الفصل فكرة كافية لتكون بداية الثراء الذي تطمح إليه. تذكر، الفكرة هي الأساس. المعرفة المتخصصة قد تكون قريبة منك، في أي مكان!

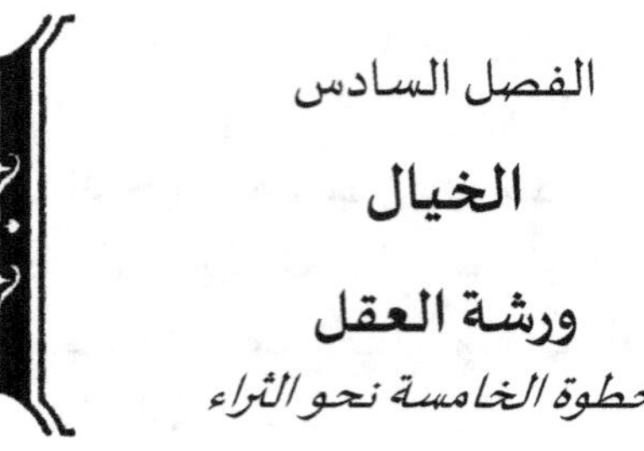

الفصل السادس

الخيال

ورشة العقل

الخطوة الخامسة نحو الثراء

الخيال هو ورشة العمل الحقيقية للعقل البشري، حيث تُصاغ كل الخطط والأفكار التي يبتكرها الإنسان. **فالدافع** الداخلي والرغبة يتحولان إلى خطط ملموسة و**أفعال** واقعية من خلال قوة العقل على التصوّر والإبداع.

يقال إن الإنسان قادر على ابتكار أي شيء يمكن لعقله أن يتصوره ويتخيله.

من بين جميع عصور الحضارة، يمثل عصرنا هذا أفضل فترة لتطوير الخيال، لأنه عصر التغير السريع والفرص المتجددة. فكل ما حولنا يشكل محفزات تُغذي الإبداع وتنشط التفكير الخيالي، فتفتح أمام الإنسان آفاقًا لم تكن لتظهر في عصور أخرى.

بفضل خياله، استطاع الإنسان خلال الخمسين عامًا الماضية استكشاف قوى الطبيعة واستثمارها أكثر مما تم اكتشافه طوال تاريخ البشرية قبل ذلك. لقد حلّق في السماء فتفوّق على الطيور في الطيران، واستثمر الأثير ليصبح وسيلة للتواصل الفوري مع أي نقطة في العالم. لقد درس الشمس من ملايين الأميال، وحلل مكوناتها، كل ذلك بفضل قوة التصور **الخيالي** والإبداع العقلي.

قد اكتشف أن دماغه هو محطة إرسال واستقبال لذبذبات الفكر، ويبدأ الآن في تعلم كيفية استثمار هذا الاكتشاف بطريقة عملية. لقد زاد الإنسان سرعة التنقل بشكل مذهل، حتى أصبح بإمكانه السفر بسرعة تزيد عن ثلاثمائة ميل في الساعة. ولن يمر وقت طويل قبل أن يصبح بإمكان شخص ما تناول إفطاره في نيويورك، وغدائه في سان فرانسيسكو.

إنّ الحدّ الوحيد للإنسان، في حدود المعقول، **يكمن في تنمية خياله واستخدامه.** فهو لم يبلغ بعد ذروة التطور في استخدام ملكة الخيال لديه، بل اكتشف فقط امتلاكه للخيال، وبدأ باستخدامه بطريقة بدائية للغاية.

نوعان من الخيال

تعمل القدرة التخيلية للعقل البشري على شكل شكلين رئيسيين: الأول يُعرف باسم الخيال التركيبي، والثاني باسم الخيال الإبداعي

الخيال التركيبي: من خلال هذه القدرة يمكن للإنسان ترتيب الأفكار والمفاهيم والخطط القديمة في توليفات جديدة. هذا النوع من الخيال لا يبتكر شيئًا جديدًا، بل يعمل فقط على المادة التي يمدّه بها من الخبرة والتعليم والملاحظة. غالبًا ما يستخدم المخترعون هذه القدرة، باستثناء حالات "العباقرة"، الذين يلجأون إلى الخيال الإبداعي عندما يعجز الخيال التركيبي عن حل مشكلتهم.

الخيال الإبداعي: من خلال هذه القدرة يكون عقل الإنسان محدودًا على اتصال مباشر مع الذكاء اللامحدود. وهو القدرة التي يتم من خلالها استقبال الحدس والإلهام. وبواسطة هذا النوع من الخيال، يتم تمرير جميع الأفكار الأساسية والجديدة إلى الإنسان، لتصبح أساسًا للابتكار والاختراع.

فكّر وازدد ثراءً

من خلال هذه القدرة، تُستقبل ذبذبات الأفكار من عقول الآخرين. ومن خلالها أيضًا، يستطيع الفرد "التناغم" أو التواصل مع العقول الباطنة للآخرين.

يعمل الخيال الإبداعي تلقائيًا بالطريقة الموضحة في الصفحات التالية. ولا تعمل هذه القدرة **إلا** عندما يهتز العقل الواعي بسرعة فائقة، كما هو الحال عند تحفيزه بعاطفة *رغبة قوية*.

تزداد القدرة الإبداعية يقظة واستقبالًا للذبذبات من المصادر المذكورة بقدر ما يتم تطويرها وممارستها من خلال **الاستخدام** المستمر. هذا البيان ذو أهمية كبيرة؛ تأمل فيه جيدًا قبل أن تمضي قدمًا.

تذكر، وأنت تتبع هذه المبادئ، أن قصة تحويل **الرغبة** إلى مال لا يمكن سردها كاملة في عبارة واحدة. لن تكتمل القصة إلا عندما **يتقن المرء جميع المبادئ ويستوعبها ويبدأ في تطبيقها.**

تذكر، وأنت تتبع هذه المبادئ، أن القصة الكاملة لكيفية تحويل الرغبة إلى مال لا يمكن سردها في عبارة واحدة. لقد بلغ قادة الأعمال والصناعة والمال العظماء، والفنانون والموسيقيون والشعراء والكتاب العظماء، مكانتهم الرفيعة بفضل تنمية ملكة الخيال الإبداعي.

تزداد كلتا ملكتي الخيال، التركيبية والإبداعية، نشاطًا مع الاستخدام، تمامًا كما تتطور أي عضلة أو عضو في الجسم بالاستخدام.

الرغبة ليست سوى فكرة، دافع. إنها غامضة وعابرة. إنها مجردة، ولا قيمة لها حتى تتحول إلى واقع ملموس.

الخيال

بينما يكون الخيال التركيبي هو الأكثر استخدامًا في عملية تحويل دافع **الرغبة** إلى مال، يجب أن تضع في اعتبارك أنه قد تواجه ظروفًا ومواقف تتطلب أيضًا استخدام الخيال الإبداعي.

قد تكون قدرتك التخيلية ضعفت بسبب قلة الممارسة، لكنها يمكن أن تُنشط وتصبح يقظة من جديد من خلال **الاستخدام المنتظم**. هذه القدرة لا تموت، رغم أنها قد تصبح خامدة عند عدم استخدامها.

ركّز انتباهك في الوقت الحالي على تطوير الخيال التركيبي، لأنه القدرة التي ستستخدمها غالبًا أثناء عملية تحويل الرغبة إلى مال.

إن **تحويل** الدافع غير الملموس للرغبة إلى واقع ملموس يتمثل **بالمال** يتطلب استخدام خطة أو خطط. يجب أن تُصاغ هذه الخطط بمساعدة الخيال، وبشكل رئيسي باستخدام القدرة التركيبية.

اقرأ الكتاب كاملاً، ثم عد إلى هذا الفصل، وابدأ فورًا في توظيف خيالك لوضع خطة أو خطط لتحويل **رغبتك** إلى مال. تم تقديم تعليمات مفصلة لبناء الخطط في كل فصل تقريبًا. نفذ التعليمات الأنسب لاحتياجاتك، ودوّن خطتك كتابةً إذا لم تكن قد فعلت ذلك بعد.

فور إكمال هذا، ستكون قد **أعطيت** شكلاً ملموسًا لرغبتك غير الملموسة بشكل نهائي. اقرأ هذه الجملة مرة أخرى لتتمثل معناها تمامًا. اقرأها بصوت عالٍ، ببطء شديد، وتذكر أثناء ذلك أنك بمجرد أن تُدوّن رغبتك، وخطة تحقيقها، تكون قد **خطوتَ الخطوة الأولى** من

سلسلة من الخطوات التي ستُمكّنك من تحويل الفكرة إلى واقع ملموس.

الأرض التي تعيش عليها، أنت نفسك، وكل شيء مادي آخر هو نتيجة التطور والتحول التدريجي، حيث تم تنظيم وترتيب جزيئات المادة الدقيقة بطريقة منتظمة ومنسقة.

وعلاوة على ذلك—وهذه الحقيقة ذات أهمية هائلة—هذه الأرض، وكل خلية من المليارات التي تكوّن جسدك، وكل ذرة من المادة، *بدأت كشكل غير ملموس من الطاقة.*

الرغبة هي نبضة فكرية! ونبضات الفكر هي أشكال من الطاقة. عندما تبدأ بنبضة الفكر، **الرغبة** في تجميع المال، فأنت توظف في خدمتك نفس "المادة" التي استخدمتها الطبيعة في خلق هذه الأرض، وكل شكل مادي في الكون، بما في ذلك الجسد والدماغ الذي تعمل فيه نبضات الفكر.

حسب ما تمكن العلم من تحديده، يتكوّن الكون بأسره من عنصرين فقط: المادة والطاقة.

ومن خلال تفاعل الطاقة والمادة، تم خلق كل ما يُدركه الإنسان، بدءًا من أكبر نجم يطفو في السماء، وصولًا إلى الإنسان نفسه.

أنت الآن في خضم مهمة عظيمة وهي محاولة الاستفادة من طريقة الطبيعة نفسها. نحن نأمل بصدق وإخلاص أن تكون جادًا في مواءمة نفسك مع قوانين الطبيعة، من خلال السعي لتحويل رغبتك إلى واقع ملموس أو إلى ما يعادلها من المال.

تذكّر: أنت قادر على ذلك! فقد تم إنجازه من قبل!

الخيال

يمكنك أن تبني ثروة هائلة مستفيدًا من قوانين لا تتغير أبدًا. لكن، أولًا، يجب أن تتعرف على هذه القوانين، وأن تتعلم كيفية **استخدامها** عمليًا. ومن خلال التكرار، والنظر إلى هذه المبادئ من كل زاوية ممكنة، يأمل المؤلف أن يكشف لك السر الذي مكن كل ثروة عظيمة من التكوّن.

وعلى الرغم من غرابة الأمر، فإن هذا "السر" **ليس سرًّا حقًا.** الطبيعة نفسها تُعلنه في الأرض التي نعيش عليها، في النجوم والكواكب التي نراها معلقة في السماء، في العناصر حولنا، في كل نبتة عشبية، وفي كل كائن حي.

تعلن الطبيعة عن هذا "السر" من خلال قوانين الأحياء، في تحول خلية صغيرة جدًا، قد تضيع على رأس الدبوس، إلى **الإنسان الكامل** الذي يقرأ هذه السطور الآن. وبالمثل، فإن تحويل الرغبة إلى مكافئها المادي ليس بمعجزة أقل!

لا تشعر بالإحباط إذا لم تفهم كل شيء من المرة الأولى. ما لم تكن طالبًا قديمًا لدراسة العقل، فمن الطبيعي ألا تستوعب كل ما في هذا الفصل من القراءة الأولى.

لكن مع الوقت، ستحرز تقدمًا ملموسًا.

المبادئ التي ستتبعها ستفتح الطريق لفهم الخيال. استوعب ما تستطيع فهمه أثناء قراءتك الأولى، ثم عند إعادة القراءة والدراسة، ستجد أن الفكرة أصبحت أوضح، وفهمك أصبح أوسع. الأهم، **لا تتوقف** ولا تتردد في دراسة هذه المبادئ إلا بعد قراءة الكتاب **ثلاث مرات** على الأقل، حينها لن ترغب في التوقف.

كيفية الاستفادة العملية من الخيال

الأفكار هي نقطة البداية لكل ثروة. والأفكار هي ثمرة الخيال. دعنا نستعرض بعض الأفكار الشهيرة التي جنت ثروات هائلة، على أمل أن توضح لك الطريقة التي يمكن بها استخدام الخيال في تكوين الثروة.

الغلاية المسحورة

منذ خمسين عامًا، ذهب طبيب ريفي عجوز إلى المدينة، ربط حصانه، وتسلسل بهدوء إلى صيدلية من الباب الخلفي، وبدأ التفاوض بصمت مع الصيدلي الشاب.

كانت مهمته مهيأة لتوليد ثروات هائلة لكثير من الناس، ولتقديم أكبر منفعة وأبعد أثر للجنوب منذ انتهاء الحرب الأهلية، وكأنها شرارة بدأت حركة لم تكن متوقعة من قبل.

لمدة أكثر من ساعة، تحدث الطبيب العجوز والشاب العامل خلف منضدة الصيدلة بنبرات منخفضة وخفية. ثم غادر الطبيب، وتوجه إلى العربة وأعاد معها غلاية كبيرة قديمة الطراز، ومجداف خشبي ضخم كان يستخدم لتحريك محتويات الغلاية، ووضعهما في الجزء الخلفي من المتجر.

تفقد الصيدلي الغلاية، وأخرج من جيبه رزمة نقود وسلمها للطبيب. كانت الرزمة تحتوي على 500 دولار بالضبط—وهي كل مدخرات الصيدلي!

قدّم الطبيب ورقة صغيرة تحمل صيغة سرية، كلماتها كانت تُقدّر بثروة تعادل كنوز الملوك!*لكنها لم تكن ذات قيمة له على الإطلاق، فهي لم تكن إلا المفتاح لإشعال غليان الغلاية.* وحتى أثناء ذلك، لم يكن الطبيب ولا الصيدلي الشاب يدركان الثروات الطائلة التي كانت ستنبثق من تلك الغلاية، لتغير مجرى الحياة وتفتح أبواباً من الثراء لا حدود لها.

الخيال

كان الطبيب العجوز سعيدًا ببيع ملابسه مقابل خمسمئة دولار. سيُسدد المال ديونه، ويمنحه راحة البال. أما البائع، فقد خاطر بكل شيء، إذ راهن بكل مدخرات عمره على مجرد قصاصة ورق وغلاية قديمة! لم يخطر بباله قط أن هذا الاستثمار سيشعل وعاءً يفيض بالذهب، في مشهد يتجاوز في روعته حتى الأداء الأسطوري لمصباح علاء الدين.

ما *اشتراه البائع في الحقيقة* هو فكرة!

لم تكن الغلاية العتيقة ولا المجداف الخشبي ولا الورقة الصغيرة التي حملت الصيغة السرّية سوى عناصر ثانوية. أما التحوّل العجيب لتلك القدر، فلم يبدأ إلا حين مزج مالكها الجديد التعليمات الخفية بمكوّنٍ آخر، لم يكن الطبيب يعرف عنه شيئًا.

اقرأ هذه القصة بتأنٍّ، وأطلق العنان لخيالك! حاول أن تكتشف ما أضافه الشاب إلى الرسالة السرية، والذي تسبب في فيضان الغلاية ذهبًا. تذكر، وأنت تقرأ، أن هذه ليست قصة من ألف ليلة وليلة. إليكم قصة واقعية، أغرب من الخيال، بدأت **بفكرة.**

دعونا نُلقي نظرة على الثروات الهائلة من الذهب التي أنجبتها هذه الفكرة. فقد دفعت، ولا تزال تدفع، ثروات طائلة لرجال ونساء في شتى أنحاء العالم، أولئك الذين يتولّون إيصال ما تفيض به تلك القدر إلى ملايين البشر.

أما الغلاية العتيقة، فقد غدت اليوم واحدة من أكبر مستهلكي السكر في العالم، وبذلك وفّرت وظائف دائمة لآلاف الرجال والنساء العاملين في زراعة قصب السكر، وتكريره، وتسويقه.

فكّر وازدد ثراءً

تستهلك الغلاية العتيقة سنويًا ملايين الزجاجات الزجاجية، فتفتح بذلك أبواب الرزق أمام أعداد هائلة من عمّال صناعة الزجاج.

كما توفّر فرص عمل لجيشٍ كامل من الكتبة، والسكرتيرين، وكتّاب الإعلانات، وخبراء الدعاية في أرجاء البلاد كافة. وقد منحت الشهرة والثروة لعشرات الفنانين الذين أبدعوا لوحات وصورًا أخّاذة جسّدت هذا المنتج وروّجت له بروعة لا تُنسى.

حوّلت الغلاية العتيقة مدينةً جنوبيةً صغيرة إلى العاصمة التجارية للجنوب، فأضحت بركتها تمتدّ، بصورة مباشرة أو غير مباشرة، إلى كلّ نشاطٍ تجاري تقريبًا، وإلى معظم سكان المدينة دون استثناء.

يمتدّ تأثير هذه الفكرة ليشمل كلّ دولةٍ متحضّرةٍ في العالم، مُفيضًا سيلًا متواصلًا من الذهب على كلّ من يلمسه.

يُستخدم الذهب المُستخرج من الغلاية في بناء وصيانة إحدى أبرز كليات الجنوب، حيث يتلقّى آلاف الشباب التدريب اللازم للنجاح. لقد حقّق "القديم" إنجازاتٍ رائعةً أخرى. فخلال فترة الكساد العالمي، عندما كانت المصانع والبنوك والشركات تُغلق أبوابها وتُغادر بالآلاف، واصل مالك هذا المرجل السحري مسيرته، *مُوفّرًا فرص عملٍ مُستمرةٍ لجيشٍ* من الرجال والنساء في جميع أنحاء العالم، ودافعًا حصصًا إضافيةً من الذهب لأولئك *الذين آمنوا بالفكرة* منذ زمن بعيد.

لو كان بإمكان نتاج هذا المرجل النحاسي القديم أن يتكلم، لروى قصصًا مُثيرةً عن الرومانسية بكلّ اللغات. قصص حبّ، وقصص أعمال، وقصص رجال ونساء مهنيين يستمدّون منه الإلهام يوميًا.

لقد صنعت الغلايات العتيقة معجزاتٍ أخرى لا تقل إدهاشًا. فخلال سنوات الكساد العالمي، حين كانت المصانع تُغلق، والبنوك تنهار، والمؤسسات التجارية تنسحب من السوق بالآلاف، واصل صاحب هذه القدر المسحورة مسيرته بثبات، موفّرًا عملًا متواصلاً لجيشٍ من الرجال والنساء في شتى أنحاء العالم، وموزّعًا حصصًا إضافية من الذهب على أولئك الذين آمنوا بالفكرة منذ بدايتها.

ولو قُدِّر لمنتَج تلك القدر النحاسية العتيقة أن ينطق، لسرد حكاياتٍ مدهشة بلغة كلّ أمة. حكايات عشق، وحكايات تجارة، وحكايات نجاح مهني لرجال ونساء تُوقِظ فيهم هذه الفكرة، كل يوم، طموحًا جديدًا ودافعًا متجدّدًا.

الخيال

روايات عن علاقات عاطفية بين رجال ونساء مهنيين يتم تحفيزهم يوميًا من خلالها.

المؤلف واثق من وجود علاقة واحدة على الأقل من هذا النوع، لأنه كان جزءًا منها، وبدأ كل شيء ليس بعيدًا عن المكان الذي اشترى فيه الصيدلي الغلاية القديمة. هنا التقى المؤلف بزوجته، وكانت هي أول من أخبرته بالغلاية المسحورة. وكان المشروب الناتج عن تلك الغلاية ما كانوا يشربونه عندما طلب منها أن تقبله "في السراء والضراء."

والآن وقد عرفتم أن مكونات الغلاية المسحورة مشروب عالمي الشهرة، فمن المناسب أن يعترف الكاتب بأن مسقط رأس هذا المشروب هو الذي رزقه بزوجة، وأن المشروب نفسه يمنحه *تنشيطًا فكريًا دون أن يُسكره*، وبالتالي فهو يُنعش ذهن الكاتب الذي يحتاجه ليُبدع أفضل أعماله.

مهما كنت، وأينما كنت تعيش، وأيًا كان عملك، تذكر في المستقبل، في كل مرة ترى فيها كلمات "كوكاكولا"، أن إمبراطوريتها الضخمة من الثروة والنفوذ نشأت من **فكرة** واحدة، وأن المكون الغامض الذي مزجه الصيدلي – آسا كاندل – مع الصيغة السرية كان... **الخيال!**

توقف وفكر في هذا للحظة.

وتذكّر أيضًا أن الخطوات الثلاثة عشر نحو الثراء، التي وردت في هذا الكتاب، كانت الوسيلة التي من خلالها امتد تأثير كوكاكولا ليشمل كل مدينة وبلدة وقرية وملتقى طرق حول العالم، وأن **أي فكرة** تبتكرها، مهما كانت صائبة وجديرة بالاهتمام مثل كوكاكولا، لديها القدرة على تكرار الإنجاز المذهل لهذا المشروب العالمي الذي يروي العطش.

حقاً، الأفكار لها وجود، ونطاق عملها هو العالم نفسه.

ماذا كنت سأفعل لو كان لدي مليون دولار

تثبت هذه القصة صحة القول القديم: "حيث توجد الإرادة، يوجد الطريق." وقد رواها لي ذلك المعلم والقس المحبوب، الراحل فرانك دبليو. غنساولس، الذي بدأ مسيرته في الوعظ في منطقة المسالخ بجنوب شيكاغو.

أثناء دراسة الدكتور غنساولس في الجامعة، لاحظ العديد من العيوب في نظامنا التعليمي، وهي عيوب كان يعتقد أنه يستطيع تصحيحها إذا أصبح رئيسًا لإحدى الكليات. وكان أعمق رغبته أن يصبح المدير الأعلى لمؤسسة تعليمية يُعلّم فيها الشباب والشابات مبدأ "التعلم بالممارسة."

قرر أن يؤسس كلية جديدة يمكنه من خلالها تنفيذ أفكاره، دون أن يعيقه الأسلوب التقليدي للتعليم.

كان بحاجة إلى مليون دولار لتنفيذ هذا المشروع! ولكن من أين له أن يحصل على هذا المبلغ الضخم؟ كان هذا السؤال هو ما شغل بال هذا الواعظ الشاب الطموح.

لكنه لم يستطع إحراز أي تقدم.

كان يحمل هذه الفكرة معه كل ليلة إلى فراشه، ويستيقظ عليها كل صباح. وكان يأخذها معه أينما ذهب، ويدور بها في ذهنه مرارًا وتكرارًا حتى أصبحت هاجسًا مستهلكًا له. المليون دولار مبلغ ضخم، وكان يدرك هذه الحقيقة، لكنه كان يدرك أيضًا الحقيقة القائلة بأن *الحد الوحيد هو ذلك الذي يضعه الإنسان في عقله.*

الخيال

وبصفته فيلسوفًا بالإضافة إلى كونه واعظًا، أدرك الدكتور غنساولس، كما يدرك جميع الناجحين في الحياة، أن **وضوح الهدف هو** نقطة البداية التي يجب أن يبدأ منها الإنسان. كما أدرك أن وضوح الهدف يكتسب الحيوية والقوة والطاقة عندما يدعمه **رغبة مشتعلة** لتحويل هذا الهدف إلى معادل مادي ملموس.

كان يعلم كل هذه الحقائق العظيمة، ومع ذلك لم يكن يعرف من أين أو كيف يحصل على مليون دولار. كان من الطبيعي أن يستسلم ويتخلى عن الفكرة، قائلاً: "حسنًا، فكرتي جيدة، لكنني لا أستطيع فعل أي شيء بها، لأنني لن أتمكن أبدًا من توفير المليون دولار اللازمة". هذا بالضبط ما كان سيقوله معظم الناس، لكن هذا ليس ما قاله الدكتور غونساولوس. ما قاله وما فعله مهمان للغاية، لذا سأقدمه الآن، وأتركه يتحدث عن نفسه.

"في إحدى ظهيرات يوم سبت، جلست في غرفتي أفكر في طرق ووسائل جمع المال لتنفيذ خططي. لمدة عامين تقريبًا، كنت أفكر، لكنني *لم أفعل شيئًا سوى التفكير!*

"حان وقت العمل!"

" "عزمتُ حينها على الحصول على المليون دولار اللازمة في غضون أسبوع. كيف؟ لم يكن ذلك يشغلني. كان الأهم هو قرار الحصول على المال خلال فترة زمنية محددة، وأود أن أخبركم أنه في اللحظة التي اتخذت فيها قرارًا نهائيًا بالحصول على المال خلال فترة زمنية محددة،

<h1 style="text-align:center">فكّر وازدد ثراءً</h1>

انتابني شعور غريب بالطمأنينة، لم أختبره من قبل. بدا وكأن شيئًا ما بداخلي يقول: "لماذا لم تتخذ هذا القرار منذ زمن؟ كان المال ينتظرك طوال الوقت!"

"بدأت الأمور تحدث بسرعة. اتصلت بالصحف وأعلنت أنني سألقي صباح اليوم التالي خطابًا بعنوان: 'ماذا كنت سأفعل لو كان لدي مليون دولار.'

بدأت فورًا في إعداد الخطاب، ولكن يجب أن أعترف بصراحة، أن المهمة لم تكن صعبة، لأنني كنت أعد لهذا الخطاب منذ ما يقرب من عامين. الروح الكامنة وراءه كانت جزءًا مني!

قبل منتصف الليل بوقت طويل، أنهيت كتابة الخطاب. ذهبت إلى الفراش وغطت في النوم بشعور من الثقة، *لأنني كنت أرى نفسي بالفعل في حيازة المليون دولار.*

في الصباح التالي، استيقظت مبكرًا، ذهبت إلى الحمام، قرأت الخطاب، ثم ركعت وطلبت أن يصل خطابي إلى شخص يمكنه تزويدي بالمبلغ المطلوب.

أثناء صلاتي، شعرت مرة أخرى بالاطمئنان أن المال سيأتي. وفي حماسي، خرجت دون أن أحمل خطابي، ولم أكتشف هذا السهو إلا عندما كنت في المنبر وعلى وشك أن أبدأ إلقاءه.

لقد كان الوقت قد فات للعودة لأخذ ملاحظاتي، ويا لها من نعمة أنني لم أتمكن من العودة! بدلاً من ذلك، وفّر عقلي الباطن المادة التي كنت أحتاجها. عندما وقفت لبدء خطابي، أغمضت عينيّ، وتحدثت بكل قلبي وروحي عن أحلامي. لم أتحدث فقط إلى جمهوري،"

"لكنني أشعر أنني كنت أخاطب الله أيضًا. شاركت أحلامي بما كنت سأفعله لو وُضع مليون دولار بين يدي، ورسمت خطتي لإنشاء مؤسسة تعليمية عظيمة، حيث يتعلم الشباب تطبيق المعرفة عمليًا، ويُنمّون عقولهم في الوقت ذاته، ليصبحوا قادرين على الإبداع والتفكير المستقل."

"عندما انتهيتُ وجلستُ، نهض رجل ببطء من مقعده، على بُعد ثلاثة صفوف تقريبًا من الخلف، واتجه نحو المنبر. تساءلتُ عمّا ينوي فعله. صعد إلى المنبر، ومدّ يده، وقال: "يا قس، لقد أعجبتني خطبتك. أعتقد أنك قادر على فعل كل ما قلتَ إنك ستفعله لو كان لديك مليون دولار. ولإثبات إيماني بك وبخطبتك، إذا أتيتَ إلى مكتبي صباح الغد، فسأعطيك المليون دولار. اسمي فيليب د. أرمور.""

ذهب الشاب غونساولوس إلى مكتب السيد أرمور، وقُدِّم له المليون دولار. وبهذا المال، أسس معهد أرمور للتكنولوجيا.

هذا مبلغ من المال يفوق ما يراه معظم الوعاظ طوال حياتهم، ومع ذلك فإن فكرة الحصول على هذا المال قد تشكلت في ذهن الواعظ الشاب في جزء من دقيقة. جاء المليون دولار المطلوب نتيجة لفكرة، ووراء هذه الفكرة كانت رغبة ظلّ يعتني بها الشاب غنساولس في ذهنه لما يقرب من عامين.

لاحظ هذه الحقيقة المهمة... لقد حصل على المال خلال ستة وثلاثين ساعة فقط بعد أن اتخذ قرارًا حاسمًا في ذهنه بالحصول عليه، ووضع خطة محددة لتحقيق ذلك!

لم يكن تفكير الشاب غنساولس الغامض حول المليون دولار أو أمله الضعيف فيه أمرًا جديدًا أو استثنائيًا؛ فقد سبقه آخرون وفكر فيه الكثيرون منذ ذلك الحين. لكن ما ميزه حقًا هو القرار الحاسم الذي اتخذه في ذلك السبت الذي لا يُنسى، عندما وضع كل غموض جانبًا وقال بوضوح: "سأحصل على هذا المال خلال أسبوع!"

يبدو أن الله يقف بجانب من يعرف *بالضبط* ما يريد، ويصر على تحقيقه، عندما يكون العزم مطلقًا على نيل **ذلك الشيء بالذات!**

علاوة على ذلك، فإن المبدأ الذي بواسطته حصل الدكتور غنساولس على مليون دولار لا يزال حيًا حتى اليوم! وهو متاح لك أيضًا! هذا القانون الكوني قابل للتطبيق اليوم كما كان عندما استخدمه الواعظ الشاب بنجاح باهر. يصف هذا الكتاب، خطوة بخطوة، العناصر الثلاثة عشر لهذا القانون العظيم، ويقترح كيفية الاستفادة منها وتطبيقها عمليًا.

لاحظ أن آسا كاندلر والدكتور فرانك غونساولس كانا يشتركان في صفة واحدة. كلاهما أدرك الحقيقة المذهلة: أن **الأفكار يُمكن تحويلها إلى نقود من خلال قوة الهدف الواضح، بالإضافة إلى الخطط الواضحة.**

إذا كنت من أولئك الذين يعتقدون أن العمل الجاد والأمانة وحدهما كافيان لجلب الثروة، فتخلص من هذا الاعتقاد! فهذا غير صحيح! فالثراء، عندما يأتي بكميات هائلة، لا يكون أبدًا نتيجة **للعمل الشاق** وحده. فالثراء يأتي، إذا جاء أصلاً، استجابةً لمطالب محددة،

الخيال

مبنية على تطبيق مبادئ واضحة وثابتة، وليس عن طريق الصدفة أو الحظ.

بشكل عام، الفكرة هي شرارة ذهنية تحفز على العمل من خلال لمس الخيال وإثارة الحافز الداخلي. يدرك جميع البائعين الماهرين أن الأفكار يمكن تسويقها وبيعها حتى في الأماكن التي تفشل فيها البضائع الملموسة. أما البائعون العاديون فلا يمتلكون هذا الإدراك—ولهذا يظلون دائمًا "عاديين".

اكتشف ناشر كتب، تُباع بخمسة سنتات، اكتشافًا ذا قيمة كبيرة للناشرين عمومًا. فقد علم أن الكثير من الناس يشترون عناوين الكتب، لا محتواها. وبمجرد تغيير اسم كتاب واحد لم يكن رائجًا، قفزت مبيعاته بأكثر من مليون نسخة. ولم يتغير محتوى الكتاب بأي شكل من الأشكال. قام ببساطة بنزع الغلاف الذي يحمل العنوان غير الرائج، ووضع غلافًا جديدًا بعنوانٍ ذي قيمةٍ تجاريةٍ عالية.

هذه **الفكرة**، على بساطتها، كانت نتاج **خيالٍ واسع**.

لا يوجد سعرٌ ثابتٌ للأفكار. صاحب الفكرة هو من يحدد سعرها، وإن كان ذكيًا، يحصل عليها.

لقد خلقت صناعة السينما جيلًا كاملًا من أصحاب الملايين. معظمهم لم يكونوا قادرين على ابتكار الأفكار، ولكنهم امتلكوا الخيال الكافي لتمييزها حين رأوها.

سينشأ الجيل القادم من أصحاب الملايين من قطاع الإذاعة، وهو قطاعٌ جديدٌ وغير مثقلٍ بأصحاب الخيال الواسع. سيجني المال أولئك الذين يكتشفون أو يبتكرون برامج إذاعية جديدة وأكثر جدارةً، ويمتلكون الخيال الكافي لتمييز الجودة، ومنح مستمعي الراديو فرصةً للاستفادة منها.

الراعي! ذلك الضحية البائس الذي يدفع الآن كل ثمن كل برامج "الترفيه الإذاعي"، سيصبح قريبًا واعيًا بالأفكار، وسيطالب بالحصول على قيمة مقابل أمواله. الرجل الذي يسبق الراعي في السباق، ويقدّم برامج تقدم خدمة حقيقية ونافعة، هو الذي سيصبح ثرياً في هذه الصناعة الجديدة.

المغنون والفنانون الذين يملأون الأثير الآن بالمزاح والضحكات السطحية، سيمضون في طريقهم مثل الأخشاب الهشة، وسيحل محلهم فنانون حقيقيون يقدمون برامج مدروسة بعناية، مصممة لخدمة عقول البشر بالإضافة إلى توفير الترفيه.

ها هي فرصة سانحة تُعلن احتجاجها على ما يُهدر منها بسبب غياب الخيال، وتتوسل للإنقاذ مهما كلف الأمر. قبل كل شيء، فما يحتاجه الراديو هو **أفكار** جديدة!

إذا كان هذا المجال الجديد من الفرص يثير اهتمامك، فقد تستفيد من هذه الملاحظة: البرامج الإذاعية الناجحة في المستقبل ستولي اهتمامًا أكبر لإنشاء جمهور من "المشترين"، وأقل اهتمامًا لجمهور "المستمعين" فحسب. وبعبارة أوضح، يجب على مبتكر البرامج الإذاعية الناجح في المستقبل أن يجد طرقًا عملية لتحويل "المستمعين" إلى "مشترين". علاوة على ذلك، يجب على المنتج الناجح للبرامج الإذاعية أن يضبط محتواه بحيث يمكنه إظهار تأثيره على الجمهور بشكل واضح وملموس.

بدأ الرعاة يشعرون بالإرهاق من شراء الإعلانات الجاهزة المليئة بالعبارات الرنانة الفارغة. إنهم يريدون، وفي المستقبل سيطالبون، بإثبات قاطع أن برنامج "هوزيت" لا يقتصر فقط على منح الملايين ضحكة سخيفة، بل أن هذه الضحكة نفسها قادرة على دفع المستمعين لشراء البضائع فعليًا!

الخيال

هناك أمر آخر يجب أن يفهمه من يفكر في دخول هذا المجال الجديد من الفرص: الإعلان الإذاعي سيُدار بواسطة مجموعة جديدة كليًا من خبراء الإعلان، مستقلين ومتميزين عن رجال وكالات الصحف والمجلات التقليدية. فقدماء اللعبة الإعلانية لا يستطيعون فهم نصوص الإذاعة الحديثة، لأنهم تدربوا على **رؤية** الأفكار فقط. أما التقنية الإذاعية الجديدة فتتطلب رجالًا قادرين على ترجمة الأفكار /المكتوبة إلى **صوت** ملموس! وقد كلف هذا المؤلف عامًا كاملًا من العمل الشاق، وآلاف الدولارات ليتعلمه.

الإذاعة اليوم تُشبه إلى حد كبير وضع السينما، عندما ظهرت ماري بيكفورد بشعرها المجعد لأول مرة على الشاشة. هناك متسع كبير في عالم الإذاعة لمن يستطيعون *إنتاج* **الأفكار** أو *تمييزها*.

إذا لم تُحفّز هذه الملاحظة حول فرص الإذاعة لديكِ إطلاق العنان لأفكاركِ، فمن الأفضل أن تتخلي عنها. فرصتكِ تكمن في مجال آخر. أما إذا أثارت هذه الملاحظة اهتمامكِ ولو قليلًا، فتعمّقي فيها، فقد تجدين **الفكرة** التي تحتاجينها لإكمال مسيرتكِ المهنية.

لا تدع افتقارك للخبرة في مجال الراديو يُثبط عزيمتك. كان أندرو كارنيجي يفتقر إلى المعرفة الكافية بصناعة الصلب - وهذا ما أكده كارنيجي نفسه - لكنه استغل عمليًا مبدأين من المبادئ المذكورة في هذا الكتاب، وحوّل تجارة الصلب إلى ثروة طائلة.

تبدأ قصة كل ثروة عظيمة تقريبًا في اليوم الذي اجتمع فيه صانع الأفكار وبائع الأفكار، وعملوا معًا بانسجام. فقد أحاط كارنيجي نفسه برجال قادرين على القيام بكل ما لم يكن يستطيع فعله بنفسه؛ رجال يبتكرون الأفكار، وآخرون يحولون هذه الأفكار إلى واقع عملي، مما جعل كارنيجي ومن حوله يحققون ثروات هائلة لا تُحصى.

يمر ملايين الناس في حياتهم وهم يأملون في "فرص حظ" مواتية. ربما تمنحك فرصة جيدة بداية ما، لكن الخطة الأكثر أمانًا هي ألا تعتمد على الحظ. فقد كانت "فرصة حظ" هي التي منحتني أكبر فرصة في حياتي، *إلا أنني اضطررت إلى تكريس خمسة وعشرين عامًا من الجهد المصمم والمثابرة* قبل أن تتحول تلك الفرصة إلى أصل حقيقي.

كانت نقطة التحول هي حظي السعيد بلقاء أندرو كارنيجي وكسب تعاونه. في تلك المناسبة، غرس كارنيجي في ذهني فكرة تنظيم مبادئ الإنجاز في فلسفة للنجاح. استفاد آلاف الأشخاص من الاكتشافات التي تحققت خلال خمسة وعشرين عامًا من البحث، وتراكمت ثروات طائلة من خلال تطبيق هذه الفلسفة. كانت البداية بسيطة، مجرد **فكرة** كان بإمكان أي شخص تطويرها.

جاءت نقطة التحول الموفقة بفضل كارنيجي، ولكن ماذا عن العزيمة، ووضوح الهدف، والرغبة الجامحة في بلوغ الغاية، والجهد الدؤوب على مدى خمسة وعشرين عامًا؟ لم تكن مجرد **رغبة عادية صمدت أمام خيبات الأمل، والإحباط، والهزائم المؤقتة، والانتقادات، والتذكير المستمر بـ"ضياع الوقت".** بل كانت **رغبة ملحة! هاجسًا!**

الخيال

عندما زرع السيد كارنيجي الفكرة في ذهني لأول مرة، تم تحفيزها ورعايتها وإغراءها *للبقاء حية*. ومع مرور الوقت، نمت الفكرة وأصبحت عملاقًا بقوتها الخاصة، حتى صارت هي التي تحفزني وتوجهني وتدفعني إلى الأمام. هكذا هي الأفكار: في البداية تمنحها الحياة والعمل والإرشاد، ثم تأخذ القوة لنفسها وتزيح كل عقبة في طريقها.

الأفكار قوى غير ملموسة، لكنها أعظم تأثيرًا من العقول التي ولّدتْها. يمكنها الاستمرار حتى بعد أن تعود تلك العقول إلى التراب. خذ على سبيل المثال قوة المسيحية: بدأت بفكرة بسيطة وُلدت في ذهن المسيح، وكانت جوهرها "عامل الآخرين كما تحب أن يُعاملوك". لقد رحل المسيح إلى المصدر الذي جاء منه، لكن **فكرته** تسير قُدمًا بلا توقف. وربما يومًا ما تنضج هذه الفكرة وتحقق ذاتها بالكامل، عندها ستفي برغبة المسيح الأعمق. هذه **الفكرة** لم تتطور سوى منذ ألفي عام فقط... امنحها الوقت، وسترى ما يمكن أن تفعله

النجاح

لا يحتاج

إلى تفسيرات

الفشل

لا يسمح

بالذرائع

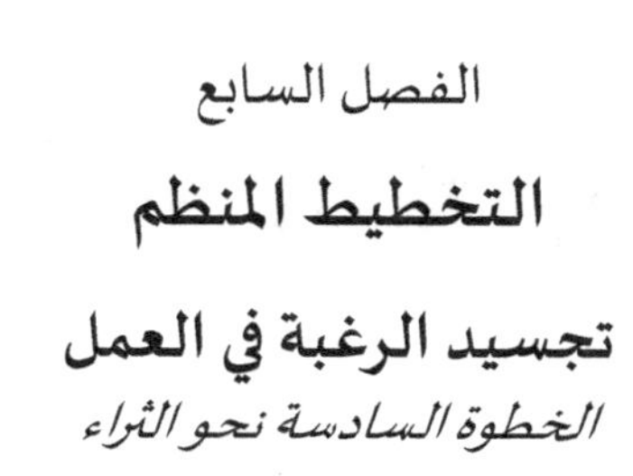

الفصل السابع

التخطيط المنظم

تجسيد الرغبة في العمل

الخطوة السادسة نحو الثراء

لقد تعلمت أن كل شيء يخلقه الإنسان أو يكتسبه يبدأ في شكل رغبة. وتأخذ هذه الرغبة في مرحلتها الأولى رحلتها من مجرد فكرة مجردة إلى واقع ملموس، لتدخل إلى ورشة **الخيال**، حيث يتم ابتكار وتنظيم **خطط** لتحويلها إلى حقيقة.

في الفصل الثاني، طُلب منك اتخاذ ست خطوات عملية محددة، كخطوة أولى في ترجمة الرغبة في المال إلى ما يُقابلها نقدًا. إحدى هذه الخطوات هي وضع خطة عملية محددة، أو خطط، تُتيح لك تحقيق هذا التحوّل.

في الفصل الثاني، تم توجيهك لاتخاذ ست خطوات عملية محددة، كخطوتك الأولى في تحويل الرغبة في المال إلى معادلها المادي. واحدة من هذه الخطوات هي تكوين خطة **محددة** وعملية، أو عدة خطط، يمكن من خلالها إتمام هذا التحويل.

والآن ستتعلّم كيفية بناء خطط عملية، على النحو التالي:

(أ)   تحالف مع مجموعة من الأشخاص بالعدد الذي تحتاجه لإنشاء وتنفيذ خطتك أو خططك لتجميع المال، مستفيدًا من مبدأ "مجموعة التفكير الإبداعي" الذي سيتم شرحه في فصل لاحق. (الالتزام بهذه التعليمات أمر بالغ الأهمية، فلا تهمله.)

(ب) قبل تكوين تحالف "مجموعة التفكير الإبداعي"، حدد المزايا والفوائد التي يمكنك تقديمها لأعضاء مجموعتك مقابل تعاونهم ومشاركتهم في تنفيذ خطتك.

لن يعمل أحد إلى ما لا نهاية دون مقابل. ولن يطلب أي شخص ذكي من غيره العمل دون مقابل مناسب، حتى وإن لم يكن هذا المقابل ماديًا دائمًا.

(ج) رتب لقاءات مع أعضاء فريق "العقل الجماعي المبدع" مرتين أسبوعيًا على الأقل، وأكثر من ذلك إن أمكن، حتى تتقنوا معًا الخطة أو الخطط اللازمة لجمع المال.

(د) حافظ على **انسجام تام** بينك وبين كل عضو في مجموعتك الاستشارية. إذا لم تُنفّذ هذه التعليمات بدقة، فمن المتوقع أن تواجه الفشل. لا يُمكن تطبيق مبدأ "مجموعة التفكير الإبداعي" في غياب **الانسجام التام.**

ضع في اعتبارك هذه الحقائق:

أولًا: أنت تُشارك في مشروع بالغ الأهمية بالنسبة لك. ولضمان النجاح، يجب أن تكون لديك خطط مُحكمة لا تشوبها شائبة.

ثانيًا: يجب أن تستفيد من خبرة وتعليم ومواهب وخيال الآخرين. وهذا يتوافق مع الأساليب التي يتبعها كل من جمع ثروة طائلة.

لا يمتلك أي فرد الخبرة والتعليم والمواهب والمعرفة الكافية لضمان جمع ثروة طائلة دون تعاون الآخرين. يجب أن تكون كل خطة تتبناها في سعيك لجمع الثروة نتاجًا مشتركًا بينك وبين كل عضو آخر في مجموعتك الاستشارية.

يمكنك ابتكار خططك بنفسك، كليًا أو جزئيًا، ولكن تأكد من أن هذه الخطط تُراجع وتُعتمد من قِبل أعضاء تحالفك من "مجموعة التفكير الإبداعي"

وإذا لم تنجح الخطة الأولى التي تعتمدها، فاستبدلها بخطة جديدة. وإذا فشلت هذه بدورها، فاستبدلها بأخرى، وهكذا، إلى أن تعثر على خطة **تنجح بالفعل**. وهنا بالضبط يقع موضع الفشل لدى غالبية الناس، بسبب افتقارهم إلى **المثابرة** في ابتكار خطط جديدة تحل محل الخطط التي تفشل.

لا يمكن لأذكى إنسان على قيد الحياة أن ينجح في جمع المال—ولا في أي مسعى آخر—من دون خطط عملية قابلة للتنفيذ. ضع هذه الحقيقة دائمًا نصب عينيك، وتذكّر أنه عندما تفشل خططك، فإن *الهزيمة المؤقتة* ليست فشلًا دائمًا؛ فقد تعني ببساطة أن خططك لم تكن سليمة. ابنِ خططًا أخرى. وابدأ من جديد.

لقد "فشل" توماس إديسون عشرة آلاف مرة قبل أن يُتقن المصباح الكهربائي المتوهج؛ أي إنه واجه هزيمة مؤقتة عشرة آلاف مرة قبل أن تُتوَّج جهوده بالنجاح.

الهزيمة المؤقتة لا تعني سوى أمر واحد: المعرفة المؤكدة بأن هناك خللًا في خطتك. إن ملايين البشر يعيشون حياة من البؤس والفقر لأنهم يفتقرون إلى خطة سليمة لبناء ثروة.

لم يُكوّن هنري فورد ثروته بسبب تفوق عقله، بل لأنه تبنّى **خطة** ثبتت سلامتها والتزم بها. ويمكن الإشارة إلى ألف رجل، كلٌّ منهم أكثر تعليمًا من فورد، ومع ذلك يعيشون في فقر لأنهم لا يمتلكون الخطة **الصحيحة** لتجميع المال.

إن مستوى إنجازك لا يمكن أن يتجاوز مدى سلامة **خططك**. قد يبدو هذا القول بديهيًا، لكنه حقيقة لا جدال فيها. فقد خسر صمويل إنسول ثروة تجاوزت مئة مليون دولار. وكانت ثروته قد بُنيت أصلًا على خطط سليمة، غير أن الكساد الاقتصادي أجبره على **تغيير خططه**، فجلب هذا **التغيير** ما سُمّي بـ"الهزيمة المؤقتة"، لأن خططه الجديدة لم **تكن سليمة**.

واليوم، وقد أصبح إنسول رجلًا مسنًا، قد يختار أن يقبل بما حدث على أنه "فشل" لا "هزيمة مؤقتة". لكن إن انتهت تجربته إلى فشل حقيقي، فلن يكون السبب سوى افتقاره إلى شعلة **المثابرة** اللازمة لإعادة بناء خططه من جديد.

لا يُهزم أي إنسان هزيمة حقيقية إلا عندما *يستسلم في عقله*. وسيُكرر هذا المعنى مرارًا، لأنه من السهل جدًا "الاستسلام" عند أول إشارة للهزيمة.

واجه جيمس جي. هيل هزيمة مؤقتة عندما حاول لأول مرة جمع رأس المال اللازم لبناء خط سكة حديد من الشرق إلى الغرب، لكنه حوّل الهزيمة إلى نصر *من خلال خطط جديدة*.

كما واجه هنري فورد هزائم مؤقتة، ليس فقط في بدايات مسيرته في صناعة السيارات، بل حتى بعد أن قطع شوطًا طويلًا نحو القمة. فابتكر خططًا جديدة، ومضى قدمًا بثبات حتى حقق النصر المالي.

نرى رجالًا راكموا ثروات عظيمة، لكننا غالبًا لا نلحظ سوى انتصارهم النهائي، ونتجاهل الهزائم المؤقتة التي اضطروا إلى تجاوزها قبل أن "يصلوا" إلى النجاح.

لا يُمكن لأي مُتبع لهذه الفلسفة أن يتوقع، عن حق، جمع ثروة دون أن يُواجه "هزيمة مؤقتة". عندما تُصيبك الهزيمة، اعتبرها إشارةً إلى أن خططك غير سليمة، وأعد بناءها، وانطلق من جديد نحو هدفك المنشود. إذا استسلمت قبل بلوغ هدفك، فأنت "مُستسلم". **المُستسلم لا يفوز أبدًا، والفائز لا يستسلم أبدًا.**

ارفع هذه الجملة، واكتبها على ورقة بحروف ارتفاعها بوصة واحدة، وضعها في مكان تراه كل ليلة قبل النوم، وكل صباح قبل الذهاب إلى العمل.

عندما تبدأ باختيار أعضاء "مجموعة التفكير الإبداعي"، احرص على اختيار من لا يأخذون الهزيمة على محمل الجد.

يعتقد البعض خطأً أن **المال** وحده هو ما يجلب المال. هذا غير صحيح! **الرغبة**، التي تتحول إلى ما يعادلها نقدًا، وفقًا للمبادئ المذكورة هنا، هي الوسيلة التي يُصنع بها المال. المال في حد ذاته ليس إلا مادة جامدة. لا يتحرك ولا يفكر ولا يتكلم، ولكنه يسمع عندما يناديه من **يرغب فيه**!

تخطيط بيع الخدمات

يُخصص ما تبقى من هذا الفصل لوصف طرق ووسائل تسويق الخدمات الشخصية

ستكون المعلومات الواردة هنا ذات فائدة عملية لأي شخص لديه أي نوع من الخدمات الشخصية التي يرغب في تسويقها، ولكنها ستكون ذات فائدة لا تُقدر بثمن لمن يطمحون إلى الريادة في مهنهم المختارة.

التخطيط الذكي ضروري للنجاح في أي مشروع يهدف إلى جمع الثروة. ستجد هنا إرشادات مفصلة لمن يرغبون في بدء رحلة تكوين الثروة من خلال تقديم خدمات شخصية.

ومن المشجّع أن نعلم أن معظم الثروات العظيمة بدأت عمليًا في صورة مقابلٍ لخدمات شخصية، أو نتيجة بيع أفكار. فماذا يملك الإنسان الذي لا يمتلك عقارًا أو رأس مال ليقدّمه مقابل الثروة، غير أفكاره وخدماته الشخصية؟

بوجه عام، يمكن تقسيم الناس في هذا العالم إلى نوعين: **قادة و أتباع**. ومن المهم أن تحسم منذ البداية ما إذا كنت تنوي أن تصبح قائدًا في مجالك الذي اخترته، أم أن تبقى تابعًا. فالفارق في العائد بينهما شاسع. ولا يمكن للتابع أن يتوقع بشكل منطقي التعويض الذي يستحقه القائد، رغم أن كثيرًا من الأتباع يقعون في خطأ توقع هذا الأجر.

ليس من العيب أن تكون تابعًا. ولكن ليس من الفخر أن تبقى تابعًا. معظم القادة العظماء بدأوا كأتباع، وأصبحوا قادة عظماء لأنهم كانوا **أتباعًا أذكياء**. باستثناءات قليلة، لا يمكن لمن لا يستطيع اتباع قائده بذكاء أن يصبح قائدًا كفؤًا. أما من يستطيع اتباع قائده بكفاءة عالية

فسيكون أسرع من سيتطور إلى القيادة في أسرع وقت. يتمتع التابع الذكي بمزايا عديدة، من بينها **فرصة اكتساب المعرفة من قائده.**

السمات الرئيسية
للقيادة

فيما يلي عوامل مهمة للقيادة:

1. **شجاعة راسخة** مبنية على معرفة الذات ومعرفة المهنة. لا يرغب أي تابع في أن يهيمن عليه قائد يفتقر إلى الثقة بالنفس والشجاعة. ولن يرضخ أي تابع ذكي لمثل هذا القائد طويلًا.

2. **ضبط النفس.** من لا يستطيع ضبط نفسه، لا يستطيع أبدًا ضبط الآخرين. يُعد ضبط النفس مثالًا يُحتذى به للأتباع، الذين سيقتدي بهم الأكثر ذكاءً.

3. **حسٌّ عالٍ بالعدالة.** بدون حسٍّ بالإنصاف والعدل، لا يستطيع أي قائد أن يحظى باحترام أتباعه ويحافظ عليه.

4. **حسم القرار:** من يتردد في قراراته يُظهر عدم ثقته بنفسه، ولا يستطيع قيادة الآخرين بنجاح.

5. **وضوح الخطط:** على القائد الناجح أن يخطط لعمله *وينفذ خطته*. أما القائد الذي يتحرك بالتخمين، دون خطط عملية محددة، فهو كالسفينة بلا دفة، لا محالة ستصطدم بالصخور.

6. **عادة القيام بأكثر مما يُدفع مقابله.** إحدى تبعات القيادة هي ضرورة استعداد القائد لأن يفعل أكثر مما يطلبه من أتباعه.

7. **شخصية محببة.** لا يمكن لشخص مهمل أو غير مبالٍ أن يصبح قائدًا ناجحًا. فالقيادة تتطلب احترامًا. ولن يحترم الأتباع قائدًا لا يحقق مستوى عاليًا في جميع عناصر الشخصية المحببة.

8. **التعاطف والفهم.** يجب على القائد الناجح أن يكون متعاطفًا مع أتباعه. وعلاوة على ذلك، يجب أن يفهمهم ويفهم مشكلاتهم.

9. **إتقان التفاصيل.** القيادة الناجحة تتطلب إتقان تفاصيل منصب القائد.

10. **الاستعداد لتحمّل المسؤولية الكاملة.** يجب على القائد الناجح أن يكون مستعدًا لتحمّل مسؤولية أخطاء أتباعه ونواقصهم. وإذا حاول تحويل هذه المسؤولية، فلن يبقى قائدًا. وإذا ارتكب أحد أتباعه خطأً وأظهر عدم كفاءة، فعلى القائد أن يعتبر أنه هو الذي فشل.

11. **التعاون.** يجب على القائد الناجح أن يفهم مبدأ الجهد التعاوني ويطبّقه، وأن يكون قادرًا على دفع أتباعه إلى القيام بالمثل. فالقيادة تتطلب قوة، والقوة تتطلب **تعاونًا**.

هناك نوعان من القيادة. الأول، وهـو الأكثر فاعلية بفارق كبير، هو **القيادة بموافقة الأتباع** وتعاطفهم. أما الثاني فهـو **القيادة بالقوة**، من دون موافقة الأتباع أو تعاطفهم.

إن التاريخ مليء بالأدلة على أن القيادة بالقوة لا يمكن أن تدوم. فسقوط واختفاء "الديكتاتوريين" والملوك أمر ذو دلالة واضحة. وهـذا يعني أن الناس لن يتبعوا القيادة المفروضة إلى الأبد.

لقد دخل العالم لتوّه عصرًا جديدًا في العلاقة بين القادة والأتباع، عصرًا يدعو بوضوح إلى قادة جدد، ونمط جديد من القيادة في مجالي الأعمال والصناعة. أما أولئك الذين ينتمون إلى المدرسة القديمة للقيادة بالقوة، فعليهم أن يكتسبوا فهمًا لهذا النمط الجديد من القيادة (التعاون)، وإلا فسيُعادون إلى صفوف الأتباع. ولا يوجد لهم مخرج آخر.

إن العلاقة بين صاحب العمل والموظف، أو بين القائد والتابع، في المستقبل، ستكون علاقة تعاون متبادل، قائمة على توزيع عادل لأرباح العمل. وفي المستقبل ستصبح علاقة صاحب العمل بالموظف أشبه بالشراكة منها بما كانت عليه في الماضي.

كان نابليون، والقيصر فيلهلم الألماني، وقيصر روسيا، وملك إسبانيا أمثلة على القيادة بالقوة. وقد انتهت قيادتهم. وليس من الصعب الإشارة إلى نماذج مشابهة لهؤلاء القادة السابقين بين قادة الأعمال والمال والعمل في أمريكا، ممن أُطيح بهم أو هم في طريقهم إلى ذلك.

القيادة القائمة على موافقة الأتباع هي النوع الوحيد القادر على الاستمرار!

قد يتبع الناس القيادة المفروضة لفترة مؤقتة، لكنهم لن يفعلوا ذلك عن رغبة.

إن النمط الجديد من **القيادة** سيشمل عوامل القيادة الإحدى عشرة الموصوفة في هذا الفصل، إلى جانب عوامل أخرى. والرجل الذي يجعل هذه العوامل أساسًا لقيادته سيجد فرصًا وافرة للقيادة في أي مجال من مجالات الحياة. وقد طال أمد الكساد إلى حدٍّ كبير لأن العالم كان يفتقر إلى قيادة من النمط الجديد. وعند نهاية الكساد، تجاوز الطلب على القادة القادرين على تطبيق أساليب **القيادة** الجديدة بكثير حجم المعروض منهم.

وسيقوم بعض القادة من الطراز القديم بإصلاح أنفسهم والتكيف مع نمط القيادة الجديد، ولكن بوجه عام، سيضطر العالم إلى البحث عن مادة بشرية جديدة لقيادته.
وقد تكون هذه الضرورة **فرصتك!**

الأسباب العشرة الرئيسية
للفشل في القيادة

نصل الآن إلى العيوب الكبرى لدى القادة الذين يفشلون، لأن معرفة **ما لا يجب فعله** لا تقل أهمية عن معرفة ما يجب فعله.

1. **عدم القدرة على تنظيم التفاصيل.** فالقيادة الفعّالة تتطلب القدرة على التنظيم وإتقان التفاصيل. ولا يكون القائد الحقيقي "مشغولًا جدًا" عن أداء أي مهمة تتطلبها مسؤوليته القيادية. وعندما يعترف الإنسان—سواء كان قائدًا أم تابعًا—بأنه "مشغول جدًا" لتغيير خططه أو للتعامل مع أي طارئ، فإنه يعترف بعدم كفاءته.

يجب أن يكون القائد الناجح مُلِمًّا بجميع تفاصيل منصبه. وهذا يعني، بالطبع، أن يكتسب عادة تفويض المهام إلى مساعدين أكفاء.

2. **عدم الرغبة في تقديم الخدمة المتواضعة.** القادة العظماء حقًا يكونون مستعدين، عندما تتطلب المناسبة، لأداء أي نوع من العمل الذي قد يطلبونه من الآخرين. فـ"الأعظم بينكم يكون خادمًا للجميع" هي حقيقة يراعيها ويحترمها جميع القادة الأكفاء.

3. **توقع الأجر مقابل "معرفتهم" بدلًا من مقابل ما يفعلونه** العالم لا يدفع للناس مقابل ما "يعرفونه"، بل يدفع لهم مقابل ما **يفعلونه**، أو ما يحثون الآخرين على فعله.

4. **الخوف من منافسة الأتباع.** القائد الذي يخاف من أن يحل أحد أتباعه مكانه سينتهي به الأمر، عاجلًا أم آجلًا، إلى مواجهة هذا الخوف. أما القائد الكفؤ فيقوم بتدريب مساعدين يمكنه تفويضهم، وقتما شاء، بأي من تفاصيل منصبه. ومن خلال هذا الأسلوب فقط يستطيع القائد أن يضاعف تأثيره، ويهيئ نفسه ليكون حاضرًا في أماكن متعددة، ويولي اهتمامه لعدة أمور في وقت واحد. ومن الثوابت الأزلية أن الإنسان يكسب أجرًا أكبر مقابل **قدرته على جعل الآخرين يقومون بالأعمال** مما يمكن أن يحققه بجهوده الشخصية وحدها.

يستطيع القائد الكفء، من خلال معرفته بعمله وجاذبية شخصيته، أن يزيد بشكل كبير من كفاءة الآخرين، ويحفزهم على تقديم خدمة أفضل وأكثر مما يُمكنهم تقديمه بدونه.

5. **انعدام الخيال:** بدون الخيال، يعجز القائد عن مواجهة الأزمات، وعن وضع خطط لتوجيه أتباعه بكفاءة.

6. **الأنانية.** القائد الذي ينسب لنفسه كل الفضل في عمل أتباعه، سيُقابل حتمًا بالاستياء. أما القائد العظيم حقًا **فلا ينسب لنفسه أي فضل.** يكتفي بأن يرى الفضل، إن وُجد، يُمنح لأتباعه، لأنه يعلم أن معظم الناس سيبذلون جهدًا أكبر لنيل الثناء والتقدير أكثر من بذلهم من أجل المال وحده.

7. **الإفراط** أو قلة الاعتدال. لا يحترم الأتباع القائد الذي يفتقر للاعتدال. وعلاوة على ذلك، فإن الإفراط بأية صورة من صوره يُدمر القدرة على التحمل وحيوية كل من يمارسه.

8. **الخيانة.** لعل هذه النقطة كان ينبغي أن تكون في مقدمة القائمة. فالقائد الذي لا يُخلص لمن يثق بهم، ولمن يعملون معه، سواء كانوا أعلى منه رتبة أو أدنى، لن يستطيع الحفاظ على قيادته طويلًا. الخيانة تجعل المرء أدنى من تراب الأرض، وتجلب عليه الازدراء الذي يستحقه. إن انعدام الولاء أحد الأسباب الرئيسية للفشل في جميع مناحي الحياة.

9. **التأكيد على "سلطة" القيادة.** القائد الكفء يقود بالتشجيع، لا بمحاولة بث الخوف في قلوب أتباعه.

القائد الذي يحاول إبهار أتباعه بـ"سلطته" يندرج ضمن فئة القيادة **بالقوة**. أما **القائد الحقيقي**، فلا يحتاج إلى التباهي بذلك إلا من خلال سلوكه - تعاطفه، وتفهمه، وعدله، وإثبات كفاءته في عمله.

10. **التركيز على اللقب**: القائد الكفء لا يحتاج إلى "لقب" ليحظى باحترام أتباعه. أما من يبالغ في أهمية لقبه، فغالباً لا يملك الكثير ليُبرزه. أبواب مكتب القائد الحقيقي مفتوحة للجميع، ومكان عمله خالٍ من الرسميات والتباهي.

هذه من أكثر أسباب الفشل شيوعاً في القيادة. يكفي أيٌّ من هذه العيوب للتسبب في الفشل. ادرس هذه القائمة جيداً إن كنت تطمح للقيادة، وتأكد من خلوّك من هذه العيوب.

**بعض المجالات الخصبة
التي تتطلب "قيادة جديدة"**

قبل أن نختتم هذا الفصل، نلفت انتباهكم إلى بعض المجالات الخصبة التي شهدت تراجعًا في القيادة، والتي قد يجد فيها القادة الجدد **فرصًا** وفيرة.

أولًا: في المجال السياسي، ثمة حاجة ملحة لقادة جدد؛

هـو حاجـة لا تقلّ عـن كونهـا بمثابة حالة طارئة بكل ما للكلمـة من معنى. ويبدو أن غالبيـة السياسـيين قـد تحولـوا، عـلى مـا يبـدو، إلى مافيا قانونية مـن الدرجـة العليـا. لقـد زادوا الضرائب وأفسـدوا منظومة الصناعـة والأعمـال إلى حـدّ أن الشـعب لـم يعد قادرًا على تحمل العبء.

ثانيًا: يشـهد قطـاع البنـوك عمليـة إصلاح. فقـد فقـد القـادة في هذا المجـال ثقـة الجمهـور تقريبًـا بشـكل كامـل. وقـد أدرك المصرفيـون بالفعل الحاجة إلى الإصلاح، وبدأوا في تنفيذه.

ثالثًا: الصناعـة بحاجـة إلى قـادة جـدد. كان القـادة القـدامى يفكرون ويتصرفـون بمنطـق الأربـاح بـدلًا مـن التفكـير والتصـرف بمنطـق العلاقـات الإنسـانية! يجب عـلى قائـد الصناعـة المسـتقبلي، لكي يسـتمر، أن يعتبر نفسـه مسـؤولاً شـبه حكومـي، وأن يتـولى إدارة أمانتـه بطريقـة لا تُلحق الضـرر بأي فـرد أو جماعة. لقد ولّى زمن اسـتغلال العمـال. فليتذكـر هذا كل مـن يطمح للقيـادة في مجـالات الأعمال والصناعة والعمل.

رابعًا: سيضطر القائد الديني في المسـتقبل إلى إيلاء اهتمام أكبر للاحتياجات الزمنيـة لأتباعـه، مـن خلال حـل مشـاكلهم الاقتصادية والشخصية الحاليـة، وإلى إيلاء اهتمـام أقل للماضي الميـت والمستقبل الذي لم يولد بعد.

خامسًا: في مهن القانون والطب والتعليم، ستصبح الحاجة إلى نوع جديد من القيادة، وإلى حـدّ ما إلى قادة جدد، أمرًا ضروريًا.

وينطبق هذا بشكل خاص على مجال التعليم. يجب على القائد في هذا المجال في المستقبل أن يجد طرقًا ووسائل لتعليم الناس **كيفية تطبيق المعرفة** التي يحصلون عليها في المدرسة. عليه أن يركز أكثر على **الممارسة** وأقل على **النظرية**.

سادسًا: سيحتاج مجال الصحافة إلى قادة جدد. يجب أن تتحرر صحف المستقبل، لكي تُدار بنجاح، من أي امتيازات خاصة، وأن تُعفى من دعم الإعلانات. يجب أن تتوقف عن كونها أدوات دعائية للمصالح التي ترعى صفحاتها الإعلانية. إن نوع الصحف التي تنشر الفضائح والصور الفاضحة سيؤول في نهاية المطاف إلى مصير كل القوى التي تُفسد العقل البشري.

هذه مجرد أمثلة على المجالات التي أصبحت فيها الفرص متاحة الآن للقادة الجدد ونمط جديد من القيادة. حيث يشهد العالم تحولات سريعة ومتسارعة، ما يستلزم أن تتكيف الوسائل التي تنقل التغيرات في عادات البشر مع هذه التحولات. والوسائل المشار إليها هنا هي تلك التي، أكثر من غيرها، تشكل وتوجه مسار الحضارة وتحدد وجهتها.

**متى وكيف
تتقدم لوظيفة؟**

المعلومات الواردة هنا هي خلاصة سنوات طويلة من الخبرة، تم خلالها مساعدة آلاف الرجال والنساء على تسويق خدماتهم بفعالية. لذلك، يمكن الاعتماد عليها باعتبارها سليمة وعملية.

وسائل تسويق الخدمات

أثبتت التجربة أن الوسائل الإعلامية التالية تُعدّ من أكثر الطرق المباشرة والفعّالة لربط مشتري وبائع الخدمات الشخصية.

1. **مكاتب التوظيف:** يجب الحرص على اختيار مكاتب ذات سمعة طيبة، وإداراتها قادرة على تقديم سجلات كافية من الإنجازات المرضية. يوجد عدد قليل نسبيًا من هذه المكاتب.

2. **الإعلان** في الصحف والمجلات التجارية والإذاعية: يُمكن الاعتماد عادةً على الإعلانات المبوبة لتحقيق نتائج مرضية للمتقدمين لوظائف إدارية أو وظائف برواتب ثابتة. أما الإعلانات المصوّرة فهي أفضل لمن يسعون إلى بناء علاقات مع المدراء التنفيذيين، على أن يظهر الإعلان في القسم الأنسب من الصحيفة لجذب انتباه فئة أصحاب العمل المستهدفين. ينبغي أن يُعدّ الإعلان خبيرٌ مُلِمٌّ بكيفية إضفاء عناصر تسويقية كافية لجذب الردود.

3. **رسائل طلب التوظيف الشخصية،** الموجهة إلى شركات أو أفراد محددين ممن هم في أمس الحاجة إلى الخدمات المُقدمة. يجب *كتابة* الرسائل بشكل واضح ومنظم، وتوقيعها بخط اليد. يُرفق بالرسالة ملخص شامل لمؤهلات المتقدم. يجب أن يُعدّ كل من رسالة طلب التوظيف وملخص الخبرة أو المؤهلات خبير مختص. (انظر التعليمات الخاصة بالمعلومات المطلوب تقديمها).

4. **التقديم عن طريق المعارف الشخصية.** يُنصح المتقدم، كلما أمكن، بالتواصل مع أصحاب العمل المحتملين من خلال معارف مشتركة. تُعد هذه الطريقة مفيدة بشكل خاص لمن يسعون إلى بناء علاقات مع مسؤولين تنفيذيين ولا يرغبون في الظهور بمظهر من يروج لخدماته.

5. **التقديم شخصيًا.** في بعض الحالات، قد يكون من الأجدى أن يعرض المتقدم خدماته شخصيًا على أصحاب العمل المحتملين، وفي هذه الحالة، ينبغي تقديم بيان كتابي كامل بمؤهلاته للوظيفة، لأن أصحاب العمل المحتملين غالبًا ما يرغبون في مناقشة سجل المتقدم مع زملائه.

<h2 style="text-align:center">المعلومات الواجب تقديمها
في "ملخص" كتابي</h2>

يجب إعداد هذا الملخص بعناية فائقة، تمامًا كما يُعدّ المحامي مذكرة قضية للمحاكمة. ما لم يكن المتقدم خبيرًا في إعداد مثل هذه الملخصات، يُنصح باستشارة خبير والاستعانة بخدماته لهذا الغرض. يوظف التجار الناجحون رجالًا ونساءً يفهمون فن وعلم نفس الإعلان لعرض مزايا بضائعهم. وينبغي على من يقدم خدمات شخصية للبيع أن يفعل الشيء نفسه. يجب أن يتضمن الملخص المعلومات التالية:

1. **التعليم**: اذكر بإيجاز، ولكن بوضوح، ما تلقيته من تعليم، وفي أي المواد تخصصت، مع ذكر أسباب هذا التخصص.

2. **الخبرة**. إذا كانت لديك خبرة في وظائف مشابهة للوظيفة التي تتقدم لها، فصفها بالتفصيل، واذكر أسماء وعناوين أصحاب العمل السابقين. احرص على إبراز أي خبرة مميزة لديك تؤهلك لشغل الوظيفة التي تتقدم لها.

3. **مراجع** . تقريبًا كل شركة ترغب في الاطلاع على جميع السجلات السابقة والخلفيات وغيرها للموظفين المحتملين الذين يسعون لشغل مناصب ذات مسؤولية. أرفق مع ملخصك نسخًا مصورة من الرسائل الصادرة من:

أ. أصحاب العمل السابقين

ب. الأساتذة الذين درست على أيديهم

ج. شخصيات بارزة يُعتمد على رأيها.

4. **صورة شخصية**: أرفق بملفك صورة شخصية حديثة وغير مثبتة.

5. **التقدم لوظيفة محددة**: تجنب التقدم لوظيفة دون تحديد الوظيفة التي تتقدم لها **بدقة**. لا تتقدم أبدًا لوظيفة "عامة". فهذا يدل على افتقارك للمؤهلات المتخصصة.

6. **حدد مؤهلاتك** للوظيفة المحددة التي تتقدم لها. قدم تفاصيل كاملة عن سبب اعتقادك بأنك مؤهل لهذه الوظيفة. **هذه هي أهم تفاصيل طلبك**. فهي ستحدد، أكثر من أي شيء آخر، مدى الاهتمام الذي ستحظى به.

طلب التقدم. سيحدد، قبل أي شيء آخر، مدى التقدير الذي ستحصل عليه.

7. **اعرض العمل لفترة تجريبية.** في معظم الحالات، إذا كنت مصممًا على شغل الوظيفة التي تتقدم لها، فسيكون من الأجدى أن تعرض العمل لمدة أسبوع، أو شهر، أو لفترة كافية تُمكّن صاحب العمل المحتمل من تقييم قيمتك **بدون أجر.** قد يبدو هذا اقتراحًا جذريًا، لكن التجربة أثبتت أنه نادرًا ما يفشل في الحصول على فرصة تجريبية على الأقل. إذا كنت **متأكدًا من مؤهلاتك،** فإن الفترة التجريبية هي كل ما تحتاجه. بالمناسبة، يُشير هذا العرض إلى ثقتك في قدرتك على شغل الوظيفة التي تسعى إليها. إنه عرض مُقنع للغاية. إذا قُبل عرضك، وأديت عملك على أكمل وجه، فمن المرجح أن تتقاضى أجرًا عن فترة "التجربة". أوضح أن عرضك مبني على:

أ. ثقتك في قدرتك على شغل الوظيفة.

ب. ثقتك بقرار صاحب العمل المحتمل بتوظيفك بعد الحكم عليك وقت التدريب.

ج. تصميمك على **الحصول** على الوظيفة التي تسعى إليها.

8. **معرفتك بنشاط صاحب العمل المحتمل.** قبل التقدم لأي وظيفة، ابحث جيدًا في مجال عمل الشركة لتتعرف عليه تمامًا، واذكر في ملخصك ما اكتسبته من معرفة في هذا المجال. سيكون هذا مثيرًا للإعجاب، إذ سيُظهر أن لديك خيالًا واهتمامًا حقيقيًا بالوظيفة التي تسعى إليها.

فكّر وازدد ثراءً

تذكر أن الفائز ليس المحامي الأكثر إلمامًا بالقانون، بل من يُعدّ قضيته على أفضل وجه. إذا كانت قضيتك مُعدة ومُقدمة بشكل صحيح، فستكون قد قطعت شـوطًا كبيرًا نحو الفوز.

لا تخف من إطالة ملخصك. يهتم أصحاب العمل بالاستعانة بخدمات المتقدمين المؤهلين تمامًا كما تهتم أنت بالحصول على وظيفة. في الواقع، يعود نجاح معظم أصحاب العمل الناجحين، في المقام الأول، إلى قدرتهم على اختيار مساعدين أكفاء. إنهم يريدون جميع المعلومات المتاحة.

تذكر أمرًا آخر؛ إنّ دقة وإتقان إعداد ملفك التعريفي يُظهر مدى اهتمامك بالتفاصيل. لقد ساعدتُ في إعداد ملفات تعريفية لعملاء كانت مميزة وغير تقليدية لدرجة أنها أسفرت عن توظيف المتقدمين دون الحاجة إلى مقابلة شخصية.

بعد الانتهاء من إعداد ملفك التعريفي، اطلب من مُجلّد مُحترف تجليده بعناية، وكتابة الأحرف عليه بواسطة فنان أو طابع، على غرار ما يلي:

ملف تعريفي بمؤهلات
روبرت ك. سميث
متقدم لوظيفة
سكرتير خاص
لشركة
ذا بلانك

غيّر الأسماء في كل مرة يُعرض فيها الملف التعريفي.

هذه اللمسة الشخصية ستلفت الأنظار بلا شك. اطلب طباعة ملفك التعريفي بدقة على أجود أنواع الورق، وتجليده بورق سميك من نوع ورق الكتب، مع تغيير المُجلّد، وإضافة اسم الشركة الصحيح إذا كان سيُعرض على أكثر من شركة. يجب لصق صورتك على إحدى صفحات ملفك التعريفي. اتبع هذه التعليمات بدقة، وأضف إليها لمستك الإبداعية كلما أمكنك ذلك.

يهتم مندوبو المبيعات الناجحون بمظهرهم، فهم يدركون أن الانطباعات الأولى تدوم. ملفك التعريفي هو مندوب مبيعاتك، لذا اجعله مميزًا وجذابًا، ليبرز بوضوح عن أي طلب توظيف آخر قد يراه صاحب العمل المحتمل. إذا كانت الوظيفة التي تسعى إليها تستحق العناء، فمن الجدير السعي إليها بجدية. علاوة على ذلك، إذا قدمت نفسك لصاحب العمل بطريقة تُثير إعجابه بشخصيتك الفريدة، فمن المرجح أن تحصل على أجر أعلى مقابل خدماتك منذ البداية، مقارنةً بما ستحصل عليه لو تقدمت بطلب توظيف بالطريقة التقليدية المعتادة.

إذا كنت تسعى للحصول على وظيفة من خلال وكالة إعلانية أو وكالة توظيف، فاطلب من الوكيل استخدام نسخ من ملفك التعريفي في تسويق خدماتك. سيساعدك هذا على كسب الأفضلية لدى الوكيل وأصحاب العمل المحتملين على حد سواء.

كيف تحصل على الوظيفة ال
تي ترغب بها؟

يستمتع كل شخص بالعمل الذي يناسبه تمامًا. الفنان يعشق العمل بالألوان، والحرفي يعشق العمل بيديه، والكاتب يعشق الكتابة. أما من يمتلكون مواهب أقل وضوحاً، فلهم ميولهم نحو مجالات معينة في الأعمال والصناعة.

إذا كانت هناك نقطة تتفوق فيها أمريكا، فهي قدرتها على تقديم مجموعة متكاملة من المهن، بدءًا من حرث الأرض، مرورًا بالصناعة والتجارة، ووصولًا إلى المهن المتخصصة والاحترافية.

أولاً: حدد **بدقة** نوع الوظيفة التي ترغب بها. إذا لم تكن هذه الوظيفة موجودة بالفعل، فربما يمكنك ابتكارها.

ثانياً: اختر الشركة أو الشخص الذي ترغب بالعمل لديه.

ثالثاً: ادرس جهة العمل المحتملة، من حيث السياسات والموظفين وفرص الترقية.

رابعاً: من خلال تحليل نفسك ومواهبك وقدراتك، حدد **ما يمكنك تقديمه**، وخطط لكيفية تقديم المزايا والخدمات والتطورات والأفكار التي *تعتقد أنك* قادر على تنفيذها بنجاح.

خامساً: انسَ أمر "الوظيفة" بحد ذاتها. انسَ وجود وظيفة شاغرة من عدمه. انسَ السؤال المعتاد "هل لديكم وظيفة لي؟". ركز على ما *يمكنك تقديمه*.

سادساً: بمجرد أن تتضح لديك الخطة، تواصل مع كاتب متمرس لصياغتها بشكل أنيق ومفصل.

سابعاً: قدّم الأمر *للشخص المختصّ ذي الصلاحية*، وسيتولّى الباقي. كلّ شركة تبحث عن رجال قادرين على تقديم قيمة مضافة، سواءً كانت أفكارًا أو خدمات أو علاقات. كلّ شركة ترحّب بالشخص الذي يملك خطة عمل واضحة تصبّ في مصلحة الشركة

قد تستغرق هذه الطريقة بعض الأيام أو الأسابيع الإضافية، لكن الفارق في الدخل، والتقدم الوظيفي، والحصول على التقدير يمكن أن يوفر سنوات من العمل الشاق مقابل أجر ضئيل. كما إن لها العديد من المزايا، وأهمها أنها غالبًا ما توفر من سنة إلى خمس سنوات من الوقت للوصول إلى الهدف المنشود.

كلّ من يبدأ مسيرته المهنية، أو "يصل" إلى منتصف الطريق، يفعل ذلك بتخطيط دقيق ومدروس (باستثناء ابن المدير، بالطبع).

الطريقة الجديدة لتسويق الخدمات:
من "وظائف" إلى "شراكات"

على الرجال والنساء الذين يسوقون خدماتهم بأفضل شكل في المستقبل أن يدركوا التحول الكبير الذي طرأ على العلاقة بين صاحب العمل والموظف.

في المستقبل، ستصبح "القاعدة الذهبية" هي الموجه الأساسي في تسويق السلع والخدمات الشخصية، بدلاً من "قاعدة المال".

ستأخذ العلاقة المستقبلية بين أصحاب العمل وموظفيهم شكل شراكة حقيقية تتكون من:

أ. صاحب العمل

ب. الموظف

ج. الجمهور الذي يخدمونه

تُعد هذه الطريقة جديدة لعدة أسباب، أهمها أن كلًا من صاحب العمل والموظف سيُعتبران زملاء في العمل، وتتمثل مهمتهما الأساسية في **خدمة الجمهور بكفاءة وفعالية**.

فكّر وازدد ثراءً

في الماضي، كان أصحاب العمل والموظفون يتبادلون الصفقات ويحرصون على تحقيق أفضل المكاسب لكل منهم، دون أن يدركوا أن هذه **المفاوضات، في حقيقتها، كانت تتم على حساب طرف ثالث: الجمهور الذي يخدمونه.**

شكّل الكساد الاقتصادي احتجاجًا قويًا من جمهور متضرر، دُست حقوقه في كل اتجاه من قِبل أولئك الذين يسعون وراء مصالحهم وأرباحهم الشخصية. عندما تُزال آثار الكساد، ويعود التوازن إلى عالم الأعمال، **سيدرك كل من أصحاب العمل والموظفين أنهم لم يعودوا يملكون امتياز التفاوض على حساب من يخدمونهم.** سيكون الجمهور هو صاحب العمل الحقيقي في المستقبل. يجب أن يضع كل من يسعى لتسويق خدماته الشخصية بفعالية هذه الحقيقة نصب عينيه.

تقريبًا كل خطوط السكك الحديدية في أمريكا تمر بصعوبات مالية. ومن ينسى الأيام التي كان فيها المواطن إذا استفسر عند مكتب التذاكر عن موعد انطلاق القطار، يُحيله الموظف فجأة إلى لوحة الإعلانات، بدلًا من أن يُقدم له المعلومات بأدب وود؟

لقد شهدت شركات الترام أيضًا تغيرًا كبيرًا مع مرور الزمن. ففي الماضي القريب، كان مراقبو الترام يفخرون بخوض الجدال مع الركاب. أما الآن، فقد أُزيلت الكثير من مسارات الترام، وأصبح الركاب يستقلون الحافلات، حيث يُعتبر سائقها أبلغ مثال على الأدب واللباقة.

في جميع أنحاء البلاد، تصدّأت مسارات الترام نتيجة الإهمال، أو تم رفعها بالكامل. وفي الأماكن التي لا يزال فيها الترام يعمل، أصبح بإمكان الركاب الآن الركوب دون جدال، بل ويمكن للمرء حتى استيقاف الترام في منتصف الشارع، ليقوم السائق **بلباقة** واستجابة بأخذه على متن العربة.

يا له من تغيير! هذه هي النقطة التي أحاول التأكيد عليها. **لقد تغير الزمن!** علاوة على ذلك، لا يقتصر هذا التغيير على مكاتب السكك الحديدية وعربات الترام فحسب، بل يمتد ليشمل جوانب أخرى من الحياة. لقد ولّى زمن سياسة "التجاهل التام للجمهور"، وحلّت محلها سياسة "نحن في خدمتكم بكل سرور، سيدي".

لقد تعلم المصرفيون بعض الدروس خلال هذا التغير السريع الذي شهدته السنوات القليلة الماضية. فاليوم، أصبح من النادر أن يظهر الموظف المصرفي أو المسؤول المصرفي وقاحة أو عدم أدب، بينما كان ذلك واضحًا جدًا قبل اثني عشر عامًا. ففي الماضي، كان بعض المصرفيين (ليس جميعهم بالطبع) يحملون هالة من الجدية والصرامة، مما كان يشعر كل متقدّم للحصول على قرض بالقشعريرة لمجرد التفكير في الاقتراب من مصرفه.

كان لآلاف حالات إفلاس البنوك خلال فترة الكساد أثرٌ بالغٌ في إزالة الحواجز التي كان المصرفيون يتحصّنون خلفها. يجلسون الآن على مكاتب مكشوفة، حيث يمكن لأي مودع، أو أي شخص يرغب برؤيتهم، رؤيتهم والاقتراب منهم متى شاء، ويسود جو من اللطف والتفهم في البنك.

كان من المعتاد أن يقف الزبائن على أبواب محل البقالة في الزاوية ينتظرون بصبر، بينما كان الموظفون يلهون بمحادثات ودية مع أصدقائهم قبل أن يخدموا من هم فعليًا في انتظارهم.

أما اليـوم، فقـد أدت المتاجـر الكبرى، التي يديرها رجـال مهذبـون يقدمون كل أشكال الخدمة الممكنة تقريبًا، إلى دفع التجار التقليديين إلى الخلفيـة. **فالزمن يمضي، وطريقة تقديم الخدمة تتغير بلا توقف!**

"اللباقة" و"الخدمة" هما شعارا التسويق اليوم، وينطبقان على من يسوّق الخدمات الشخصية بشكل مباشر أكثر من صاحب العمل الذي يخدمه، لأن كلاً من صاحب العمل وموظفيه، في نهاية المطاف، **موظفون لدى الجمهور الذي يخدمونه**. وإذا قصّروا في تقديم الخدمة، فإنهم يدفعون ثمن ذلك بفقدان امتياز الخدمة.

جميعنا نتذكر ذلك اليوم الذي طرق فيه قارئ عداد الغاز الباب بقوة حتى كاد يكسر ألواحه. وعندما فُتح الباب، اقتحم المكان دون استئذان، وعلى وجهه عبوسٌ يقول بوضوح: "ما الذي أخرتني لأجله؟". لكن كل ذلك تغير. أصبح قارئ العداد الآن يتصرف كرجل نبيل يقول: "يسعدني أن أكون في خدمتكم يا سيدي". قبل أن تدرك شركات الغاز أن موظفيها العابسين يراكمون عليها ديونٌ لا تُسدد، لذا ظهر مندوبو مبيعات مواقد الغاز المهذبون وحققوا أرباحًا طائلة.

خلال فترة الكساد الكبير، قضيتُ عدة أشهر في منطقة فحم الأنثراسيت في بنسلفانيا، أدرس الظروف التي كادت أن تقضي على صناعة الفحم. ومن بين الاكتشافات المهمة، أن جشع أصحاب المناجم وموظفيهم كان السبب الرئيسي لخسارة أصحاب المناجم لأعمالهم، وفقدان عمال المناجم لوظائفهم.

وبفعل ضغط مجموعة من قادة العمال المفرطي الحماسة، الذين يمثلون الموظفين، إلى جانب جشع المشغّلين الساعي إلى تحقيق أرباح أكبر، تقلّصت صناعة الفحم الأنثراسيت فجأة وبشكل حاد. وقد دخل مشغّلو الفحم وموظفوهم في مساومات قاسية فيما بينهم، وأُضيفت تكلفة هذه "المساومات" إلى سعر الفحم، إلى أن اكتشفوا في النهاية **أنهم أسهموا في بناء تجارة مزدهرة لمصنّعي معدات الحرق بالزيت ولمُنتجي النفط الخام.**

"أجرة الخطيئة هي الموت!"
عبارة قرأها كثيرون في الكتاب المقدس، غير أن قلة قليلة فقط وقفت على معناها الحقيقي. أما اليوم، ومنذ أعوام، فقد أصبح العالم بأسره يُجبر على الإصغاء إلى عظة مدوية، يمكن بحق أن تُعنون بـ **"كما يزرع الإنسان، كذلك يحصد".**

لم يكن من الممكن لظاهرة واسعة الانتشار وذات أثر بالغ كالكساد أن تكون مجرد مصادفة. فخلف الكساد كان هناك **سبب**، إذ لا يحدث شيء قط من دون **سبب**. وفي جوهر الأمر، يمكن تتبّع سبب الكساد مباشرة إلى العادة العالمية المتمثلة في محاولة **الحصاد** من دون زرع.

لا ينبغي أن يُفهم من هذا أن الأزمة تُمثل محصولاً **يُجبر** العالم على **حصاده** دون زرعه. تكمن المشكلة في أن العالم زرع *النوع الخاطئ من البذور*. أي مزارعٍ يعلم أنه لا يُمكنه زرع بذور الشوك وحصد محصولٍ من الحبوب.

منذ اندلاع الحرب العالمية، بدأ الناس في مختلف أنحاء العالم يزرعون بذور خدمةٍ ناقصة، سواء من حيث الجودة أو الكمية. فقد انشغل الجميع تقريبًا بمحاولة **الأخذ دون عطاء.**

تُعرض هذه الأمثلة على من يقدمون خدمات شخصية، لتوضيح أننا وصلنا إلى ما نحن عليه، وما نحن عليه، بفضل **سلوكنا!** فإذا كان هناك مبدأ السبب والنتيجة الذي يُسيّر الأعمال والتمويل والنقل، فإن هذا المبدأ نفسه يُسيّر الأفراد ويُحدد وضعهم الاقتصادي.

ما هو تقييمك لـ "الجودة والكمية"؟

لقد تم شرح أسباب النجاح في تسويق الخدمات **بفعالية** واستدامة. ما لم تُدرس هذه الأسباب وتُحلل وتُفهم وتُطبق، فلن يتمكن أحد من تسويق خدماته بفعالية واستدامة. يجب على كل شخص أن يكون مسوقًا لخدماته الشخصية. إن **جودة وكمية** الخدمة المُقدمة، **والروح** التي تُقدم بها، تُحدد إلى حد كبير السعر ومدة التعاقد. لتسويق الخدمات الشخصية بفعالية (أي بناء سوق دائم، بسعر مناسب، وفي ظروف مريحة)، يجب تبني واتباع معادلة "الجودة + **الكمية** + روح التعاون السليمة" التي تُساوي مهارة بيع مثالية. تذكر معادلة "الجودة + الكمية + روح التعاون السليمة"، ولكن لا تكتفِ بذلك، **بل اجعلها عادةً!**

دعونا نحلل هذه المعادلة لنتأكد من فهمنا التام لمعناها.

1. تُفهم جودة الخدمة على أنها أداء كل تفصيل، مرتبط بمنصبك، بأكثر الطرق كفاءة، مع وضع هدف زيادة الكفاءة نصب عينيك دائمًا.

2. تُفهم كمية الخدمة على أنها عادة تقديم كل خدمة تستطيع تقديمها، في جميع الأوقات، بهدف زيادة كمية الخدمة المقدمة مع اكتساب المزيد من المهارة من خلال الممارسة والخبرة. ويُشدد هنا على كلمة "عادة".

3. يُقصد بروح الخدمة عادة السلوك اللطيف والمتناغم الذي يُحفز التعاون من الزملاء والموظفين.

لا يكفي توفير **الجودة** أو**كمية** كافية من الخدمة للحفاظ على سوق دائم لخدماتك. فالسلوك، أو **الروح** التي تُقدم بها الخدمة، عامل حاسم في تحديد السعر الذي تحصل عليه ومدة عملك.

أكد أندرو كارنيجي على هذه النقطة أكثر من غيرها عند وصفه للعوامل المؤدية إلى النجاح في تسويق الخدمات الشخصية. وشدد مرارًا وتكرارًا على ضرورة **السلوك المتناغم**. وأكد أنه لن يُبقي على أي شخص، مهما بلغت **كمية** عمله أو كفاءته و**جودته**، *ما لم* يعمل بروح **التناغم**. وأصر السيد كارنيجي على أن يكون الموظفون **لطفاء**.

ولإثبات تقديره الكبير لهذه الصفة، سمح لكثير من الرجال **الذين التزموا بمعاييره** بتحقيق ثروات طائلة. أما من لم يلتزموا بها، فكان عليهم أن يفسحوا المجال لغيرهم.

وقد تم التأكيد على أهمية الشخصية الجذابة، لأنها عاملٌ يمكّن المرء من تقديم الخدمة بروحٍ طيبة. فإذا كان المرء يتمتع بشخصيةٍ **جذابة**، ويؤدي الخدمة بروحٍ من **الانسجام**، فإن هذه الصفات غالبًا ما تعوض عن أوجه القصور في **جودة وكمية** الخدمة التي يقدمها. ومع ذلك، **لا يمكن لأي شيء أن يحل محل السلوك الجذاب.**

القيمة الرأسمالية لخدماتك

إن الشخص الذي يُستمد دخله بالكامل من بيع خدماته الشخصية لا يقلّ كونه تاجرًا عن ذلك الذي يبيع السلع، بل يمكن القول إنه يخضع **للضوابط السلوكية** نفسها **تمامًا** التي يخضع لها تاجر البضائع.

وقد تم التأكيد على هذه الحقيقة لأن الغالبية ممن يعيشون على بيع خدماتهم الشخصية يقعون في خطأ الاعتقاد بأنهم غير مقيّدين بقواعد السلوك، ولا بالمسؤوليات التي تلازم أولئك العاملين في تسويق السلع.

أما الأسلوب الجديد في تسويق الخدمات، فقد فرض عمليًا على كلٍّ من صاحب العمل والموظف الدخول في علاقات شراكة، يضع فيها الطرفان في اعتبارهما حقوق الطرف الثالث: **الجمهور الذي يخدمونه.**

لقد انتهى عصر الصيّاد المتعطّش للمكاسب، وحلّ مكانه عصر المانح الواعي. أما أساليب الضغط القاسي في عالم الأعمال، فقد بلغت ذروتها ثم انفجرت، وسقطت أقنعتها بلا رجعة. ولن تكون هناك حاجة إلى إعادة ذلك الغطاء مرة أخرى، لأن أعمال المستقبل ستُبنى على طرق لا تعرف الإكراه، ولا تحتاج إلى ضغط، بل تقوم على العطاء الذكي، والقيمة الحقيقية، والثقة المتبادلة.

يمكن تحديد القيمة الرأسمالية الحقيقية لعقلك بمقدار الدخل الذي تستطيع توليده (من خلال تسويق خدماتك). ويمكن تقدير القيمة الرأسمالية لخدماتك بطريقة عادلة بضرب دخلك السنوي في ستة عشر وثلاثة أعشار، إذ يُعد من المعقول افتراض أن دخلك السنوي يمثل ستة بالمئة من قيمتك الرأسمالية. فالأموال تؤجر بنسبة 6٪ سنويًا، والقيمة الحقيقية للمال لا تتجاوز قيمة العقل، وغالبًا ما تكون أقل بكثير.

إن العقول الماهرة، إذا تم تسويقها بفعالية، تمثل شكلاً من أشكال رأس المال أكثر قيمة وجاذبية من ذلك المطلوب لإدارة الأعمال في مجال السلع، لأن العقل هو شكل من أشكال رأس المال لا يمكن أن ينخفض بشكل دائم بسبب الأزمات الاقتصادية، ولا يمكن سرقته أو إنفاقه بلا فائدة. علاوة على ذلك، فإن المال الضروري لإدارة الأعمال يبقى عديم القيمة مثل كثيب من الرمال، ما لم يُدمج مع عقول فعّالة وكفؤة.

الأسباب الثلاثون الرئيسية للفشل: كم منها يُعيقك؟

أعظم مأساة في الحياة تكمن في أولئك الرجال والنساء الذين يسعون بجد ويُحبطون! والمأساة الحقيقية تكمن في الغالبية الساحقة من الناس الذين يفشلون، مقارنة بالقلة القليلة الذين ينجحون.

لقد سنحت لي الفرصة لتحليل عدة آلاف من الرجال والنساء، وصُنّف 98٪ منهم على أنهم "فاشلون". هناك خلل جذري في حضارة ونظام تعليم يسمح لغالبية البشر بالمرور في حياتهم وهم عاجزون عن النجاح. لكنني لم أكتب هذا الكتاب للوعظ حول صواب أو خطأ العالم؛ فذلك كان يستلزم كتابًا أكبر بمئة مرة من هذا الكتاب، وأكثر عمقًا بكثير.

أثبتت أعمالي التحليلية أن هناك ثلاثين سببًا رئيسيًا للفشل، وثلاثة عشر مبدأً رئيسيًا يمكن للناس من خلالها تجميع الثروات. في هذا الفصل، سيتم تقديم وصف للاثلاثين سببًا الرئيسيين للفشل. وأثناء مراجعتك للقائمة، قِس نفسك عليها نقطة بنقطة، بغرض اكتشاف كم من هذه الأسباب يقف بينك وبين النجاح.

1. **الخلفية الوراثية غير المواتية.** لا يوجد الكثير، إن وُجد، مما يمكن فعله للأشخاص الذين يولدون بنقص في القدرات العقلية. تقدم هذه الفلسفة طريقة واحدة فقط لسد هذه النقطة الضعيفة، وهي من خلال مساعدة مجموعة التفكير الجماعي. لاحظ، مع ذلك، وبفائدة، أن هذا هو السبب **الوحيد** من بين الثلاثين سببًا للفشل الذي قد لا يكون من السهل تصحيحه بواسطة أي فرد بمفرده.

2. **غياب هدف واضح في الحياة.** لا أمل في النجاح لمن لا يملك هدفًا رئيسيًا، أو *غاية محددة* يسعى إليها. ثمانية وتسعون من كل مئة شخص ممن حللتُ حالاتهم، لم يكن لديهم مثل هذا الهدف. ولعل هذا كان **السبب الرئيسي لفشلهم.**

3. **انعدام الطموح للارتقاء فوق مستوى المتوسط.** لا يتم منح الأمل لمن هو غير مبالٍ لدرجة عدم رغبته في التقدم في الحياة، وغير مستعد لدفع ثمن ذلك.

4. **عدم كفاية التعليم.** هذه عائق يمكن التغلب عليه بسهولة نسبية. أثبتت التجربة أن الأشخاص الأكثر تعليمًا غالبًا ما يُعرفون بـ"العصاميين" أو المتعلمين ذاتيًا. يتطلب الأمر أكثر من مجرد شهادة جامعية ليصبح المرء متعلمًا. أي شخص متعلم هو من تعلم كيف يحصل على ما يريد في الحياة دون انتهاك حقوق الآخرين. لا يقتصر التعليم على المعرفة فحسب، بل يشمل المعرفة التي **تُطبق بفعالية ومثابرة.** لا يُكافأ المرء على ما يعرفه فحسب، **بل بالأخص على ما يفعله بما يعرفه.**

5. **انعدام الانضباط الذاتي.** الانضباط يأتي من خلال ضبط النفس. وهذا يعني أنه يجب على المرء السيطرة على جميع الصفات السلبية. قبل أن تتمكن من السيطرة على الظروف، يجب عليك أولاً السيطرة على نفسك. إتقان الذات هو أصعب مهمة ستواجهها في حياتك. إذا لم تتغلب على نفسك، ستتغلب عليك. قد ترى في آنٍ واحد أفضل صديق لك وألد عدو لك، بمجرد وقوفك أمام المرآة.

6. **اعتلال الصحة.** لا يمكن لأي شخص أن يحقق نجاحًا باهرًا دون التمتع بصحة جيدة.

العديد من أسباب اعتلال الصحة قابلة للإتقان والسيطرة. وهذه الأسباب الرئيسية هي:

أ. الإفراط في تناول الأطعمة غير الصحية.
ب. عادات التفكير الخاطئة؛ والتعبير عن الأفكار السلبية.
ج. الاستخدام الخاطئ للجنس والإفراط فيه.
د. قلة ممارسة الرياضة البدنية المناسبة.
هـ عدم كفاية الهواء النقي، بسبب سوء التنفس.

7. **التأثيرات البيئية السلبية خلال الطفولة.** "كما يُقوّم الغصن، تنمو الشجرة." يكتسب معظم الأشخاص ذوي الميول الإجرامية هذه الميول نتيجةً لبيئة سيئة ورفقة سيئة في الطفولة.

8. **التسويف.** يُعدّ التسويف من أكثر أسباب الفشل شيوعًا. فهو يُلازم كل إنسان، مُنتظرًا الفرصة المناسبة ليُضيّع فرص نجاحه. يمرّ معظمنا في الحياة بالفشل، لأننا ننتظر "الوقت المناسب" لنبدأ بفعل شيء ذي قيمة. لا تنتظر. لن يكون الوقت "مناسبًا" أبدًا. ابدأ من حيث أنت، واستخدم ما لديك من أدوات، وستجد أدوات أفضل مع مرور الوقت.

9. **قلة المثابرة.** معظمنا بارعون في "البداية" لكننا ضعفاء حين يجئ وقت النهاية. علاوة على ذلك، يميل الكثير من الأشخاص إلى الاستسلام عند أولى علامات الفشل.

لا بديل عن **المثابرة**. فالشخص الذي يتخذ من **المثابرة** شعارًا له، سوف يشاهد الفشل وهو يرحل مستسلماً في النهاية. فالفشل لا يستطيع مواجهة **المثابرة**.

10. **الشخصية السلبية**: لا أمل في النجاح لمن ينفر الناس بشخصيته السلبية. النجاح يتحقق بتطبيق **القوة**، والقوة تُكتسب بجهود الآخرين التعاونية. فالشخصية السلبية لا تحفز التعاون.

11. **فقدان السيطرة على الرغبة الجنسية**: الطاقة الجنسية هي أقوى المحفزات التي تدفع الناس إلى **العمل**. ولأنها أقوى المشاعر، يجب السيطرة عليها، من خلال تحويلها وتوجيهها إلى مسارات أخرى.

12. **الرغبة الجامحة في "الحصول على شيء مقابل لا شيء"**: مثل غريزة المقامرة التي تدفع ملايين الناس إلى الفشل. يمكن إيجاد دليل على ذلك في دراسة انهيار وول ستريت عام 1929، حيث حاول ملايين الأشخاص جني المال من خلال المقامرة على هوامش الأسهم.

13. **غياب القدرة الواضحة على اتخاذ القرار**. الرجال الذين ينجحون يتخذون قراراتهم بسرعة، وإذا ما غيّروها، فببطء شديد. أما الذين يفشلون، فتأخذهم الحيرة في اتخاذ القرار إن اتخذوه أصلاً، ويغيرونه كثيرًا وبسرعة. التردد والمماطلة هما توأمان متلازمان.

حيثما وُجد أحدهما، يُحتمل وجود الآخر أيضًا. تخلص من هذين العائقين قبل أن يُقيّدك تمامًا في دوامة **الفشل**.

14. **واحد أو أكثر من المخاوف الستة الأساسية.** تم تحليل هذه المخاوف بالتفصيل في فصل لاحق، ويجب ترويضها والسيطرة عليها قبل أن تتمكن من تسويق خدماتك بنجاح وفاعلية حقيقية.

15. **اختيار شريك حياة غير مناسب.** هذا سبب شائع للفشل. تُقرّب علاقة الزواج بين الزوجين. إذا لم تكن هذه العلاقة متناغمة، فمن المرجح أن يتبعها الفشل. بل سيكون فشلاً مصحوباً بالبؤس والتعاسة، يقضي على كل مظاهر **الطموح**.

16. **الإفراط في الحذر.** الشخص الذي لا يغامر أبدًا، غالبًا ما يضطر لأخذ ما تبقى بعد أن يختار الآخرون ما يريدون. الإفراط في الحذر سيء بقدر قلة الحذر. كلاهما يمثلان طرفين متطرفين يجب الحذر منهما. فالحياة نفسها مليئة بعنصر المخاطرة والفرص.

17. **اختيار شركاء عمل غير مناسب.** هذا أحد أكثر أسباب الفشل شيوعاً في مجال الأعمال. في مجال تسويق الخدمات الشخصية، ينبغي توخي الحذر الشديد عند اختيار صاحب عمل يكون مصدر إلهام، ويكون هو نفسه ذكيًا وناجحًا. فنحن نقتدي بمن نرتبط بهم ارتباطًا وثيقًا. لذا، اختر صاحب عمل جديرًا بالاقتداء.

18. **الخرافات والتحيزات:** الخرافات شكل من أشكال الخوف، وهي أيضًا دليل على الجهل. أما الناجحون، فهم منفتحون الذهن ولا يخشون شيئًا.

19. **اختيار مهنة خاطئة:** لا يمكن لأحد أن ينجح في مجال لا يحبه. الخطوة الأساسية في تسويق الخدمات الشخصية هي اختيار مهنة يمكنك أن تُكرّس نفسك لها بكل إخلاص.

20. **نقص تركيز الجهد.** غالبًا ما يكون الشخص متعدد المهارات ضعيفًا في أي منها على نحو متميز. لذا، ركّز كل جهودك على **هدف رئيسي محدد وواضح.**

21. **عادة الإنفاق العشوائي:** لا يُمكن للمُبذر أن ينجح، ويرجع ذلك أساسًا إلى **خوفه الدائم من الفقر.** عوّد نفسك على الادخار المنتظم بتخصيص نسبة مُحددة من دخلك. يُوفر المال في البنك أساسًا متينًا من **الثقة** عند التفاوض على بيع الخدمات الشخصية. بدون مال، يجب قبول ما يُعرض عليك، وأن تكون سعيدًا بالحصول عليه.

22. **انعدام الحماس.** بدون الحماس لا يمكن للإنسان أن يكون مقنعًا. علاوة على ذلك، الحماس معدٍ، والشخص الذي يمتلكه ويضبطه يكون عادةً مرحبًا به في أي مجموعة من الناس.

23. **التعصب.** نادرًا ما يتقدم الشخص ذو العقلية المنغلقة في أي موضوع. التعصب يعني التوقف عن اكتساب المعرفة.

أكثر أشكال التعصب ضررًا هي تلك المرتبطة بالاختلافات الدينية والعرقية والسياسية في الرأي.

24. **الإفراط.** أكثر أشكال الإفراط ضررًا هي تلك المرتبطة بالأكل والشرب والأنشطة الجنسية. الإفراط في أي منها قاتل للنجاح.

25. **عدم القدرة على التعاون مع الآخرين.** يفقد الكثير من الناس مناصبهم وفرصهم الكبيرة في الحياة بسبب هذا العيب، أكثر من جميع الأسباب الأخرى مجتمعة. إنه عيب لا يتسامح معه أي رجل أعمال أو قائد مطلع.

26. **امتلاك السلطة دون جهد شخصي** (أبناء وبنات الأثرياء، وغيرهم ممن يرثون أموالاً لم يكسبوها). غالباً ما تكون السلطة في يد من لم يكتسبها تدريجياً سبباً في فشله. **الثراء السريع أخطر من الفقر.**

27. **عدم الأمانة المتعمّد.** لا يوجد بديل عن الصدق. قد يكون الإنسان غير أمين مؤقتًا نتيجة ظروف خارجة عن إرادته، دون أن يلحق به ضرر دائم. أما الشخص الذي يكون غير أمين عن قصد واختيار، **فلا يوجد أمل له**؛ عاجلًا أم آجلًا، ستلحقه أفعاله، وسيُعاقب بفقدان سمعته، وربما حتى بفقدان حريته.

28. **الأنانية والغرور.** هاتان الصفتان بمثابة إشارات تحذيرية تنبه الآخرين إلى الابتعاد. **إنهما قاتلتان للنجاح.**

29. **التخمين بدلًا من التفكير.** يميل معظم الناس إلى اللامبالاة أو الكسل في البحث عن **الحقائق** اللازمة **للتفكير بدقة**. فهم يفضلون التصرف بناءً على "آراء" مبنية على التخمين أو الأحكام المتسرعة.

30. **نقص رأس المال.** يُعدّ هذا سببًا شائعًا للفشل بين من يبدأون أعمالهم التجارية لأول مرة، إذ لا يملكون رأس مال كافيًا لاستيعاب صدمة أخطائهم، وتجاوزها حتى يبنوا **سمعة طيبة.**

31. في هذا القسم، اذكر أي سبب محدد للفشل عانيت منه ولم يُذكر في القائمة السابقة.

في هذه الأسباب الثلاثين الرئيسية للفشل، نجد وصفًا لمأساة الحياة التي تُلازم كل من يُحاول ويفشل تقريبًا. سيكون من المفيد لو استطعت إقناع شخص يعرفك جيدًا بمراجعة هذه القائمة معك، ومساعدتك في تحليل وضعك بناءً على هذه الأسباب الثلاثين للفشل. قد يكون من المفيد أيضًا أن تُحاول القيام بذلك بمفردك. معظم الناس لا يستطيعون رؤية أنفسهم كما يراهم الآخرون. ربما تكون أنت أحدهم. أقدم نصيحة هي: "اعرف نفسك جيدًا!"

إذا كنت تسوّق بضائعك بنجاح، فعليك أن تعرفها جيدًا. وينطبق الأمر نفسه على تسويق الخدمات الشخصية. عليك أن تعرف جميع نقاط ضعفك لتتمكن من تداركها أو التخلص منها تمامًا. عليك أن تعرف نقاط قوتك لتسلط الضوء عليها عند تقديم خدماتك. لا يمكنك معرفة نفسك إلا من خلال تحليل دقيق.

لقد تجلّت حماقة الجهل بالنفس في شاب تقدّم إلى مدير إحدى الشركات المعروفة لشغل وظيفة. وقد ترك انطباعًا جيدًا جدًا حتى سأل المدير عن الراتب المتوقع. أجاب الشاب أنه ليس لديه مبلغ محدد في ذهنه (*نقص الهدف الواضح*). فقال له المدير بعد ذلك: "سندفع لك كل ما تستحقه، بعد أن نجربك لمدة أسبوع".

فأجاب المتقدم: "لن أقبل ذلك، لأنني أتقاضى أكثر من ذلك في وظيفتي الحالية".

قبل أن تبدأ حتى بالتفاوض على تعديل راتبك في وظيفتك الحالية، أو البحث عن عمل في مكان آخر، **تأكد من أنك تستحق أكثر مما تتقاضاه الآن.**

إن **الرغبة** في المال شيء - فالجميع يرغب بالمزيد - لكن أن تكون ذا **قيمة** هو أكبر شيء مختلف تمامًا! يخلط كثير من الناس بين **رغباتهم واستحقاقاتهم.** لا علاقة لاحتياجاتك أو رغباتك المالية بقيمتك. فقيمتك تُحدد كليًا بقدرتك على تقديم خدمة مفيدة أو قدرتك على حث الآخرين على تقديمها.

قيّم نفسك:
28 سؤالًا عليك الإجابة عنها

يُعدّ التقييم الذاتي السنوي ضروريًا في التسويق الفعال للخدمات الشخصية، تمامًا كما هو الحال في الجرد السنوي في مجال التجارة. علاوة على ذلك، ينبغي أن يُظهر التحليل السنوي **انخفاضًا في الأخطاء،** وزيادة في **الفضائل.**

يمكن للإنسان أن يتقدم، أو يظل ساكنًا، أو يتراجع في الحياة. ويجب أن يكون هدفه، بالطبع، التقدم إلى الأمام. يكشف التحليل الذاتي السنوي ما إذا كان قد أحرز تقدمًا، وإذا كان كذلك، فكم كان هذا التقدم. كما يكشف عن أي خطوات تراجعية قد يكون قد اتخذها. يتطلب تسويق الخدمات الشخصية بفعالية أن يستمر الإنسان في المضي قدمًا، حتى وإن كان التقدم بطيئًا.

يتطلب التسويق الفعال للخدمات الشخصية الاستمرار في التقدم حتى لو كان بطيئًا. ينبغي إجراء تقييمك الذاتي السنوي في نهاية كل عام، لتتمكن من تضمين أي تحسينات يُشير إليها التقييم في قراراتك للعام الجديد. قم بإجراء هذا التقييم بطرح الأسئلة التالية على نفسك، وتحقق من إجاباتك بمساعدة شخص موثوق به.

استبيان التقييم الذاتي
للجرد الشخصي

1. هل حققتُ الهدف الذي حددته لنفسي لهذا العام؟ (يجب أن تعمل وفقًا   لهدف سنوي محدد تسعى لتحقيقه كجزء من هدفك الرئيسي في الحياة).

2. هل قدمتُ الخدمة بأفضل جودة ممكنة، أم كان بإمكاني تحسين أي جزء منها؟

3. هل قدمتُ الخدمة بأكبر كمية ممكنة؟

4. هل كان سلوكي متناغمًا وتعاونيًا في جميع الأوقات؟

5. هل سمحتُ لعادة التسويف أن تُقلل من كفاءتي، وإذا كان الأمر كذلك، فإلى   أي مدى؟

6. هل حسّنتُ **شخصيتي**، وإذا كان الأمر كذلك، فكيف؟

7. هل كنتُ **مُثابرًا** في تنفيذ خططي حتى إنجازها؟

8. هل اتخذتُ **قراراتي بسرعة وحسم** في جميع الأوقات؟

9. هل سـمحتُ لأيٍّ من المخاوف الستة الأساسية أو أكثر أن تُقلل من كفاءتي؟

10. هل كنتُ مُفرطًا في الحذر أم مُقصّرًا فيه؟

11. هل كانت علاقتي بزملائي في العمل جيدة أم سيئة؟ إذا كانت سيئة، فهل كان الخطأ مني جزئيًا أم كليًا؟

12. هل بدّدتُ أيًا من طاقتي بسبب قلة **تركيزي**؟

13. هل كنتُ **مُنفتحًا** ومتسامحًا في جميع المواضيع؟

14. كيف حسّنتُ قدرتي على تقديم الخدمة؟

15. هل كنتُ مُفرطًا في أيٍّ من عاداتي؟

16. هل عبّرتُ، علنًا أو سرًّا، عن أيّ شكلٍ من أشكال **الأنانية**؟

17. هل كان سلوكي تجاه زملائي مُحفّزًا لهم على **احترامي**؟

18. هل استندت آرائي **وقراراتي** إلى التخمين، أم إلى دقة التحليل **والتفكير**؟

19. هل اتبعتُ عادة تنظيم وقتي ونفقاتي ودخلي، وهل كنتُ مُقتصدًا في هذه الميزانيات؟

20. ما مقدار الوقت الذي خصصته لجهود **غير مجدية** كان بإمكاني استغلالها بشكل أفضل؟

21. كيف يُمكنني **إعادة تنظيم** وقتي وتغيير عاداتي لأكون أكثر كفاءة خلال العام القادم؟

22. هل ارتكبت أي تصرف لم يوافق عليه ضميري؟

23. بأي طريقة قدمت **خدمة أكثر و أفضل** مما دُفِع لي مقابله؟

24. هل كنت ظالمًا لأحد، وإن كان كذلك، فكيف؟

25. لو كنت أنا من اشترى خدماتي لهذا العام، هل كنت سأكون راضيًا عن شرائي؟

26. هل أنا في المهنة المناسبة، وإن لم يكن، فلماذا؟

27. هل كان مشتري خدماتي راضيًا عن الخدمة التي قدمتها، وإن لم يكن، فلماذا؟

28. ما هو تقييمي الحالي وفقًا للمبادئ الأساسية للنجاح؟ (قيّم هذا التقييم بموضوعية وصدق، واطلب من شخصٍ يتمتع بالشجاعة الكافية لمراجعته بدقة).

بعد قراءة واستيعاب المعلومات الواردة في هذا الفصل، أنت الآن جاهز لوضع خطة عملية لتسويق خدماتك الشخصية.

فكّر وازدد ثراءً

يتضمن هذا الفصل وصفًا وافيًا لكل مبدأ أساسي في تخطيط بيع الخدمات الشخصية، بما في ذلك السمات الرئيسية للقيادة؛ وأكثر أسباب الفشل شيوعًا في القيادة؛ ووصفًا لمجالات الفرص المتاحة للقيادة؛ والأسباب الرئيسية للفشل في مختلف مجالات الحياة، والأسئلة المهمة التي ينبغي استخدامها في التحليل الذاتي.

تم تضمين هذا العرض الشامل والمفصّل للمعلومات الدقيقة، لأنه سيكون ضروريًا لكل من يجب أن يبدأ في جمع الثروات عن طريق تسويق الخدمات الشخصية. أولئك الذين فقدوا ثرواتهم، والذين بدأوا للتو في كسب المال، ليس لديهم سوى خدماتهم الشخصية ليقدموها مقابل الثروة. لذلك، من الضروري أن تتوافر لديهم المعلومات العملية اللازمة لتسويق خدماتهم بأفضل صورة ممكنة.

من فقدوا ثرواتهم، ومن بدأوا للتو في جني المال، ليس لديهم سوى الخدمات الشخصية ليقدموها مقابل الثراء، لذلك من الضروري أن تتوفر لديهم المعلومات العملية اللازمة لتسويق خدماتهم بأفضل طريقة ممكنة. ستكون المعلومات الواردة في هذا الفصل ذات قيمة عظيمة لكل من يطمح إلى تولي مناصب قيادية في أي مجال. وستكون مفيدة بشكل خاص لمن يسعون إلى تسويق خدماتهم كمديرين تنفيذيين في قطاع الأعمال أو الصناعة.

إن استيعاب المعلومات الواردة هنا وفهمها فهمًا كاملًا سيساعد في تسويق الخدمات الشخصية، كما سيساعد على تنمية مهارات التحليل والقدرة على تقييم الآخرين. وستكون هذه المعلومات لا تقدر بثمن لمديري شؤون الموظفين، ومديري التوظيف، وغيرهم من المديرين التنفيذيين المسؤولين عن اختيار الموظفين، والحفاظ على كفاءة المؤسسات. إذا كنت تشك في صحة هذا الكلام، فاختبره بالإجابة كتابيًا على أسئلة التحليل الذاتي الثمانية والعشرين.

قد يكون ذلك مثيرًا للاهتمام ومفيدًا، حتى وإن كنت لا تشك في صحة هذا الكلام.

أين وكيف يمكن للمرء
أن يجد فرصًا لتكوين الثروة؟

بعد أن حللنا المبادئ التي يمكن من خلالها تكوين الثروة، نتساءل بطبيعة الحال: "أين يمكن للمرء أن يجد فرصًا مواتية لتطبيق هذه المبادئ؟" حسنًا، دعونا نُلقي نظرة على ما تُقدمه الولايات المتحدة الأمريكية لمن يسعى إلى الثراء، كبيرًا كان أم صغيرًا.

بدايةً، دعونا نتذكر جميعًا أننا نعيش في بلد يتمتع فيه كل مواطن ملتزم بالقانون بحرية فكر وحرية عمل لا مثيل لها في أي مكان في العالم. معظمنا لم يُدرك بعد مزايا هذه الحرية، ولم نقارن حريتنا المطلقة بالحرية المقيدة في بلدان أخرى.

هنا لدينا حرية الفكر، وحرية اختيار التعليم والتمتع به، وحرية الدين، وحرية السياسة، وحرية اختيار العمل أو المهنة أو الوظيفة، وحرية التراكم والتملك دون مضايقة، **كل الممتلكات التي يمكننا تراكمها،** وحرية اختيار مكان إقامتنا، وحرية الزواج، والحرية من خلال تكافؤ الفرص لجميع الأعراق، وحرية السفر من ولاية إلى أخرى، **وحرية اختيار طعامنا، وحرية السعي إلى أي منصب في الحياة أعددنا أنفسنا له** حتى رئاسة الولايات المتحدة.

لدينا أشكال أخرى من الحرية، لكن هذه القائمة ستعطينا لمحة عامة عن أهمها، والتي تُشكّل **فرصًا** من أسمى الأنواع. وتبرز هذه الميزة بشكلٍ جليّ لأن الولايات المتحدة هي الدولة الوحيدة التي تضمن لكل مواطن، سواءً كان مولودًا فيها أو مُتجنسًا، هذه القائمة الواسعة والمتنوعة من الحريات.

والآن، دعونا نستعرض بعض النعم التي أتاحتها لنا حريتنا الواسعة. لنأخذ الأسرة الأمريكية المتوسطة كمثال (أي الأسرة ذات الدخل المتوسط)، ولنلخص الفوائد المتاحة لكل فرد من أفرادها في هذه الأرض الغنية **بالفرص** والوفرة!

أ. الغذاء. بعد حرية الفكر والعمل، يأتي الغذاء والملبس والمأوى، وهي الضرورات الأساسية الثلاث للحياة.

بفضل حريتنا الشاملة، يتوفر للأسرة الأمريكية المتوسطة، على عتبة منزلها، أفضل تشكيلة من الطعام في العالم، وبأسعار تناسب ميزانيتها.

عائلة مكونة من شخصين، تعيش في قلب منطقة تايمز سكوير بمدينة نيويورك، بعيدًا عن مصادر إنتاج الغذاء، أجرت جردًا دقيقًا لتكلفة وجبة إفطار بسيطة، وكانت النتيجة مذهلة:

مكونات الطعام؛   التكلفة على مائدة الإفطار:

عصير جريب فروت (من فلوريدا) 02

خبز قمح مموج (مزرعة كانساس) 02
شاي (من الصين) 02
موز (من أمريكا الجنوبية) 2.5
خبز محمص (من مزرعة كانساس) 01
بيض بلدي طازج (من يوتا) 7
سكر (من كوبا أو يوتا) 0.5
زبدة وقشطة (من نيو إنجلاند) 03
____

المجموع الكلي 20

ليس من الصعب الحصول على **الطعام** في بلد يستطيع فيه شخصان تناول وجبة إفطار تتكون من كل ما يرغبانه أو يحتاجانه مقابل 10 سنتات فقط لكل منهما! لاحظ أن هذا الفطور البسيط جُمِع، بطريقة ما أشبه بالسحر (؟)، من الصين وأمريكا الجنوبية ويوتا وكانساس وولايات نيو إنجلاند، ووُضع على مائدة الإفطار، جاهزًا للأكل، في قلب أكثر مدن أمريكا ازدحامًا، بتكلفة في متناول حتى أبسط العمال.

شملت التكلفة جميع الضرائب الفيدرالية والولائية والمحلية! (هذه حقيقة لم يذكرها السياسيون عندما كانوا يحثون الناخبين على إزاحة خصومهم من مناصبهم بحجة أن الضرائب تُثقل كاهل الشعب).

ب.   **مكان الاقامه:** تعيش هذه العائلة في شقة مريحة، مُدفأة بالبخار، ومُضاءة بالكهرباء، ومُزودة بالغاز للطبخ، كل ذلك مقابل 65 دولارًا شهريًا. في مدينة أصغر، أو في منطقة أقل كثافة سكانية في مدينة نيويورك، يمكن الحصول على الشقة نفسها مقابل 20 دولارًا شهريًا فقط.

كان الخبز المحمّص الذي تناولوه على الإفطار، وفقًا لتقدير تكلفة الطعام، يُحمّص على محمصة كهربائية لا تتجاوز تكلفتها بضعة دولارات. تُنظّف الشقة بمكنسة كهربائية. يتوفر الماء الساخن والبارد باستمرار في المطبخ والحمام. يُحفظ الطعام باردًا في ثلاجة تعمل بالكهرباء. تُصفّف الزوجة شعرها وتغسل ملابسها وتكويها بأجهزة كهربائية سهلة الاستخدام، تعمل بمجرد توصيلها بمقبس الحائط. يحلق الزوج ذقنه بماكينة حلاقة كهربائية، ويستمتعان بالترفيه من جميع أنحاء العالم على مدار الساعة، مجانًا، بمجرد ضبط راديو منزلهما.

توجد وسائل راحة أخرى في هذه الشقة، لكن القائمة السابقة تُعطي فكرة واضحة عن بعض الأدلة الملموسة على الحرية التي نتمتع بها في أمريكا. *(وهذا ليس دعاية سياسية أو اقتصادية).*

ج. **الملابس.** في أي مكان في الولايات المتحدة، تستطيع المرأة ذات الاحتياجات المتوسطة من الملابس أن ترتدي ملابس أنيقة ومريحة بأقل من 200 دولار أمريكي سنويًا، ويستطيع الرجل العادي ارتداء ملابسه بنفس المبلغ أو أقل.

تم ذكر الاحتياجات الأساسية الثلاثة فقط: الطعام والملبس والمأوى. أما المواطن الأمريكي العادي، فلديه امتيازات ومزايا أخرى متاحة مقابل جهد متواضع لا يتجاوز ثماني ساعات يوميًا من العمل. ومن بين هذه الامتيازات، حق استخدام وسائل النقل بالسيارة، التي تتيح له الذهاب والإياب بحرية، وبتكلفة منخفضة جدًا.

يتمتع المواطن الأمريكي العادي بحماية لحقوق الملكية لا توجد في أي دولة أخرى في العالم. يمكنه إيداع فائض أمواله في البنك مع ضمان أن حكومته ستحميها وتعوضه إذا فشل البنك. إذا أراد المواطن الأمريكي السفر من ولاية إلى أخرى، لا يحتاج إلى جواز سفر أو إذن من أحد. يمكنه الذهاب وقتما يشاء والعودة متى يشاء. علاوة على ذلك، يمكنه السفر بالقطار أو السيارة الخاصة أو الحافلة أو الطائرة أو السفينة حسب استطاعته المالية.

في ألمانيا وروسيا وإيطاليا ومعظم الدول الأوروبية والشرقية الأخرى، لا يستطيع الناس السفر بهذه الحرية الكبيرة وبتكلفة منخفضة كهذه.

"المعجزة" التي وفرت
هذه النعم

كثيراً ما نسمع السياسيين يُعلنون عن حرية أمريكا، عندما يسعون لكسب الأصوات، لكن نادراً ما يُخصصون الوقت أو يبذلون الجهد الكافي لتحليل مصدر هذه "الحرية" أو طبيعتها. ليس لديّ أيّ غرض شخصي، ولا ضغينة أعبر عنها، ولا دوافع خفية أسعى لتحقيقها، لذا أتشرف بالخوض في تحليل صريح لذلك **"الشيء"** الغامض، المجرد، الذي يُساء فهمه إلى حد كبير، والذي يمنح كل مواطن أمريكيّ بركاتٍ أكثر، وفرصًا أوسع لتكوين الثروة، وحريةً من كل نوع، أكثر مما قد يُوجد في أيّ بلد آخر.

فكّر وازدد ثراءً

يحق لي تحليل مصدر وطبيعة هذه **القوة الخفية**، لأني أعرف، وعرفت لأكثر من ربع قرن، العديد من الرجال الذين أسسوا تلك القوة، والعديد ممن هم مسؤولون الآن عن صيانتها.

اسم هذا المُحسن الغامض للبشرية هو رأس المال!

لا يقتصر **رأس المال** على المال فحسب، بل يتعداه إلى مجموعات من الرجال الأذكياء ذوي التنظيم العالي، الذين يخططون لأساليب ووسائل استخدام المال بكفاءة لصالح العامة، ولصالحهم الشخصي.

رأس المال لا يقتصر على المال فحسب، بل يتعداه إلى مجموعات منظمة وذكية من الرجال، الذين يخططون لكيفية استخدام المال بكفاءة لما فيه خير العامة، ولصالحهم الشخصي أيضًا. تتألف هذه الفئات من علماء، ومربين، وكيميائيين، ومخترعين، ومحللين أعمال، وخبراء علاقات عامة، وخبراء نقل، ومحاسبين، ومحامين، وأطباء، ورجال ونساء يتمتعون بمعرفة متخصصة للغاية في جميع مجالات الصناعة والأعمال. إنهم رواد، ومجربون، ويشقون دروبًا جديدة في مجالات جديدة. يدعمون الجامعات، والمستشفيات، والمدارس الحكومية، ويبنون طرقًا جيدة، وينشرون الصحف، ويدفعون معظم تكاليف الحكومة، ويهتمون بالتفاصيل الكثيرة الضرورية للتقدم البشري. باختصار، الرأسماليون هم عقول الحضارة، لأنهم يوفرون النسيج الكامل الذي يقوم عليه التعليم والتنوير والتقدم البشري.

المال بدون عقول دائمًا ما يكون خطرًا. وعند استخدامه بشكل صحيح، فهو أهم عنصر أساسي في الحضارة. ولا يمكن أن يتم توصيل الإفطار البسيط الذي تم وصفه هنا إلى العائلة في نيويورك بدينار واحد لكل وجبة، أو بأي سعر آخر، لو لم يكن رأس المال المنظم قد وفّر الآلات والسفن والسكك الحديدية والجيوش الضخمة من العمال المدربين لتشغيلها.

قد تتضح أهمية **رأس المال المنظم** ولو بشكل بسيط من خلال تخيل نفسك مثقلًا بمسؤولية جمع وتوصيل وجبة الإفطار البسيطة الموصوفة إلى عائلة في مدينة نيويورك، دون أي مساعدة مالية.

لتوفير الشاي، سيتعين عليك السفر إلى الصين أو الهند، وكلاهما بعيدتان جدًا عن أمريكا. ما لم تكن سباحًا ماهرًا، ستتعب كثيرًا قبل إتمام الرحلة ذهابًا وإيابًا. ثم ستواجهك مشكلة أخرى: ما الذي ستستخدمه كمصدر للمال، حتى لو كنت تملك القدرة البدنية على عبور المحيط سباحةً؟

لتوفير السكر، سيتعين عليك السباحة لمسافة طويلة أخرى إلى كوبا، أو المشي لمسافة طويلة إلى منطقة زراعة بنجر السكر في ولاية يوتا. ولكن حتى مع ذلك، قد تعود خالي الوفاض، لأن إنتاج السكر يتطلب جهدًا منظمًا ومالًا، فضلًا عن تكاليف تكريره ونقله وتوصيله إلى مائدة الإفطار في أي مكان في الولايات المتحدة.

يمكنك جلب البيض بسهولة من حظائر الماشية قرب مدينة نيويورك، لكنك ستضطر إلى قطع مسافة طويلة سيرًا على الأقدام إلى فلوريدا والعودة، قبل أن تتمكن من تقديم كوبي عصير الجريب فروت.

وستكون أمامك رحلة طويلة أخرى سيرًا على الأقدام إلى كانساس، أو إحدى الولايات الأخرى المنتجة للقمح، عندما تذهب لجلب شرائح خبز القمح الأربع.

أما بسكويت القمح المتموج، فسيكون لا بد من حذفه من قائمة الطعام، لأنه لن يكون متوفرًا إلا بفضل عمل فريق مدرب من الرجال وآلات مناسبة، **وكل ذلك يتطلب رأس مال.**

فكّر وازدد ثراءً

أثناء استراحتك، يمكنك الانطلاق في رحلة سباحة قصيرة أخرى إلى أمريكا الجنوبية، حيث ستشتري موزتين، وعند عودتك، يمكنك القيام بنزهة قصيرة إلى أقرب مزرعة ألبان وشراء بعض الزبدة والقشدة. حينها ستكون عائلتك في مدينة نيويورك جاهزة للجلوس والاستمتاع بوجبة الإفطار، *وستحصل على أجرك!*

يبدو الأمر سخيفًا، أليس كذلك؟ حسنًا، كانت هذه الطريقة الوحيدة الممكنة لتوصيل هذه المواد الغذائية البسيطة إلى قلب مدينة نيويورك، لو لم يكن لدينا نظام رأسمالي.

إن المبلغ المطلوب لبناء وصيانة خطوط السكك الحديدية والسفن البخارية المستخدمة في توصيل وجبة الإفطار البسيطة ضخمٌ لدرجة تفوق الخيال. فهو يصل إلى مئات الملايين من الدولارات، ناهيك عن جيوش الموظفين المدربين اللازمين لتشغيل السفن والقطارات. لكن النقل ليس سوى جزء من متطلبات الحضارة الحديثة في أمريكا الرأسمالية. قبل أن يُنقل أي شيء، لا بد من زراعة شيء ما من الأرض، أو تصنيعه وتجهيزه للسوق. وهذا يتطلب ملايين الدولارات لشراء المعدات والآلات والتعبئة والتسويق، ولأجور ملايين الرجال والنساء.

فلا تنبثق السفن البخارية والسكك الحديدية من باطن الأرض ولا تعمل تلقائيًا من تلقاء نفسها. إنها تأتي استجابةً لنداء الحضارة، بفضل جهد الرجال وابتكارهم وقدرتهم على التنظيم—أولئك الذين يمتلكون **الخيال، والإيمان، والحماسة، والحسم، والمثابرة.** ويُعرف هؤلاء بالرأسماليين. إنهم مدفوعون برغبةٍ في البناء والتشييد والإنجاز، وتقديم خدمة نافعة، وتحقيق الأرباح، وتكديس الثروات.

ولأنهم يقدّمون خدمةً لا تقوم الحضارة من دونها، فإنهم يضعون أنفسهم في مسار الثروات العظيمة.

وللمحافظة على بساطة العرض ووضوحه، أضيف أن هؤلاء الرأسماليين هم أنفسهم الرجال الذين اعتاد معظمنا سماع خطباء المنصّات الشعبية يتحدثون عنهم. وهم ذاتهم الذين يصفهم المتطرفون، وأصحاب الابتزاز، والسياسيون غير النزيهين، وبعض قادة العمال المتورطين في الفساد، بأنهم "المصالح الافتراسية" أو "وول ستريت".

لستُ بصدد تقديم مرافعة مع أو ضد أي فئة من الناس أو أي نظامٍ اقتصادي. ولا أقصد إدانة المفاوضة الجماعية عندما أشير إلى "قادة عمال متورطين في الفساد"، كما لا أسعى إلى منح شهادة نزاهة شاملة لكل من يُعرفون بالرأسماليين.

إن غاية هذا الكتاب -وهي غاية كرستُ لها نفسي بإخلاص لأكثر من ربع قرن- هي أن أقدم لكل من يرغب في المعرفة، الفلسفة الأكثر موثوقية التي تمكّن الأفراد من جمع الثروات بالقدر الذي يرغبون فيه.

لقد قمتُ هنا بتحليل المزايا الاقتصادية للنظام الرأسمالي لغايةٍ مزدوجة، هي:

1. أن يدرك كل من يسعى إلى الثروة ضرورة الاعتراف بالنظام الذي يتحكم في جميع السبل المؤدية إلى الثروات، كبيرةً كانت أم صغيرة، والتكيّف معه؛

2. وأن أقدّم الجانب الآخر من الصورة، في مقابل ما يعرضه الساسة والديماغوجيون الذين يعمدون عمدًا إلى تعتيم القضايا التي يثيرونها، من خلال تصوير رأس المال المنظَّم وكأنه شيء سام

هذه دولة رأسمالية، تطورت بفضل رأس المال، ونحن الذين نطالب بحق التمتع بنعم الحرية والفرص، والذين نسعى لتكوين ثروات هنا، يجب أن ندرك تمامًا أن لا الثروة ولا الفرص كانتا لتتاح لنا لولا **رأس المال المنظم** الذي وفر هذه المزايا.

لأكثر من عشرين عامًا، أصبح من الشائع والمتزايد بين المتطرفين والسياسيين الانتهازيين والمحتالين وقادة العمال الفاسدين، وأحيانًا رجال الدين، توجيه انتقادات لاذعة إلى **"وول ستريت، والصرافين، والشركات الكبرى".**

وقد شاع هذا الأمر لدرجة أننا شهدنا خلال فترة الكساد الاقتصادي مشهدًا لا يُصدق، حيث اصطف كبار المسؤولين الحكوميين مع السياسيين الفاسدين وقادة العمال، بهدف معلن هو خنق النظام الذي جعل أمريكا الصناعية أغنى دولة في العالم. كان هذا الاصطفاف عامًا ومنظمًا للغاية لدرجة أنه أطال أمد أسوأ كساد عرفته أمريكا على الإطلاق. تسبب ذلك في فقدان ملايين الرجال لوظائفهم، لأن تلك الوظائف كانت جزءًا لا يتجزأ من النظام الصناعي والرأسمالي الذي يشكل العمود الفقري للأمة.

خلال هذا التحالف غير المألوف بين المسؤولين الحكوميين والأفراد الساعين إلى مصالحهم الخاصة، الذين كانوا يحاولون تحقيق أرباح من خلال إعلان "موسمٍ مفتوح" على النظام الصناعي الأميركي، انضمّ نوعٌ معيّن من قادة العمال إلى السياسيين،

وعرضـوا تأمين أصـوات الناخبين مقابل تشـريعات صُمِّمت للسماح للناس **بانتزاع الثروات من الصناعة بالقوة المنظَّمة للأعداد، بدلًا من النهج الأفضل القائم على تقديم عملٍ عادل مقابل أجرٍ عادل.**

لا يزال ملايين الرجال والنسـاء في جميـع أنحاء البلاد يمارسون هذه العادة الشـائعة المتمثلة في محاولة **الأخذ** دون **العطاء.** بعضهم منخرط في نقابات عمالية، حيـث يطالبون **بسـاعات عمـل أقل وأجـور أعلى!** والبعض الآخر لا يكلف نفسه عناء العمل على الإطلاق. **يطالبون بالإغاثة الحكومية ويحصلون عليها.** تجلّت فكرتهم عن حقوقهم وحرياتهم في مدينة نيويورك، حيث قدّمت مجموعة من "مستفيدي الإغاثة" شكوى شـديدة اللهجـة إلى مدير مكتب البريد، بسبب إيقاظ سـاعي البريد لهم في السـاعة 7:30 صباحًا لتسليم شيكات الإغاثة الحكومية. **وطالبوا** بتقديم موعد التسـليم إلى السـاعة 10:00 صباحًا.

إذا كنتَ من الذين يظنّون أن الثروة تُكتسب لمجرّد أن ينظّم الناس أنفسـهم في جماعـات ويطالبـوا **بأجر أعلى** مقابل **خدمة أقل،** وإذا كنتَ من الذين **يطالبون** بالإعانات الحكومية دون عناء الاستيقاظ المبكر للحصـول عليها، وإذا كنتَ من الذين يؤمنون بمقايضـة أصواتهم للسياسيين مقابل سنّ قوانين تسمح بالاستيلاء على المال العام، فلك أن تشعر بالأمان مع معتقداتك هذه، مع العلم بأن أحدًا لن يحاول إزعاجك أو منعك من مواصلة هذا السـلوك.

لأن هذه دولة حرة، حيث لكل إنسان حرية التفكير كما يشاء، وحيث يستطيع معظم الناس العيش بجهد قليل، وحيث يمكن للكثيرين أن يعيشوا حياة رغيدة دون بذل أي عمل على الإطلاق.

مع ذلك، ينبغي أن تعرف الحقيقة الكاملة بشأن هذه **الحرية** التي يتباهى بها الكثيرون، ويجهلها القليلون. مهما بلغت عظمة النظام، واتساع نطاقه، وكثرة امتيازاته، **فإنه لا يجلب الثروات، ولا يمكنه ذلك، دون بذل جهد.**

هناك طريقة واحدة فقط يمكن الاعتماد عليها لجمع الثروات والاحتفاظ بها قانونيًا، وهي تقديم خدمة نافعة. فلم يُخلق أي نظام يسمح للإنسان بالحصول على الثروات قانونيًا لمجرد قوة الأعداد، أو دون أن يقدّم مقابل ذلك قيمةً معادلة بشكلٍ ما.

هناك مبدأ يُعرف بقانون **الاقتصاد!** وهو ليس مجرد نظرية، بل قانون لا يمكن لأحد أن يخالفه.

دوّن اسم هذا المبدأ جيدًا، وتذكّره، لأنه أقوى بما لا يُقاس من جميع الساسة والآلات السياسية. وهو أسمى وأبعد من أن تخضع له سيطرة أيٍّ من النقابات العمالية. لا يمكن ليّه أو التأثير فيه أو رشوتُه من قبل المبتزّين أو القادة الذين ينصّبون أنفسهم بأنفسهم في أي مهنة كانت. وفوق ذلك، **فله عينٌ لا تغفل، ونظامُ محاسبةٍ بالغُ الدقّة،** يُمسك فيه بسجلٍّ محكم لكل معاملات كل إنسانٍ ينخرط في محاولة الأخذ دون عطاء. عاجلًا أم آجلًا، يأتي مُدقّقوه، يراجعون سجلات الأفراد كبارًا كانوا أم صغارًا، ويطالبونهم بتقديم الحساب.

التخطيط المنظم

"وول ستريت، والأعمال الكبرى، والمصالح الرأسمالية الافتراسية"، أو أيًّا كان الاسم الذي تختاره للنظام الذي منحنا **الحرية الأميركية،** إنما يمثّل جماعةً من الرجال الذين يفهمون هذا **القانون الاقتصادي** الجبّار ويحترمونه ويتكيّفون معه. فاستمرارهم المالي مرهونٌ باحترامهم لهذا القانون.

معظم الناس الذين يعيشون في أمريكا يُحبّون هذا البلد، بنظامه الرأسمالي وكل ما فيه. لا بدّ لي من الاعتراف بأني لا أعرف بلدًا أفضل منه، حيث يمكن للمرء أن يجد فرصًا أكبر لتكوين الثروة. وبالنظر إلى أفعالهم وسلوكياتهم، هناك بعض الأشخاص في هذا البلد لا يُحبّونه. وهذا، بالطبع، حقّهم؛ فإذا لم يُحبّوا هذا البلد، ونظامه الرأسمالي، وفرصه اللامحدودة، **فلهم الحقّ في الرحيل!** هناك دائمًا بلدان أخرى، مثل ألمانيا وروسيا وإيطاليا، حيث يُمكن للمرء أن يُجرّب حظّه في التمتع بالحرية وتكوين الثروة، شريطة ألا يكون مُتطلّبًا للغاية.

توفر أمريكا كل الحرية وكل الفرص التي قد يحتاجها أي شخص نزيه لتجميع الثروات. فعندما يذهب المرء للصيد، يختار مناطق صيد يكون فيها الطرائد وفيرة. وعند البحث عن الثروات، تنطبق نفس القاعدة بطبيعة الحال.

إذا كنت تسعى وراء الثروة، فلا تغفل عن إمكانيات بلدٍ يتمتع مواطنوه بثراءٍ فاحش، حيث تنفق النساء وحدهن أكثر من مئتي مليون دولار سنويًا على أحمر الشفاه ومستحضرات التجميل.

فكّر وازدد ثراءً

فكّر مليًا، أيها الباحث عن الثروة، قبل أن تحاول تدمير النظام الرأسمالي في بلدٍ ينفق مواطنوه أكثر من خمسين مليون دولار سنويًا على **بطاقات التهنئة**، للتعبير من خلالها عن تقديرهم **لحرّيتهم**!

إذا كنت تبحث عن المال، فكر جيدًا في بلدٍ ينفق مئات الملايين من الدولارات سنويًا على السجائر، حيث يذهب الجزء الأكبر من العائد إلى أربع شركات كبرى فقط، وهي الشركات التي توفّر لهذا الباني الوطني اللامبالاة والأعصاب الهادئة.

إذا كنت تطمح إلى جمع المال، فكر مليًا في بلد ينفق سنويًا مئات الملايين من الدولارات على السجائر، حيث يذهب الجزء الأكبر من هذه الأموال إلى أربع شركات كبرى فقط، وهي التي تزود هذا المنتج الوطني الشهير الذي يبني اللامبالاة والهدوء النفسي لدى الناس.

بالتأكيد، فكّر مليًا في بلد ينفق فيه شعبه سنويًا أكثر من خمسة عشر مليون دولار لمشاهدة الأفلام، ويضيفون ملايين أخرى على المشروبات الكحولية والمخدرات والمشروبات الغازية الخفيفة.

ولا تتعجل في مغادرة بلد يُنفق فيه شعبه بسخاء، بل وبحماس، ملايين الدولارات سنويًا على كرة القدم والبيسبول ومباريات الملاكمة.

وبالطبع، **تمسّك** ببلد ينفق فيه سكانه أكثر من مليون دولار سنويًا على العلكة، ومليون آخر على شفرات الحلاقة.

تذكّر أيضًا أن هذا ليس سوى بداية مصادر الثروة المتاحة. لقد تم ذكر عدد قليل فقط من الكماليات والأشياء غير الضرورية. ولكن، تذكّر أن أعمال إنتاج ونقل وتسويق هذه البضائع القليلة توفر وظائف منتظمة **لملايين الرجال والنساء**، الذين يحصلون لقاء خدماتهم على **ملايين الدولارات شهريًا**، وينفقونها بحرية على كل من الكماليات والضروريات.

تذكّر بشكل خاص أن وراء كل هذا التبادل من البضائع والخدمات الشخصية تكمن **فرص** هائلة لتجميع الثروات. هنا يأتي دور **الحرية الأميركية** لمساعدتك. فلا شيء يمنعك، أو يمنع أي شخص آخر، من الانخراط في أي جزء من الجهد اللازم لإدارة هذه الأعمال. إذا كان لدى المرء موهبة فائقة، أو تدريب متميز، أو خبرة كبيرة، يمكنه جمع ثروات هائلة. أما الأقل حظًا، فيمكنهم جمع مبالغ أصغر. وكل شخص يمكنه كسب لقمة العيش مقابل قدرٍ ضئيل من العمل.

إذن، ها هي الفرصة!

الفرصة متاحة أمامك. تقدم إلى الأمام، اختر ما تريد، ضع خطتك، نفذها، واستمر في العمل **بإصرار**. ستتكفل أمريكا الرأسمالية بالباقي. يمكنك الاعتماد على هذا الأمر: **أمريكا الرأسمالية تضمن لكل فرد فرصة تقديم خدمة مفيدة، وجني ثروة تتناسب مع قيمة تلك الخدمة.**

لا يحرم النظام أحدًا من هذا الحق، ولكنه لا يعد، ولا يمكنه أن يعد، **بشيء مقابل لا شيء**، لأن النظام نفسه يخضع بشكل لا رجعة فيه **لقانون الاقتصاد** الذي لا يعترف، ولا يتسامح طويلًا، مع **الأخذ دون إعطاء.**

لقد سنّت الطبيعة **قانون الاقتصاد!** وليس هناك محكمة عليا يمكن للمخالفين لهذا القانون أن يستأنفوا أمامها.

فكّر وازدد ثراءً

هذا القانون يمنح العقوبات على المخالفة والمكافآت المناسبة للالتزام به، *دون أي تدخل، أو إمكانية للتدخل من أي إنسان*. فلا يمكن إلغاء هذا القانون. إنه ثابت مثل النجوم في السماء، وخاضع، وجزء من النظام نفسه الذي يتحكم في حركة النجوم.

هل يجوز للمرء أن يرفض الخضوع لقانون الاقتصاد؟

بالتأكيد! هذه دولة حرة، حيث يولد جميع الناس متساوين في الحقوق، بما في ذلك حق تجاهل **قانون الاقتصاد.**

ماذا يحدث حينها؟
حسنًا، لا يحدث شيء إلى أن تتكاتف أعدادٌ كبيرة من الناس بقصدٍ معلن هو تجاهل هذا القانون وأخذ ما يريدون بالقوة. **وعندئذٍ يظهر الديكتاتور، ومعه فرق الإعدام المنظَّمة جيدًا ورشاشات المدافع!**

لم نصل بعد إلى هذا المستوى في أمريكا! لكننا تعلمنا ما يكفينا عن كيفية عمل هذا النظام. وربما نكون محظوظين بما يكفي لعدم مواجهة هذه الحقيقة المروعة مباشرة. بلا شك، سنظل نفضل **حرية الكلام، وحرية العمل،** وحرية تقديم خدمة نافعة مقابل الحصول على **الثروة.**

إن ممارسة المسؤولين الحكوميين المتمثلة في منح الرجال والنساء امتياز نهب الخزينة العامة مقابل الأصوات، قد تؤدي أحيانًا إلى الفوز في الانتخابات، ولكن كما يتعاقب الليل والنهار، تأتي العاقبة النهائية؛ حيث يجب سداد كل قرش أُسيء استخدامه، مع فوائد مركبة على الفوائد المركبة.

التخطيط المنظم

إذا لم يُجبر من ينهبون على السداد، فإن العبء يقع على عاتق أبنائهم، وأحفادهم، "حتى الجيل الثالث والرابع". لا سبيل لتجنب الدين.

يمكن للرجال، بل ويفعلون أحيانًا، أن يشكلوا جماعات بهدف رفع الأجور وخفض ساعات العمل. ولكن هناك حد لا يمكنهم تجاوزه. إنها اللحظة التي يتدخل فيها **قانون الاقتصاد**، فيُسيطر على كلٍّ من صاحب العمل والعمال.

لمدة ست سنوات، من عام 1929 إلى عام 1935، كاد الشعب الأمريكي، غنيه وفقيره، أن يشهد كيف يُسلّم قانون الاقتصاد، الذي كان سائداً آنذاك، جميع الشركات والصناعات والبنوك إلى السلطة. لم يكن مشهداً جميلاً! ولم يُضِف ذلك إلى احترامنا لعقلية الغوغاء التي تُلقي بالعقل جانباً وتسعى إلى **الأخذ** دون **العطاء**.

نحن الذين عشنا تلك السنوات الست المُحبطة، حين كان **الخوف مُسيطراً والإيمان مُهتزل** لا يُمكننا أن ننسى كيف حصد **قانون الاقتصاد** بقسوةٍ نصيبه من الغني والفقير، والضعيف والقوي، والكبير والصغير. لا نرغب في المرور بتجربةٍ مماثلةٍ أخرى.

هذه الملاحظات ليست مبنيةً على تجربةٍ قصيرة الأمد. إنها ثمرة خمسة وعشرين عامًا من التحليل الدقيق لأساليب أنجح الرجال وأكثرهم فشلًا في تاريخ أمريكا.

الفصل الثامن

القرار

التغلب على عادة التسويف
الخطوة السابعة نحو جمع الثروة

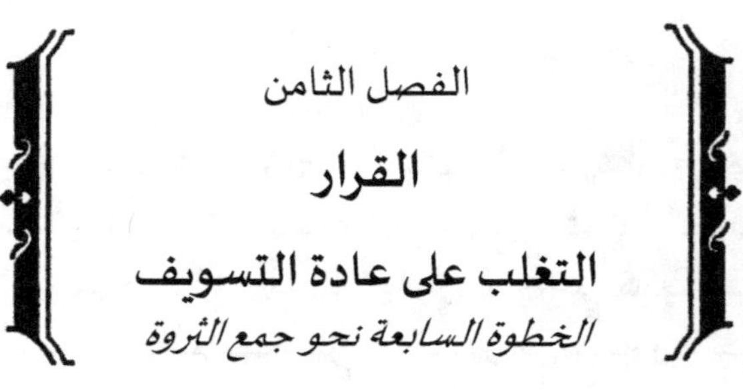

أظهر تحليل دقيق شمل أكثر من 25,000 رجل وامرأة عانوا من الفشل أن نقص **القدرة على اتخاذ القرار** كان من أبرز أسباب الفشل، متصدرًا قائمة أهم 30 سببًا للفشل. هذه ليست مجرد نظرية، *بل حقيقة مؤكدة.*

أما **التسويف**، النقيض الصريح للقرار، فهو عدو خفي وشائع يواجه كل شخص تقريبًا، ويجب تعلم فن التغلب عليه ليكون طريقك نحو النجاح والثروة مفتوحًا.

ستتاح لك فرصة اختبار قدرتك على اتخاذ **قرارات** *سريعة وحاسمة* عند انتهائك من قراءة هذا الكتاب، واستعدادك **لتطبيق المبادئ** التي يشرحها.

أظهر تحليلٌ لآلاف الأشخاص الذين جمعوا ثرواتٍ طائلةً تتجاوز المليون دولار، أن جميعهم يتميزون **بسرعة اتخاذ القرارات**، ثم **ببطء** تغييرها، إن لزم الأمر. أما من يفشلون في جمع المال، فجميعهم *بلا استثناء*، يميلون إلى اتخاذ القرارات، **إن اتخذوها أصلاً**، *ببطء شديد، ثم تغييرها بسرعة وبشكل متكرر.*

ومن أبرز *صفات هنري فورد* سرعة اتخاذه للقرارات وحسمها، ثم بطء تغييرها.

القرار

تتجلى هذه الصفة بوضوح شديد في السيد فورد، حتى أكسبته سمعة العناد. وكانت هذه الصفة نفسها التي دفعت السيد فورد إلى الاستمرار في تصنيع سيارته الشهيرة طراز "T" (والتي كانت تعتبر الأقبح في العالم)، رغم أن جميع مستشاريه، والكثير من مشتري السيارة، كانوا يلحّون عليه لتغييرها.

ربما تأخر السيد فورد كثيرًا في إجراء التغيير، ولكن من جهة أخرى، فإن ثبات السيد فورد على قراره قد أثمر ثروة طائلة، قبل أن يصبح تغيير الطراز ضروريًا. لا شك أن عادة السيد فورد في حسم قراراته تتسم بقدر من العناد، ولكن هذه الصفة أفضل من التباطؤ في اتخاذ القرارات والسرعة في تغييرها.

الغالبية العظمى من الناس الذين يفشلون في جمع الأموال الكافية لتلبية احتياجاتهم، يتأثرون بسهولة بـ "آراء" الآخرين. فهم يسمحون للصحف والجيران المتحدثين بالنميمة بأن يقوموا بـ"التفكير" نيابة عنهم. إنّ الآراء هي أرخص السلع على وجه الأرض. لكل شخص مجموعة جاهزة من الآراء يمكن أن يفرضها على أي شخص يقبل بها. إذا سمحت لهذه الآراء أن تؤثر على **قراراتك**، فلن تنجح في أي مشروع، ناهيك عن تحقيق هدف تحويل **رغبتك الشخصية** إلى مال.

إذا تأثرت بآراء الآخرين، فلن تكون لديك **رغبة** خاصة بك.

احتفظ برأيك لنفسك، عندما تبدأ بتطبيق المبادئ المذكورة هنا، *واتخذ قراراتك بنفسك والتزم بها.*

لا تشارك أسرارك مع أي أحد، **إلا** مع أعضاء مجموعة "التفكير الجماعي" الخاصة بك، وتأكد تمامًا عند اختيار هذه المجموعة أن تختار **فقط من سيكون في انسجام تام وتوافق كامل مع هدفك.**

فالأصدقاء المقربون والأقارب، رغم حسن نواياهم، غالبًا ما يعوقونك من خلال آرائهم، وأحيانًا من خلال السخرية المقصودة للمرح. يحمل آلاف الرجال والنساء عقدة النقص طوال حياتهم، بسبب شخص متعاطف لكنه جاهل، قضى على ثقتهم بأنفسهم عبر آرائه أو سخريته.

لديك عقل وفكر مستقلان. استخدمهما، واتخذ قراراتك بنفسك. إذا احتجت إلى حقائق أو معلومات من الآخرين، لتمكينك من اتخاذ القرارات، كما هو الحال غالبًا، فاحصل على هذه الحقائق أو المعلومات التي تحتاجها بهدوء، دون الكشف عن هدفك.

من سمات الأشخاص الذين يمتلكون معرفة سطحية أو محدودة محاولة إعطاء الانطباع بأن لديهم معرفة واسعة. غالبًا ما يكون هؤلاء **كثيرو الكلام وقليلو الاستماع.** لذا، اجعل عينيك وأذنيك مفتوحتين جيدًا وفمك **مغلقًا** إذا رغبت في اكتساب عادة اتخاذ **القرار السريع.**

فالذين يكثرون من الكلام يفعلون القليل غيره. وإذا تكلمت أكثر مما تستمع، فلن تحرم نفسك فقط من العديد من الفرص لجمع المعرفة النافعة، بل ستكشف أيضًا **خططك وأهدافك** لأشخاص سيستمتعون بإحباطك، لأنهم يحسدونك.

تذكر أيضًا أنه في كل مرة تتحدث فيها أمام شخص يمتلك وفرة من المعرفة، فإنك تُظهر له مدى معرفتك، أو **جهلك بها!** الحكمة الحقيقية عادةً ما تتجلى في *التواضع والصمت.*

ضع في اعتبارك أن كل شخص تُخالطه، مثلك، يسعى لاكتساب المال. إذا تحدثت عن خططك بحرية مفرطة، فقد تُفاجأ عندما تعلم أن شخصًا آخر قد **سبقك إلى هدفك** بتنفيذ الخطط التي تحدثت عنها بتهور.

ليكن من أولى قراراتك أن تُبقي فمك مغلقًا وآذانك مفتوحة وعينيك مفتوحة.

ذكر نفسك دائماً بهذه النصيحة، لذا من المفيد أن تنسخ تلك الحكمة بخط كبير وتضعها في مكان تراه يوميًا.
"أخبر العالم بما تنوي فعله، ولكن أظهره أولًا." هذا يعني أن "الأفعال، لا الأقوال، هي الأهم."

الحرية أو الموت في القرار

تعتمد قيمة القرارات على الشجاعة اللازمة لاتخاذها. فالقرارات العظيمة، التي أسست الحضارة، تم اتخاذها مع تحمل مخاطر جسيمة، وغالبًا ما كانت تعني احتمال الموت.

لقد اتخذ لينكولن قراره بإصدار إعلان تحرير العبيد الشهير، الذي منح الحرية للأمريكيين من ذوي البشرة السوداء، وهو مدرك تمامًا أن هذا الفعل سيحول آلاف الأصدقاء والداعمين السياسيين ضده. كما كان يعلم أن تنفيذ هذا الإعلان سيعني موت آلاف الرجال على ساحات المعارك. وفي النهاية، كلّف ذلك لينكولن حياته. هذا هو معنى الشجاعة الحقيقية.

كان قرار سقراط بشرب كأس السم، بدلًا من التنازل عن معتقداته الشخصية، قرارًا شجاعًا. فقد غيّر مجرى التاريخ ألف عام، ومنح أجيالًا لم تولد بعد، الحق في حرية الفكر والتعبير.

كان قرار الجنرال روبرت إي. لي، عندما حان وقت الانفصال عن الاتحاد، وانضمامه إلى صفوف الجنوب، قرارًا شجاعًا، لأنه كان يعلم جيدًا أنه قد يكلفه حياته، وأنه سيكلف حتمًا أرواح آخرين.

كان قرار الجنرال روبرت إي. لي، عندما حان وقت الانفصال عن الاتحاد، وانضمامه إلى قضية الجنوب، قرارًا شجاعًا، لأنه كان يعلم جيدًا أنه قد يكلفه حياته، وأنه سيكلف حتمًا أرواح آخرين.

لكن أعظم قرار على مر التاريخ، بالنسبة لأي مواطن أمريكي، اتُخذ في فيلادلفيا، في الرابع من يوليو عام 1776، عندما وقّع ستة وخمسون رجلاً على وثيقة، كانوا يعلمون تمامًا أنها ستجلب الحرية لجميع الأمريكيين، أو *ستتركهم جميعًا معلقين على المشنقة!*

ربما سمعتم بهذه الوثيقة الشهيرة، لكنكم لم تستخلصوا منها الدرس العظيم في الإنجاز الشخصي الذي علّمته بوضوح.

جميعنا نتذكر تاريخ هذا القرار المصيري، لكن قليلًا منا يُدرك الشجاعة التي تطلّبها.

القرار

نتذكر تاريخنا كما دُرِّس لنا؛ نتذكر التواريخ، وأسماء الرجال الذين قاتلوا؛ نتذكر فالي فورج، ويوركتاون؛ نتذكر جورج واشنطن، واللورد كورنواليس. لكننا لا نعرف إلا القليل عن القوى الحقيقية الكامنة وراء هذه الأسماء والتواريخ والأماكن. ونعرف أقل من ذلك بكثير عن تلك **القوة** الخفية، التي ضمنت لنا الحرية *قبل وقت طويل من وصول جيوش واشنطن إلى يوركتاون.*

نقرأ تاريخ الثورة ونتوهم خطأً أن جورج واشنطن هو أبو أمتنا، وأنه هو من ناضل من أجل حريتنا، بينما الحقيقة أن واشنطن لم يكن سوى شريكٍ بعد فوات الأوان، لأن النصر لجيوشه كان مضمونًا قبل استسلام اللورد كورنواليس بزمن طويل. لا يُقصد بهذا التقليل من شأن واشنطن الذي استحقّه بجدارة، بل يهدف إلى تسليط الضوء على **القوة** الهائلة التي كانت السبب الحقيقي وراء انتصاره.

لا تقل مأساوية عن أن يجهل مؤرخو العالم تمامًا—حتى بأدنى إشارة—**القوة** الجبارة التي منحت الولادة والحرية للأمة التي كان مقدرًا لها أن تضع معايير جديدة للاستقلال لكل شعوب الأرض. أصف هذا بالمأساة، لأنه تلك **القوة** نفسها هي التي يجب على كل فرد أن يستعين بها لتجاوز تحديات الحياة، وإلزامها بدفع الثمن الذي يطلبه.

دعونا نستعرض بإيجاز الأحداث التي أدت إلى ظهور هذه **القوة**. تبدأ القصة بحادثة وقعت في بوسطن، في الخامس من مارس عام 1770. كان الجنود البريطانيون يجوبون الشوارع، وبوجودهم هذا، كانوا يُشكلون تهديدًا صريحًا للمواطنين. استاء المستوطنون من وجود رجال مسلحين يسيرون في وسطهم.

فكّر وازدد ثراءً

بدأوا يُعبرون عن استيائهم علنًا، يرشقون الجنود بالحجارة ويوجهون إليهم الشتائم، حتى أصدر القائد أوامره: "ثبّتوا الحراب... انطلقوا!"

اندلعت المعركة، وأسفرت عن سقوط قتلى وجرحى كثيرين. أثارت الحادثة استياءً شديدًا، ما دفع الجمعية الإقليمية (المؤلفة من مستوطنين بارزين) إلى عقد اجتماع لاتخاذ إجراء حاسم. كان من بين أعضاء تلك الجمعية جون هانكوك وصموئيل آدامز - **فلتحيا أسماؤهما!** تحدثا بشجاعة، وأعلنا ضرورة التحرك لطرد جميع الجنود البريطانيين من بوسطن.

تذكروا هذا جيدًا: **قرارٌ** اتخذه رجلان، يُمكن اعتباره بحق بداية الحرية التي ننعم بها اليوم في الولايات المتحدة. تذكروا أيضًا أن **قرار** هذين الرجلين استلزم **إيمانًا وشجاعةً**، لأنه كان محفوفًا بالمخاطر.

قبل أن تُرفع الجلسة، كُلِّف صموئيل آدامز بزيارة حاكم المقاطعة، هاتشينسون، والمطالبة بانسحاب القوات البريطانية.

استُجيب للطلب، وسُحبت القوات من بوسطن، لكن الحادثة لم تُطوَى. فقد تسببت في وضعٍ كان من شأنه أن يُغير مسار الحضارة برمته. أليس من الغريب كيف أن التغييرات العظيمة، كالثورة الأمريكية والحرب العالمية، غالبًا ما تبدأ من ظروف تبدو غير مهمة؟ ومن المثير للاهتمام أيضًا أن نلاحظ أن هذه التغييرات المهمة تبدأ عادةً في صورة **قرارٍ حاسم** في أذهان عددٍ قليل نسبيًا من الناس.

القرار

قلة منا يعرفون تاريخ بلادنا جيدًا بما يكفي ليُدركوا أن جون هانكوك، صموئيل آدامز، وريتشارد هنري لي (من مقاطعة فيرجينيا) كانوا الآباء الحقيقيين لأمتنا.

أصبح ريتشارد هنري لي عنصرًا مهمًا في هذه القصة بفضل تواصله المتكرر مع صموئيل آدامز عبر المراسلات، حيث كانا يتبادلان بحرية مخاوفهما وآمالهما بشأن رفاهية شعوب مقاطعاتهما. ومن خلال هذه الممارسة، خطرت ببال آدامز فكرة أن تبادل الرسائل بين المستعمرات الثلاث عشرة قد يسهم في تنسيق الجهود الضرورية بشدة لحل مشاكلهم.

بعد عامين من الاشتباك مع الجنود في بوسطن (مارس 1972)، قدّم آدامز هذه الفكرة إلى الجمعية، في صورة اقتراح بإنشاء لجنة مراسلات بين المستعمرات، مع تعيين مراسلين بشكلٍ دائمٍ في كل مستعمرة، "بهدف التعاون الودي من أجل تحسين أوضاع مستعمرات أمريكا البريطانية".

احفظ هذا الحدث جيدًا في ذهنك! فقد كان بداية تنظيم **القوة** الواسعة التي قُدِّر لها أن تمنح الحرية لك ولي. كان العقل المدبر قد تشكّل بالفعل، مؤلفًا من آدامز، ولي، وهانكوك. "وأقول لكم أيضًا: إن اتفق اثنان منكم على الأرض على أي شيء يطلبانه، فإنه يُعطى لهما من الله الذي في السماوات."

تم تنظيم لجنة المراسلات. لاحظ أن هذه الخطوة فتحت الطريق لـ

زيادة قوة العقل الجماعي من خلال ضم رجال من جميع المستعمرات إليه. لاحظ أن هذه الخطوة مثلت أول **تخطيط منظم للمستعمرين** المستائين.

في الاتحاد قوة! كان مواطنو المستعمرات يشنون حربًا غير مُنظَّمة ضد الجنود البريطانيين، من خلال أحداث مشابهة لأحداث شغب بوسطن، لكن لم يتحقق أي شيء ذي فائدة. لم تُوحَّد مظالمهم الفردية تحت قيادة واحدة. لم يسبق لأي مجموعة من الأفراد أن توحدت جهودها وقلوبها وأرواحها وأجسادها في قرار حاسم لحسم خلافها مع البريطانيين نهائيًا، حتى اجتمع آدمز وهانكوك ولي.

في غضون ذلك، لم يقف البريطانيون مكتوفي الأيدي. بل كانوا هم أيضًا **يخططون** ويدبرون المكائد لحسابهم الخاص، مستفيدين من دعمهم المالي وقواتهم العسكرية المنظمة.

عيّن التاج البريطاني غيج خلفًا لهاتشينسون حاكمًا لولاية ماساتشوستس. وكان من أوائل أعمال الحاكم الجديد إرسال رسول إلى صموئيل آدمز، بهدف محاولة كبح جماح معارضته - عن طريق **الترهيب**.

يمكننا فهم جوهر ما حدث على أفضل وجه من خلال اقتباس الحوار الذي دار بين العقيد فينتون (الرسول الذي أرسله غيج) وآدمز.

العقيد فينتون: "لقد فوضني الحاكم غيج لأؤكد لك، سيد آدامز، أن الحاكم مخوّلٌ بمنحك ما تشاء من امتيازات تُرضيك، [محاولة استمالة آدامز بوعد الرشاوى]، بشرط أن تتعهد بالكف عن معارضة إجراءات الحكومة.

القرار

إن نصيحة الحاكم لك، سيدي، هي ألا تُثير غضب جلالته أكثر من ذلك. لقد تسبب سلوكك بهذا الشكل في جعلك عرضةً لعقوبات قانون هنري الثامن، الذي يُجيز إرسال الأشخاص إلى إنجلترا للمحاكمة بتهمة الخيانة العظمى، أو التستر عليها، وفقًا لتقدير حاكم المقاطعة. ولكن، **بتغيير مسارك السياسي**، لن تنال مزايا شخصية عظيمة فحسب، بل ستُصالح الملك أيضًا."

كان أمام صموئيل آدامز **خياران**. كان بإمكانه التوقف عن معارضته، وقبول رشاوى شخصية، أو **الاستمرار، والمخاطرة بالإعدام شنقًا!**

من الواضح أن الوقت قد حان *ليُجبر* آدامز على اتخاذ **قرار فوري**، قرار كان من الممكن أن يُودي بحياته. كان معظم الرجال سيجدون صعوبة في اتخاذ مثل هذا القرار. وكان معظمهم سيرسل ردًا مراوغًا، لكن ليس آدامز! فقد أصرّ على كلمة شرف العقيد فينتون، بأن يُبلغ العقيد الحاكم الجواب كما هو.

كان جواب آدامز: "إذن، يمكنك أن تُخبر الحاكم غيج أنني أثق أنني قد تصالحت منذ زمن مع ملك الملوك. ولن تدفعني أي اعتبارات شخصية إلى التخلي عن قضية بلادي العادلة. وأخبر **الحاكم غيج أن هذه نصيحة صموئيل آدامز له، ألا يُهين مشاعر شعبٍ مُستاء**."

لا داعي للتعليق على شخصية هذا الرجل.

لا بد أن يكون واضحًا لكل من يقرأ هذه الرسالة المذهلة أن مرسلها كان يتمتع بولاء منقطع النظير. *وهذا أمر بالغ الأهمية.* (لقد استغلّ المحتالون والسياسيون الفاسدون الشرف الذي ضحّى من أجله رجالٌ مثل آدمز).

عندما تلقّى الحاكم غيج رد آدمز اللاذع، ثار غضبًا، وأصدر بيانًا جاء فيه: "باسم جلالته، أُقدّم وأعد بالعفو الكريم لكل من يُلقي سلاحه فورًا، ويعود إلى واجباته كمواطن مسالم، باستثناء **صموئيل آدمز وجون هانكوك**، اللذين ارتكبا جرائم شنيعة لا تقبل إلا العقاب المناسب".

وكما يُقال، بلغة العصر، كان آدمز وهانكوك في موقف لا يُحسدان عليه! أجبر تهديد الحاكم الغاضب الرجلين على اتخاذ قرار آخر لا يقل خطورة. فدعوا على عجل إلى اجتماع سري لأشدّ أنصارهم حماسةً (وهنا بدأت قوة التفكير الجماعي تكتسب زخمًا). بعد أن فُرض الاجتماع، أغلق آدامز الباب، ووضع المفتاح في جيبه، وأبلغ جميع الحاضرين بضرورة تنظيم مؤتمر للمستعمرين، وأنه **لا يجوز لأحد مغادرة الغرفة حتى يتم اتخاذ قرار بعقد هذا المؤتمر.**

أعقب ذلك اضطرابٌ شديد. فبعضهم أخذ يوازن العواقب المحتملة لمثل هذا التوجه الجذري (الخوف العتيق). وآخرون عبّروا عن شكوكٍ عميقة حيال حكمة اتخاذ قرارٍ حاسم بهذا القدر في تحدٍّ مباشر للتاج.

غير أن في تلك الغرفة كان هناك **رجلان اثنان** محصَّنان ضد الخوف، عميان عن احتمال الفشل: هانكوك وآدامز. وبقوة تأثير عقولِهما، أُقنع الآخرون بأن تُتَّخذ —عبر لجنة المراسلات— الترتيبات اللازمة لعقد اجتماع المؤتمر القاري الأول، والمقرر انعقاده في فيلادلفيا في الخامس من سبتمبر عام 1774.

احفظ هذا التاريخ في ذاكرتك؛ فهو أعظم شأنًا من الرابع من يوليو 1776. فلو لم يُتَّخذ **القرار** الحاسم بعقد المؤتمر القاري، لما وُجد أصلًا ما يُعرف بـ توقيع إعلان الاستقلال.

قبل الاجتماع الأول للمؤتمر الجديد، كان زعيم آخر، في منطقة أخرى من البلاد، منهمكًا في نشر "موجز حقوق أمريكا البريطانية". كان هذا الزعيم هو توماس جيفرسون، من ولاية فرجينيا، الذي كانت علاقته باللورد دنمور (ممثل التاج في فرجينيا) متوترة كعلاقة هانكوك وآدامز بحاكمهم.

بعد وقتٍ قصير من نشر ملخّصه الشهير للحقوق، أُبلِغ جيفرسون بأنه عرضة للملاحقة بتهمة الخيانة العظمى ضد حكومة جلالة الملك. وإذ استُلهم هذا التهديد، عبّر أحد زملاء جيفرسون، باتريك هنري، عن رأيه بجرأة، مختتمًا كلمته بعبارةٍ ستظل خالدة إلى الأبد: *"إن كان هذا خيانة، فليُصنع منها أقصى ما يمكن."*

كان هؤلاء الرجال، بلا سلطة ولا نفوذ ولا قوة عسكرية ولا مال، يجلسون متأملين في مصير المستعمرات، بدءًا من افتتاح

المؤتمر القاري الأول، واستمروا على فترات متقطعة لمدة عامين، حتى نهض ريتشارد هنري لي في 7 يونيو 1776، وخاطب رئيس الجلسة، وقدّم أمام الجمعية المذهولة هذا الاقتراح:

"أيها السادة، أتقدّم باقتراح مفاده أن هذه المستعمرات المتحدة هي، وبحق، ولاياتٌ حرة ومستقلة، وأنها متحللة من الولاء للتاج البريطاني، وأن كل صلة سياسية بينها وبين دولة بريطانيا العظمى هي، ويجب أن تكون، منحلّة تمامًا."

نوقِش اقتراح لي المذهل بحماسة شديدة، وعلى مدى طويل، حتى بدأ صبره ينفد. وأخيرًا، وبعد أيام من الجدل، اعتلى المنبر مرةً أخرى، وأعلن بصوتٍ واضحٍ وحازم:

"سيدي الرئيس، لقد ناقشنا هذه القضية أيامًا متتالية. وهي الطريق الوحيد الذي ينبغي لنا أن نسلكه. فلماذا، إذن يا سيدي، نواصل التأجيل؟ ولماذا نستمر في المداولة؟ فليكن هذا اليوم السعيد مولد جمهورية أميركية. ولتنهض، لا للتدمير والغزو، بل لإعادة ترسيخ سيادة السلام والقانون. إن أنظار أوروبا شاخصة إلينا؛ فهي تطالبنا بمثال حي للحرية يُظهر، في سعادة المواطن، نقيضَ ذلك الاستبداد المتعاظم على الدوام."

وقبل أن يُجرى التصويت النهائي على اقتراحه، استُدعي لي للعودة إلى فرجينيا بسبب مرضٍ خطير ألمَّ بأسرته. غير أنه، وقبل مغادرته، عهد بقضيته إلى صديقه توماس جيفرسون، الذي تعهّد بأن يواصل النضال حتى يتم اتخاذ قرارٍ مؤيد لها. وبعد ذلك بوقتٍ قصير، قام رئيس المؤتمر (هانكوك) بتعيين جيفرسون رئيسًا للجنة مكلّفة بصياغة إعلان الاستقلال.

عملت اللجنة طويلًا وبجهدٍ مضنٍ على وثيقةٍ كان قبولها من قِبل الكونغرس يعني أن **كل رجلٍ يوقّعها إنما يوقّع، فعليًا، حكم الإعدام على نفسه**، إذا ما خسرت المستعمرات الصراع مع بريطانيا العظمى، وهو صراعٌ كان لا بد أن يندلع.

اكتملت صياغة الوثيقة، وفي 28 يونيو قُرئت المسودة الأصلية أمام الكونغرس. وعلى مدى عدة أيام نوقشت، وعُدّلت، وأُعدّت في صورتها النهائية. وفي 4 يوليو 1776، وقف توماس جيفرسون أمام الجمعية، وتلا بشجاعةٍ لا تعرف الخوف أعظم **قرارٍ** كُتب على الورق في تاريخ البشر:

"عندما تفرض مجريات الأحداث الإنسانية على شعبٍ ما أن يحلّ الروابط السياسية التي ربطته بغيره، وأن يتخذ، بين قوى الأرض، مقامًا مستقلًا ومتساويًا، تكفله له قوانين الطبيعة وإله الطبيعة، فإن احترام البشرية يقتضي أن يعلن هذا الشعب الأسباب التي دفعته إلى الانفصال..."

وحين فرغ جيفرسون من القراءة، عُرضت الوثيقة للتصويت، فتم إقرارها، ثم وقّعها ستة وخمسون رجلًا—وكل واحدٍ منهم يضع حياته رهينة لقراره بأن يكتب اسمه. وبهذا القرار وُلدت أمةٌ قُدّر لها أن تهب البشرية، إلى الأبد، حرية اتخاذ **القرار**.

فمن خلال القرارات المتخذة بنفس روح الإيمان—ولا بغيرها—يمكن للإنسان أن يحل مشكلاته الشخصية، ويكسب لنفسه ثروات عظيمة، مادية وروحية على حد سواء. فلنحذر أن ننسى هذا الدرس!

حلّل بعناية الأحداث التي أدّت إلى إعلان الاستقلال، وأدرك جيدًا أن هذه الأمة—التي تحظى بالاحترام والقوة بين كل شعوب العالم—وُلدت من **قرار** حاسم اتخذته مجموعة التفكير الجماعي والتي تألفت من ستة وخمسين رجلًا. ولاحظ أن نجاح جيوش واشنطن كان مضمونًا بفضل ذلك **القرار**، إذ سكنت روحه قلب كل جندي قاتل إلى جانبه، فكانت قوةً روحيةً لا تعرف **الفشل** ولا تعرف الاستسلام.

لاحظ أيضًا—لمنفعتك الشخصية الكبرى—أن **القوة** نفسها التي منحت هذه الأمة حريتها، هي ذاتها **القوة** التي يجب على كل فرد أن يستخدمها ليصبح مستقل الإرادة ومحدد المصير. وهذه القوة تتكوّن من المبادئ الواردة في هذا الكتاب. ولن يصعب عليك أن تكتشف، في قصة إعلان الاستقلال، ما لا يقل عن ستةٍ من هذه المبادئ: **الرغبة، القرار، الإيمان، المثابرة، العقل المدبّر، والتخطيط المنظّم.**

ستجد في هذه الفلسفة إشارة إلى أن الفكر، المدعوم برغبة قوية، يميل إلى التحول إلى نظيره المادي.

والان قبل أن أختتم، أود أن أترك لكم فكرة مفادها أن هذه القصة، وقصة تأسيس شركة يو إس ستيل، تُقدم وصفًا دقيقًا للطريقة التي يُحدث بها الفكر هذا التحول المذهل.

في بحثكم عن سر هذه الطريقة، لا تبحثوا عن معجزة، فلن تجدوها. ستجدون فقط قوانين الطبيعة الأزلية. هذه القوانين متاحة لكل من يملك **الإيمان والشجاعة** لاستخدامها.

القرار

يمكن استخدام هذه المبادئ لمنح الحرية لأمةٍ كاملة، أو لجمع الثروة. ولن تكلفك سوى الوقت اللازم لفهمها وتطبيقها على حياتك.

أولئك الذين يتخذون **القرارات** بسرعة وحسم، يعرفون ما يريدون، وعادةً ما يحصلون عليه. القادة في كل مناحي الحياة يتخذون القرارات بسرعة وحزم. هذا هو السبب الرئيسي لكونهم قادة. اعتاد العالم أن يفسح المجال للرجل الذي تُظهر أقواله وأفعاله أنه يعرف وجهته.

التردد عادة تبدأ عادةً في الصغر. وتترسخ هذه العادة مع تقدم الشاب في مراحل التعليم الابتدائي والثانوي، وحتى الجامعي، دون **وضوح في الهدف**. يكمن الضعف الرئيسي في جميع الأنظمة التعليمية في أنها لا تُعلّم ولا تُشجع عادة اتخاذ **القرارات الحاسمة**.

سيكون من المفيد لو لم تسمح أي جامعة بتسجيل أي طالب إلا بعد أن يُعلن الطالب عن هدفه الرئيسي من الالتحاق بها. سيكون من المفيد أكثر لو أُجبر كل طالب يلتحق بالمدارس النظامية على تلقي تدريب في **عادة اتخاذ القرار**، واجتياز امتحان مُرضٍ في هذا الموضوع قبل السماح له بالانتقال إلى صفوف أعلى.

إن عادة **التردد**، المكتسبة بسبب قصور أنظمتنا التعليمية، ترافق الطالب إلى المهنة التي يختارها... إن اختارها أصلاً. عموماً، يسعى الشاب حديث التخرج إلى أي وظيفة يجدها.

يقبل بأول وظيفة يجدها، لأنه وقع في عادة **التردد**. ثمانية وتسعون من كل مئة شخص يعملون بأجر اليوم، يشغلون مناصبهم الحالية لافتقارهم إلى حسم **القرار اللازم لتخطيط وظيفة محددة**، ومعرفة كيفية اختيار جهة العمل.

حسم القرار يتطلب دائماً شجاعة، وأحياناً شجاعة عظيمة. لقد خاطر الرجال الستة والخمسون الذين وقعوا على إعلان الاستقلال بحياتهم من أجل **قرارهم** بالتوقيع على تلك الوثيقة. أما الشخص الذي يتخذ **قرارًا حاسمًا** بالحصول على وظيفة معينة، ويجعل حياته ثمنًا لذلك، فهو لا يخاطر بحياته من أجل هذا القرار فحسب، بل يخاطر **بحريته الاقتصادية**. فالاستقلال المالي والثروة والمناصب التجارية والمهنية المرموقة ليست في متناول من يهمل أو يرفض أن **يتوقع ويخطط ويطالب** بهذه الأمور. أما من يرغب في الثروة بنفس الروح التي رغب بها صموئيل آدامز في حرية المستعمرات، فمن المؤكد أنه سيجمع ثروة.

في فصل "التخطيط المنظم"، ستجد تعليمات كاملة لتسويق جميع أنواع الخدمات الشخصية. ستجد أيضًا معلومات مفصلة حول كيفية اختيار صاحب العمل الذي تفضله، والوظيفة التي ترغب بها. لن تكون هذه التعليمات ذات قيمة لك **ما لم تقرر بشكل قاطع** تنظيمها في خطة عمل.

الفصل التاسع

المثابرة

الجهد المستمر الذي يغذّي الإيمان

الخطوة الثامنة نحو جمع الثروة

تُعتبر **المثابرة** حجر الزاوية في عملية تحويل **الرغبة** إلى مكافئها المالي الملموس. وقوة **الإرادة** هي الوقود الحقيقي الذي يمنح المثابرة القدرة على الصمود والاستمرار بلا كلل.

تشكّل **قوة الإرادة والرغبة**، عند اجتماعهما بشكل صحيح، ثنائيًا لا يُقاوم. يُعرف الرجال الذين يجمعون ثروات طائلة عمومًا ببرود أعصابهم، وأحيانًا بقسوتهم. غالبًا ما يُساء فهمهم. ما يملكونه هو قوة إرادة، يمزجونها بالمثابرة، ويضعونها في المرتبة الثانية بعد رغباتهم لضمان تحقيق أهدافهم.

لطالما أُسيء فهم هنري فورد على أنه قاسٍ وبارد الأعصاب. نشأ هذا المفهوم الخاطئ من عادة فورد في إتمام جميع خططه **بمثابرة**.

معظم الناس على استعداد للتخلي عن أهدافهم وغاياتهم، والاستسلام عند أول عقبة أو محنة. أما القلة، فتثابر رغم كل الصعاب حتى تحقق غايتها. هؤلاء القلة هم أمثال فورد، وكارنيجي، وروكفلر، وإديسون.

قد لا يحمل مصطلح "المثابرة" دلالة بطولية، لكن هذه الصفة تُعدّ جوهر الإنسان كالكربون للفولاذ.

بناء الثروة، عمومًا، يتطلب تطبيق جميع العوامل الثلاثة عشر لهذه الفلسفة.

يجب فهم هذه المبادئ، وتطبيقها **بمثابرة** من قِبل كل من يسعى لجمع المال.

إذا كنت تقرأ هذا الكتاب بنية تطبيق المعرفة التي يقدمها، فسيكون أول اختبار **لمثابرتك** عند البدء باتباع الخطوات الست الموضحة في الفصل الثاني. ما لم تكن من بين اثنين من كل مئة شخص ممن لديهم **هدف محدد** يسعون إليه، و**خطة واضحة** لتحقيقه، فقد تقرأ التعليمات، ثم تمضي في روتينك اليومي، دون أن تلتزم بها.

يختبرك الكاتب هنا، لأن قلة المثابرة من أهم أسباب الفشل. علاوة على ذلك، أثبتت التجارب مع آلاف الأشخاص أن قلة المثابرة نقطة ضعف شائعة لدى معظم الناس، وهي نقطة ضعف يمكن التغلب عليها بالجهد. وتعتمد سهولة التغلب على قلة المثابرة *كليًا* على **قوة رغبتك.**

إن نقطة انطلاق كل إنجاز هي الرغبة. تذكر هذا دائمًا. فالرغبات الضعيفة تُنتج نتائج ضعيفة، تمامًا كما أن القليل من النار يُنتج القليل من الحرارة. إذا وجدت نفسك تفتقر إلى المثابرة، فيمكنك معالجة هذا الضعف **بتعزيز رغبتك.**

تابع القراءة حتى النهاية، ثم ارجع إلى الفصل الثاني، وابدأ *فورًا* بتنفيذ التعليمات الواردة في الخطوات الست. ستُظهر لك مدى حماسك في اتباع هذه التعليمات بوضوح مدى **رغبتك الحقيقية** في جمع المال، سواءً كان ذلك كثيرًا أم قليلًا.

المثابرة

إذا وجدت نفسك لا مباليًا، فاعلم بالتأكيد أنك لم تكتسب بعد "وعي المال" الذي يجب أن تمتلكه قبل أن تضمن قدرتك على تجميع ثروة.

تنجذب الثروات إلى من هيّأوا عقولهم لجذبها، تمامًا كما ينجذب الماء إلى المحيط. ستجد في هذا الكتاب كل المحفزات اللازمة لضبط أي عقل سليم على الترددات التي تجذب ما يرغب فيه المرء.

إذا وجدت نفسك ضعيفًا في **المثابرة**، فركّز انتباهك على التعليمات الواردة في فصل "القوة"؛ أحط نفسك بمجموعة من "**العقول المبدعة**"، ومن خلال الجهود التعاونية لأعضاء هذه المجموعة، يمكنك تنمية المثابرة. ستجد تعليمات إضافية لتنمية المثابرة في فصلي الإيحاء الذاتي والعقل الباطن. اتبع التعليمات الواردة في هذه الفصول حتى تُرسّخ طبيعتك في عقلك الباطن صورةً واضحةً **لهدفك المنشود**. من تلك اللحظة، لن يعيقك نقص المثابرة.

يعمل عقلك الباطن باستمرار، سواء كنت مستيقظًا أو نائمًا.

إن الجهد المتقطع أو العرضي لتطبيق القواعد لن يحقق لك أي **نتيجة**. للحصول على نتائج حقيقية، يجب أن تطبق جميع القواعد باستمرار حتى تصبح عادة ثابتة لديك. فلا سبيل آخر لتطوير وعي المال الضروري.

فكّر وازدد ثراءً

يتجه **الفقر** نحو عقلٍ مستعد لاستقباله، تمامًا كما يجذب المال ذهنًا مجهّزًا خصيصًا لاستقطابه، وفق نفس القوانين الطبيعية. **إن وعي الفقر يقتحم العقل طواعيةً حين يكون وعي المال غائبًا أو غير مُنشَط.** فهو يتكوّن دون أي جهد واعٍ من الشخص. أما وعي المال، فلا بد من صنعه بعناية وتنميته عمدًا، إلا إذا وُلد المرء وهو يحمل هذا الوعي في طبيعته.

استوعب المعنى الكامل لما ورد في الفقرة السابقة، وستدرك أهمية **المثابرة** في تكوين الثروة. فبدون **المثابرة**، ستُهزم حتى قبل أن تبدأ. أما **بالمثابرة**، فستنتصر.

إذا سبق لك أن عانيت من كابوس شديد، فسوف تدرك قيمة المثابرة. تكون مستلقيًا في الفراش، نصف مستيقظ، وتشعر وكأنك على وشك الاختناق. لا تستطيع أن تتحرك أو تقلب جسدك، ولا حتى تحريك عضلة واحدة. تدرك أنك **لابد أن تبدأ** في استعادة السيطرة على عضلاتك.

وبفضل جهد إرادة مستمر ومثابر، تتمكن أخيرًا من تحريك أصابع يد واحدة. وبالاستمرار في تحريك الأصابع، تمتد السيطرة إلى عضلات الذراع بالكامل، حتى تتمكن من رفعه. ثم تسيطر بنفس الطريقة على الذراع الأخرى. بعد ذلك، تستعيد السيطرة على عضلات ساق واحدة، ثم تمتد إلى الأخرى.

وأخيرًا—**بجهد إرادة مطلق وسامي**—تستعيد السيطرة الكاملة على نظامك العضلي، وتخرج من الكابوس فجأة. كل خطوة في هذا الانتصار كانت نتيجة جهد متواصل ومتدرّج، خطوة بخطوة.

المثابرة

قد تجد نفسك مضطرًا للتخلص من خمولك الذهني، باتباع أسلوب مشابه، بالتحرك ببطء في البداية، ثم زيادة سرعتك تدريجيًا، حتى تسيطر تمامًا على إرادتك. كن **مثابرًا** مهما كانت خطواتك بطيئة في البداية. **بالمثابرة يأتي النجاح.**

إذا اخترت مجموعة "التفكير الجماعي" بعناية، فسيكون بين أعضائها شخص واحد على الأقل يساعدك في تنمية **المثابرة**. بعض الرجال الذين جمعوا ثروات طائلة، فعلوا ذلك بدافع **الضرورة**. لقد طوروا عادة **المثابرة**، لأن الظروف كانت تدفعهم بقوة، ما اضطرهم إلى أن يكونوا مثابرين.

لا بديل عن المثابرة! لا يمكن استبدالها بأي صفة أخرى! تذكر هذا، وسيشجعك في البداية، عندما يبدو الطريق صعبًا وبطيئًا.

يبدو أن من غرسوا **عادة المثابرة** يتمتعون بحماية من الفشل. فمهما كثرت هزائمهم، يصلون في النهاية إلى قمة النجاح. أحيانًا يبدو هناك مرشدًا خفيًا مهمته اختبار الرجال عبر شتى أنواع التجارب المحبطة. من ينهض بعد الهزيمة ويواصل المحاولة، يصل إلى مبتغاه، فيهتف العالم: "أحسنت! كنت أعلم أنك قادر على ذلك!". لا يسمح هذا المرشد الخفي لأحد بتحقيق إنجاز عظيم دون اجتياز **اختبار المثابرة**. من لا يستطيع خوضه، ببساطة لن يرتقي إلى المستوى المطلوب.

من يستطيع خوض الاختبار يُكافأ بسخاء على **مثابرته**. ينال، كمكافأة، أي هدف يسعى إليه. ليس هذا فحسب! بل ينال ما هو أهم بكثير من المكافأة المادية، ألا وهو إدراك أن "**كل فشل يحمل في طياته بذرة ميزة مماثلة**".

هناك استثناءات لهذه القاعدة؛ قلةٌ من الناس يدركون من واقع التجربة قيمة المثابرة. هؤلاء هم الذين لم يستسلموا للهزيمة، بل اعتبروها هزيمةً مؤقتة. هؤلاء هم الذين **يطبقون رغباتهم بإصرارٍ شديد** حتى تتحول الهزيمة في النهاية إلى نصر. نحن الذين نقف على هامش الحياة نرى الغالبية العظمى ممن يسقطون في الهزيمة، ولا ينهضون بعدها. ونرى القلة الذين يتخذون من عقاب الهزيمة *حافزًا لبذل المزيد من الجهد*. هؤلاء، لحسن الحظ، لا يتعلمون أبدًا قبول تقلبات الحياة. لكن **ما لا نراه**، وما لا يخطر ببال معظمنا وجوده، هو تلك **القوة** الصامتة التي لا تُقهر، والتي تأتي لنجدة أولئك الذين يواصلون الكفاح في وجه الإحباط. إذا تحدثنا عن هذه القوة، فإننا نسميها **المثابرة**، ونكتفي بذلك. شيء واحد نعرفه جميعًا، وهو أنه إذا لم يمتلك المرء **المثابرة**، فلن يحقق نجاحًا يُذكر في أي مجال.

بينما أكتب هذه السطور، أرفع نظري عن عملي، فأرى أمامي، على بعد أقل من مبنى واحد، "برودواي" الغامضة العظيمة، و"مقبرة الآمال الميتة"، و"شرفة الفرص الأمامية".

المثابرة

من جميع أنحاء العالم، توافد الناس إلى برودواي، باحثين عن الشهرة، والثروة، والسلطة، والحب، أو أيًا كان ما يسميه البشر نجاحًا. بين الحين والآخر، يبرز أحدهم من بين جموع الباحثين، فيسمع العالم أن شخصًا آخر قد أتقن فن النجاح في برودواي. لكن برودواي لا تُقهر بسهولة ولا بسرعة. فهي تُقدّر الموهبة، وتُدرك العبقرية، وتُكافئ بالمال، فقط بعد أن يرفض المرء **الاستسلام**.

حينها نعلم أنه قد اكتشف سرّ النجاح في برودواي. السرّ دائمًا ما يرتبط ارتباطًا وثيقًا بكلمة واحدة: **المثابرة!**

يكمن السر في كفاح فاني هيرست، التي استطاعت **بمثابرتها** الفائقة أن تتربع على ساحة "ذا غريت وايت واي". وصلت نيويورك عام 1915، بهدف تحويل قلمها وكلماتها إلى ثروة. لم يحدث هذا التحول بين ليلة وضحاها، لكنّ الصبر والمثابرة **حققا النتيجة في النهاية.**

على مدى أربع سنوات، عاشت الآنسة هيرست تجربة "أرصفة نيويورك" عن قرب، فكانت أيامها تعبًا وشقًّا، ولياليها **أملًا** وترقبًا. وعندما خفت وهج الأمل، لم تنهزم قائلة: "حسنًا، يا برودواي، لقد غلبتني!" بل تحدّت بشجاعة:

"حسنًا، يا برودواي، يمكنك أن تهزّ البعض، لكن لن تهزّني أنا. سأجبرك على الاستسلام."

أرسلت لها إحدى دور النشر (مجلة ساترداي إيفنينغ بوست) *ست وثلاثون* رسالة رفض قبل أن يوافق أحدهم أخيرًا على نشر قصتها. الكاتب العادي، مثل أي شخص عادي في مجالات الحياة الأخرى، كان سيستسلم ويترك المحاولة عند أول رفض. أما هي، فقد استمرت أربع سنوات كاملة في المحاولة والعمل رغم كل "لا" من الناشرين، لأنها كانت مصممة على النجاح وعدم الاستسلام.

ثم جاءت اللحظة المثمرة. لقد تم كسر الحاجز، واختبر المرشد الخفي فاني هيرست، وكانت مستعدة تمامًا لتحمل التحدي وجني ثمار صبرها.

فكّر وازدد ثراءً

منذ ذلك الحين، توافد الناشرون إليها بكثرة. تدفقت الأموال عليها بغزارة لدرجة أنها لم تكد تجد وقتًا لعدّها. ثم اكتشفها منتجو الأفلام، فتدفقت الأموال عليها بغزارة. حققت حقوق الفيلم المقتبس من روايتها الأخيرة، "ضحكة عظيمة"، مبلغ 100 ألف دولار، وهو أعلى سعر دُفع على الإطلاق لقصة قبل نشرها. ومن المرجح أن تتجاوز عوائدها من بيع الكتاب هذا المبلغ بكثير.

باختصار، هذا وصف لما يمكن أن يحققه **الإصرار**. فاني هيرست ليست استثناءً. أينما جمع الرجال والنساء ثروات طائلة، فمن المؤكد أنهم اكتسبوا **الإصرار** أولًا. برودواي تُقدم لكل محتاج فنجان قهوة وشطيرة، لكنها تتطلب **الإصرار** من أولئك الذين يسعون وراء النجاحات الكبيرة.

ستقول كيت سميث "آمين" عند قراءة هذا. فقد غنّت لسنوات دون أجر ودون مقابل، أمام أي ميكروفون يمكنها الوصول إليه. وقال لها برودواي: "تعالي وخذي ما تستطيعين، إن استطعتِ". وقد أخذت، حتى جاء يومٌ سعيد تعب فيه برودواي، وقال: "ما الفائدة؟ أنتِ لا تعرفين متى تنهزمين، فاذكري سعرك، واعملي بجدية".

وقد ذكرت الآنسة سميث سعرها! وكان كثيرًا جدًا، أرقامًا شاهقة تجعل راتب أسبوع واحد يفوق ما يحققه معظم الناس في سنة كاملة.

حقًا، **المثابرة تُؤتي ثمارها!**

وإليكم عبارةٌ مُشجّعةٌ تحمل في طياتها دلالةً بالغة الأهمية: آلاف المغنين الذين يتفوقون على كيت سميث يجوبون برودواي بحثًا عن "فرصة" - دون جدوى.

المثابرة

لقد أتى ورحل عدد لا يُحصى من الناس، وكثير منهم غنوا بشكل جيد، لكنهم لم ينجحوا لأنهم افتقروا إلى الشجاعة للمثابرة، حتى ملّت برودواي من رفضهم.

المثابرة حالة ذهنية، ولذلك يمكن تنميتها. وكجميع الحالات الذهنية، تستند المثابرة إلى أسباب محددة، من بينها:

أ. **وضوح الهدف:** معرفة ما يريده المرء هي الخطوة الأولى، وربما الأهم، نحو تنمية المثابرة. فالدافع القوي يدفع المرء إلى التغلب على العديد من الصعوبات.

ب. **الرغبة:** من السهل نسبيًا اكتساب المثابرة والحفاظ عليها في السعي وراء ما يرغب فيه المرء بشدة.

ج. **الاعتماد على الذات:** الإيمان بقدرة المرء على تنفيذ خطة ما يشجعه على متابعتها بإصرار. (يمكن تنمية الاعتماد على الذات من خلال المبدأ الموصوف في فصل الإيحاء الذاتي).

د. **وضوح الخطط.** تُشجع الخطط المنظمة، حتى وإن كانت ضعيفة وغير عملية تمامًا، على المثابرة.

هـ **المعرفة الدقيقة.** إن معرفة المرء بصحة خططه، استنادًا إلى الخبرة أو الملاحظة، تُشجع على المثابرة؛ أما "التخمين" بدلًا من "المعرفة" فيُقضي على المثابرة.

و. **التعاون.** يُسهم التعاطف والتفاهم والتعاون المتناغم مع الآخرين في تنمية المثابرة.

ز. **قوة الإرادة.** إن عادة تركيز المرء لأفكاره على وضع خطط لتحقيق هدف محدد، تُؤدي إلى المثابرة.

ح. **العادة.** المثابرة هي النتيجة المباشرة للعادة. يستوعب العقل التجارب اليومية التي يتغذى عليها ويصبح جزءًا منها. يُمكن التغلب على الخوف، وهو أشد الأعداء فتكًا، بفعالية من خلال *التكرار الملحّ لأعمال الشجاعة*. كل من خاض غمار الحرب يُدرك ذلك.

العقل يستوعب التجارب اليومية التي يتغذى عليها ويُصبح جزءًا منها. قبل الانتقال إلى موضوع **المثابرة**، قيّم نفسك، وحدد أي جانب، إن وُجد، ينقصك في هذه الصفة الأساسية. قيّم نفسك بشجاعة، نقطة بنقطة، وانظر كم من عوامل المثابرة الثمانية ينقصك. قد يقودك هذا التحليل إلى اكتشافات تُعيد إليك ثقتك بنفسك.

أعراض نقص المثابرة

هنا ستجد الأعداء الحقيقيين الذين يقفون بينك وبين الإنجازات الجديرة بالثناء. هنا لن تجد فقط "الأعراض" التي تدل على ضعف المثابرة، بل ستجد أيضًا الأسباب الكامنة في اللاوعي لهذا الضعف. ادرس القائمة بعناية، وواجه نفسك بصدق **إذا كنت ترغب حقًا في معرفة من أنت، وما هي قدراتك.** هذه هي نقاط الضعف التي يجب على كل من يسعى إلى تحقيق النجاح التغلب عليها.

المثابرة

1. عدم القدرة على إدراك وتحديد ما يريده المرء بدقة.

2. التسويف، سواء كان له سبب أم لا. (عادةً ما يكون مدعومًا بمجموعة كبيرة من الأعذار والحجج).

3. عدم الاهتمام باكتساب المعرفة المتخصصة.

4. التردد، عادة التهرب من المسؤولية في كل مرة، بدلًا من مواجهة المشكلات بشجاعة. (مدعوم أيضًا بالأعذار).

5. عادة الاعتماد على الأعذار بدلًا من وضع خطط محددة لحل المشكلات.

6. الرضا عن النفس. لا يوجد علاج يُذكر لهذه الآفة، ولا أمل لمن يعاني منها.

7. اللامبالاة، وغالبًا ما تظهر في استعداد الشخص الدائم للتنازل في كل موقف، بدلًا من مواجهة المعارضة والوقوف لها والدفاع عن موقفه.

8. عادة إلقاء اللوم على الآخرين في أخطاء المرء، وقبول الظروف غير المواتية على أنها أمر لا مفر منه.

9. **ضعف الرغبة**، نتيجة إهمال اختيار **الدوافع** التي تحفز العمل.

10. الاستعداد، بل والرغبة الشديدة، في الاستسلام عند أول بادرة للهزيمة. (بناءً على واحد أو أكثر من المخاوف الستة الأساسية).

11. غياب **الخطط المنظمة**، المكتوبة حيث يمكن تحليلها.

12. عادة إهمال تطوير الأفكار، أو اغتنام الفرص عند ظهورها.

13. **التمني بدلًا من الإرادة.**

14. عادة الرضا **بالفقر** بدلًا من السعي نحو الثراء. غياب عام للطموح *في الوجود، والعمل، والتملك.*

15. البحث عن جميع الطرق المختصرة للثراء، ومحاولة **الحصول عليها** دون **تقديم** مقابل عادل، ويتجلى ذلك عادةً في عادة المقامرة، والسعي وراء صفقات رابحة.

16. **الخوف من النقد،** أي العجز عن وضع الخطط وتنفيذها، خوفًا مما قد يفكر فيه الآخرون أو يفعلونه أو يقولونه. هذا العدو يتصدر القائمة، لأنه غالبًا ما يكمن في اللاوعي، حيث لا يُدرك وجوده. (انظر المخاوف الستة الأساسية في فصل لاحق).

دعونا نتفحص بعض أعراض الخوف من النقد. يسمح معظم الناس لأقاربهم وأصدقائهم وعامة الناس بالتأثير عليهم لدرجة أنهم لا يستطيعون عيش حياتهم كما يحلو لهم، خوفًا من النقد.

يرتكب عدد كبير من الناس أخطاءً في الزواج، ويلتزمون بالاتفاق، ويعيشون حياة بائسة وغير سعيدة، خوفًا من النقد الذي قد يترتب على تصحيح الخطأ. (كل من استسلم لهذا النوع من الخوف يعرف الضرر الذي لا يُمكن إصلاحه، فهو يُدمر الطموح والاعتماد على الذات والرغبة في الإنجاز).

يُهمل ملايين الناس تحصيل التعليم المتأخر، بعد تركهم المدرسة، خوفًا من النقد.

المثابرة

يسمح عدد لا يُحصى من الرجال والنساء، صغارًا وكبارًا، لأقاربهم بتدمير حياتهم باسم **الواجب**، خوفًا من النقد. لا يُلزم الواجب أي شخص بالتنازل عن طموحاته الشخصية وحقه في عيش حياته كما يشاء

يمتنع الناس عن خوض غمار الأعمال التجارية، خوفًا من النقد الذي قد يترتب على فشلهم. في مثل هذه الحالات، يكون الخوف من النقد أقوى من **الرغبة** *في النجاح.*

يرفض الكثيرون وضع أهداف سامية لأنفسهم، أو حتى يهملون اختيار مسارهم المهني، خوفًا من نقد الأقارب و"الأصدقاء" الذين قد يقولون: "لا تطمح عاليًا، سيظن الناس أنك مجنون".

عندما اقترح أندرو كارنيجي أن أكرس عشرين عامًا لوضع فلسفة للإنجاز الفردي، كان أول ما تبادر إلى ذهني هو الخوف مما قد يقوله الناس. وضع هذا الاقتراح لي هدفًا يفوق بكثير أي هدف سبق لي أن وضعته لنفسي. بسرعة البرق، بدأ عقلي يختلق الأعذار والحجج، وكلها تنبع من **الخوف المتأصل من النقد**. شيء ما في داخلي قال: "لا يمكنك فعل ذلك – العمل ضخم جدًا، ويتطلب الكثير من الوقت – ماذا سيظن بك أقاربك؟ - كيف ستكسب عيشك؟ - لم يسبق لأحد أن وضع فلسفة للنجاح، فما حقك في الاعتقاد بأنك قادر على فعل ذلك؟ - من أنت أصلاً لتطمح إلى هذا الحد؟ - تذكر أصلك المتواضع – ما الذي تعرفه عن الفلسفة؟

سيظن الناس أنك مجنون (وقد ظنوا ذلك بالفعل) – لماذا لم يفعلها أحد من قبل؟"

فكّر وازدد ثراءً

هذه الأسئلة، وغيرها الكثير، خطرت ببالي فجأة، وألحّت عليّ. بدا وكأن العالم بأسره قد وجّه أنظاره نحوي ليسخر مني ويدفعني للتخلي عن أي رغبة في تنفيذ اقتراح السيد كارنيجي.

كانت لديّ فرصة ذهبية، حينها، لأقضي على الطموح قبل أن يستحوذ عليّ. لاحقًا، وبعد تحليل آلاف الأشخاص، اكتشفت أن **معظم الأفكار تولد ميتة، وتحتاج إلى نفخة الحياة من خلال خطط محددة**

للتنفيذ الفوري. الوقت الأمثل لرعاية الفكرة هو لحظة ولادتها. كل دقيقة تمر بها تزيد من فرص بقائها. **الخوف من النقد هو السبب الرئيسي** وراء فشل معظم الأفكار التي لا تصل أبدًا إلى مرحلة **التخطيط والتنفيذ.**

يعتقد كثير من الناس أن النجاح المادي هو نتيجة "فرص" مواتية. هناك بعض المبررات لهذا الاعتقاد، لكن أولئك الذين يعتمدون كليًا على الحظ، غالبًا ما يُصابون بخيبة أمل، لأنهم يغفلون عاملًا مهمًا آخر لا بد من توافره قبل أن يضمن المرء النجاح. ألا وهو المعرفة التي تُمكن من استغلال الفرص المواتية بالشكل الأمثل.

خلال فترة الكساد الكبير، خسر الممثل الكوميدي دبليو سي فيلدز كل أمواله، ووجد نفسه بلا دخل ولا وظيفة، ولم يعد مصدر رزقه (المسرحيات الهزلية) موجودًا. علاوة على ذلك، كان قد تجاوز الستين من عمره، وهو سن يعتبر فيه كثير من الرجال أنفسهم "كبارًا في السن". كان متلهفًا للعودة إلى الساحة الفنية لدرجة أنه عرض العمل بدون أجر في مجال جديد (السينما). إضافة إلى مشاكله الأخرى، سقط وأصيب في رقبته. بالنسبة للكثيرين، كان هذا هو الوقت المناسب للاستسلام والانسحاب. لكن فيلدز

المثابرة

كان **مثابرًا**. كان يعلم أنه إذا واصل العمل، فسيحصل على الفرص عاجلًا أم آجلًا، وقد حصل عليها بالفعل، ولكن ليس من قبيل الصدفة.

وجدت ماري دريسلر نفسها في حالة يرثى لها، بلا مال ولا عمل، في الستين من عمرها تقريبًا. هي الأخرى سعت وراء الفرص، ونجحت. **مثابرتها** أثمرت نجاحًا باهرًا في أواخر حياتها، بعد أن تجاوزت السن التي يتوقف فيها معظم الرجال والنساء عن الطموح.

خسر إيدي كانتور أمواله في انهيار سوق الأسهم عام 1929، لكنه ظلّ يتمتع بالمثابرة والشجاعة. وبهاتين الصفتين، بالإضافة إلى بصره الثاقب، استطاع أن يكسب 10000 دولار أسبوعيًا! حقًا، إذا تحلى المرء **بالمثابرة**، فبإمكانه أن يعيش حياة كريمة دون الحاجة إلى العديد من الصفات الأخرى.

الفرصة الوحيدة التي يمكن لأي شخص الاعتماد عليها هي تلك التي يصنعها بنفسه. وتأتي هذه الفرص من خلال تطبيق **المثابرة**. نقطة البداية هي **وضوح الهدف.**

تأمل في أول مئة شخص تقابلهم، واسألهم عما يتمنونه في الحياة، ولن يستطيع 98 منهم الإجابة. إذا ضغطت عليهم للحصول على إجابة، سيقول البعض: **الأمان**، وسيقول الكثيرون: **المال**، وسيقول قليلون: **السعادة**، وسيقول آخرون: **الشهرة والسلطة**، وسيقول غيرهم: **التقدير الاجتماعي**، وراحة العيش، والقدرة على الغناء أو الرقص أو الكتابة، لكن لن يستطيع أي منهم تعريف هذه المصطلحات، أو تقديم أدنى إشارة إلى **خطة** يأملون من خلالها تحقيق هذه الرغبات المبهمة. فالثروة لا تستجيب للرغبات، بل تستجيب فقط للخطط المحددة، المدعومة برغبات محددة، من خلال **المثابرة** الدائمة.

كيفية تنمية المثابرة

هناك أربع خطوات بسيطة تؤدي إلى عادة المثابرة. لا تتطلب هذه الخطوات قدرًا كبيرًا من الذكاء، ولا قدرًا كبيرًا من التعليم، ولا تتطلب سوى القليل من الوقت أو الجهد. الخطوات الضرورية هي:

1. **هدف محدد مدعوم برغبة ملحة في تحقيقه.**
2. **خطة محددة، تُترجم إلى عمل متواصل.**
3. **عقل منغلق تمامًا على كل المؤثرات السلبية والمثبطة، بما في** ذلك اقتراحات الأقارب والأصدقاء والمعارف.
4. **تحالف ودي مع شخص أو أكثر يشجعون على المضي قدمًا في تنفيذ الخطة وتحقيق الهدف.**

هذه الخطوات الأربع أساسية للنجاح في جميع مجالات الحياة. والهدف من المبادئ الثلاثة عشر لهذه الفلسفة هو تمكين المرء من اتخاذ هذه الخطوات الأربع *كعادة.*

هذه هي الخطوات التي يمكن من خلالها التحكم في مصير المرء الاقتصادي.

هي الخطوات التي تُفضي إلى الحرية واستقلال الفكر.

وهي الخطوات التي تُفضي إلى الثراء، سواء كان قليلاً أم كثيراً.

وهي الطريق إلى السلطة والشهرة والتقدير الدنيوي.

المثابرة

إنها الخطوات الأربع التي تضمن "الفرص" المواتية.

وهي الخطوات التي تحوّل الأحلام إلى حقائق مادية.

كما أنها تقود إلى السيطرة على **الخوف والإحباط واللامبالاة.**

وهناك مكافأة عظيمة لكل من يتعلّم كيف يخطو هذه الخطوات الأربع.
إنها امتياز كتابة المرء لتذكرته بيده، وجعل الحياة تمنحه أي ثمن يطلبه.

لا أملك وسيلة لمعرفة الحقائق على وجه اليقين، لكنني أجرؤ على الافتراض بأن حب السيدة والِس سمبسون العظيم لرجل لم يكن مصادفة، ولا نتيجة "فرص" مواتية وحدها. كان هناك توقٌ متقد، وبحثٌ دؤوب في كل خطوة على الطريق. كانت أولى واجباتها أن تُحب. ما أعظم هذا الشيء الموجود على وجه الأرض؟ لقد سمّاه المعلّم "الحب"—لا القواعد المصطنعة، ولا النقد، ولا المرارة، ولا التشهير، ولا "الزيجات" السياسية، بل الحب.

كانت تعرف ما تريد، لا بعد أن التقت أمير ويلز، بل قبل ذلك بزمن طويل. ومرتين، حين أخفقت في العثور عليه، امتلكت الشجاعة لمواصلة بحثها. "كن صادقًا مع نفسك، ولا بدّ أن يتبع ذلك—كما يتبع الليلُ النهارَ—أنك لن تكون كاذبًا على أي إنسان."

كان صعودها من الغموض بطيئًا، تدريجيًا، **مثابرًا**، لكنه كان **مؤكدًا.** لقد انتصرت على احتمالات طويلة لا تُصدّق؛ ومهما تكن، أو مهما كان رأيك في والِس سمبسون، أو في الملك الذي تخلّى عن تاجه من أجل حبّها، فإنها مثال مدهش على **المثابرة** المطبَّقة، ومعلّمة لقواعد تقرير المصير، يمكن للعالم بأسره أن يستفيد من دروسها.

<h1 style="text-align:center">فكّر وازدد ثراءً</h1>

عندما يخطر ببالك اسم والِس سمبسون، فتذكّر امرأةً عرفت تمامًا ما تريد، وهزّت أعظم إمبراطورية عرفها العالم لتنال مرادها. إن النساء اللواتي يردّدن أن هذا عالمٌ يهيمن عليه الرجال، وأن الفرص فيه غير متكافئة للنساء، مدعوات إلى تأمّل سيرة هذه المرأة الفريدة بعمق؛ فهي، وفي عمرٍ تراه كثيرات "متأخرًا"، استطاعت أن تأسر قلب أكثر العزّاب جاذبيةً في العالم كله، وأن تثبت أن الإرادة الواضحة قادرة على إعادة رسم موازين القوة.

وماذا عن الملك إدوارد؟ ما الدرس الذي يمكن أن نتعلّمه من دوره في أعظم دراما شهدها العالم في الأزمنة الحديثة؟ هل دفع ثمنًا باهظًا جدًا لقاء مشاعر المرأة التي اختارها؟

لا شكّ أن أحدًا غيره لا يستطيع إعطاء الجواب الصحيح.

أما نحن الباقون، فلا نملك إلا التخمين. لكن ما نعرفه يقينًا هو أن الملك وُلد دون أن يختار مصيره، وأتى إلى هذا العالم محملاً بثروة عظيمة لم يطلبها. لقد كانت عروض الزواج تنهال عليه بلا توقف؛ فالساسة ورجال الدولة في أنحاء أوروبا يضعون الأرامل والأميرات عند قدميه. وبصفته الابن البكر، ورث تاجًا لم يسعَ إليه، وربما لم يشتهِه. لأكثر من أربعين عامًا، عاش مقيدًا بقيود العرش، عاجزًا عن عيش حياته بطريقته، محرومًا من الخصوصية، إلى أن حمل على عاتقه الواجبات التي فرضت عليه عند اعتلائه العرش، متحديًا قيودًا لم يختَرها.

سيقول بعضهم: "مع كل هذه النِّعَم، كان ينبغي للملك إدوارد أن يجد راحة البال، والقناعة، ومتعة الحياة".

والحقيقة أن وراء كل امتيازات التاج—وكل المال، والشهرة، والقوة التي ورثها الملك إدوارد—كان هناك فراغ لا يملؤه إلا الحب.

المثابرة

كانت أعظم **رغباته** هي الحب. وقبل وقت طويل من لقائه بوالِس سمبسون، لا بدّ أنه كان يشعر بهذه العاطفة الإنسانية العظمى تشدّ أوتار قلبه، وتطرق باب روحه، وتصرخ طلبًا للتعبير.

وحين التقى روحًا توأمًا تصرخ هي الأخرى طلبًا لهذا الامتياز المقدّس في التعبير، تعرّف إليها، وبدون خوف أو اعتذار فتح قلبه ودعاها للدخول. إن جميع مثيري الفضائح في العالم لا يستطيعون تدمير جمال هذه الدراما الدولية، التي وجد فيها شخصان الحب، وامتلكا الشجاعة لمواجهة النقد العلني، والتخلّي عن كل شيء آخر ليمنحاه تعبيره المقدّس.

كان **قرار الملك** إدوارد بالتخلّي عن تاج أقوى إمبراطورية في العالم، من أجل امتياز أن يواصل ما تبقّى من حياته مع المرأة التي اختارها، قرارًا يتطلّب شجاعة حقيقية. وكان لهذا القرار ثمن، لكن من يملك الحق في القول إن الثمن كان باهظًا جدًا؟ بالتأكيد ليس من قال: "من كان منكم بلا خطيئة فليرمِها أولًا بحجر".

وكاقتراح لكل ذي نية سيئة يختار أن يعيب دوق وندسور لأن رغبته كانت **الحب**، ولأنه أعلن حبّه لوالِس سمبسون علنًا وتخلّى عن عرشه من أجلها، يجدر التذكير بأن **الإعلان العلني** لم يكن ضروريًا. فقد كان بوسعه أن يتبع عادة العلاقات السرّية التي سادت في أوروبا لقرون، دون أن يتخلّى عن عرشه أو عن المرأة التي اختارها، ولم يكن ليكون هناك أي **اعتراض من الكنيسة أو العامة.**

لكن هذا الرجل الاستثنائي كان ذا عزيمةٍ أقوى. كان حبه نقيًا، عميقًا وصادقًا. كان يُمثل **الشيء الوحيد** الذي **رغب** فيه بشدة، ولذلك، أخذ ما أراد، ودفع الثمن المطلوب.

لو أن أوروبا حظيت بمزيد من الحكّام ذوي القلوب الإنسانية والصفات النزيهة التي تحلى بها الملك إدوارد السابق، لكان لهذا النصف من الكرة الأرضية، الذي يغلي الآن بالجشع والكراهية والشهوة والتواطؤ السياسي وتهديدات الحرب، **قصةٌ مختلفةٌ و أفضل ترويها**. قصة يسود فيها الحب لا الكراهية.

وبكلمات ستيوارت أوستن وير، نرفع كؤوسنا ونشرب نخب الملك السابق إدوارد ووالِس سمبسون:

"مبارك الرجل الذي يستطيع، من أحلك الأعماق، أن يرى صورة **الحب** المضيئة، وعند رؤيتها يغني، وعند غنائه يقول: "أحلى بكثير من أي ألحان منطوقة هي الأفكار التي أكنّها لك.""

بهذه الكلمات نودّ أن نكرّم الشخصين اللذين، أكثر من أي شخص آخر في العصر الحديث، كانا ضحايا النقد وتعرّضا للإساءة، لأنهما وجدا أعظم كنوز الحياة وامتلكاه.*

معظم العالم سيصفّق لدوق وندسور ووالِس سمبسون، بسبب **مثابرتهما** في البحث حتى وجدا أعظم مكافأة في الحياة. ونحن **جميعًا** يمكننا أن نستفيد من هذه الدروس.
***قرأت السيدة سمبسون هذا التحليل وأقرّت به.*

المثابرة

نحن نقتدي بهم في سعينا لتحقيق ما نصبو إليه في الحياة.

ما هي القوة الغامضة التي تمنح الرجال أصحاب **المثابرة** القدرة على التغلب على أصعب الصعاب؟

وهل تثير صفة **المثابرة** في العقل نشاطًا روحيًا أو ذهنيًا أو كيميائيًا يفتح بوابات القوى الخارقة للطبيعة؟

وهل يلقي الذكاء اللامحدود نفسه في صف الشخص الذي يواصل النضال، بعد أن بدت المعركة خاسرة، والعالم بأسره يقف ضده؟

هذه وغيرها من الأسئلة المشابهة راودتني وأنا أُشاهد رجالًا مثل هنري فورد، الذي بدأ من الصفر، وبنى إمبراطورية صناعية هائلة، ولم يكن لديه سوى **المثابرة**. أو توماس أديسون، الذي أصبح، بعد أقل من ثلاثة أشهر من الدراسة، المخترع الرائد في العالم، وحوّل **المثابرة** إلى آلة ناطقة، وآلة عرض أفلام، ومصباح متوهج، فضلًا عن مئات الاختراعات المفيدة الأخرى.

حظيتُ بشرفٍ عظيمٍ بتحليل شخصيتي السيد إديسون والسيد فورد، عامًا بعد عام، على مدى سنواتٍ طويلة، ما أتاح لي فرصة دراستهما عن كثب. لذا، أتحدث من واقع معرفةٍ حقيقيةٍ حين أقول إنني لم أجد في أيٍّ منهما صفةً سوى **المثابرة**، تُشير ولو من بعيدٍ إلى المصدر الرئيسي لإنجازاتهما الباهرة.

وبالنظر بموضوعيةٍ إلى الأنبياء والفلاسفة وأصحاب المعجزات والقادة الدينيين في الماضي، يتبين لنا حتمًا أن **المثابرة**، وتركيز الجهد، و**وضوح الهدف**، كانت المصادر الرئيسية لإنجازاتهم.

تأمل، على سبيل المثال، القصة الغريبة والمذهلة للنبي محمد؛ استعرض حياته، وقارن بينه وبين رواد الإنجاز في عصرنا الحديث من الصناعة والمال، وستكتشف أن جميعهم يشتركون في صفة بارزة واحدة لا غنى عنها: **المثابرة!**

إذا كنت شغوفًا بفهم القوة الغامضة التي تمنح **المثابرة** هذه القدرة الهائلة، فاقرأ سيرة النبي محمد، وبالأخص النسخة التي كتبها أسعد بك. ستمنحك هذه المراجعة الموجزة للكتاب، التي أعدّها توماس سوجرو في صحيفة هيرالد تربييون، لمحة عن المتعة الفريدة التي تنتظر أي قارئ يغوص في القصة الكاملة، وهي واحدة من أروع الأمثلة المعروفة في التاريخ على قوة **المثابرة** وتأثيرها الاستثنائي على مسار الحضارة.

آخر الأنبياء العظام
مراجعة بقلم توماس سوغرو

"كان محمد نبيًا، لكنه لم يقم بأي معجزة. لم يكن صوفيًا، ولم يتلقَّ تعليمًا رسميًا، ولم يبدأ رسالته إلا بعد بلوغه سن الأربعين. عندما أعلن أنه رسول الله، حاملًا رسالة الدين الحق، واجه السخرية والازدراء، ووُصف بالمجنون. كان الأطفال يعرقلونه عمدًا، والنساء يرمين عليه القاذورات. تم نفيه من مكة، مسقط رأسه، وسُلب أتباعه ممتلكاتهم وأُرسلوا إلى الصحراء معه. وبعد عشر سنوات من الدعوة المستمرة، كان لا يزال يعاني من الفقر والنفي والسخرية، لكنه استمر في مسيرته دون تراجع أو ضعف."

المثابرة

ومع ذلك، قبل أن تمر عشر سنوات أخرى، أصبح محمد حاكمًا على كامل جزيرة العرب، وسيدًا لمكة، ورأس دين جديد كان على وشك الانتشار من نهر الدانوب إلى جبال البرانس قبل أن يضعف الزخم الذي منحه له. وكان هذا الزخم ثلاثيًا: قوة الكلمات، وفاعلية الصلاة، وروابط الإنسان الروحية مع الله.

"لم تكن مسيرة محمد سهله. فقد وُلد لعائلة بارزة في مكة، لكنها فقيرة نسبيًا. وكانت مكة، مفترق طرق العالم وموطن الحجر المقدس المعروف بالكعبة ومدينة عظيمة للتجارة وملتقى الطرق التجارية، كانت غير صحية بما يكفي لتربية الأطفال، لذا أُرسل محمد لينشأ في الصحراء بين البدو، مستمدًا القوة والصحة من حليب أمهات بدويات مؤقتات.

في صباه، كان يرعى الغنم، ثم التحق كقائد لقوافل أرملة غنية، ليكتسب خبرة واسعة في التجارة والتنقل. سافر إلى شتى أنحاء العالم الشرقي، والتقى برجال من معتقدات مختلفة، ورصد انقسام المسيحية إلى طوائف متناحرة.

وعندما بلغ الثامنة والعشرين، لفت انتباهه السيدة خديجة الأرملة التي أعجبت به وتزوجته. وكان والدها سيعترض على هذا الزواج، لكنها إستطاعت إقناعة لكي يمنحها البركة الأبوية.

عاش محمد على مدى اثني عشر عامًا كتاجر غني وذكي وموثوق، حتى بدأ رحلة التأمل والتجوال في الصحراء. وفي أحد الأيام، عاد حاملاً أول آية من القرآن، وأخبر خديجة أن الملاك جبريل ظهر له، وأبلغه أنه مختار ليكون رسول الله."

كان القرآن، كلام الله المُنزل، أقرب ما يكون إلى معجزة في حياة محمد. لم يكن شاعرًا، ولم يكن لديه موهبة الكلام.

ومع ذلك، كانت آيات القرآن، كما تلقاها وتلاها على المؤمنين، أفضل من أي آياتٍ كان بإمكان شعراء القبائل المحترفين إنتاجها. كان هذا، بالنسبة للعرب، معجزة. فقد كانت موهبة الكلمات عندهم أعظم موهبة، وكان كلام الله ذو قدرةٍ مطلقة. إضافةً إلى ذلك، نصّ القرآن على أن جميع الناس متساوون أمام الله، وأن العالم يجب أن يكون مكان تسوده الديمقراطية - الإسلام. كان هو الدين الجديد والذي جاءت معه رغبة محمد في تدمير جميع الأصنام الـ 360 في فناء الكعبة، والتي كانت سبباً في نفيه. جلبت الأصنام قبائل الصحراء إلى مكة، وهذا يعني التجارة. لذلك انقضّ رجال أعمال مكة، الرأسماليون، الذين كان هو أحدهم، على محمد. ثم انسحب إلى الصحراء وطالب بالسيادة على العالم.

بدأ ظهور الإسلام. من الصحراء انبثقت شعلةٌ لا تنطفئ، جيشٌ ديمقراطيٌّ يقاتل كوحدةٍ واحدةٍ، مستعدٌّ للموت دون تردد. دعا محمد اليهود والمسيحيين للانضمام إليه، فقد كان يُؤسِّس لدينًا جديدًا، وكان يدعو كل من يؤمن بإلهٍ واحدٍ إلى التوحد تحت لواء الدين الاسلامي. لو استجاب اليهود والمسيحيون لدعوته، لكان الإسلام قد غزا العالم. لكنهم لم يفعلوا. بل إنهم رفضوا حتى ابتكار محمد للحرب الإنسانية. عندما دخل جيش النبي القدس، لم يُقتل أي شخص بسبب دينه. أما بعد قرون، عندما دخل الصليبيون المدينة، فقد قُتل كل رجل وامرأة وطفل مسلم. ومع ذلك، تبنى المسيحيون فكرة واحدة من المسلمين، وهي إنشاء مكان للتعلم، أي الجامعة.

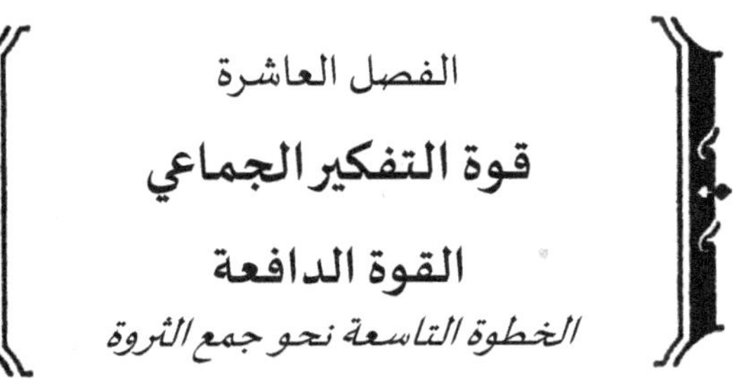

قوة التفكير الجماعي
القوة الدافعة
الخطوة التاسعة نحو جمع الثروة

القوة ضرورية لتحقيق النجاح في جمع المال.

فالخطط تبقى خامدة وعديمة الجدوى دون وجود **القوة** الكافية لتحويلها إلى **فعل**. يصف هذا الفصل الطريقة التي يمكن للفرد من خلالها اكتساب **القوة** وتطبيقها.

يمكن تعريف **القوة** بأنها "**المعرفة** المنظمة والموجهة بذكاء". والقوة، كما يُستخدم المصطلح هنا، تشير إلى الجهد **المنظم** الكافي لتمكين الفرد من تحويل الرغبة إلى مكافئها المالي. يتم إنتاج الجهد **المنظم** من خلال تنسيق جهود شخصين أو أكثر يعملون نحو هدف **محدد**، بروح من الانسجام والتعاون.

القوة مطلوبة لتجميع المال! والقوة ضرورية للحفاظ على المال بعد جمعه!

دعونا نتعرف على كيفية اكتساب القوة. إذا كانت القوة هي "المعرفة المنظمة"، فلنستعرض مصادر المعرفة:

أ.	**الذكاء اللانهائي**: يمكن الوصول إلى هذا المصدر من المعرفة من خلال الإجراءات الموضحة في فصل آخر، بمساعدة الخيال الإبداعي.

ب.	**الخبرة المتراكمة.** يمكن العثور على الخبرة المتراكمة للإنسان (أو الجزء منها الذي تم تنظيمه وتدوينه) في أي مكتبة عامة مجهزة تجهيزًا جيدًا. ويُدرَّس جزء مهم من هذه الخبرة المتراكمة في المدارس والكليات العامة، حيث يتم تصنيفها وتنظيمها.

ج.	**التجربة والبحث.** في مجال العلوم، وفي كل مجال من مجالات الحياة تقريبًا، يقوم الناس بجمع وتصنيف وتنظيم حقائق جديدة يوميًا. هذا هو المصدر الذي يجب اللجوء إليه عندما لا تتوفر المعرفة من خلال "الخبرة المتراكمة". وهنا أيضًا، غالبًا ما يكون من الضروري استخدام الخيال الإبداعي.

يمكن اكتساب المعرفة من أي من المصادر المذكورة أعلاه. ويمكن تحويلها إلى **قوة** من خلال تنظيمها في **خطط** محددة والتعبير عن تلك الخطط من خلال **العمل.**

إنّ دراسة المصادر الرئيسية الثلاثة للمعرفة تكشف بوضوح الصعوبة التي سيواجهها الفرد، إذا اعتمد على جهوده وحده، في تجميع المعرفة والتعبير عنها من خلال خطط محددة تُترجم إلى **أفعال.** فإذا كانت خططه شاملة، وتتناول جوانب واسعة، فعليه، في الغالب، حثّ الآخرين على التعاون معه، قبل أن يتمكن من إضفاء عنصر **القوة** اللازم عليها.

اكتساب القوة من خلال "التفكير الجماعي"

يمكن تعريف "التفكير الجماعي" بأنه: "تنسيق المعرفة والجهد، بروح من الانسجام، بين شخصين أو أكثر، لتحقيق هدف محدد".

لا يستطيع أي فرد أن يمتلك قوة عظيمة دون أن يستفيد من "التفكير الجماعي". ففي فصل سابق، وُضعت تعليمات لصياغة **خطط** تهدف إلى تحويل **الرغبة** إلى مكافئها المالي. وإذا طبّقت هذه التعليمات **بالمثابرة** والذكاء، واخترت أعضاء مجموعة التفكير الجماعي بحكمة وتمييز، فستكون قد خطوت نصف الطريق نحو هدفك قبل أن تدرك ذلك، حتى قبل أن تبدأ في رؤية نتائج جهودك.

ولكي تتمكن من فهم الإمكانيات "غير الملموسة" للقوة المتاحة لك، من خلال مجموعة التفكير الجماعي المختارة بعناية، سنشرح هنا سمتين لمبدأ التفكير الجماعي، إحداهما اقتصادية والأخرى روحية. السمة الاقتصادية واضحة. يمكن لأي شخص تحقيق مزايا اقتصادية إذا أحاط نفسه بنصائح وإرشادات وتعاون شخصي من مجموعة من الرجال المستعدين لتقديم كل الدعم له بروح من **الانسجام التام**. كان هذا النوع من التحالف التعاوني أساسًا لكل ثروة عظيمة تقريبًا. إن فهمك لهذه الحقيقة العظيمة قد يُحدد وضعك المالي بشكلٍ حاسم.

أما الجانب الروحي من مبدأ التفكير الجماعي فهو أكثر تجريدًا وأصعب فهمًا، لأنه يرتبط بالقوى الروحية التي لا يعرفها الجنس البشري ككل. قد تستشفّ دلالةً مهمة من هذه العبارة: "لا يجتمع عقلان إلا ويخلقان بذلك عقلًا ثالثًا،

قوةً خفيةً غير ملموسة، يُمكن تشبيهها بعقلٍ ثالث."

تذكر أن هناك عنصرين معروفين فقط في الكون بأسره، وهما الطاقة والمادة. ومن المعروف أن المادة يُمكن تحليلها إلى جزيئات وذرات وإلكترونات. وهناك وحدات من المادة يُمكن عزلها وفصلها وتحليلها.

وكذلك، هناك وحدات من الطاقة.
العقل البشري شكلٌ من أشكال الطاقة، وجزءٌ منه روحي بطبيعته. عندما تتناغم عقول شخصين **بروح من الانسجام**، تتشكل وحدات الطاقة الروحية لكل عقل في تقارب، وهو ما يُمثل المرحلة "النفسية" لمجموعة التفكير الجماعي

مبدأ التفكير الجماعي، أو بالأحرى الجانب الاقتصادي منه، لفت انتباهي لأول مرة على يد أندرو كارنيجي قبل أكثر من خمسة وعشرين عامًا. وكان اكتشاف هذا المبدأ هو السبب في اختياري لمجال عملي مدى الحياة.

تألفت مجموعة كارنيجي للتفكير الجماعي من فريق عمل يضم حوالي خمسين رجلاً، أحاط نفسه بهم، **لغرض محدد** هو تصنيع وتسويق الفولاذ. وقد عزا ثروته بالكامل إلى **القوة** التي اكتسبها من خلال هذا "التفكير الجماعي".

حلل سجل أي شخص جمع ثروة طائلة، والعديد ممن جمعوا ثروات متواضعة، وستجد أنهم استخدموا مبدأ "التفكير الجماعي" إما بوعي أو بغير وعي.

لا يمكن اكتساب قوة عظيمة إلا من خلال مبدأ واحد!

قوة التفكير الجماعي

الطاقة هي اللبنات الأساسية الكونية التي تستخدمها الطبيعة لبناء كل شيء مادي في الكون، من الإنسان إلى كل أشكال الحياة الحيوانية والنباتية. ومن خلال عملية غامضة ومعقدة لا يفهمها إلا سحر الطبيعة ذاته، تُحوّل الطاقة إلى مادة، فتخلق الحياة في أبهى صورها.

لبنات البناء الكونية للطبيعة متاحة للإنسان من خلال الطاقة الكامنة في **التفكير**! يمكن مقارنة دماغ الإنسان ببطارية كهربائية، فهو يمتص الطاقة من الأثير الذي يملأ كل ذرة من المادة ويمتد ليغمر الكون بأسره.

من المعروف أن مجموعة من البطاريات الكهربائية تُوفر طاقة أكبر من بطارية واحدة. ومن المعروف أيضًا أن البطارية الواحدة تُوفر طاقة تتناسب مع عدد خلاياها وسعتها.

يعمل الدماغ بطريقة مماثلة. يُفسر هذا حقيقة أن بعض العقول أكثر كفاءة من غيرها، ويقود إلى هذه المقولة الهامة: إن مجموعة من العقول المنسقة (أو المتصلة) بروح من الانسجام، ستوفر طاقة فكرية أكبر من عقل واحد، تمامًا كما توفر مجموعة من البطاريات الكهربائية طاقة أكبر من بطارية واحدة.

من خلال هذا التشبيه، يتضح جليًا أن مبدأ العقل الجماعي يحمل سر **القوة** التي يمتلكها من يحيطون أنفسهم بأمثالهم من ذوي العقول النيرة.

ثم تأتي مقولة أخرى تُقربنا أكثر من فهم الجانب النفسي لمبدأ العقل الجماعي: عندما تنسق مجموعة من العقول الفردية وتعمل بتناغم، فإن الطاقة المتزايدة الناتجة عن هذا التحالف تصبح متاحة لكل عقل فردي في المجموعة.

من الحقائق المعروفة أن هنري فورد بدأ مسيرته المهنية في ظل الفقر والأمية والجهل. ومن الحقائق المعروفة أيضاً أنه في غضون عشر سنوات فقط، تغلب السيد فورد على هذه المعوقات الثلاث، وفي غضون خمسة وعشرين عاماً أصبح من أثرى أثرياء أمريكا. وإذا ربطنا هذه الحقيقة بمعرفة أن أسرع خطوات السيد فورد بدأت تظهر منذ أن أصبح صديقاً شخصياً لتوماس أديسون، فسندرك حينها مدى تأثير عقل على آخر. وإذا تعمقنا أكثر، فسنجد أن أبرز إنجازات السيد فورد بدأت منذ أن تعرف على هارفي فايرستون، وجون بوروز، ولوثر بوربانك (وكلهم يتمتعون بقدرات عقلية هائلة)، عندها سنجد دليلاً إضافياً على أن **القوة** قد تنبع من تضافر العقول.

لا شكّ، إن لم يكن مستحيلاً، في أن هنري فورد كان من أكثر الرجال اطلاعاً في عالم الأعمال والصناعة. أما مسألة ثروته، فلا تحتاج إلى نقاش. تأمل في أصدقاء السيد فورد المقربين، الذين سبق ذكر بعضهم، وستفهم العبارة التالية:

"يكتسب الإنسان طبيعة وعادات وقوة **التفكير** الخاصة بالذين يصادقهم بروح من التعاطف والانسجام."

قوة التفكير الجماعي

هزم هنري فورد الفقر والأمية والجهل عبر تحالفه مع عقول عظيمة، حيث امتص تردّدات أفكارهم في عقله. ومن خلال ارتباطه بإديسون، وبربانك، وبيروز، وفايرستون، أضاف فورد إلى قدراته الذهنية مجموع خبرات ومعرفة وقوى هؤلاء الأربعة الروحية والفكرية. علاوة على ذلك، استثمر فورد مبدأ التفكير الجماعي وطبّقه باستخدام الأساليب والإجراءات الموضّحة في هذا الكتاب.

هذا المبدأ متاح لك!

لقد ذكرنا سابقًا المهاتما غاندي. وربما يرى غالبية من سمعوا عنه أنه مجرد رجل غريب الأطوار، صغير القامة، يتنقل دون ارتداء ملابس رسمية، ويثير المشاكل للحكومة البريطانية.

في الحقيقة، غاندي ليس غريب الأطوار، **بل هو أقوى رجل على قيد الحياة اليوم** (وذلك استنادًا إلى عدد أتباعه وإيمانهم بقائدهم). بل ربما يكون أقوى رجل عاش على الإطلاق. قوته كامنة، لكنها حقيقية.

دعونا ندرس الطريقة التي اكتسب بها هذه **القوة** الهائلة. يمكن شرحها بإيجاز. لقد اكتسب **قوته** من خلال حثّ أكثر من مئتي مليون شخص على التنسيق، فكرًا وجسدًا، **بروح من الانسجام**، من أجل **هدف محدد.**

باختصار، لقد حقق غاندي **معجزة**، إذ إنها معجزة أن يُحثّ مئتا مليون شخص - لا يُجبروا - على التعاون بروح من **الانسجام**، لفترة غير محدودة.

إذا كنت تشك في أن هذا معجزة، فحاول أن تحث **أي شخصين على** التعاون بروح من الانسجام *لفترة من الزمن.*

كل من يدير عملاً تجارياً يدرك مدى صعوبة جعل الموظفين يعملون معاً بروح تشبه **الانسجام** ولو قليلاً.

قائمة المصادر الرئيسية التي تمنح الإنسان **القوة**، كما سبق أن رأينا، يتصدرها **الذكاء اللانهائي**. عندما يتعاون شخصان أو أكثر بروح **الانسجام** والتناغم، ويعملون معًا لتحقيق هدف محدد، فإن هذا التحالف يضعهم في موقع يمكنهم من امتصاص القوة مباشرة من الخزان الكوني العظيم للذكاء اللانهائي. هذا هو أعظم مصادر **القوة على الإطلاق**، وهو المصدر الذي يلجأ إليه العباقرة، والذي يتوجه إليه كل قائد عظيم، سواء كان مدركًا لذلك أم غافلًا عنه.

إذا كنت تشك في أن هذه معجزة، فحاول أن تحث أي شخصين على التعاون بروح من الانسجام لفترة من الزمن. المصدران الرئيسيان الآخران للمعرفة اللازمة لاكتساب القوة لا يمكن الاعتماد عليهما بنفس درجة الاعتماد على الذكاء اللانهائي. فالحواس الخمس للإنسان ليست دائمًا دقيقة، بينما الذكاء اللانهائي **لا يخطئ أبدًا.**

في الفصول اللاحقة، سيتم شرح الطرق التي يمكن من خلالها التواصل مع الذكاء المطلق بسهولة ووضوح.

هذا ليس كتابًا في الدين. لا ينبغي تفسير أي مبدأ أساسي مذكور في هذا الكتاب على أنه يهدف إلى التدخل، بشكل مباشر أو غير مباشر، في الممارسات الدينية لأي إنسان. يقتصر هذا الكتاب، حصراً، على تعليم القارئ كيفية تحويل **الغاية المحددة من الرغبة في المال** إلى ما يعادلها من قيمة نقدية.

اقرأ، **فكّر**، وتأمّل أثناء القراءة. سرعان ما سيتضح لك الموضوع برمته، وستراه من منظور شامل. أنت الآن ترى تفاصيل كل فصل على حدة.

المال خجول ويفلت من المتطلعين إليه مثل العذراء في الأزمنة القديمة. يجب أن يُغرى ويُكسب بطرق لا تختلف كثيرًا عن تلك التي يستخدمها العاشق المُصمّم في سعيه وراء الفتاة التي اختارها. ومن المصادفة، أن **القوة** المستخدمة في استدراج المال ليست مختلفة كثيرًا عن القوة المستخدمة في كسب قلب عذراء. هذه القوة، عندما تُستخدم بنجاح في السعي وراء المال، يجب أن تُخلط **بالإيمان**، **وبالرغبة**، **وبالمثابرة**. كما يجب تطبيقها ضمن خطة محددة، وتُترجم هذه الخطة إلى **فعل** عملي.

عندما يأتي المال بكميات كبيرة، فإنه يتدفق إلى من يجمعه، بسهولة تدفق الماء من أعلى التل. هناك تيار عظيم خفي من **القوة**، يُشبه نهرًا؛ إلا أن أحد جانبيه يتدفق في اتجاه واحد، حاملًا كل من يقع في ذلك الجانب، نحو **الثراء** والرخاء، بينما يتدفق الجانب الآخر في الاتجاه المعاكس، حاملًا كل من يقع في هذا الجانب التعيس (ولا يستطيع الخروج منه)، نحو البؤس **والفقر**.

كل من جمع ثروة طائلة، أدرك وجود هذا التيار في الحياة. إنه يتكون من طريقة تفكيره. فالمشاعر الإيجابية في **التفكير** تُشكل الجانب الذي يحمل المرء إلى الثراء. أما المشاعر السلبية

فتُشكل الجانب الذي يُهوي به إلى الفقر.

وهذا يحمل أهمية بالغة لمن يقرأ هذا الكتاب بهدف جمع الثروة.

إذا كنت على طريق يؤدي إلى الفقر، فهذه المعرفة التي بين يديك يمكن أن تكون مثل المجداف الذي يساعدك على العبور إلى طريق الثراء. لكن هذا المجداف لن ينفعك **إلا** إذا طبّقته عمليًا واستخدمته. فمجرد قراءة هذه المعرفة أو الحكم عليها بالكلام فقط، لن يفيدك بشيء.

يمر بعض الناس بتجربة التناوب بين جانبي التيار، الإيجابي والسلبي، فيكونون أحيانًا في الجانب الإيجابي وأحيانًا في الجانب السلبي. وقد جرفت أزمة وول ستريت عام 1929 ملايين الناس من الجانب الإيجابي إلى الجانب السلبي. يكافح هؤلاء الملايين، وبعضهم يائس وخائف، للعودة إلى الجانب الإيجابي. كُتب هذا الكتاب خصيصًا لهؤلاء الملايين.

غالبًا ما يتبادل الفقر والغنى الأدوار. علّمت الأزمة العالم هذه الحقيقة، وإن كان العالم لن يتذكر الدرس طويلًا. قد يحل الفقر، بل غالبًا ما يحل، محل الغنى طواعيةً. عندما يحلّ الثراء محلّ الفقر، يتحقق هذا التغيير عادةً من خلال **خطط** مُحكمة التنفيذ. الفقر لا يحتاج إلى خطة، ولا إلى من يُعينه، لأنه جريء لا يرحم. أما الثراء فهو خجول متردد، لا بدّ من "جذبه".

يمكن لأي شخص أن يتمنى الثراء، وكثيرون يفعلون ذلك، لكن القليل فقط يعلم أن الخطة الواضحة المصحوبة برغبة مشتعلة في المال هي الوسيلة الوحيدة الموثوقة لتحقيق الثروة.

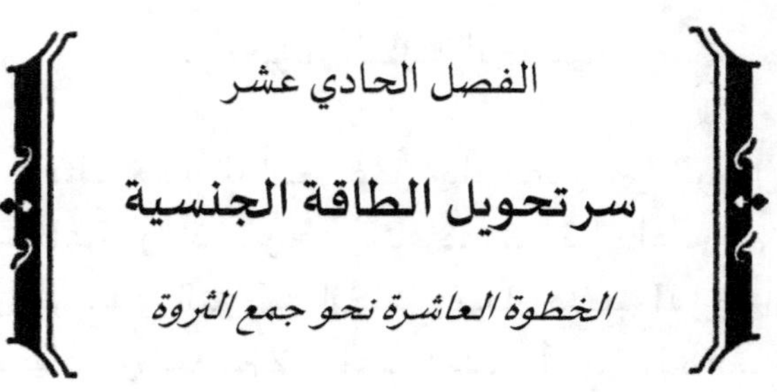

الفصل الحادي عشر

سر تحويل الطاقة الجنسية

الخطوة العاشرة نحو جمع الثروة

معنى كلمة "تحويل" ببساطة هو: "تغيير أو نقل عنصر أو شكل من الطاقة إلى شكل آخر".

العاطفة الجنسية تخلق حالة ذهنية.

ونظرًا للجهل حول هذا الموضوع، غالبًا ما تُرتبط هذه الحالة الذهنية بالجسد، وبسبب التأثيرات غير الصحيحة التي تعرض لها معظم الناس عند اكتسابهم المعرفة الجنسية، فقد سيطرت الأمور الجسدية على العقل بشكل كبير.

لكن وراء العاطفة الجنسية تكمن ثلاث إمكانات بناءة:

1. استمرارية الجنس البشري.
2. الحفاظ على الصحة، فليس لها مثيل كوسيلة علاجية.
3. تحويل المتوسط إلى عبقرية من خلال عملية التحويل.

تحويل الطاقة الجنسية بسيط وسهل الشرح؛ فهو يعني تحويل العقل من التفكير في التعبير الجسدي إلى التفكير في أمور أخرى ذات طبيعة مختلفة.

فالرغبة الجنسية هي أقوى الرغبات البشرية.

عندما يحرك هذا الدافع رغبةً جامحة، ينمّي الرجال حدةً في الخيال، وشجاعةً، وإرادةً قوية، ومثابرةً، وقدرةً إبداعيةً لم يختبروها من قبل. إن الرغبة في التواصل الجنسي قويةٌ ودافعةٌ لدرجة أن الرجال يخاطرون بحياتهم وسمعتهم لإشباعها. وعندما تُوجّه هذه القوة الدافعة وتُعاد توجيهها نحو مسارات أخرى، فإنها تحتفظ بجميع سماتها من حدة الخيال والشجاعة، وغيرها، والتي يمكن استخدامها كقوى إبداعية جبارة في الأدب والفن، أو في أي مهنة أو مجال آخر، بما في ذلك، بالطبع، جمع الثروات.

لا شك أن تحويل الطاقة الجنسية يتطلب ممارسة الإرادة القوية، لكن المكافأة تستحق الجهد المبذول. إن الرغبة في التعبير الجنسي فطرية وطبيعية. لا يمكن، بل لا ينبغي، كبت هذه الرغبة أو القضاء عليها. ولكن ينبغي إيجاد منفذ لها من خلال أشكال تعبيرية تُثري جسد الإنسان وعقله وروحه. وإذا لم يُمنح هذا المنفذ، من خلال التحويل، فسوف تبحث عن منافذ عبر قنوات جسدية بحتة.

قد يُقام سد على نهر، ويُتحكم في مياهه لفترة، لكنه في النهاية سيجد منفذًا. وينطبق الأمر نفسه على العاطفة الجنسية. قد تُكبت وتُضبط لفترة، لكن طبيعتها تدفعها دائمًا للبحث عن وسائل للتعبير. فإن لم تُحوّل إلى جهد إبداعي، ستجد منفذًا أقل قيمة.

حقًا، ما أسعد من اكتشف كيف يُطلق العنان للعاطفة الجنسية من خلال شكل من أشكال الجهد الإبداعي، فقد ارتقى، بهذا الاكتشاف، إلى مرتبة العبقرية.

فكّر وازدد ثراءً

كشفت الأبحاث العلمية عن هذه الحقائق المهمة:

1. الرجال الأكثر إنجازًا هم ذوو طبيعة جنسية متطورة؛ رجال أتقنوا فن تحويل الطاقة الجنسية.

2. الرجال الذين جمعوا ثروات طائلة وحققوا شهرة واسعة في الأدب والفن والصناعة والهندسة المعمارية والمهن، كان دافعهم تأثير امرأة.

البحث الذي أُجريت من خلاله هذه الاكتشافات المدهشة، رجع إلى صفحات السير الذاتية والتاريخ لأكثر من ألفي عام. وأينما وُجدت الأدلة المرتبطة بحياة الرجال والنساء ذوي الإنجازات العظيمة، كانت تشير بشكل قاطع إلى أنهم كانوا يمتلكون طبيعة جنسية متطورة للغاية.

العاطفة الجنسية هي قوة لا تُقاوم، لا يمكن لأي شيء، حتى "جسم ثابت"، أن يقف ضدها. وعندما يحرك الإنسان هذه العاطفة، يُمنح قدرة فائقة على الفعل. افهم هذه الحقيقة، وستدرك معنى القول بأن تحويل الطاقة الجنسية يمكن أن يرفع الإنسان إلى مرتبة العبقرية.

تحتوي عاطفة الجنس على سر القدرة الإبداعية.

إذا دُمّرت الغدد الجنسية، سواء في الإنسان أو الحيوان، فإنك تكون قد أزالت المصدر الرئيسي للطاقة والفعل. والدليل على ذلك، راقب ما يحدث لأي حيوان بعد أن يُخصى: فالثور يصبح وديعًا مثل البقرة بعد تغييره جنسيًا.

إن تعديل الجنس يزيل من الذكر، سواء كان إنسانًا أو حيوانًا، كل القدرة على **النضال** والمواجهة التي كانت فيه. وللأنثى، يكون لتعديل الجنس نفس التأثير.

المحفزات العشرة للعقل

يستجيب العقل البشري للمحفزات، التي من خلالها يُمكن "تنشيطه" إلى مستويات عالية من الاهتزاز، تُعرف بالحماس، والخيال الإبداعي، والرغبة الشديدة، وما إلى ذلك. أكثر المحفزات التي يستجيب لها العقل بحرية هي:

1. الرغبة في التعبير الجنسي
2. الحب
3. الرغبة الجامحة في الشهرة، أو السلطة، أو المكاسب **المالية**
4. الموسيقى
5. الصداقة بين أفراد الجنس الواحد أو بين الجنسين
6. تحالف التفكير الجماعي القائم على انسجام شخصين أو أكثر يتحدون من أجل التقدم الروحي أو الدنيوي
7. المعاناة المتبادلة، مثل تلك التي يعاني منها المضطهدون.
8. الإيحاء الذاتي
9. الخوف
10. المخدرات والكحول.

تتصدر الرغبة في التعبير الجنسي قائمة المحفزات التي تُحفز بشكل فعال نشاط العقل وتُطلق العنان للفعل الجسدي. ثمانية من هذه المحفزات طبيعية وبنّاءة.

اثنان منها مُدمِّران. تُقدَّم هذه القائمة هنا لتمكينك من إجراء دراسة مقارنة لأهم مصادر تحفيز العقل. من هذه الدراسة، سيتضح جليًا أن عاطفة الجنس هي، بلا شك، أقوى مُحفِّزات العقل وأكثرها تأثيرًا.

هذه المقارنة ضرورية كأساس لإثبات أن تحويل طاقة الجنس قد يرتقي بالفرد إلى مرتبة العبقرية. دعونا نتعرف على ماهية العبقرية.

قال أحدهم ساخرًا إن العبقري هو رجل "يُطيل شعره، ويأكل طعامًا غريبًا، ويعيش وحيدًا، ويُصبح هدفًا للسخرية". التعريف الأنسب للعبقرية هو: "رجل اكتشف كيفية رفع مستوى وعيه إلى درجة تمكّنه من التواصل بحرية مع مصادر معرفية غير متاحة عبر مستوى الوعي العادي".

سيُثير هذا التعريف للعبقرية تساؤلات لدى المفكرين. السؤال الأول هو: "كيف يمكن التواصل مع مصادر المعرفة التي لا يمكن الوصول إليها عبر معدل التفكير **العادي**؟"

والسؤال التالي هو: "هل توجد مصادر معرفة معروفة لا تتوفر إلا للعباقرة؟ وإذا كان الأمر كذلك، **فما هي هذه المصادر**، وكيف يمكن الوصول إليها تحديدًا؟"

سنقدم برهانًا على صحة بعض أهم الأفكار الواردة في هذا الكتاب، أو على الأقل سنقدم أدلة تمكنكم من الحصول على برهانكم الخاص من خلال التجربة، وبذلك سنجيب على كلا السؤالين.

«العبقرية» تتطور من خلال الحاسة السادسة.

لقد ثبت وجود "الحاسة السادسة" بشكل جيد. هذه الحاسة السادسة هي "الخيال الإبداعي". إن ملكة الخيال الإبداعي هي ملكة لا يستخدمها معظم الناس طوال حياتهم، وإذا استخدموها، فعادةً ما يكون ذلك محض صدفة. عدد قليل نسبيًا من الناس يستخدمون، **عن قصد وتأنٍّ،** ملكة الخيال الإبداعي. أولئك الذين يستخدمون هذه الملكة طواعيةً، وفهمًا لوظائفها، هم **عباقرة.**

ملكة الخيال الإبداعي هي الرابط المباشر بين العقل البشري المحدود والذكاء اللامحدود. جميع ما يُسمى بالوحي، المشار إليه في مجال الدين، وجميع اكتشافات المبادئ الأساسية أو الجديدة في مجال الاختراع، تتم من خلال ملكة الخيال الإبداعي.

عندما تومض الأفكار أو المفاهيم في ذهن المرء، من خلال ما يُعرف شعبيًا بـ"الحدس"، فإنها تأتي من واحد أو أكثر من المصادر التالية:

1. الذكاء اللامحدود
2. العقل الباطن، حيث تُخزَّن كل انطباع حسي ودافع فكري وصل إلى الدماغ عبر أي من الحواس الخمس
3. من ذهن شخص آخر أطلق للتو الفكرة، أو صورة الفكرة أو المفهوم، من خلال التفكير الواعي، أو
4. من مخزونه الباطن.

لا توجد مصادر أخرى **معروفة** يمكن من خلالها تلقي الأفكار "المُلهمة" أو "الحدس".

يعمل الخيال الإبداعي بأفضل حالاته عندما يكون العقل في حالة نشاط ذهني عالٍ للغاية (نتيجةً لنوع من أنواع التحفيز الذهني). أي عندما يعمل العقل بتردد أعلى من تردد التفكير العادي.

عندما يتم تحفيز نشاط الدماغ، من خلال واحد أو أكثر من المحفزات الذهنية العشرة، فإن ذلك يرفع الفرد إلى ما هو أبعد من أفق التفكير العادي، ويُمكّنه من استشراف آفاق ونطاق وجودة **أفكار** غير متاحة في المستوى الأدنى، كما هو الحال عند الانشغال بحل مشكلات العمل الروتيني.

عندما يرتقي الفرد إلى هذا المستوى الأعلى من التفكير، من خلال أي نوع من أنواع التحفيز الذهني، فإنه يشغل، نسبيًا، نفس موقع من صعد بطائرة إلى ارتفاع يسمح له برؤية ما وراء خط الأفق الذي يحد رؤيته على الأرض. علاوة على ذلك، في هذا المستوى الفكري الأسمى، لا يُعيق الفرد أيٌّ من المؤثرات التي تُقيّد رؤيته وتُحدّها أثناء سعيه لتأمين احتياجاته الأساسية الثلاث: الطعام والملبس والمأوى.

إنه في عالم فكري تتلاشى فيه الأفكار اليومية **المعتادة**، تمامًا كما تتلاشى تضاريس الأرض وحدود الرؤية الجسدية عند صعوده في طائرة.

في هذا المستوى الرفيع من **الفكر**، تُمنح القدرة الإبداعية للعقل حرية العمل.

لقد مُهِّد الطريق أمام الحاسة السادسة لتعمل، فأصبحت مُتقبِّلة للأفكار التي ما كانت لتصل إلى الفرد في أي ظرف آخر. الحاسة السادسة هي تلك الملكة التي تُميِّز بين العبقري والشخص العادي.

تزداد القدرة الإبداعية يقظة واستقبالاً للاهتزازات القادمة من خارج عقل الفرد الباطن كلما تم استخدامها أكثر، وكلما اعتمد الفرد عليها وطلب منها توليد دفعات فكرية. وهذه القدرة لا يمكن تنميتها أو تطويرها إلا من خلال الاستخدام والممارسة المستمرة.

ما يُعرف بـ الضمير يعمل بالكامل من خلال الحاسة السادسة.

يُصبح الفنانون والكتاب والموسيقيون والشعراء العظماء عظماء لأنهم يكتسبون عادة الاعتماد على "الصوت الخفي" الذي ينبع من الداخل، من خلال ملكة الخيال الإبداعي. ومن الحقائق المعروفة جيدًا لأصحاب الخيال الخصب أن أفضل أفكارهم تأتي من خلال ما يُسمى "الحدس".

هناك خطيبٌ عظيمٌ لا يبلغ عظمته إلا إذا أغمض عينيه وبدأ يعتمد كلياً على ملكة الخيال الخلاق. عندما سُئل عن سبب إغماضه عينيه قبيل ذروة خطابه، أجاب: "أفعل ذلك لأني حينها أتحدث بأفكارٍ تنبع من داخلي".

كان أحد أنجح وأشهر الممولين في أمريكا يتبع عادة إغماض عينيه لدقيقتين أو ثلاث قبل اتخاذ أي قرار.

فكّر وازدد ثراءً

عندما سُئل عن سبب ذلك، أجاب: "عندما أُغمِض عينيّ، أنفصِل عن ضجيج الخارج، وأتصل بمصدر أعمق... مصدرٍ لذكاء أرق يفوق حدود الفكر العادي".

ابتكر الراحل الدكتور إلمر ر. غيتس، من تشيفي تشيس بولاية ماريلاند، أكثر من 200 براءة اختراع مفيدة، العديد منها أساسية، من خلال تنمية واستخدام ملكة الإبداع. تُعدّ طريقته مهمة ومثيرة للاهتمام لمن يرغب في بلوغ مرتبة العبقرية، وهي المرتبة التي ينتمي إليها الدكتور غيتس بلا شك. كان الدكتور غيتس أحد أعظم علماء العالم، وإن لم يحظَ بشهرة واسعة.

في مختبره، كان لديه ما أسماه "غرفة التواصل الشخصية". كانت الغرفة عازلة للصوت عمليًا، ومصممة بحيث يمكن إطفاء جميع الأنوار. زُودت بطاولة صغيرة، كان يضع عليها دفترًا للكتابة. أمام الطاولة، على الحائط، كان هناك زر كهربائي يتحكم بالإضاءة. عندما كان الدكتور غيتس يرغب في استغلال طاقات خياله الإبداعي، كان يدخل هذه الغرفة، ويجلس على الطاولة، ويطفئ الأنوار، **ويركز على الجوانب المعروفة** للاختراع الذي يعمل عليه، ويبقى على هذه الحال حتى تبدأ الأفكار بالتدفق إلى ذهنه فيما يتعلق بالجوانب **غير المعروفة** للاختراع.

في إحدى المرات، تدفقت الأفكار عليه بسرعة كبيرة لدرجة أنه اضطر إلى الكتابة لمدة ثلاث ساعات تقريبًا. عندما توقفت الأفكار عن التدفق، وفحص ملاحظاته، وجد أنها تحتوي على وصف دقيق لمبادئ لا مثيل لها بين البيانات المعروفة في العالم العلمي.

علاوة على ذلك، عُرض حل مشكلته بأسلوبٍ ذكيّ في تلك الملاحظات. وبهـذه الطريقة، أنجز الدكتـور غيتـس أكثر من 200 براءة اختراع، كانت قـد بدأت ولم تُسـتكمل من قِبل عقولٍ غير مكتملـة الخبرة. ويشـهد على صحة هـذا القـول مكتب براءات الاختراع الأمريكي.

كان الدكتـور غيتـس يكسب رزقه من خلال "استخلاص الأفكار" للأفراد والشـركات. وقـد دفعت له بعض أكبر الشـركات في أمريكا مبالغ طائلة، بالسـاعة، مقابـل "استخلاص الأفكار".

غالبًا ما تكون القدرة على التفكير المنطقي قاصرة، لأنها تعتمد بشكل كبير على الخبرة المتراكمة. وليست كل المعارف التي يكتسبها المرء من خلال "الخبرة" دقيقة. أما الأفكار التي تُسـتقى من خلال القـدرة الإبداعيـة فهي أكثر موثوقية، لأنها تأتي من مصـادر أكثر موثوقية من أي مصـادر متاحة للقدرة على التفكير المنطقي.

علاوة على ذلك، عُرض حل مشكلته بأسلوبٍ ذكيّ في تلك الملاحظات. يكمن الفرق الرئيسي بين المخترع العبقري والمخترع العـادي في أن العبقري يعمل من خلال ملكته الإبداعية، بينما يجهل المخترع العادي هذه الملك. أما المخترع العلمي (مثل السيد إديسون والدكتـور غيتـس)، فيستفيد من ملكتي الخيـال التركيبي والإبداعي.

فعلى سبيل المثال، يبـدأ المخترع العلـمي، أو "العبقري"، اختراعـه بتنظيم ودمج الأفكار أو المبادئ المعروفة التي تراكمت لديه من خلال الخبرة، وذلك عبر ملكته التركيبية (ملكة الاستدلال). إذا وجد أن المعرفة المتراكمة لديه غير كافية لإتمام اختراعـه، فإنه يلجأ عندئذٍ إلى مصـادر المعرفة المتاحة لـه من خلال *ملكته الإبداعية.*

وتختلف الطريقة التي يفعل بها ذلك من شخص إلى آخر، إلا أن ما يلي يمثّل جوهر منهجه وخلاصة أسلوبه في العمل:

1. **يُحفّز عقله ليتردد على مستوى أعلى من المتوسط،** باستخدام واحد أو أكثر من مُحفّزات العقل العشرة، أو أي مُحفّز آخر يختاره.

2. **يُركّز على العناصر المعروفة (الجزء المُنجز) من اختراعه، ويُكوّن في ذهنه صورةً واضحةً للعناصر غير المعروفة (الجزء غير المُنجز) من اختراعه.** يُبقي هذه الصورة في ذهنه حتى يستوعبها عقله الباطن، ثم يسترخي بتصفية ذهنه من **كل** الأفكار، وينتظر أن تتبادر إليه الإجابة.

أحيانًا تكون النتائج واضحة وفورية. وفي أحيان أخرى، تكون النتائج سلبية، وذلك بحسب مدى تطور "الحاسة السادسة"، أو القدرة الإبداعية.

خاض السيد إديسون رحلة طويلة من التجريب الذهني، إذ اختبر ما يزيد على عشرة آلاف توليفة مختلفة من الأفكار عبر الخيال التركيبي، قبل أن ينجح أخيرًا في "مواءمة التردد" مع الخيال الإبداعي، فتجلّت له الفكرة الحاسمة التي أكملت اختراع المصباح الكهربائي المتوهّج. وقد تكرّر هذا المسار ذاته عندما توصّل إلى ابتكار آلة تسجيل الصوت؛ إذ سبق الإلهامَ الحاسمَ عملٌ دؤوب وتجريب لا يكلّ.

هناك أدلة موثوقة كثيرة على وجود موهبة الخيال الإبداعي. وتتجلى هذه الأدلة من خلال تحليل دقيق لرجال تبوأوا مناصب قيادية في مجالاتهم المختلفة، دون أن يكونوا قد تلقوا تعليمًا واسعًا.

كان لينكولن مثالًا بارزًا لقائد عظيم بلغ ذروة مجده باكتشافه واستخدامه لملكة خياله الإبداعي. اكتشف هذه الملكة وبدأ في توظيفها نتيجةً لتأثير الحب الذي شعر به بعد لقائه آن روتليدج، وهو ما يُعدّ دلالة بالغة الأهمية في دراسة منبع العبقرية.

تزخر صفحات التاريخ بسجلات قادة عظام يمكن إرجاع إنجازاتهم مباشرةً إلى تأثير النساء اللواتي أيقظن ملكات الإبداع في عقولهم من خلال إثارة الرغبة الجنسية. كان نابليون بونابرت واحدًا منهم.

عندما كان مُلهمًا بزوجته الأولى جوزفين، كان لا يُقهر. وعندما دفعه "حكمه السليم" أو عقله إلى التخلي عن جوزفين، بدأ في التراجع. لم تكن هزيمته وسقوطه في سانت هيلينا ببعيدة.

يمكننا أن نذكر عشرات الرجال المعروفين لدى الشعب الأمريكي، الذين بلغوا قممًا شاهقة من النجاح تحت التأثير المحفِّز لزوجاتهم، ثم ما لبثوا أن هووا إلى الفشل والدمار **بعد** أن سَكِروا بالمال والسلطة، فأقصَوا الزوجة القديمة واستبدلوها بأخرى جديدة.

ولم يكن نابليون وحده من اكتشف هذه الحقيقة القاسية: أن التأثير العاطفي والجسدي الصادر *من المصدر الصحيح* أقوى بما لا يُقاس من أي بديل نفعي تصنعه الحسابات العقلية الباردة وحدها.

العقل البشري يستجيب للتحفيز!

ومن أعظم هذه المحفزات وأقواها دافع الجنس. فعند تسخير هذه القوة الدافعة وتوجيهها، تصبح قادرة على الارتقاء بالإنسان إلى مستوى فكري أسمى، يمكّنه من التغلب على مصادر القلق والضيق التافهة التي تعترض طريقه في الحياة الدنيا.

ولسوء الحظ، فإن هذه الحقيقة لم يكتشفها إلا العباقرة وحدهم. أما سائر الناس، فقد اختبروا دافع الغريزة الجنسية واكتفوا به عند حدّه الظاهر، من غير أن يدركوا إحدى أعظم طاقاته الكامنة.

وهذا وحده كفيل بأن يفسّر لماذا يكثر "الآخرون" إلى هذا الحد، بينما يظل عدد العباقرة محدودًا ونادرًا عبر التاريخ.

ولغرض تنشيط الذاكرة، وبالاستناد إلى الحقائق المتوفرة في سير بعض الرجال، نعرض هنا أسماء عددٍ من الرجال ذوي الإنجازات البارزة، والذين عُرف عن كلٍّ منهم طبيعتهم الجنسية الشديدة. لا شك أن عبقريتهم استمدت قوتها من طاقة جنسية مُحوّلة:

توماس جيفرسون	جورج واشنطن
إلبرت هوبارد	نابليون بونابرت
إلبرت هـ. غاري	وليام شكسبير
أوسكارو ايلد	أبراهام لينكولن
وودرو ويلسون	رالف والدو إيمرسون
جون هـ. باترسون	روبرت بيرنز
إنريكو كاروسو	أندرو جاكسون

معرفتك بالسير الذاتية ستُمكّنك من إضافة المزيد إلى هذه القائمة. حاول أن تجد، إن استطعت، رجلاً واحداً، في تاريخ الحضارة، حقق نجاحاً باهراً في أي مجال، دون أن تكون طبيعته الجنسية المتطورة هي المحرك الأساسي له.

إذا كنت لا ترغب في الاعتماد على سير رجال رحلوا، فابحث بين من تعرفهم ممن حققوا إنجازات عظيمة، وحاول أن تجد بينهم من لا يتمتع برغبة جنسية عالية.

الطاقة الجنسية هي الطاقة الإبداعية لكل عبقري. *لم يكن ولن يكون هناك قائد عظيم، أو بانٍ عظيم، أو فنان عظيم يفتقر إلى هذه القوة الدافعة.*

من المؤكد أن أحدًا لن يسيء فهم هذه العبارات على أنها تعني أن **كل** من يملك طاقة جنسية عالية هو عبقري. فبلوغ الإنسان مرتبة العبقرية لا يتحقق إلا عندما — **وفقط عندما** — يُنشِّط عقله بطريقة تجعله يستمد قوته من الطاقات المتاحة عبر الملكة الإبداعية للخيال. ويأتي في مقدمة المحفِّزات القادرة على رفع هذا المستوى من "الذبذبات الذهنية" الطاقة الجنسية. غير أن *امتلاك* هذه الطاقة وحده لا يكفي لصناعة العبقرية. إذ لا بد من *تحويلها* من مجرد رغبة في الإشباع الجسدي إلى شكلٍ آخر من الرغبة والعمل الخلّاق. عندها فقط تستطيع هذه الطاقة أن ترفع الإنسان إلى مقام العبقرية.

ليس صحيحًا أن قوة الرغبة الجنسية وحدها تصنع العبقرية. فبدلًا من الارتقاء، ينحدر معظم الرجال — بسبب سوء الفهم وسوء الاستخدام لهذه الطاقة الجبارة — إلى مستوى تحكمه الغرائز، فيفقدون إنسانيتهم العليا بدل أن يسموا بها.

لماذا نادرًا ما يحقق الرجال النجاح قبل سنّ الأربعين؟

من خلال دراسة وتحليل حياة أكثر من خمسةٍ وعشرين ألف شخص، تبيّن أن الرجال الذين يحققون نجاحًا استثنائيًا بحق نادرًا ما يصلون إليه قبل سن الأربعين. بل إن الغالبية لا تبلغ ذروة نضجها وإنجازها الحقيقي إلا بعد تجاوز سن الخمسين، حين تتوازن الخبرة الواعية مع السيطرة الواعية على الطاقات الداخلية وتوجيهها نحو أهداف بنّاءة.

فكّر وازدد ثراءً

كان هذا الاكتشاف مذهلًا إلى حدٍّ دفعني إلى التعمّق في دراسة أسبابه بأقصى درجات الدقة، فواصلت البحث والتحقيق فيه لأكثر من اثني عشر عامًا كاملة.

كشفت هذه الدراسة أن السبب الرئيسي وراء عدم بدء معظم الرجال الناجحين في تحقيق النجاح قبل سن الأربعين أو الخمسين، هو ميلهم إلى **تبديد** طاقاتهم من خلال الإفراط في التعبير الجسدي عن المشاعر الجنسية. إنَّ أغلب من يهتدي إلى هذه الحقيقة *لا يفعل* ذلك إلا بعد *أن يكون قد استنزف سنواتٍ ثمينة من عمره*، في مرحلةٍ كانت فيها طاقته الجنسية في أوج اندفاعها وقوتها، قبل بلوغه الخامسة والأربعين أو الخمسين. غير أنّ لحظة الإدراك هذه، حين تأتي، تكون بمثابة نقطة انعطاف حاسمة؛ إذ تتحول الطاقة المهدرة إلى قوة مركَّزة، وغالبًا ما يعقبها صعودٌ ملحوظ إلى مراتب عالية من الإنجاز والتميّز..

تعكس حياة كثير من الرجال حتى سن الأربعين، وأحيانًا بعده، تبديدًا مستمرًا للطاقات التي كان من الممكن توجيهها بشكل أفضل. تُبدد مشاعرهم الرقيقة والقوية في كل مكان. ومن هذه العادة، نشأ مصطلح "الانغماس في الشهوات".

إن الرغبة في التعبير الجنسي هي أقوى المشاعر الإنسانية وأكثرها دافعًا، ولهذا السبب تحديدًا، إذا ما تم *توجيه* هذه الرغبة *وتحويلها* إلى فعل يتجاوز التعبير الجسدي، فقد ترتقي بالرجل إلى مرتبة العبقرية.

اعترف أحد أنجح رجال الأعمال في أمريكا بصراحة بأن سكرتيرته الجذابة كانت السبب وراء معظم الخطط التي ابتكرها. وأقرّ بأن وجودها كان يرفعه إلى مستويات عالية من الخيال الإبداعي، لم يكن ليختبرها تحت أي محفّز آخر.

أحد أنجح رجال الأعمال في أمريكا يدين بمعظم نجاحه لتأثير شابة فاتنة كانت مصدر إلهامه لأكثر من اثني عشر عامًا. الجميع يعرف هذا الرجل المشهور، لكن ليس الجميع يعرف **المصدر الحقيقي لإنجازاته**.

لا يفتقر التاريخ إلى أمثلة لرجال بلغوا مرتبة العبقرية نتيجة استخدام محفزات ذهنية صناعية على شكل الكحول والمخدرات. فقد كتب إدغار ألن بو قصيدته الشهيرة "الغراب" تحت تأثير الخمر، "حالمًا بأحلام لم يجرؤ أحد من البشر على حلمها من قبل". كما كتب جيمس ويتكومب راي أفضل أعماله أثناء تأثير الكحول، وربما بهذا المنظور رأى "التشابك المنظم بين الواقع والحلم، المطحنة فوق النهر، والضباب فوق الجدول". وكتب روبرت بيرنز أفضل أشعاره وهو مسكر، قائلاً: "من أجل الأيام الخوالي، يا عزيزي، سنرفع كأسًا من اللطف، من أجل الأيام الخوالي".

لكن يجب أن نتذكر أن كثيرًا من هؤلاء الرجال قد أهلكوا أنفسهم في النهاية. فقد أعدت الطبيعة منشطاتها الخاصة التي يمكن للإنسان من خلالها تنشيط عقله بأمان، ليصل إلى مستوى من الذبذبات الفكرية يمكّنه من التقاط أفكار رفيعة ونادرة تأتي من — لا أحد يعلم من أين! ولم يُكتشف حتى اليوم أي بديل مرضٍ عن منشطات الطبيعة هذه.

من المعروف لدى علماء النفس أن هناك علاقة وثيقة جدًا بين الرغبات الجنسية والدوافع الروحية، وهو أمر يفسّر السلوك الغريب للأشخاص الذين يشاركون في الممارسات الجماعية المكثفة المعروفة باسم الصحوات الدينية، والتي تُلاحظ كثيرًا بين المجتمعات ذات الطراز البدائي.

يُحكم العالم، ويُحدد مصير الحضارة، بالعواطف الإنسانية. يتأثر الناس في أفعالهم، لا بالعقل بقدر ما تتأثر بـ"المشاعر". تُفعَّل القدرة الإبداعية للعقل كليًا بالعواطف، *لا بالعقل المُجرد*. أقوى العواطف الإنسانية هي الجنس. هناك مُحفزات عقلية أخرى، ذُكر بعضها، لكن لا يُمكن لأي منها، ولا حتى مجتمعة، أن تُضاهي قوة الجنس الدافعة.

المُحفز العقلي هو أي تأثير يزيد، مؤقتًا أو دائمًا، من ترددات الفكر. المُحفزات العشرة الرئيسية، المذكورة، هي الأكثر شيوعًا. من خلال هذه المصادر، يُمكن للمرء التواصل مع الذكاء اللامتناهي، أو الدخول، متى شاء، إلى مخزن العقل الباطن، سواء كان عقله أو عقل شخص آخر، وهو *ما يُعد جوهر العبقرية*.

توصل أحد المعلمين، الذي أشرف على تدريب أكثر من 30,000 مندوب مبيعات، إلى اكتشاف مذهل: الرجال ذوو الطاقة الجنسية العالية هم أكثر المندوبين كفاءة ونجاحًا. يكمن السر في ما يُعرف بـ"الجاذبية الشخصية" ليس سوى تجلٍّ آخر للطاقة الجنسية. فالأشخاص ذوو هذه الطاقة يمتلكون دائمًا مخزونًا وفيرًا من السحر الشخصي. ومن خلال تنمية هذه القوة وفهمها بوعي، يمكن للإنسان أن يستمد منها قوة هائلة ويستخدمها لصالحه، خصوصًا في بناء العلاقات والتأثير على الآخرين بطريقة فعّالة ومؤثرة.

يمكن نقل هذه الطاقة إلى الآخرين عبر الوسائل التالية:

1. المصافحة. تُشير لمسة اليد، على الفور، إلى وجود الجاذبية أو غيابها.
2. نبرة الصوت. فالجاذبية، أو الطاقة الجنسية، هي العامل الذي يُمكن من خلاله تلوين الصوت، أو جعله عذبًا وساحرًا.
3. وضعية الجسم وحركاته. فالأشخاص ذوو الرغبة الجنسية العالية يتحركون بخفة ورشاقة وسهولة.
4. ذبذبات الفكر. يمزج الأشخاص ذوو الرغبة الجنسية العالية مشاعرهم الجنسية بأفكارهم، أو قد يفعلون ذلك بإرادتهم، وبهذه الطريقة، قد يؤثرون على من حولهم.
5. زينة الجسد: عادةً ما يهتم الأشخاص ذوو الرغبة الجنسية العالية بمظهرهم الشخصي اهتمامًا بالغًا. عادةً ما يختارون ملابس تتناسب مع شخصياتهم، وبنيتهم الجسدية، ولون بشرتهم، وما إلى ذلك.

عند توظيف مندوبي المبيعات، يبحث مدير المبيعات الكفء عن جاذبية الشخصية *كشرط أساسي*. فالأشخاص الذين يفتقرون إلى الطاقة الجنسية لن يكونوا متحمسين ولن يلهموا الآخرين بحماسهم، والحماس من أهم متطلبات مهنة البيع، بغض النظر عما يُباع.

المتحدث العام، أو الخطيب، أو الواعظ، أو المحامي، أو مندوب المبيعات الذي يفتقر إلى الطاقة الجنسية يُعتبر فاشلاً في التأثير على الآخرين.

إذا أضفنا إلى ذلك حقيقة أن معظم الناس لا يمكن التأثير عليهم إلا من خلال مخاطبة عواطفهم، فسوف ندرك أهمية الطاقة الجنسية كجزء من قدرات مندوب المبيعات الفطرية. يصل البائعون الماهرون إلى مرتبة الإتقان في فن البيع، لأنهم، سواءً أدركوا ذلك أم لا، يحوّلون طاقة الجنس إلى **حماسٍ للمبيعات**! في هذه العبارة إشارة عملية للغاية إلى المعنى الحقيقي لتحويل طاقة الجنس.

البائع الذي يعرف كيف يصرف ذهنه عن موضوع الجنس، ويوجّهه نحو جهود البيع بنفس الحماس والعزيمة التي يبذلها في سبيل تحقيق هدفه الأصلي، يكون قد أتقن فن تحويل طاقة الجنس، سواءً أدرك ذلك أم لا. أغلب البائعين الذين يحوّلون طاقة الجنس يفعلون ذلك دون أدنى وعي بما يفعلونه أو كيف يفعلونه.

يتطلب تحويل طاقة الجنس قوة إرادة أكبر مما يرغب الشخص العادي في بذله لهذا الغرض. أولئك الذين يجدون صعوبة في استجماع قوة الإرادة الكافية للتحويل، يمكنهم اكتساب هذه القدرة تدريجيًا. مع أن هذا يتطلب قوة إرادة، إلا أن مكافأة هذه الممارسة تفوق الجهد المبذول.

إن موضوع الجنس بشكل عام يبدو أن معظم الناس يجهلونه جهلًا فادحًا. فقد أُسيء فهم الدافع الجنسي كثيرًا، وتعرّض للتشويه والسخرية من قبل الجهلة وأصحاب النوايا السيئة، إلى درجة أن كلمة "جنس" نفسها نادرًا ما تُذكر في المجتمعات المهذبة. أما الرجال والنساء المعروفون بأنهم **مباركون** بطبيعتهم الجنسية العالية، فيُنظر إليهم عادةً على أنهم أشخاص يستحقون المراقبة والانتباه.

سر تحويل الطاقة الجنسية

بدلًا من أن يُطلق عليهم لقب المباركين، يُسمّى هؤلاء في الغالب الملعونين.

يعاني ملايين الناس، حتى في هذا العصر المتمدن، من عقد نقص نشأت لديهم نتيجة الاعتقاد الخاطئ بأن الطبيعة الجنسية العالية هي لعنة. ولا ينبغي فهم هذه التصريحات عن فضيلة الطاقة الجنسية على أنها تبرير للسلوك المنحرف. فالعاطفة الجنسية فضيلة **فقط** عندما تُستخدم بذكاء وبحكمة، مع التمييز بين الصواب والخطأ. إذ يمكن إساءة استخدامها، وغالبًا ما يحدث ذلك، إلى حدٍّ يُهين بدلاً من أن يُثري، سواء الجسم أو العقل. الاستخدام الأمثل لهذه القوة هو محور هذا الفصل.

بدا الأمر بالغ الأهمية للمؤلف عندما اكتشف أن كل قائد عظيم تقريباً، ممن حظي بشرف تحليل شخصياتهم، كان رجلاً استُلهمت إنجازاته إلى حد كبير من امرأة. في كثير من الحالات، كانت "المرأة المقصودة" زوجة متواضعة، زاهدة، لم يسمع عنها العامة إلا القليل أو لا شيء على الإطلاق. في بعض الحالات، يُعزى مصدر الإلهام إلى "إمرأة أخرى" وربما تكون هذه الحالات مألوفة لديك.

إن الإفراط في العادات الجنسية ضار تمامًا مثل الإفراط في العادات الغذائية أو الشرب. في هذا العصر الذي نعيشه، وهو عصر بدأ بالحرب العالمية، أصبح الإفراط في العادات الجنسية شائعًا. وقد يفسر هذا الانغماس المفرط نقص القادة العظماء. فلا يمكن للإنسان أن يستفيد من قوى خياله الإبداعي بينما يبدّد طاقاته. الإنسان هو الكائن الوحيد على الأرض الذي ينتهك هدف الطبيعة في هذا الصدد، فكل الحيوانات الأخرى تمارس غريزتها الجنسية بطريقة طبيعية ومتوازنة.

يدرك كل عاقل أن الإفراط في التحفيز، من خلال المشروبات الكحولية والمخدرات، هو شكل من أشكال التهور الذي يُدمر أعضاء الجسم الحيوية، بما في ذلك الدماغ. مع ذلك، لا يعلم الجميع أن الإفراط في التعبير الجنسي قد يتحول إلى عادة مدمرة ومُضرة بالجهد الإبداعي تمامًا كالمخدرات أو الكحول.

لا يختلف الرجل المُدمن على الجنس جوهريًا عن الرجل المُدمن على المخدرات! فكلاهما فقد السيطرة على عقله وإرادته. قد لا يُدمر الإفراط الجنسي العقل والإرادة فحسب، بل قد يؤدي أيضًا إلى جنون مؤقت أو دائم. تنشأ العديد من حالات توهم المرض (المرض الوهمي) من عادات نشأت عن جهل بالوظيفة الحقيقية للجنس.

من هذه الإشارات الموجزة إلى الموضوع، يتضح جليًا أن الجهل بموضوع تحويل الجنس يُفرض عقوبات باهظة على الجاهلين من جهة، ويحرمهم من فوائد عظيمة مماثلة من جهة أخرى.

يعود الجهل الواسع النطاق بموضوع الجنس إلى كونه محاطًا بالغموض ومُحاطًا بصمتٍ مُطبق. وقد كان لتواطؤ الغموض والصمت نفس الأثر الذي أحدثته سيكولوجية الحظر على عقول الشباب.

وقد نتج عن ذلك ازدياد الفضول والرغبة في اكتساب المزيد من المعرفة حول هذا الموضوع "المحظور". وللأسف، لم تكن المعلومات متاحة بسهولة، وهو ما يُخجل جميع المشرعين ومعظم الأطباء - الذين يُعدّون بحكم تدريبهم الأنسب لتثقيف الشباب في هذا الشأن.

نادرًا ما يبدأ الفرد في بذل جهد إبداعي كبير في أي مجال من مجالات العمل قبل سن الأربعين. ويبلغ الرجل العادي ذروة قدرته على الإبداع بين سن الأربعين والستين. وتستند هذه التصريحات إلى تحليل آلاف الرجال والنساء الذين خضعوا للملاحظة الدقيقة. وينبغي أن تكون هذه التصريحات مُشجعة لأولئك الذين لم يبلغوا هذه المرحلة قبل سن الأربعين، ولأولئك الذين ينتابهم الخوف من اقتراب "الشيخوخة" في سن الأربعين تقريبًا. وتُعدّ السنوات بين الأربعين والخمسين، في الغالب، الأكثر إثمارًا. ينبغي على الإنسان أن يستقبل هذه المرحلة العمرية لا بخوفٍ وقلق، بل بأملٍ وتطلعٍ كبيرين.

إذا أردتَ دليلاً على أن معظم الرجال لا يبدأون في تقديم أفضل ما لديهم قبل سن الأربعين، فادرس سجلات أنجح الرجال المعروفين للشعب الأمريكي، وستجده. لم يبلغ هنري فورد ذروة إنجازاته إلا بعد أن تجاوز الأربعين. أما أندرو كارنيجي، فقد تجاوز الأربعين بكثير قبل أن يبدأ في جني ثمار جهوده. وكان جيمس ج. هيل لا يزال يعمل في مجال التلغراف في سن الأربعين. وقد تحققت إنجازاته الباهرة بعد ذلك. وتزخر سير الصناعيين والممولين الأمريكيين بالأدلة التي تُشير إلى أن الفترة من الأربعين إلى الستين هي أكثر مراحل حياة الإنسان إنتاجية.

بين سن الثلاثين والأربعين، يبدأ الرجل في تعلم (إن تعلم أصلاً) فن تحويل الطاقة الجنسية.

عادةً ما يكون هذا الاكتشاف وليد الصدفة، وغالبًا ما يكون الشخص الذي يكتشفه غافلًا تمامًا عن اكتشافه. قد يلاحظ أن قدراته على الإنجاز قد ازدادت في الفترة ما بين الخامسة والثلاثين والأربعين من عمره، لكنه في أغلب الأحيان لا يدرك سبب هذا التغيير؛ وهو أن الطبيعة تبدأ في مواءمة مشاعر الحب والجنس لدى الفرد، بين سن الثلاثين والأربعين، بحيث يستطيع الاستفادة من هاتين القوتين العظيمتين، وتوظيفهما معًا كحافز للعمل.

الجنس بمفرده هو دافع قوي جدًا للفعل، إلا أن طاقاته تشبه الإعصار—غالبًا ما تكون خارجة عن السيطرة. ولكن عندما تبدأ عاطفة الحب بالاندماج مع العاطفة الجنسية، ينتج عن ذلك هدوء الهدف، وتوازن النفس، ودقة الحكم، واستقامة الرأي. من ذا الذي بلغ الأربعين من عمره، فلا يملك الحظ أو القدرة على فهم هذه الحقائق وتحليلها، ثم التحقق من صحتها من خلال تجربته الشخصية وخبرته في الحياة؟

عندما يحركه دافع إرضاء المرأة، المبني على شهوة الجنس فقط، قد يكون الرجل، بل هو في الغالب، قادرًا على تحقيق إنجازات عظيمة، لكن أفعاله قد تكون مشوشة، مشوهة، ومدمرة تمامًا. فعندما يحركه دافع إرضاء المرأة، المبني على شهوة الجنس وحدها، قد يسرق، ويغش، بل ويرتكب جريمة قتل. أما عندما يمتزج **الحب** بدافع الشهوة، فإن الرجل نفسه سيوجه أفعاله بعقلانية واتزان ومنطق.

وقد اكتشف علماء الإجرام أن أشد المجرمين قسوةً يمكن إصلاحهم بتأثير حب المرأة. ولا يوجد سجل لأي مجرم تم إصلاحه بتأثير الجنس وحده. هذه الحقائق معروفة، لكن أسبابها غير معروفة.

إن الإصلاح، إن وُجد، يأتي من *القلب*، أو الجانب العاطفي من الإنسان، لا من العقل، أو الجانب المنطقي. الإصلاح يعني "تغيير القلب"، وليس "تغيير العقل". قد يُجري المرء، بدافع العقل، بعض التغييرات في سلوكه الشخصي لتجنب عواقب غير مرغوب فيها، لكن **الإصلاح الحقيقي** لا يتحقق إلا بتغيير القلب، **برغبة صادقة** في التغيير.

الحب والرومانسية والجنس كلها مشاعر قادرة على دفع الإنسان إلى آفاق الإنجاز. الحب هو الشعور الذي يُشكل صمام أمان، ويضمن التوازن والاتزان والجهد البنّاء. وعندما تجتمع هذه المشاعر الثلاثة، قد ترتقي بالإنسان إلى مصاف العبقرية. مع ذلك، هناك عباقرة لا يعرفون إلا القليل عن الحب.

يُمكن العثور على معظمهم منخرطين في أعمال مدمرة، أو على الأقل، لا تقوم على العدل والإنصاف تجاه الآخرين. لو سمح الأمر، لأمكن ذكر عشرات العباقرة في مجالي الصناعة والمال، الذين يستغلون حقوق الآخرين بلا رحمة. يبدو أنهم يفتقرون تمامًا إلى الضمير. يستطيع القارئ بسهولة أن يُضيف قائمة خاصة به من هؤلاء الرجال.

العواطف هي حالات ذهنية. لقد زوّدت الطبيعة الإنسان بـ"كيمياء العقل" التي تعمل بطريقة مشابهة لمبادئ كيمياء المادة. ومن المعروف جيدًا أن الكيميائي، من خلال كيمياء المادة، يستطيع ابتكار سم قاتل بمزج عناصر معينة، لا يشكل أي منها خطرًا بذاته عند تواجده بالنسب الصحيحة.

فكّر وازدد ثراءً

وبالمثل، يمكن أن تتحد العواطف لتكوين سم قاتل. فعندما تختلط عواطف الجنس والغيرة، قد يحوّل المرء إلى وحش مجنون.

إن وجود أيٍّ من هذه العواطف المدمرة، أو أكثر، في العقل البشري، من خلال كيمياء العقل، يُهيئ سمًا قد يُدمر إحساس المرء بالعدل والإنصاف. وفي الحالات القصوى، قد يؤدي وجود أي مزيج من هذه العواطف في العقل إلى تدمير عقل المرء.

إن طريق العبقرية يكمن في تنمية الجنس والحب والرومانسية، والتحكم بها، واستخدامها. باختصار، يمكن تلخيص العملية كما يلي:

شجّع على ترسيخ هذه المشاعر كأفكار مهيمنة في ذهنك، وكبح جماح جميع المشاعر السلبية. فالعقل أسير العادات، ويتغذى على الأفكار *المهيمنة*. وبقوة الإرادة، يُمكن كبح جماح أي شعور، وتشجيع أي شعور آخر. ليس من الصعب السيطرة على العقل بقوة الإرادة، فالسيطرة تنبع من المثابرة والاعتياد.

يكمن سر السيطرة في فهم عملية التحويل. فعندما يظهر أي شعور سلبي في ذهنك، يُمكن تحويله إلى شعور إيجابي أو بنّاء، ببساطة عن طريق تغيير أفكارك.

لا يوجد طريق آخر نحو العبقرية سوى عبر الجهد الذاتي الطوعي! قد يصل الإنسان إلى قمم النجاح المالي أو التجاري، مدفوعًا بقوة الطاقة الجنسية وحدها، إلا أن التاريخ مليء بالأمثلة التي تظهر أنه غالبًا ما يحمل معه سمات شخصية تحرمه القدرة على الاحتفاظ بثروته أو الاستمتاع بها.

هذا جدير بالتحليل والتأمل والتفكير، فهو يُبيّن حقيقةً قد تُفيد النساء والرجال على حدٍ سواء. وقد حرم الجهل بهذه الحقيقة آلاف الأشخاص من نعمة **السعادة**، رغم ثرواتهم.

تترك مشاعر الحب والجنس بصماتها الواضحة على الملامح. بل إن هذه البصمات جليةٌ للعيان، بحيث يُمكن لأي شخصٍ قراءتها. فالرجل الذي تُسيطر عليه عاصفة العاطفة، مدفوعًا بالشهوات الجنسية وحدها، يُعلن ذلك للعالم أجمع، من خلال نظرة عينيه وخطوط وجهه. أما الحب، حين يمتزج بالجنس، فيُضفي على تعابير الوجه رقةً وجمالًا. لا حاجة لمحلل شخصيات ليُخبرك بهذا، فبإمكانك ملاحظته بنفسك.

يُبرز الحب، ويُنمّي، الجانب الفني والجمالي في الإنسان. ويترك بصمته في أعماق روحه، حتى بعد أن تخبو جذوته بفعل الزمن والظروف.

ذكريات الحب لا تزول أبدًا. بل تبقى راسخة، ترشد، وتؤثر طويلًا بعد أن يخبو مصدر الإلهام. ليس في هذا جديد. فكل من ذاق حلاوة **الحب الحقيقي**، يعلم أنه يترك أثرًا خالدًا في القلب. يدوم أثر الحب لأنه روحي بطبيعته. من لا يحفزه الحب على بلوغ أعلى مراتب الإنجاز، فهو ميؤوس منه، ميتٌ ظاهريًا.

فكّر وازدد ثراءً

حتى ذكريات الحب كافية لرفع المرء إلى مستوى أعلى من الإبداع. قد ينطفئ الحب ويتلاشى، كالنار التي تخمد، لكنه يترك وراءه بصمات لا تُمحى شاهدةً على مروره. غالبًا ما يُهيئ رحيله القلب لحب أعظم.

عد إلى ماضيك، بين الحين والآخر، واغمر عقلك بذكريات الحب الجميلة. سيخفف ذلك من وطأة همومك ومتاعبك الحالية. سيمنحك ذلك ملاذًا من قسوة الحياة، وربما - من يدري؟ - يستسلم عقلك لك خلال هذه الخلوة المؤقتة في عالم الخيال والأفكار والخطط التي قد تُغير وضعك المالي أو الروحي جذريًا.

إذا كنت تعتقد أنك تعيس الحظ لأنك "أحببت وخسرت"، فانسَ هذه الفكرة. من أحب بصدق لا يمكن أن يخسر كليًا. الحب متقلب ومزاجي، بطبيعته عابرة وزائلة. يأتي متى شاء ويرحل فجأة. تقبّله واستمتع به ما دام موجودًا، ولا تُضيّع وقتك في القلق بشأن رحيله، فالقلق لن يُعيده.

انسَ أيضًا فكرة أن الحب لا يأتي إلا مرة واحدة. قد يأتي الحب ويرحل مرات لا تُحصى، ولكن لا توجد تجربتان للحب تؤثران في المرء بنفس الطريقة. قد توجد، بل غالبًا ما توجد، تجربة حب واحدة تترك أثرًا أعمق في القلب من غيرها، لكن جميع تجارب الحب مفيدة، إلا لمن يشعر بالاستياء والتشاؤم عند رحيل الحب.

لا ينبغي أن يكون هناك خيبة أمل بسبب الحب، ولن يكون هناك خيبة أمل لو فهم الناس الفرق بين مشاعر الحب والجنس. الفرق الرئيسي هو أن الحب روحي، بينما الجنس بيولوجي. لا يمكن لأي تجربة تلامس قلب الإنسان بقوة روحية أن تكون ضارة، إلا بسبب الجهل أو الغيرة.

الحب، بلا شك، أعظم تجربة في الحياة. فهو يُقرّب المرء من الحكمة الإلهية. وعندما يمتزج بمشاعر الرومانسية والجنس، قد يرتقي المرء إلى أعلى مراتب الإبداع. مشاعر الحب والجنس والرومانسية هي أضلاع مثلث أبدي لبناء العبقرية. الطبيعة لا تخلق العباقرة إلا بقوة واحدة.

الحب عاطفة متعددة الأوجه والظلال والألوان. إن الحب الذي يشعر به المرء تجاه والديه أو أبنائه يختلف تمامًا عن الحب الذي يشعر به تجاه حبيبه. فالأول يمتزج فيه الشعور بالجنس، بينما الثاني لا يمتزج به.

والحب الذي يشعر به المرء في الصداقة الحقيقية ليس هو نفسه الحب الذي يشعر به تجاه حبيبه أو والديه أو أبنائه، ولكنه أيضًا شكل من أشكال الحب.

ثم هناك حب الأشياء الجامدة، كحب إبداع الطبيعة. ولكن أشد أنواع الحب وأكثرها اشتعالًا هو ذلك الذي يمتزج فيه الحب بالجنس. فالزيجات التي لا تُرزق بالحب الأبدي، المتوازن والمتناسب مع الجنس، لا يمكن أن تكون سعيدة، ونادرًا ما تدوم. فالحب وحده لا يجلب السعادة في الزواج، ولا الجنس وحده.

عندما يتم مزج هذين الشعورين الجميلين، قد يؤدي الزواج إلى حالة ذهنية أقرب إلى الحالة الروحية التي يمكن للمرء أن يعرفها على هذا المستوى الأرضي.

عندما تضاف عاطفة الرومانسية إلى مشاعر الحب والجنس، تتم إزالة العوائق بين العقل المحدود للإنسان والذكاء اللامتناهي. ثم تولد العبقريه!

يا لها من قصة مختلفة عن تلك المرتبطة عادة بالعاطفة الجنسية. وهذا تفسير للعاطفة التي تخرج عن حدود المألوف، وتجعل منها طينًا في يد الله، الذي منه يصنع كل ما هو جميل وملهم. إنه تفسير من شأنه، عندما يُفهم بشكل صحيح، أن يُخرج الانسجام من الفوضى الموجودة في الكثير من الزيجات. غالبًا ما يتم التعبير عن التنافر في شكل تذمر، ويمكن عادةً إرجاعه إلى *نقص/معرفة* حول موضوع الجنس. حيث يتواجد الحب والرومانسية والفهم الصحيح للعاطفة ووظيفة الجنس، لا يوجد تنافر بين المتزوجين.

يقول المثل القديم: "الزوجة قد تصنع من زوجها رجلاً أو تهدمه"، لكن القليل من الناس يدركون السبب الحقيقي وراء ذلك. فالقوة التي تمنح الزوج الحياة أو تحطمه تنبع من فهم الزوجة العميق لطبيعة زوجها وتأثيرها على مشاعره وتصرفاته، أو من غياب هذا الفهم وتأثيره السلبي على حياته.

إنها مقولة قديمة جدًا مفادها أن "زوجة الرجل إما أن تصنعه أو تكسره"، لكن السبب ليس مفهومًا دائمًا. "الصنع" و"الكسر" هو نتيجة فهم الزوجة، أو عدم فهم مشاعر الحب والجنس والرومانسية.

على الرغم من أن طبيعة الرجل البيولوجية تميل إلى التعددية الجنسية، إلا أنه صحيح أن لا امرأة تمتلك تأثيرًا أعظم على الرجل من زوجته، إلا إذا كانت غير مناسبة تمامًا لطبيعته. إذا سمحت الزوجة لزوجها بأن يفقد الاهتمام بها ويتجه نحو نساء أخريات، فغالبًا ما يكون السبب جهلها أو لا مبالاتها بقضايا الجنس والحب والرومانسية. ويُفترض هنا، بالطبع، أن الحب الحقيقي قد وُجد يومًا بين الزوجين. وهذه الحقائق تنطبق بالمثل على الرجل الذي يسمح لفقدان اهتمام زوجته به.

غالبًا ما يتجادل المتزوجون حول عدد هائل من التفاهات. وإذا ما تم تحليل هذه الخلافات بدقة، غالبًا ما يتضح أن السبب الحقيقي للمشاكل هو اللامبالاة أو الجهل بقضايا الحب والجنس والعلاقات العاطفية.

أعظم قوة محفزة للرجل هي رغبته في إرضاء المرأة! الصياد الذي برع في عصور ما قبل التاريخ، قبل فجر الحضارة، فعل ذلك، بسبب رغبته في الظهور بمظهر عظيم في عيون المرأة. ولم تتغير طبيعة الإنسان في هذا الصدد.

الصياد المعاصر لا يعود إلى المنزل بفراء الحيوانات البرية، لكنه يُظهر رغبته في نيل رضا المرأة من خلال تقديم الملابس الفاخرة، والسيارات، والثروات. يملك الرجل نفس الرغبة في إرضاء المرأة التي كانت لديه قبل فجر الحضارة، وما تغيّر هو أسلوبه في الإرضاء فقط. فالرجال الذين يجمعون ثروات هائلة ويصلون إلى قمم القوة والشهرة، يفعلون ذلك في المقام الأول لتلبية رغبتهم *في إرضاء النساء.*

<h1 style="text-align:center">فكّر وازدد ثراءً</h1>

أخرج النساء من حياة الرجال، وستكون الثروة الكبيرة التي يجمعونها عديمة الفائدة. *إن هذه الرغبة المتأصلة لدى الرجل في إرضاء المرأة هي التي تمنح المرأة القدرة على صنع الرجل أو كسره.*

المرأة التي تفهم طبيعة الرجل وتتعامل معها بذكاء ومهارة، لا حاجة لها للقلق من المنافسة مع النساء الأخريات. فقد يكون الرجل عملاقًا بإرادة لا تقهر عند التعامل مع رجال آخرين، لكنه يصبح سهل الإدارة والتأثير في يد المرأة التي يختارها.

معظم الرجال لن يعترفوا أبدًا بتأثرهم بسهولة بالنساء اللواتي يفضلنهن، إذ إن طبيعتهم تدفعهم إلى إظهار قوتهم وسيطرتهم كذكرٍ مهيمن. والمرأة الذكية تدرك هذا الجانب الرجولي الدقيق، فتتعامل معه بمهارة فائقة، دون أن تحول الأمر إلى صراع أو جدال، بل تستخدمه لصالحها بهدوء وحنكة.

هناك رجال يدركون تمامًا تأثير النساء اللواتي يفضلنهن——سواء كن زوجات، أو حبيبات، أو أمهات، أو أخوات——لكنهم يتعاملون مع هذا التأثير بحنكة ودون مقاومة، مدركين **أن لا رجل يمكن أن يكون سعيدًا أو مكتملًا دون اللمسة المهدئة والموجّهة للمرأة المناسبة.** أما من يغفل عن هذه الحقيقة، فهو يسلب نفسه مصدر قوة خفية، تلك القوة التي مكنت الرجال عبر التاريخ من تحقيق النجاح والتفوّق أكثر من أي عامل آخر مجتمَع.

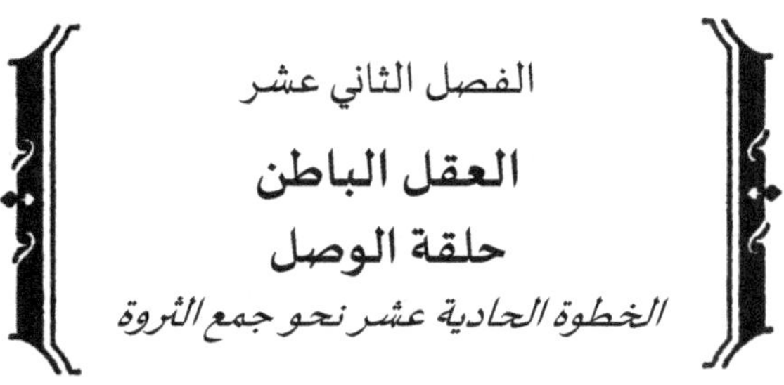

العقل الباطن هو مستودع الوعي العميق؛ فيه تُصنَّف وتُحفَظ كل فكرة تصل إلى العقل الواعي عبر أيٍّ من الحواس الخمس، تمامًا كما تُحفَظ المستندات في خزانة ملفات. ويمكن استدعاء هذه الأفكار أو سحبها متى شئت، بحسب ما زُرع فيها سابقًا.

يستقبل العقل الباطن جميع الانطباعات والأفكار دون تمييز، سواء كانت إيجابية أو سلبية. وبإمكانك، **بإرادتك الحرة**، أن تزرع فيه أي خطة أو فكرة أو هدف تريد تحويله إلى واقع مادي أو عائد مالي. وهو يستجيب أولًا للرغبات الأقوى والأكثر شحنًا بالعاطفة، ولا سيما تلك الممزوجة بالإيمان.

اربط هذه الحقيقة بالتوجيهات الواردة في فصل **الرغبة**، وبالخطوات الست المذكورة هناك، وكذلك بما جاء في فصل وضع الخطط وتنفيذها، وستدرك الأهمية البالغة لهذه الفكرة.

العقل الباطن يعمل بلا توقف، ليلًا ونهارًا. وبطريقة لا يدركها الإنسان كليًا، يستمد قوته من الذكاء اللامتناهي، ويستخدمها لتحويل الرغبات المزروعة فيه إلى واقع ملموس، مستعينًا دائمًا بأنسب الوسائل وأكثرها عملية لتحقيق الهدف.

لا يمكنك التحكم بعقلك الباطن تحكمًا كاملًا، ولكن يمكنك أن تُسلّمه طوعًا أي خطةٍ أو رغبةٍ أو هدفٍ ترغب في تحويله إلى واقعٍ ملموس. اقرأ، مرةً أخرى، تعليمات استخدام العقل الباطن في فصلِ الإيحاء الذاتي.

هناك أدلةٌ كثيرةٌ تدعم الاعتقاد بأن العقل الباطن هو حلقة الوصل بين العقل البشري المحدود والذكاء اللامتناهي. إنه الوسيط الذي يُمكن من خلاله استمداد القوة من الذكاء اللامتناهي متى شاء. وهو وحده الذي يحتوي على العملية السرية التي تُعدّل بها الدوافع العقلية وتُحوّل إلى ما يُقابلها روحيًا. هو وحده الوسيلة التي يرفع بها الدعاء إلى المصدر القادر على إجابته.

إن إمكانيات الجهد الإبداعي المرتبطة بالعقل الباطن هائلةٌ وعصيةٌ على الإدراك، تُثير في النفس شعورًا بالرهبة.

لا أتطرق أبدًا إلى الحديث عن العقل الباطن دون شعورٍ بالضآلة والنقص، ربما لأن رصيد الإنسان المعرفي في هذا الموضوع محدودٌ للغاية. إن مجرد كون العقل الباطن وسيلةً للتواصل بين عقل الإنسان المفكر والذكاء المطلق، لهو أمرٌ يُشلّ العقل تقريبًا.

بعد أن تُسلّم بوجود العقل الباطن، وتفهم إمكانياته كوسيلةٍ لتحويل **رغباتك إلى ما يُقابلها ماديًا، ستُدرك المعنى الكامل للتعليمات الواردة في فصل الرغبة.**

العقل الباطن

ستفهم أيضًا سبب التنبيه المتكرر لك **بضرورة توضيح رغباتك وتدوينها**. ستدرك أيضًا أهمية **المثابرة** في تنفيذ التعليمات.

المبادئ الثلاثة عشر هي المحفزات التي تُمكنك من الوصول إلى عقلك الباطن والتأثير فيه. لا تيأس إن لم تنجح في المحاولة الأولى. تذكر أن العقل الباطن لا يُمكن توجيهه طوعًا إلا *من خلال العادة*، وفقًا للتوجيهات الواردة في فصل الإيمان. وإذا لم تُتح لك الفرصة بعد لإتقان **الإيمان**، تحلَّ بالصبر والمثابرة.

سيتم تكرار العديد من العبارات الواردة في فصلي الإيمان والإيحاء الذاتي هنا، لفائدة **عقلك الباطن**. تذكر أن عقلك الباطن يعمل طوعًا، سواء *بذلت جهدًا للتأثير فيه أم لا*. هذا، بطبيعة الحال، يوحي لك بأن أفكار الخوف والفقر، وكل الأفكار السلبية، تُحفز عقلك الباطن، *ما لم تُسيطر* على هذه الدوافع وتُغذيه بأفكارٍ أكثر إيجابية.

لن يبقى عقلك الباطن خاملاً! إذا لم تُرسخ فيه **الرغبات**، فسيتغذى على الأفكار التي تصل إليه *نتيجة إهمالك*. وقد أوضحنا سابقاً أن الدوافع الفكرية، السلبية منها والإيجابية، تصل إلى عقلك الباطن باستمرار، من المصادر الأربعة المذكورة في فصل تحويل الطاقة الجنسية.

يكفيك الآن أن تتذكر أنك تعيش يوميًا وسط سيلٍ من الأفكار التي تصل إلى عقلك الباطن دون علمك. بعض هذه الأفكار سلبية، وبعضها إيجابية. أنت الآن تسعى جاهدًا لكبح جماح الأفكار السلبية، والتأثير طوعًا على عقلك الباطن من خلال دوافع إيجابية من **الرغبة**.

عندما تُحقق ذلك، ستمتلك المفتاح الذي يفتح لك باب عقلك الباطن. بل ستتحكم بهذا الباب تحكمًا كاملًا، بحيث لا تستطيع أي فكرة غير مرغوب فيها التأثير على عقلك الباطن.

كل ما يُبدعه الإنسان يبدأ بفكرة. لا يستطيع الإنسان أن يُبدع شيئًا لم يتصوره أولًا في ذهنه. وبمساعدة الخيال، يُمكن تجميع **الأفكار** في خطط. والخيال، إذا ما تم التحكم فيه، يُمكن استخدامه لوضع خطط وأهداف تُؤدي إلى النجاح في المهنة التي اختارها المرء.

جميع الأفكار التي تُزرع طوعًا في العقل الباطن، والمُراد تحويلها إلى ما يُقابلها ماديًا، لا بد أن تمر عبر الخيال، وأن تمتزج بالإيمان. ولا يُمكن "مزج" الإيمان بخطة أو هدف، مُراد إخضاعه للعقل الباطن، إلا من خلال الخيال.

من هذه العبارات، ستلاحظ بسهولة أن الاستخدام الإرادي للعقل الباطن يتطلب

العقل الباطن

تنسيق وتطبيق جميع المبادئ. وقد قدمت إيلا ويلكوكس دليلًا على فهمها لقوة العقل الباطن عندما كتبت:

"لا يمكنك أبدًا التنبؤ بما ستفعله فكرة ما، سواء جلبت لك الكراهية أو الحب،

فالأفكار أشياء، وأجنحتها الهوائية أسرع من الحمام الزاجل.

إنها تتبع قانون الكون، فكل شيء يخلق مثله،

وهي تنطلق بسرعة على المسار لتعيد إليك ما خرج من ذهنك."

أدركت السيدة ويلكوكس حقيقة أن الأفكار التي تنبع من العقل الباطن تترسخ فيه بعمق، حيث تعمل كمغناطيس أو نمط أو مخطط يؤثر به على العقل الباطن أثناء ترجمتها إلى ما يُقابلها ماديًا. فالأفكار أشياء حقيقية، لأن كل شيء مادي يبدأ في صورة طاقة فكرية.

العقل الباطن أكثر عرضة للتأثر بنبضات الفكر الممزوجة بالمشاعر، من تلك التي تنشأ من العقل المنطقي فقط. في الواقع، هناك أدلة كثيرة تدعم نظرية أن الأفكار المشحونة عاطفيًا **فقط** هي التي تُؤثر **فعليًا** على العقل الباطن. من المعروف أن العاطفة تُسيطر على معظم الناس. إذا صحّ أن العقل الباطن يستجيب ويتأثر بشكل أسرع

بسرعة أكبر بنبضات الفكر الممزوجة بالعاطفة، فمن الضروري التعرّف على أهم المشاعر. هناك سبعة مشاعر إيجابية رئيسية، وسبعة مشاعر سلبية رئيسية. تتغلغل المشاعر السلبية *طواعيةً* في دوافع التفكير، مما يضمن وصولها إلى العقل الباطن. أما المشاعر الإيجابية، فيجب غرسها، عبر مبدأ الإيحاء الذاتي، في دوافع التفكير التي يرغب الفرد في إيصالها إلى عقله الباطن. (تجدون التعليمات في فصل الإيحاء الذاتي).

يمكن تشبيه هذه المشاعر، أو دوافع الشعور، بالخميرة في رغيف الخبز، لأنها تُشكل عنصر **الفعل** الذي يُحوّل دوافع التفكير من حالة السكون إلى حالة النشاط. وهكذا يُمكن فهم سبب استجابة دوافع التفكير الممزوجة بالعاطفة بشكل أفضل من دوافع التفكير النابعة من "العقل البارد".

أنت تُعِدّ نفسك للتأثير في "الجمهور الداخلي" لعقلك الباطن والسيطرة عليه، كي تسلّمه **رغبتك** في المال ليحوّلها إلى مكافئها المادي. ولهذا، من الضروري أن تفهم أسلوب مخاطبة هذا الجمهور الداخلي. فالعقل الباطن لا يستجيب للكلمات الجافة أو للمنطق وحده؛ بل يجب أن تخاطبه بلغته الخاصة، وإلا فلن يصغي إليك. وهذه اللغة هي لغة العاطفة والإحساس. لذلك، سنعرض هنا العواطف الإيجابية السبع الرئيسية، والعواطف السلبية السبع الرئيسية، حتى تتمكن من الاعتماد على الإيجابي منها، وتجنّب السلبي، عند توجيه أوامرك إلى عقلك الباطن.

العقل الباطن

المشاعر الإيجابية السبعة الرئيسية

مشاعر الرغبة
مشاعر الإيمان
مشاعر الحب
مشاعر الجنس
مشاعر الحماس
مشاعر الرومانسية
مشاعر الأمل

هناك مشاعر إيجابية أخرى، لكن هذه هي الأقوى والأكثر استخدامًا في الإبداع. أتقن هذه المشاعر السبعة (لا يُمكن إتقانها إلا **بالممارسة**)، وستكون المشاعر الإيجابية الأخرى تحت تصرفك عند الحاجة. تذكر، في هذا السياق، أنك تدرس كتابًا يهدف إلى مساعدتك على تنمية وعيك المالي *من خلال ملء عقلك بالمشاعر الإيجابية*. لا يُمكن للمرء أن يصبح واعيًا ماليًا بملء عقله بالمشاعر السلبية.

المشاعر السلبية السبعة الرئيسية
(يجب تجنبها)

مشاعر الخوف
مشاعر الحسد
مشاعر الكراهية
مشاعر الانتقام
مشاعر الطمع
مشاعر الخرافات
مشاعر الغضب

لا يمكن للمشاعر الإيجابية والسلبية أن تشغل العقل في آنٍ واحد، بل يجب أن يطغى أحدهما. تقع على عاتقك مسؤولية ضمان سيطرة المشاعر الإيجابية على عقلك.

هنا يأتي دور قانون **العادة**. عوّد *نفسك* على تطبيق المشاعر الإيجابية واستخدامها! ستسيطر هذه المشاعر على عقلك تمامًا، بحيث *لا تستطيع المشاعر السلبية اختراقه*.

فقط باتباع هذه التعليمات حرفيًا وباستمرار، يمكنك السيطرة على عقلك الباطن. يكفي وجود شعور سلبي واحد في عقلك الواعي *للقضاء على أي فرصة للمساعدة البناءة من عقلك الباطن*.

إذا كنتَ شخصًا مُتأمّلًا، فلا بد أنك لاحظتَ أن معظم الناس يلجؤون إلى الصلاة **فقط** بعد أن **تفشل** كل الوسائل الأخرى! أو أنهم يصلّون بكلماتٍ جوفاء لا معنى لها. ولأنّ من الحقائق أن معظم الناس لا يصلّون **إلا بعد** أن تفشل **كل الوسائل الأخرى**، فإنهم يذهبون إلى الصلاة وعقولهم مليئة **بالخوف والشك**، *وهما المشاعر التي يتفاعل معها العقل الباطن*، وينقلها إلى الحكمة الإلهية. وبالمثل، فإنّ هذه المشاعر هي التي تتلقاها الحكمة الإلهية، **وتستجيب لها.**

إذا دعوتَ الله لأمرٍ ما، ولكنك تخشى أثناء دعائك ألا يُستجاب لك، أو ألا تستجيب لك الحكمة الإلهية، *فإنّ دعاءك سيكون عبثًا*.

لكن الصلاة، في بعض الأحيان، تُؤتي ثمارها. إذا سبق لك أن مررت بتجربة إستجابة ما دعوت به، فارجع إلى ذاكرتك، وتذكر **حالتك الذهنية** الفعلية أثناء الدعاء، وستعرف بالتأكيد أن النظرية الموصوفة هنا هي أكثر من مجرد نظرية.

العقل الباطن

سيأتي يوم تُدرّس فيه المدارس والمؤسسات التعليمية "علم الدعاء". وعندها يمكن للدعاء أن يصبح، بل سيصبح، علمًا منظمًا. وحين يحين ذلك الوقت—وسيحين ما إن يصبح البشر مستعدين له ويطالبون به—لن يقترب أحد من العقل الكوني وهو يحمل الخوف في قلبه، والسبب بسيط: لأن الخوف ذاته لن يعود موجودًا.

عندئذٍ ستزول الجهل والخرافة والتعليم الزائف، وسيبلغ الإنسان مكانته الحقيقية بوصفه ابنًا للذكاء اللامتناهي. وقد نال هذا الامتياز بالفعل قلة من البشر.

إن بدا لك هذا التنبؤ بعيدًا عن الواقع، فألقِ نظرة على تاريخ البشرية. فقبل أقل من مئة عام، كان الناس يعتقدون أن البرق دليل على غضب الله، وكانوا يخشونه. أما اليوم، وبفضل قوة **الإيمان**، استطاع الإنسان أن يُسخِّر البرق ويحوّله إلى طاقة تُدير عجلات الصناعة.

وقبل أقل من قرن أيضًا، كان يُعتقد أن الفضاء بين الكواكب ليس سوى فراغ هائل ميت، امتداد من العدم. أما اليوم، وبفضل القوة ذاتها: **الإيمان**، بات الإنسان يدرك أن هذا الفضاء ليس ميتًا ولا فارغًا، بل حيٌّ نابض، وهو أعلى صور الاهتزاز المعروفة، باستثناء—ربما—اهتزاز **الفكر** نفسه.

وفوق ذلك، أصبح الإنسان يدرك أن هذه الطاقة الحيّة النابضة بالاهتزاز، التي تسري في كل ذرة من ذرات المادة وتملأ كل حيّز من أرجاء الكون، تربط كل عقل بشري بكل عقل بشري آخر.

ما الذي يدفع الناس للاعتقاد بأن هذه الطاقة نفسها لا تربط كل عقل بشري بالذكاء اللامتناهي؟

لا توجد بوابات عبور بين عقل الإنسان المحدود والذكاء اللامتناهي. فالتواصل لا يكلّف مالًا، بل يتطلّب الصبر، والإيمان، والمثابرة، والفهم، **ورغبة صادقة وحقيقية في الاتصال.**

ثم إن هذا الطريق لا يمكن أن يسلكه أحد نيابةً عنك؛ على الفرد أن يخطوه بنفسه. فالدعاء المدفوع الأجر بلا قيمة، لأن الذكاء اللامتناهي لا يعمل بالوكالة. إمّا أن تتواصل مباشرة، أو لا يحدث التواصل أصلًا.

قد تشتري كتب الأدعية وتكررها حتى يوم مماتك، دون جدوى. فالأفكار التي ترغب في إيصالها إلى الحكمة الإلهية، يجب أن تخضع لتحول، وهو تحول لا يمكن أن يحدث إلا من خلال عقلك الباطن.

إن طريقة التواصل مع الحكمة الإلهية تشبه إلى حد كبير طريقة نقل الصوت عبر الراديو. إذا كنت تفهم مبدأ عمل الراديو، فأنت تعلم بالطبع أن الصوت لا ينتقل عبر الأثير إلا بعد "تكبيره"، أي تحويله إلى تردد لا تستطيع الأذن البشرية إدراكه. تلتقط محطة الإرسال الراديوية صوت الإنسان، ثم "تشفره"، أي تعدله، عن طريق تكبير تردده ملايين المرات. بهذه الطريقة فقط، يمكن نقل الصوت عبر الأثير. بعد حدوث هذا التحول، يلتقط الأثير الطاقة (التي كانت في الأصل على شكل اهتزازات صوتية)، وينقلها إلى محطات استقبال الراديو، حيث تعمل هذه المحطات على خفض تردد الطاقة إلى معدل اهتزازها الأصلي ليتم التعرف عليها كصوت.

العقل الباطن

العقل الباطن هو الوسيط الذي يترجم دعاء المرء إلى مصطلحات يفهمها الذكاء اللامتناهي، ثم يعرض الرسالة، ويعيد الإجابة على شكل خطة أو فكرة محددة لتحقيق غاية الدعاء. بفهم هذا المبدأ، ستدرك لماذا لا يمكن، ولن تكون أبدًا، الكلمات المقروءة من كتاب الأدعية وسيلةً للتواصل بين عقل الإنسان والذكاء اللامتناهي.

قبل أن يصل دعاءك إلى الذكاء اللامتناهي (وهذا مجرد رأي المؤلف)، فإنه على الأرجح يتحول من اهتزازه الفكري الأصلي إلى اهتزاز روحي. الإيمان هو الوسيلة الوحيدة المعروفة التي تمنح أفكارك طابعًا روحيًا. **الإيمان والخوف** لا يجتمعان. *حيثما يوجد أحدهما، لا يمكن أن يوجد الآخر.*

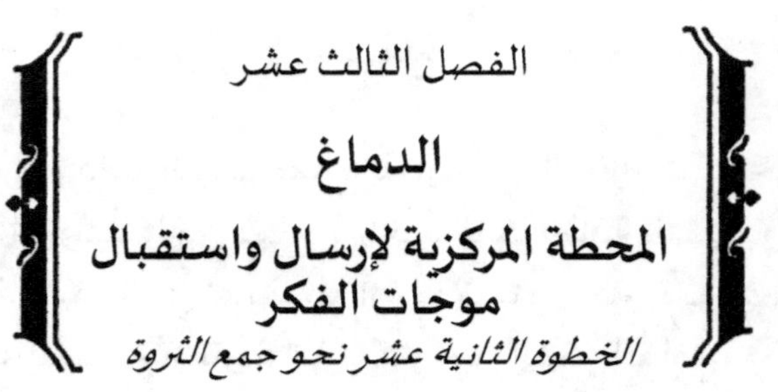

الدماغ
المحطة المركزية لإرسال واستقبال موجات الفكر
الخطوة الثانية عشر نحو جمع الثروة

قبل أكثر من عشرين عامًا، لاحظ المؤلف، بالتعاون مع الراحل الدكتور ألكسندر غراهام بيل والدكتور إلمر ر. غيتس، أن كل دماغ بشري هو محطة بث واستقبال لذبذبات الفكر.

وعبر الأثير، بطريقة مشابهة لمبدأ البث الإذاعي، يستطيع كل دماغ بشري التقاط ذبذبات الفكر الصادرة عن أدمغة أخرى.

بالرجوع إلى ما ورد في الفقرة السابقة، قارن وتأمل وصف الخيال الخلاق، كما هو موضح في فصل الخيال. الخيال الخلاق هو "جهاز الاستقبال" في الدماغ، الذي يستقبل الأفكار الصادرة عن أدمغة الآخرين. إنها وسيلة التواصل بين العقل الواعي، أو العقل المنطقي، والمصادر الأربعة التي يتلقى منها المرء محفزات الفكر.

عندما يُحفَّز العقل، أو يُرفع مستوى اهتزازه، يصبح أكثر تقبلاً لاهتزاز الفكر الذي يصل إليه عبر الأثير من مصادر خارجية. تتم عملية رفع مستوى الاهتزاز هذه من خلال المشاعر الإيجابية أو السلبية. فمن خلال المشاعر، يمكن زيادة اهتزازات الفكر.

الدماغ

الاهتزازات ذات التردد العالي للغاية هي الاهتزازات الوحيدة التي يلتقطها الأثير وينقلها من دماغ إلى آخر. الفكر طاقة تنتقل بتردد اهتزاز عالٍ للغاية. الفكر الذي تم تعديله أو رفع مستوى اهتزازه بواسطة أي من المشاعر الرئيسية، يهتز بتردد أعلى بكثير من الفكر العادي، وهذا النوع من الفكر هو الذي ينتقل من دماغ إلى آخر، عبر آلية بث المعلومات في الدماغ البشري.

تتبوأ الرغبة الجنسية مكانةً متقدمةً بين المشاعر الإنسانية، من حيث شدتها وقوتها الدافعة. فالدماغ الذي يُثار بفعل الرغبة الجنسية يهتز بوتيرة أسرع بكثير مما هو عليه عندما تكون هذه الرغبة خاملة أو غائبة.

نتيجةً لذلك، يرتفع معدل اهتزاز الأفكار إلى درجة تجعل الخيال الإبداعي شديد الاستجابة للأفكار التي يلتقطها من العالم الخارجي. من جهة أخرى، عندما يهتز الدماغ بوتيرة سريعة، فإنه لا يجذب فقط الأفكار التي تُطلقها أدمغة أخرى عبر العالم الخارجي، بل يمنح أفكار المرء نفسه ذلك "الشعور" الضروري قبل أن يلتقطها العقل الباطن ويتفاعل معها. وهكذا، يتضح أن مبدأ البث هو العامل الذي من خلاله تمزج الشعور أو العاطفة بأفكارك وتنقلها إلى عقلك الباطن.

العقل الباطن هو "محطة الإرسال" في الدماغ، التي تُبثّ من خلالها ذبذبات الفكر.

الخيـال الخلاق هـو "جهـاز الاستقبال"، الـذي يلتقط ذبذبات الفكر من العـدم.

إلى جانب العوامل المهمة للعقل الباطن، وملكة الخيال الخلاق، التي تُشكّل أجهزة الإرسـال والاستقبال في آلية البثّ الذهني لديك، تأمل الآن في مبدأ الإيحاء الذاتي، وهو الوسيلة التي يمكنك من خلالها تشغيل محطة "البثّ" الخاصة بك.

من خلال التعليمات الموضحـة في فصل الإيحاء الذاتي، تعرّفتَ بوضـوح على الطريقة التي يُمكن بها تحويل الرغبة إلى ما يُعادلها ماديًا.

تشـغيل محطة "البثّ" الذهني لديك إجراء بسـيط نسبيًا. ما عليك سـوى تذكّر ثلاثة مبادئ وتطبيقها عند رغبتك في استخدام محطة البثّ الخاصة بك: **العقل الباطن، والخيال الخلاق، والإيحاء الذاتي**. لقد تم شرح المحفزات التي تُفعّل هذه المبادئ الثلاثة - وتبدأ العملية **بالرغبة**.

أعظم القوى "غير ملموسة".

دفعت الأزمة الاقتصادية العالم إلى حافة فهم القوى غير الملموسـة وغير المرئية. على مر العصـور، اعتمد الإنسـان بشكل مفرط على حواسـه الجسـدية، وحصر معرفته في الأشياء المادية التي يمكنه رؤيتها ولمسها ووزنها وقياسها.

الدماغ

إننا ندخل الآن أروع العصور على الإطلاق، عصرٌ سيعلمنا شيئًا عن القوى الخفية للعالم من حولنا. ولعلنا نتعلم، ونحن نجتاز هذا العصر، أن "الذات الأخرى" أقوى من الذات المادية التي نراها عندما ننظر في المرآة.

يتحدث الناس أحيانًا باستخفاف عن الأمور الخفية، تلك التي لا يدركونها بأي من حواسهم الخمس، وعندما نسمعهم، ينبغي أن يُذكرنا ذلك *بأننا جميعًا نخضع لقوى غير مرئية وغير ملموسة.*

لا يملك البشر مجتمعين القدرة على مواجهة القوة الخفية الكامنة في أمواج المحيطات المتلاطمة، ولا على السيطرة عليها. فالإنسان لا يملك القدرة على فهم قوة الجاذبية الخفية، التي تُبقي هذه الأرض الصغيرة معلقة في الهواء، وتمنع الإنسان من السقوط منها، فضلًا عن القدرة على التحكم بتلك القوة.

الإنسان خاضع تمامًا للقوة الخفية التي تصاحب العواصف الرعدية، وهو عاجزٌ تمامًا أمام قوة الكهرباء الخفية - بل إنه لا يعرف حتى ما هي الكهرباء، أو من أين تأتي، أو ما هو الغرض منها!

ولا يقتصر جهل الإنسان على هذا فحسب، بل يتجاوزه إلى ما هو أبعد من ذلك. فهو لا يفهم القوة الخفية (والذكاء) الكامنة في تراب الأرض -*القوة التي تمدّه بكل لقمة طعام يأكلها، وكل قطعة ملابس يرتديها، وكل دولار يحمله في جيبه.*

القصة الدرامية للدماغ

وأخيرًا وليس آخرًا، الإنسان، بكل ما يتباهى به من ثقافة وتعليم، لا يفهم إلا القليل، أو لا يفهم شيئًا على الإطلاق، عن قوة *الفكر الخفية* (أعظم ما في الخفاء).

لا يعرف الكثير عن الدماغ المادي، وشبكته الواسعة من الآليات المعقدة التي تُترجم من خلالها قوة الفكر إلى ما يُقابلها ماديًا، ولكنه الآن يدخل عصرًا سيُسفر عن فهم أعمق لهذا الموضوع. وقد بدأ العلماء بالفعل بتوجيه اهتمامهم لدراسة هذا الشيء الهائل المسمى الدماغ، وبينما لا يزالون في المراحل الأولى من دراساتهم، فقد اكتشفوا ما يكفي من المعرفة ليدركوا أن لوحة التحكم المركزية للدماغ البشري، أي عدد الخطوط التي تربط خلايا الدماغ ببعضها، يساوي الرقم واحد، متبوعًا بخمسة عشر مليون رمز.

قال الدكتور سي. جودسون هيريك، من جامعة شيكاغو: "إن هذا الرقم هائلٌ للغاية، لدرجة أن الأرقام الفلكية التي تتناول مئات الملايين من السنين الضوئية تبدو ضئيلةً بالمقارنة. لقد تبيّن أن هناك ما بين 10 مليارات و14 مليار خلية عصبية في القشرة الدماغية البشرية، ونعلم أنها مُرتبةٌ وفق أنماطٍ مُحددة. هذه الترتيبات ليست عشوائية، بل مُنظمة. وتقوم أساليب الفيزيولوجيا الكهربائية الحديثة باستخلاص تيارات الفعل من خلايا أو ألياف مُحددة بدقةٍ متناهية باستخدام أقطابٍ كهربائية دقيقة، ثم تُضخّمها باستخدام أنابيب الراديو، وتُسجّل فروق الجهد الكهربائي بدقةٍ تصل إلى جزءٍ من مليون من الفولت."

من غير المعقول أن توجد مثل هذه الشبكة المعقدة من الآليات لغرض وحيد هو القيام بالوظائف الفيزيائية المصاحبة لنمو الجسم المادي والحفاظ عليه.

الدماغ

أليس من المحتمل أن النظام نفسه، الذي يتيح لمليارات خلايا الدماغ وسيلة للتواصل فيما بينها، يوفر أيضًا وسيلة للتواصل مع القوى غير الملموسة الأخرى؟

بعد كتابة هذا الكتاب، وقبل إرسال المخطوطة إلى الناشر مباشرةً، نُشر في صحيفة نيويورك تايمز افتتاحية تُشير إلى أن جامعة مرموقة واحدة على الأقل، وباحثًا بارعًا في مجال الظواهر العقلية، يُجريان بحثًا منظمًا توصلا من خلاله إلى استنتاجات تُوازي العديد من تلك المذكورة في هذا الفصل والفصل التالي. حللت افتتاحية المجلة بإيجاز العمل الذي قام به الدكتور راين وزملاؤه في جامعة ديوك، وهو:

"ما هو التخاطر؟"

"قبل شهر، أشرنا في هذه الصفحة إلى بعض النتائج المذهلة التي حققها البروفيسور راين وزملاؤه في جامعة ديوك من خلال أكثر من مئة ألف اختبار لتحديد وجود التخاطر والاستبصار. وقد لُخِّصت هذه النتائج في المقالتين الأوليين في مجلة هاربرز. وفي المقال الثاني الذي نُشر الآن، يحاول الكاتب إي. إتش. رايت تلخيص ما تم التوصل إليه، أو ما يبدو من المعقول استنتاجه، بشأن الطبيعة الدقيقة لهذين النمطين من الإدراك "الخارق للحواس".

"يبدو الآن لبعض العلماء أن وجود التخاطر والاستبصار أمرٌ مرجحٌ للغاية نتيجةً لتجارب راين. فقد طُلب من مجموعة من الأشخاص تسمية أكبر عدد ممكن من البطاقات في مجموعة خاصة دون النظر إليها ودون أي وسيلة حسية أخرى للوصول إليها."

تم اكتشاف نحو عشرين رجلاً وامرأةً ممـن يستطيعون تسمية العديد من البطاقات بشكل صحيح وبانتظام، لدرجة أنه "لم يكن هناك أي احتمال، ولو ضئيلاً للغاية، أن يكون ذلك محض صدفة أو حظ".

"لكن كيف فعلوا ذلك؟ هذه القدرات، بافتراض وجودها، لا تبدو حسية. فلا يوجد عضو معروف مسؤول عنها. وقد نجحت التجارب بنفس الكفاءة على مسافات تصل إلى مئات الأميال كما نجحت في الغرفة نفسها. هذه الحقائق، في رأي السيد رايت، تُبطل محاولة تفسير التخاطر أو الاستبصار من خلال أي نظرية فيزيائية للإشعاع. فجميع أشكال الطاقة الإشعاعية المعروفة تتناقص عكسياً مع مربع المسافة المقطوعة. أما التخاطر والاستبصار فلا ينطبق عليهما ذلك. لكنهما يتغيران تبعاً لأسباب فيزيائية كما تتغير قدراتنا العقلية. وخلافاً للاعتقاد السائد، فإنهما لا يتحسنان عندما يكون الشخص نائماً أو شبه نائم، بل على العكس، عندما يكون في كامل يقظته وانتباهه. وقد اكتشف رشين أن تعاطي المخدرات يؤدي حتمًا إلى خفض درجة المُدرِك، بينما يؤدي تعاطي المنشطات دائمًا إلى رفعها. ويبدو أن أكثر الأشخاص موثوقية لا يستطيع تحقيق درجة جيدة إلا إذا بذل قصارى جهده.

"يخلص رايت بثقة إلى أن التخاطر والاستبصار هما في الحقيقة موهبة واحدة. أي أن القدرة التي "ترى" بطاقة مقلوبة على طاولة تبدو هي نفسها التي "تقرأ" فكرة كامنة في عقل شخص آخر. وهناك عدة أسباب تدعم هذا الاعتقاد.

فعلى سبيل المثال، وُجدت هاتان الموهبتان حتى الآن لدى كل شخص يتمتع بأي منهما. وفي كل حالة، كانت الموهبتان متساويتين تقريبًا في القوة. ولا تؤثر الحواجز أو الجدران أو المسافات على أي منهما على الإطلاق." ينطلق رايت من هذا الاستنتاج لِيُعبّر عمّا يطرحه باعتباره مجرد "حدس" بأنّ التجارب الحسية الخارقة الأخرى، والأحلام النبوئية، والتنبؤات بالكوارث، وما شابهها، قد تكون أيضاً جزءاً من نفس القدرة. لا يُطلب من القارئ قبول أيٍّ من هذه الاستنتاجات إلا إذا رأى ذلك ضرورياً، ولكنّ الأدلة التي جمعها راين لا تزال مثيرة للإعجاب.

في ضوء إعلان الدكتور راين بشأن الظروف التي يستجيب فيها العقل لما يسميه أنماط الإدراك "الخارقة للحواس"، أشعر الآن بالفخر لإضافة شهادتي إلى ما ذكره، فأؤكد أنني وزملائي اكتشفنا ما نعتقد أنها الظروف المثالية لتحفيز العقل، بحيث يمكن تفعيل الحاسة السادسة، الموصوفة في الفصل التالي، بشكل عملي.

تتمثل هذه الظروف في تعاون وثيق بيني وبين اثنين من أعضاء فريقي. من خلال التجربة والممارسة، اكتشفنا كيفية تحفيز عقولنا (بتطبيق المبدأ المستخدم في "المستشارين الخفيين" الموصوف في الفصل التالي) لنتمكن، عبر دمج عقولنا الثلاثة في عقل واحد، من إيجاد حلول لمجموعة واسعة من المشكلات الشخصية التي يعرضها عليّ موكلي.

الإجراء بسيط للغاية.

نجلس حول طاولة الاجتماعات، ونوضح طبيعة المشكلة التي نناقشها، ثم نبدأ مناقشتها. يساهم كل منا بما يخطر بباله من أفكار. الأمر الغريب في هذه الطريقة لتحفيز العقل هو أنها تضع كل مشارك في تواصل مع مصادر معرفية مجهولة، خارجة تمامًا عن نطاق خبرته.

إذا كنت تفهم المبدأ المذكور في فصل "التفكير الجماعي"، فستدرك بالطبع أن إجراء المائدة المستديرة الموصوف هنا هو تطبيق عملي لهذا المبدأ.

توضّح هذه الطريقة لتحفيز العقل، من خلال النقاش المتناغم حول موضوع محدد بين ثلاثة أشخاص، أبسط وأكفأ استخدام لمبدأ العقل الجمعي

باتباع خطة مماثلة، يُمكن لأي دارس لهذه الفلسفة أن يكتسب صيغة كارنيجي الشهيرة، التي وُصفت بإيجاز في المقدمة. إذا لم تكن هذه الصيغة مألوفة لديك الآن، فضع علامة على هذه الصفحة واقرأها مرة أخرى بعد الانتهاء من الفصل السابق.

كان "الركود" نعمةً مُقنّعة. لقد أعاد العالم بأسره إلى نقطة انطلاق جديدة، مانحًا كل فرد فرصةً جديدة.

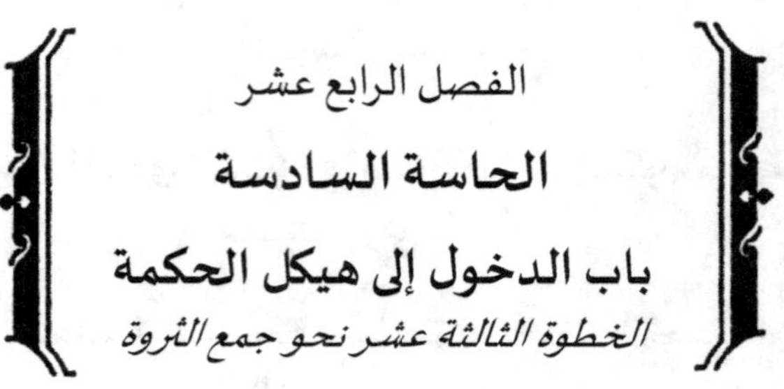

يُعرف المبدأ "الثالث عشر" **بالحاسة السادسة**، التي من خلالها يستطيع الذكاء اللامتناهي التواصل طواعيةً، دون أي جهد أو طلب من الفرد.

هذا المبدأ هو ذروة الفلسفة. لا يمكن استيعابه وفهمه وتطبيقه **إلا** بإتقان المبادئ الاثني عشر الأخرى أولًا.

الحاسة السادسة هي ذلك الجزء من العقل الباطن الذي يُشار إليه بالخيال الخلاق. ويُشار إليه أيضًا بـ"مجموعة الاستقبال" التي من خلالها تومض الأفكار والخطط والخواطر إلى العقل. تُسمى هذه "الومضات" أحيانًا "حدسًا" أو "إلهامًا".

الحاسة السادسة تتحدّى الوصف؛ فلا يمكن شرحها لمن لم يُحكم السيطرة على بقية مبادئ هذه الفلسفة، لأن مثل هذا الشخص يفتقر إلى الخبرة والمعرفة التي تمكّنه من مقارنتها بشيء مألوف. إن فهم الحاسة السادسة لا يأتي إلا عبر التأمل وتنمية العقل *من الداخل*. ومن المرجّح أن تكون الحاسة السادسة وسيلة الاتصال بين عقل الإنسان المحدود والذكاء اللامتناهي؛ *ولهذا فهي تمثّل مزيجًا من العقل والروح معًا*. ويُعتقد أنها النقطة التي يتصل عندها عقل الإنسان بالعقل الكوني.

الحاسة السادسة

بعد إتقان المبادئ المذكورة في هذا الكتاب، ستكون مستعدًا لتقبّل حقيقة قد تبدو لك غير معقولة، وهي:

بفضل الحاسة السادسة، ستُنذر بالمخاطر المحدقة في الوقت المناسب لتجنبها، وتُعلم بالفرص في الوقت المناسب لاغتنامها.

مع تطوّر الحاسة السادسة، يظهر في خدمتك—وكأنه ملاك حارس—قوة داخلية تهديك وتفتح لك في كل وقت باب الدخول إلى هيكل الحكمة.

وهل هذا الوصف حقيقة حرفية أم مجرد رمز؟ لن تعرف الجواب إلا إذا طبّقت ما ورد في هذا الكتاب، أو سلكت طريقًا مشابهًا في التجربة والممارسة.

إن المؤلف لا يؤمن بـ المعجزات ولا يروّج لها، لأنه يدرك أن الطبيعة *لا تخالف قوانينها أبدًا*. غير أن بعض هذه القوانين عميقة إلى حدٍّ يجعلها تبدو، في نظرنا، وكأنها خارقة للعادة. وتكاد الحاسة السادسة تكون أقرب ما عرفتُ إلى المعجزة، لا لأنها تخالف قوانين الطبيعة، بل لأن آلية عملها ما تزال خفية على الفهم الواعي. الحاسة السادسة هي أقرب ما يكون إلى المعجزة مما اختبرته في حياتي، ويبدو لي كذلك فقط لأني لا أفهم آلية عملها.

فما يعرفه المؤلف يقينًا: هو أن هناك قوةً، أو سببًا أولًا، أو ذكاءً كليًا، يتخلّل كل ذرة من ذرات المادة، ويحتوي كل وحدة من وحدات الطاقة التي يستطيع الإنسان إدراكها. هذا الذكاء اللامتناهي هو الذي يحوّل البذرة الصغيرة إلى شجرة بلوط عظيمة، ويجعل الماء ينحدر إلى الأسفل وفق قانون الجاذبية، ويُتبع الليل بالنهار، والشتاء بالصيف، بحيث يحافظ كلٌّ منها على مكانه ونظامه وعلاقته بالآخر.

ويمكن استنهاض هذا الذكاء——من خلال مبادئ هذه الفلسفة—— ليُسهم في تحويل **الرغبات** إلى واقع ملموس، وإلى صورة مادية محددة. ويملك المؤلف هذه المعرفة لا على سبيل الظن أو التخمين، بل لأنه جرّبها بنفسه... **وعاشها تجربةً حقيقية.**

خطوة بخطوة، عبر الفصول السابقة، وصلتَ إلى هذا المبدأ الأخير. إذا كنتَ قد أتقنتَ كل المبادئ السابقة، فأنتَ الآن مستعدٌّ لتقبّل، دون *شك*، الادعاءات الهائلة الواردة هنا. إذا لم تكن قد أتقنت المبادئ الأخرى، فعليك فعل ذلك قبل أن تتمكن من تحديد ما إذا كانت الادعاءات الواردة في هذا الفصل حقيقة أم خيالًا.

وأثناء مروري بمرحلة "الإعجاب بالأبطال"، وجدت نفسي أسعى إلى تقليد أولئك الذين كنت أُجلّهم أكثر من غيرهم. كما اكتشفت أن عنصر **الإيمان** الذي صاحَب محاولتي في الاقتداء بنماذجي الملهمة، منحني قدرة كبيرة على النجاح في هذا التقليد وتحقيقه بفاعلية.

لم أتخلَّ يومًا تخليًا كاملًا عن هذه العادة في تقديس العظماء والاقتداء بهم، رغم أنني تجاوزت السن التي يُفترض عادة أن تنتهي عندها مثل هذه النزعة. وقد علّمتني التجربة أن أقرب طريق إلى العظمة الحقيقية——إن تعذّرت——هو محاكاة العظماء في المشاعر والسلوك، بأكبر قدر ممكن.

قبل أن أخطّ حرفًا واحدًا للنشر، وقبل أن أقف يومًا لإلقاء خطاب أمام الناس، كنت قد اعتدتُ على صقل شخصيتي وإعادة بنائها من خلال محاكاة تسعة رجال كانت حياتهم وإنجازاتهم الأكثر إلهامًا وتأثيرًا في نفسي.

كان هؤلاء الرجال التسعة هم: إيمرسون، باين، إديسون، داروين، لينكولن، بوربانك، نابليون، فورد، وكارنيجي. كل ليلة، وعلى مدى سنوات طويلة، كنتُ أعقد اجتماعًا تخيليًا مع هذه المجموعة التي أسميتها "مستشاريّ الخفيين".

كانت الطريقة كالتالي: قبل النوم مباشرة، كنتُ أغمض عينيّ، وأرى في مخيلتي هذه المجموعة من الرجال جالسين معي حول طاولة مجلسي. لم تكن لديّ فرصة الجلوس بين من أعتبرهم عظماء فحسب، بل كنتُ في الواقع أُهيمن على المجموعة، بصفتي رئيسًا لها.

كان لديّ **هدفٌ واضحٌ** جدًا من إطلاق العنان لمخيلتي من خلال هذه الاجتماعات الليلية. كان هدفي إعادة بناء شخصيتي بحيث تُمثّل مزيجًا من شخصيات مستشاريّ التخيليين. إدراكًا مني، في مقتبل عمري، لضرورة التغلب على عائق ولادتي في بيئة يسودها الجهل والخرافات، تعمدتُ تكليف نفسي بمهمة إعادة بناء ذاتي طوعًا من خلال الطريقة الموصوفة هنا.

بناء الشخصية عبر الإيحاء الذاتي

بصفتي دارسًا جادًا لعلم النفس، كنتُ أعلم، بطبيعة الحال، أن كل إنسان قد أصبح على ما هو عليه بسبب **أفكاره ورغباته المهيمنة**. كنتُ أعلم أن لكل رغبة متأصلة أثرًا يدفع المرء إلى البحث عن تعبير خارجي يُحوّل تلك الرغبة إلى واقع. كنتُ أعلم أن الإيحاء الذاتي عاملٌ قوي في بناء الشخصية، بل هو في الواقع المبدأ الوحيد الذي تُبنى به الشخصية.

بهذه المعرفة بمبادئ عمل العقل، كنتُ مُجهزًا تجهيزًا جيدًا بالأدوات اللازمة لإعادة بناء شخصيتي. في اجتماعات المجلس التخيلية هذه، دعوتُ أعضاء حكومتي لأستقي منهم المعرفة التي أودّ أن يساهم بها كلٌّ منهم، مخاطبًا كل عضوٍ منهم بكلماتٍ مسموعة، على النحو التالي:-

"السيد إيمرسون، أرغب في اكتساب الفهم الرائع للطبيعة الذي ميّز حياتك. أرجو منك أن تُرسّخ في ذهني الباطن الصفات التي امتلكتها، والتي مكّنتك من فهم قوانين الطبيعة والتكيّف معها. أرجو منك مساعدتي في الوصول إلى مصادر المعرفة المتاحة لهذا الغرض والاستفادة منها.

"السيد بوربانك، أرجو منك أن تُطلعني على المعرفة التي مكّنتك من مواءمة قوانين الطبيعة إلى درجة أنك جعلت الصبار يُسقط أشواكه، ويُصبح طعامًا صالحًا للأكل. امنحني المعرفة التي مكّنتك من إنبات نصلين من العشب حيث كان ينبت نصلة واحدة فقط، وساعدتك على مزج ألوان الزهور بمزيد من الروعة والتناغم، فأنت وحدك من نجحت في تزيين الزنبق بالذهب."

يا نابليون، أرغب في أن أكتسب منك، بالاقتداء بك، تلك القدرة الرائعة التي كنت تمتلكها على إلهام الرجال، وحثّهم على بذل المزيد من الجهد والعزيمة. كما أرغب في اكتساب روح **الإيمان** الراسخ، التي مكّنتك من تحويل الهزيمة إلى نصر، وتجاوز العقبات الجسام. يا إمبراطور القدر، يا ملك الصدفة، يا صاحب المصير، أحييك!

يا سيد باين، أرغب في أن أكتسب منك حرية الفكر، والشجاعة والوضوح في التعبير عن قناعاتك، وهي الصفات التي ميّزتك!

يا سيد داروين، أرغب في أن أكتسب منك الصبر الرائع، والقدرة على دراسة السبب والنتيجة، دون تحيّز، كما تجلّى ذلك فيك في مجال العلوم الطبيعية.

يا سيد لينكولن، أرغب في أن أغرس في شخصيتي حسّ العدالة المرهف، وروح الصبر التي لا تكل، وروح الدعابة، والفهم الإنساني، والتسامح، وهي الصفات التي ميّزتك.

سيد كارنيجي، أنا مدين لك بالفعل لاختياري مهنة حياتي، التي جلبت لي سعادة غامرة وراحة بال. أرغب في اكتساب فهم عميق لمبادئ *العمل المنظم*، التي وظفتها ببراعة في بناء صرح صناعي عظيم.

سيد فورد، لقد كنت من أكثر الرجال عونًا لي، إذ زودتني بالكثير من المواد الأساسية لعملي. أرغب في اكتساب روح المثابرة لديك، والعزيمة، والاتزان، والثقة بالنفس التي مكنتك من التغلب على الفقر، وتنظيم وتوحيد وتبسيط العمل البشري، حتى أتمكن من مساعدة الآخرين على السير على خطاك.

"سيد إديسون، لقد أجلستك في أقرب مكان لي، على يميني، تقديراً لتعاونك الشخصي معي خلال بحثي في أسباب النجاح والفشل. أرغب في أن أكتسب منك روح **الإيمان** الرائعة، التي كشفت بها العديد من أسرار الطبيعة، وروح العمل الدؤوب التي انتزعت بها النصر من الهزيمة مراراً وتكراراً."

كانت طريقتي في مخاطبة أعضاء مجلس الوزراء المتخيل تختلف باختلاف الصفات التي كنتُ مهتمًا باكتسابها في تلك اللحظة. درستُ سجلات حياتهم بعناية فائقة. بعد بضعة أشهر من هذا الروتين الليلي، ذُهلتُ باكتشاف أن هذه الشخصيات المتخيلة أصبحت، على ما يبدو، حقيقية .

"كل واحد من هؤلاء التسعة رجال طور سمات فردية خاصة به، مما أدهشني. فعلى سبيل المثال، طور لينكولن عادة التأخر دائمًا، ثم التجول بعد ذلك في مسيرة رسمية ووقورة. وعندما يصل، يمشي ببطء شديد ويداه متشابكتان خلفه، وأحيانًا يتوقف لحظة أثناء مروره، ويضع يده لفترة وجيزة على كتفي. كان دائمًا يعكس الجدية على وجهه، ونادرًا ما رأيته يبتسم. لقد جعلته هموم أمة ممزقة شخصًا جادًا."

"لم يكن الحال كذلك مع الآخرين. فقد كان بيربانك وباين غالبًا ما ينخرطان في محادثات ذكية ومرحة، أحيانًا تصدم باقي أعضاء الحكومة. وفي إحدى الليالي، اقترح باين أن أعد محاضرة عن "عصر العقل" وألقيها من مُنبر الكنيسة التي كنت أحضرها سابقًا. ضحك كثيرون حول الطاولة من الاقتراح. لكن لا نابليون! فقد هبطت زوايا فمه وخرّ بصوت عالٍ حتى التفت الجميع إليه بدهشة. بالنسبة له، كانت الكنيسة مجرد أداة للدولة، لا لإصلاحها، بل لاستخدامها كحافز مناسب لتحريك الناس وتنشيط النشاط الجماهيري."

في إحدى المرات، تأخر بوربانك. وعندما وصل، كان متحمسًا للغاية، وشرح سبب تأخره، وهو تجربة كان يجريها، يأمل من خلالها أن يتمكن من زراعة التفاح على أي نوع من الأشجار.

مازح باين لينكولن مذكّرًا إياه بأن تفاحة واحدة كانت أصل كل المتاعب بين الرجل والمرأة. فضحك داروين بملء قلبه، واقترح على باين أن يكون حذرًا من الثعابين الصغيرة عندما يدخل الغابة لقطف التفاح، إذ إن لها عادة غريبة في التحول إلى أفاعٍ كبيرة. عندها علّق إمرسون قائلاً: "لا ثعابين، لا تفاح". أما نابليون فاختصر الفكرة بجملته الحاسمة: "لا تفاح، لا دولة!".

اعتاد لينكولن أن يكون آخر من يغادر الطاولة بعد كل اجتماع. في إحدى المرات، انحنى على طرف الطاولة، وذراعاه مطويتان، وبقي على تلك الحال لعدة دقائق. لم أحاول إزعاجه. أخيرًا، رفع رأسه ببطء، ونهض، وسار إلى الباب، ثم استدار، وعاد، ووضع يده على كتفي وقال: "يا بني، ستحتاج إلى شجاعة كبيرة إذا بقيت ثابتًا في تحقيق هدفك في الحياة. لكن تذكر، عندما تواجهك الصعوبات، فإن عامة الناس لديهم حس سليم. ستنميه المحن."

في إحدى الأمسيات، وصل إديسون قبل الجميع. اقترب مني وجلس على يساري، حيث اعتاد إيمرسون الجلوس، وقال: "مُقدَّرٌ لك أن تشهد اكتشاف سر الحياة. عندما يحين الوقت، ستلاحظ أن الحياة تتكون من أسراب هائلة من الطاقة، أو كيانات، كل منها ذكيٌّ كما يظن البشر أنفسهم. تتجمع هذه الوحدات الحيوية معًا كخلايا النحل، وتبقى متماسكة حتى تتفكك *بسبب غياب الانسجام*.

تختلف هذه الوحدات في الرأي، تمامًا كالبشر، وكثيرًا ما تتقاتل فيما بينها. ستكون هذه الاجتماعات التي تعقدها مفيدةً لك للغاية. ستجلب لك بعضًا من نفس الوحدات الحيوية التي خدمت أعضاء حكومتك خلال حياتهم. هذه الوحدات أبدية. **لا تموت أبدًا!** أفكارك ورغباتك هي بمثابة المغناطيس الذي يجذب وحدات الحياة من المحيط العظيم للحياة المحيط بك. ويجذب فقط الوحدات المتناغمة والودية—تلك التي تتوافق مع طبيعة **رغباتك.**

بدأ باقي أعضاء مجلس الوزراء بالدخول إلى الغرفة. نهض إديسون، وسار ببطء إلى مقعده. كان إديسون لا يزال على قيد الحياة حينها. أثّر بي الأمر بشدة، فذهبت لرؤيته وأخبرته بما حدث. ابتسم ابتسامة عريضة وقال: "كان حلمك أقرب إلى الواقع مما تتخيل". لم يُضف أي توضيح آخر.

أصبحت هذه اللقاءات واقعية للغاية لدرجة أنني خشيت عواقبها، فتوقفت عنها لعدة أشهر. كانت التجارب غريبة جدًا، وكنت أخشى إن استمريت فيها أن أغفل حقيقة *أنها مجرد خيال.*

بعد ستة أشهر تقريبًا من توقفي عن هذه الممارسة، استيقظت ذات ليلة، أو هكذا ظننت، عندما رأيت لينكولن واقفًا بجانب سريري. قال: "سيحتاج العالم قريبًا إلى خدماتك. إنه على وشك المرور بفترة من الفوضى ستجعل الرجال والنساء يفقدون إيمانهم، ويصابون بالذعر".

امضِ قُدماً في عملك وأكمل فلسفتك. هذه هي رسالتك في الحياة. إن أهملتَها، لأي سبب كان، ستعود إلى حالتك البدائية، وتُجبر على إعادة تكرار الدورات التي مررت بها على مدى آلاف السنين.

في صباح اليوم التالي، لم أستطع التمييز بين ما إذا كنتُ أحلم أوما إذا كنتُ مستيقظاً، ولم أعرف منذ ذلك الحين أيهما كان، لكنني أعلم أن الحلم، إن كان حلماً، كان واضحاً جداً في ذهني في اليوم التالي لدرجة أنني استأنفت اجتماعاتي في الليلة التالية.

في اجتماعنا التالي، دخل جميع أعضاء حكومتي إلى الغرفة معاً، وجلسوا على مقاعدهم المعتادة حول طاولة المجلس، بينما رفع لينكولن كأساً وقال: "أيها السادة، فلنشرب نخب صديق عاد إلى صفوفنا".

بعد ذلك، بدأتُ بإضافة أعضاء جدد إلى مجلسي، حتى أصبح الآن يضم أكثر من خمسين عضوًا، من بينهم المسيح، والقديس بولس، وغاليليو، وكوبرنيكوس، وأرسطو، وأفلاطون، وسقراط، وهوميروس، وفولتير، وبرونو، وسبينوزا، ودروموند، وكانط، وشوبنهاور، ونيوتن، وكونفوشيوس، وإلبرت هوبارد، وبران، وإنجرسول، وويلسون، وويليام جيمس .

هذه هي المرة الأولى التي أتحلى فيها بالشجاعة لأذكر هذا. لطالما التزمتُ الصمت حيال هذا الموضوع، لأني كنتُ أعلم، من خلال موقفي من هذه الأمور، أنني سأُساء فهمي لو وصفتُ تجربتي غير المألوفة. لقد تشجعتُ الآن على تدوين تجربتي، لأني لم أعد أهتم كثيرًا بما "يقولون" عما كنتُ عليه في السنوات الماضية.

واحدة من نعم النضج هي أنه أحيانًا يمنح الإنسان شجاعة أكبر للصدق، بغض النظر عما قد يعتقده أو يقوله أولئك الذين لا يفهمون.

لئلا يُساء فهمي، أودّ أن أؤكد هنا بكلّ وضوح أنني ما زلت أعتبر اجتماعات مجلس وزرائي محض خيال، ولكني أرى من حقي أن أشير إلى أنه على الرغم من أن أعضاء مجلس وزرائي قد يكونون من نسج الخيال، وأن الاجتماعات لا وجود لها إلا في مخيلتي، فقد قادتني إلى دروبٍ رائعة من المغامرة، وأعادت إحياء تقديري للعظمة الحقيقية، وشجعتني على السعي الإبداعي، وعززت لديّ القدرة على التعبير عن أفكار صادقة.

يوجد في مكان ما في بنية خلايا الدماغ عضوٌ يستقبل ذبذبات الفكر التي تُعرف عادةً باسم "الحدس". لم يكتشف العلم حتى الآن مكان وجود هذا العضو المسؤول عن الحاسة السادسة، ولكن هذا ليس مهمًا. فالحقيقة تبقى أن البشر يتلقون معرفة دقيقة من مصادر أخرى غير الحواس الجسدية. وعادةً ما تُستقبل هذه المعرفة عندما يكون العقل تحت تأثير تحفيز استثنائي. فأي حالة طارئة تُثير المشاعر وتتسبب في تسارع نبضات القلب قد تُفعّل الحاسة السادسة، بل غالبًا ما تفعل ذلك. وكل من كاد أن يتعرض لحادث أثناء القيادة، يعلم أن الحاسة السادسة غالبًا ما تُنقذه في مثل هذه الحالات، وتُساعده، في أجزاء من الثانية، على تجنب الحادث.

هـذه الحقائق تُذكر تمهيدًا لبيان حقيقـة سـأذكرها الآن، وهي أنني خلال لقـاءاتي مع "المستشارين الخفيين" أجد عقلي أكثر تقبلاً للأفكار والمعارف التي تصـلني عبر الحاسـة السـادسـة. وبكل صـدق، أستطيع القـول إنني مدين بالكامل لـ"مستشاريّ الخفيين" بالفضل في هذه الأفكار والحقائق والمعارف التي تلقيتها عن طريق "الإلهام".

في مناسبات عديدة، عندما واجهتُ حالات طارئة، بعضها كان خطيرًا لدرجـة أن حياتي كانت في خطر، تم توجيهي بـشكلٍ معجزٍ لتجاوز هذه الصـعوبات بفضـل تأثير "مستشاريّ الخفيين".

كان هدفي الأصلي من عقد اجتماعات المجلس مع كائنات متخيلة هـو غرس صـفات معينة في عقلي الباطن، من خلال مبدأ الإيحاء الذاتي، صـفات كنت أرغب في اكتسابها. في السـنوات الأخيرة، اتخذت تجاربي منحنى مختلف تمامًا. فأنا الآن أستشير مستشاريّ المتخيلين في كل مشكلة صعبة تواجهني وتواجه عملائي. غالبًا ما تكون النتائج مذهلة، مع أنني لا أعتمد كليًا على هذا النوع من الاستشارة.

لا شـك أنك أدركت أن هذا الفصـل يتناول موضـوعًا يجهله معظم الناس. الحاسـة السـادسـة موضـوعٌ ذو أهمية بالغة وفائدة عظيمة لمن يسـعى إلى جمع ثروة طائلة، ولكنه ليس بالضرورة هاماً لمن لديهم طموحات أكثر تواضعًا.

لا شـك أن هنري فـورد يفهـم الحاسـة السـادسـة ويستفيد منها عمليًا. فعملياته التجارية والمالية الضـخمة تجعل من الضروري لـه فهم هذا المبدأ وتطبيقه.

أدرك الراحل توماس أديسون الحاسة السادسة واستخدمها في تطوير الاختراعات، لا سيما تلك المتعلقة ببراءات الاختراع الأساسية، والتي لم يكن لديه فيها خبرة بشرية ولا معرفة متراكمة ترشده، كما كان الحال أثناء عمله على آلة التسجيل الصوتي وآلة عرض الصور المتحركة.

أدرك معظم القادة العظماء، مثل نابليون وبسمارك وجان دارك والمسيح وبوذا وكونفوشيوس والنبي محمد، الحاسة السادسة، وربما استخدموها باستمرار. ويكمن جزء كبير من عظمتهم في معرفتهم بهذا المبدأ.

الحاسة السادسة ليست شيئًا يمكن اكتسابه أو فقدانه حسب الرغبة. تأتي القدرة على استخدام هذه القوة العظيمة تدريجيًا، من خلال تطبيق المبادئ الأخرى الموضحة في هذا الكتاب. ونادرًا ما يكتسب أي شخص معرفة عملية بالحاسة السادسة قبل سن الأربعين. في أغلب الأحيان، لا تتوفر هذه المعرفة إلا بعد تجاوز الخمسين، وذلك لأن القوى الروحية، المرتبطة ارتباطًا وثيقًا بالحاسة السادسة، لا تنضج ولا تُصبح قابلة للاستخدام إلا من خلال سنوات من التأمل، وفحص الذات، والتفكير العميق.

مهما كانت هويتك، أو ما كان هدفك من قراءة هذا الكتاب، يمكنك الاستفادة منه حتى دون فهم المبدأ المذكور في هذا الفصل. وهذا ينطبق بشكل خاص إذا كان هدفك الرئيسي هو جمع المال أو غيره من الممتلكات المادية.

أُدرج فصل الحاسـة السادسـة لأن الكتـاب مصمـم لتقديـم فلسـفة شـاملة تُرشـد الأفراد بلا شك في تحقيق كل ما يصبون إليه في الحيـاة. نقطة انطلاق كل إنجاز هي **الرغبة**، ونقطة النهاية هي ذلك النـوع من **المعرفة** الذي يقود إلى الفهم - فهم الذات، وفهم الآخرين، وفهم قوانين الطبيعة، وإدراك **السعادة** وفهمها.

لا يكتمل هذا الفهم إلا بالإلمام بمبدأ الحاسة السادسة واستخدامه، ولذا كان لا بد من إدراج هذا المبدأ ضمن هذه الفلسفة، لفائدة من يطمحون إلى ما هو أبعد من المال.

بعد قراءة هذا الفصـل، لا بـد أنك لاحظتَ ارتقاء ذهنك إلى مسـتوى عالٍ من التحفيز. رائع! عُد إليه بعد شـهر، واقرأه مرة أخرى، ولاحظ كيف سـيرتفع ذهنك إلى مسـتوى أعلى من التحفيز. كرّر هذه التجربة بين الحين والآخـر، دون أن تُبالي بكمية ما تتعلمه في كل مرة، وسـتجد نفسك في نهاية المطاف تمتلك قوةً تُمكنك من التخلص من الإحباط، والسـيطرة على الخـوف، والتغلب على التسـويف، وإطلاق العنان لخيالك. حينها سـتشعر بلمسـة ذلك "الشيء" الخفي الذي كان بمثابة الروح المحركة لكل مفكر عظيـم، وقائـد، وفنـان، وموسـيقي، وكاتب، ورجل دولة. حينها سـتكون في موقـع يسـمح لك بتحويل **رغباتك** إلى واقع مادي أو مالي بسـهولة، بدل الاستسـلام أو التراجـع عند أول مقاومة تواجهك.

الإيمان في مواجهة الخوف!

شـرحت الفصـول السـابقة كيفيـة تنميـة **الإيمان** من خلال الإيحاء الذاتي، والرغبـة، والعقل الباطن. يقدم الفصـل التالي تعليمـات مفصلة لإتقان التغلب على **الخوف**.

ستجد هنا وصفًا وافيًا للمخاوف السـتة التي تُعدّ سببًا رئيسيًا للإحباط، والتردد، والمماطلة، واللامبالاة، والحيرة، وانعدام الطموح، والاعتماد على الذات، والمبـادرة، وضبـط النفس، والحمـاس.

تفحّص نفسك جيدًا وأنت تدرس هذه المخاوف السـتة، فقد لا تكون موجودة إلا في عقلك الباطن، حيث يصعب إدراك وجودها.

تذكر أيضًا، وأنت تحلل "أشباح الخوف السـتة"، أنها ليست سوى أوهـام، لأنها موجودة فقط في العقل.

تذكر أيضًا أن الأشباح - وهي من صنع الخيـال الجامح - قد تسببت في معظم الأضرار التي ألحقها الناس بعقولهم، ولذلك، يمكن أن تكون الأشباح خطيرة كما لـو كانت تعيش وتسير على الأرض بأجسـاد مادية.

كان شبح الخوف من الفقر، الذي سـيطر على عقول الملايين عام 1929، حقيقيًا لدرجة أنه تسبب في أسوأ أزمة اقتصادية شهدتها البلاد على الإطلاق. علاوة على ذلك، لا يزال هذا الشبح تحديدًا يُرعب بعضنا بشدة.

كيف تتغلب على
أشباح الخوف الستة

تأمل نفسك وأنت تقرأ هذا الفصل الختامي، واكتشف عدد "الأشباح" التي تقف في طريقك.

قبل أن تتمكن من تطبيق أي جزء من هذه الفلسفة بنجاح، يجب أن يكون عقلك مستعدًا لاستقبالها. التحضير ليس صعبًا. يبدأ بدراسة وتحليل وفهم ثلاثة أعداء عليك التخلص منهم: **التردد، والشك، والخوف!**

لن تعمل الحاسة السادسة أبدًا ما دامت هذه السلبيات الثلاث، أو أي منها، موجودة في ذهنك. أعضاء هذا الثالوث المشؤوم مترابطون ترابطًا وثيقًا؛ فحيثما وُجد أحدهم، وُجد الآخران بالقرب منه.

التردد هو بذرة **الخوف**! تذكر هذا وأنت تقرأ. يتبلور التردد إلى **شك**، ثم يمتزجان ليصبحا **خوفًا**! غالبًا ما تكون عملية "الاندماج" بطيئة. هذا أحد أسباب خطورة هؤلاء الأعداء الثلاثة. فهم ينمون ويتطورون دون أن يلاحظ وجودهم.

يصف ما تبقى من هذا الفصل غايةً لا بد من بلوغها قبل أن تُطبَّق الفلسفة، ككل، تطبيقًا عمليًا.

كما يُحلّل هذا الفصل حالةً أدّت، مؤخرًا، إلى فقر أعدادٍ هائلة من الناس، ويُبيّن حقيقةً يجب أن يُدركها كل من يُراكم الثروات، سواءً قُيست بالمال أو بحالة ذهنية أثمن من المال.

يهدف هذا الفصل إلى تسليط الضوء على سبب وعلاج المخاوف الستة الأساسية. قبل أن نتمكن من التغلب على عدو، يجب أن نعرف اسمه وعاداته وموطنه. أثناء قراءتك، حلِّل نفسك بدقة، وحدد أيًّا من المخاوف الستة الشائعة، إن وُجد، قد تسلَّل إليك.

لا تنخدع بعادات هؤلاء الأعداء الماكرين. فهم أحيانًا يختبئون في العقل الباطن، حيث يصعب تحديد مكانهم، ويصعب القضاء عليهم.

المخاوف الستة الأساسية

هناك ستة مخاوف أساسية، يعاني منها كل إنسان بشكل منفرد او بمزيج منها في وقت ما. معظم الناس محظوظون إن لم يعانوا من جميعها. وهي مرتبة حسب شيوعها:-

الخوف من الفقر
الخوف من النقد الذي يكمن في صميم
الخوف من المرض معظم هموم الإنسان

الخوف من فقدان الحبيب
الخوف من الشيخوخة
الخوف من الموت

جميع المخاوف الأخرى أقل أهمية، ويمكن تصنيفها تحت هذه العناوين الستة.

إن انتشار هذه المخاوف، كلعنة على العالم، يتكرر في دورات. فعلى مدى ست سنوات تقريبًا، خلال فترة الكساد الكبير، كنا نتخبط في دوامة **الخوف من الفقر.**

خلال الحرب العالمية الثانية، كنا نقع في دوامة **الخوف من الموت**. بعد الحرب مباشرةً، كنا نعيش في دوامة **الخوف من المرض**، كما يتضح من تفشي الأوبئة في جميع أنحاء العالم.

المخاوف ليست سوى حالات ذهنية، والحالة الذهنية قابلة للتحكم والتوجيه. وكما هو معلوم، فإن الأطباء أقل عرضة للإصابة بالأمراض من عامة الناس، لأنهم **لا يخشون المرض**. فقد عُرف عن الأطباء، دون خوف أو تردد، أنهم كانوا على اتصال مباشر بمئات الأشخاص يوميًا ممن يعانون من أمراض معدية كالجُدري، دون أن يُصابوا بالعدوى. كانت مناعتهم ضد المرض، إلى حد كبير، إن لم يكن كليًا، في انعدام **الخوف** لديهم.

لا يستطيع الإنسان أن يخلق شيئًا لم يتصوره أولًا في صورة دافع فكري. يلي هذا البيان بيانٌ آخر أكثر أهمية، ألا وهو: أن دوافع الإنسان الفكرية تبدأ فورًا في التحول إلى ما يُقابلها ماديًا، سواء أكانت تلك الأفكار طوعية أم لا إرادية. فالدوافع الفكرية التي تُلتقط من الأثير، بمحض الصدفة (الأفكار التي أطلقتها عقول أخرى)، قد تُحدد مصير المرء المالي أو التجاري أو المهني أو الاجتماعي، تمامًا كما تفعل الدوافع الفكرية التي يُنشئها المرء عمدًا وعن قصد.

نحن هنا نضع الأساس لعرض حقيقة بالغة الأهمية لمن لا يفهم لماذا يبدو بعض الناس "محظوظين" بينما يبدو أن آخرين، ممن يملكون قدرات وتدريبًا وخبرة وسعة ذهنية مماثلة أو أكبر، مُقدّر لهم أن يواجهوا سوء الحظ. يمكن تفسير هذه الحقيقة بالقول إن *كل إنسان يملك القدرة على التحكم الكامل في عقله*، وبهذا التحكم، من البديهي أن كل شخص يستطيع أن يفتح عقله لأفكار عابرة تُطلقها عقول أخرى، أو أن يُغلق أبوابه بإحكام ولا يسمح إلا لأفكار من اختياره.

لقد وهب الإنسان الطبيعة سيطرة مطلقة على شيء واحد فقط، ألا وهو **الفكر**. هذه الحقيقة، بالإضافة إلى حقيقة أخرى وهي أن كل ما يُبدعه الإنسان يبدأ في صورة فكرة، تُقرّبنا كثيرًا من المبدأ الذي يُمكن من خلاله التغلب على الخوف.

إذا صحّ أن **لكل فكرة ميلًا إلى أن تتجسد في واقع مادي** (وهذا صحيحٌ بلا أدنى شك)، فمن الصحيح أيضًا أن دوافع الخوف والفقر لا يمكن ترجمتها إلى شجاعة أو مكاسب مالية.

بدأ الشعب الأمريكي بالتفكير في الفقر عقب انهيار وول ستريت عام 1929. شيئًا فشيئًا، تبلور هذا الفكر الجماعي إلى واقع مادي، عُرف باسم "الكساد". كان هذا حتميًا، فهو يتماشى مع قوانين الطبيعة.

الخوف من الفقر

لا مجال للتوفيق بين الفقر والغنى!

الطريقان المؤديان إلى الفقر والغنى يسيران في اتجاهين متعاكسين. إذا أردت الغنى، فعليك أن ترفض أي ظرف يقودك إلى الفقر. (كلمة "الغنى" هنا بمعناها الأوسع، أي الثروة المالية والروحية والعقلية والمادية). إنّ نقطة البداية في الطريق إلى الثراء هي **الرغبة**. في الفصل الأول، تلقيتَ إرشاداتٍ وافيةً حول الاستخدام الأمثل **للرغبة**. وفي هذا الفصل، الذي يتناول **الخوف**، ستجد إرشاداتٍ وافيةً حول كيفية تهيئة عقلك لاستخدام **الرغبة** استخدامًا عمليًا.

هنا، إذن، حان الوقت لتضع لنفسك تحديًا سيُحدد مدى استيعابك لهذه الفلسفة. هنا يمكنك أن تُصبح مُتنبئًا وتتنبأ بدقةٍ بما يُخبئه لك المستقبل. إذا كنتَ، بعد قراءة هذا الفصل، مُستعدًا لقبول الفقر، فعليك أن تُقرر قبوله. هذا قرارٌ لا مفرّ منه.

إذا كنتَ تطمح إلى الثراء، فحدد شكله ومقداره الذي يُرضيك. أنت تعرف الطريق إلى الثراء. لقد مُنحتَ خريطة طريق، إذا اتبعتها، ستُبقيك على هذا الطريق. إذا أهملتَ البدء، أو توقفتَ قبل الوصول، فلن يُلام أحدٌ **سواك**. هذه مسؤوليتك. لن يُعفيك أي عذر من تحمّل المسؤولية إن فشلتَ أو رفضتَ المطالبة بثروات الحياة، لأنّ تحمّلها لا يتطلّب سوى أمر واحد - وهو بالمناسبة الأمر الوحيد الذي يمكنك التحكّم فيه - ألا وهو **الحالة الذهنية.**

فكّر وازدد ثراءً

الحالة الذهنية هي شيء يتبنّاه المرء. لا يمكن شراؤها، بل يجب بناؤها.

الخوف من الفقر حالة ذهنية، لا غير! لكنّه كافٍ لتدمير فرص النجاح في أيّ مشروع، وهي حقيقة تجلّت بوضوح مؤلم خلال فترة الكساد.

هذا الخوف يُشلّ العقل، ويُدمّر الخيال، ويقضي على الاعتماد على الذات، ويُضعف الحماس، ويُثبّط المبادرة، ويؤدّي إلى عدم اليقين بشأن الهدف، ويُشجّع على التسويف، ويقضي على الحماس، ويجعل ضبط النفس مستحيلاً. إنها تسلب سحر الشخصية، وتدمر إمكانية التفكير الدقيق، وتشتّت تركيز الجهد، وتسيطر على المثابرة، وتحول قوة الإرادة إلى لا شيء، وتدمر الطموح، وتطمس الذاكرة، وتدعو إلى الفشل بكل شكل ممكن؛ إنها تقتل الحب وتغتال أرق مشاعر القلب، وتثبط الصداقة، وتدعو إلى الكوارث بمئة شكل، وتؤدي إلى الأرق والبؤس والتعاسة - وكل هذا على الرغم من الحقيقة الواضحة بأننا نعيش في عالم يفيض بكل ما يمكن أن يرغب فيه القلب، ولا شيء يقف بيننا وبين رغباتنا، باستثناء غياب هدف محدد.

خوف الفقر هو، بلا شك، الأكثر تدميراً بين المخاوف الستة الأساسية. وقد وُضع في مقدمة القائمة لأنه الأصعب في السيطرة عليه. يتطلب الأمر شجاعة كبيرة لقول الحقيقة حول مصدر هذا الخوف، وشجاعة أعظم لقبول الحقيقة بعد الكشف عنها. لقد نشأ خوف الفقر **من ميل الإنسان الموروث لاستغلال أخيه الإنسان.**

من الناحية الاقتصادية، تحرك الغريزة معظم الحيوانات الأدنى من الإنسان، لكن قدرتها على التفكير محدودة، ولذلك فهي تفترس بعضها بعضًا جسديًا. أما الإنسان، بحسه الحدسي المتفوق وقدرته على التفكير والتحليل، فلا يفترس أخاه الإنسان جسديًا، بل يجد متعة أكبر في استغلاله **ماديًا**. لقد بلغ جشع الإنسان حدًا دفعه إلى سنّ كل قانون ممكن لحمايته من أخيه الإنسان.

من بين جميع عصور العالم التي نعرف عنها القليل، يبدو أن عصرنا هو الأبرز بسبب هوس الإنسان بالمال. يُعتبر الإنسان أقل شأنًا من تراب الأرض ما لم يُظهر رصيدًا بنكيًا ضخمًا؛ ولكن إن امتلك المال - **بغض النظر عن كيفية حصوله عليه**، فهو "ملك" أو "شخصية مرموقة". هو فوق القانون، يحكم في السياسة، يهيمن في التجارة، والعالم بأسره ينحني له احترامًا عند مروره.

لا شيء يُسبب للإنسان معاناةً وذلًا مثل **الفقر**! وحدهم من ذاقوا مرارة الفقر يُدركون معناه الحقيقي. لا عجب أن يخشى الإنسان الفقر. فمن خلال تجارب متوارثة عبر الأجيال، تعلم الإنسان يقينًا أن بعض الرجال لا يُمكن الوثوق بهم في أمور المال والممتلكات الدنيوية. هذه حقيقة مُرّة، والأسوأ أنها **حقيقة**.

غالبية الزيجات مدفوعة بالثروة التي يمتلكها أحد الزوجين أو كلاهما. فلا عجب إذن أن تكون محاكم الطلاق مُزدحمة.

فكّر وازدد ثراءً

إن الإنسان مُتلهفٌ لامتلاك الثروة لدرجة أنه يسعى إليها بكل وسيلة مُمكنة - بالطرق القانونية إن أمكن - وبغيرها إن لزم الأمر أو كان ذلك مُناسبًا.

قد يكشف التأمل الذاتي عن نقاط ضعف لا يُحب المرء الاعتراف بها. هذا النوع من التقييم الذاتي ضروري لكل من يطمح إلى حياة تتجاوز التواضع والفقر. تذكر، وأنت تُقيّم نفسك نقطة بنقطة، أنك القاضي والمحلف، المدعي والمحامي، والمدعي والمدعى عليه، وأنك في محاكمة. واجه الحقائق بشجاعة. اطرح على نفسك أسئلة محددة واطلب إجابات مباشرة. عندما ينتهي التقييم، ستعرف المزيد عن نفسك. إذا لم تشعر أنك قادر على أن تكون قاضيًا محايدًا في هذا التقييم الذاتي، فاطلب من شخص يعرفك جيدًا أن يكون بمثابة القاضي بينما تُخضِع نفسك للمساءلة. أنت تسعى وراء الحقيقة. *احصل عليها مهما كلف الأمر، حتى لو شعرت بالحرج مؤقتًا!*

غالبية الناس، إذا سُئلوا عما يخشونه أكثر، سيجيبون: "لا أخشى شيئًا". ستكون الإجابة غير دقيقة، لأن قلة من الناس يدركون أنهم مُقيدون، مُعاقون، مُنهكون روحيًا وجسديًا بنوع من الخوف. إنّ شعور الخوف خفيٌّ ومتجذّرٌ لدرجة أن المرء قد يمضي حياته مثقلاً به دون أن يدرك وجوده. وحده التحليل الجريء يكشف عن وجود هذا العدوّ الكونيّ. عندما تبدأ هذا التحليل، ابحث بعمق في شخصيتك. إليك قائمة بالأعراض التي ينبغي عليك البحث عنها:

أعراض الخوف من الفقر

اللامبالاة. تتجلى عادةً في انعدام الطموح، والرضا بالفقر، وقبول أيّ تعويض تقدمه الحياة دون اعتراض، والكسل الذهني والجسدي، وانعدام المبادرة والخيال والحماس وضبط النفس.

التردد. عادة ترك الآخرين يفكرون نيابةً عنك، والبقاء على الحياد.

الشك. يتجلى عادةً في اختلاق الأعذار والتبريرات التي تهدف إلى التغطية على الإخفاقات أو تبريرها أو الاعتذار عنها، ويتجلى أحيانًا في صورة حسدٍ لمن هم ناجحون، أو بانتقادهم.

القلق. عادةً ما يتجلى ذلك في انتقاد الآخرين، والميل إلى الإنفاق بما يتجاوز الدخل، وإهمال المظهر الشخصي، والعبوس، والإفراط في تناول المشروبات الكحولية، وأحيانًا تعاطي المخدرات؛ والعصبية، وانعدام الاتزان، والوعي المفرط بالذات، وعدم الاعتماد على النفس.

الحذر المفرط. عادة البحث عن الجانب السلبي في كل ظرف، والتفكير والحديث عن الفشل المحتمل بدلًا من التركيز على سبل النجاح. معرفة جميع طرق الفشل، دون البحث عن خطط لتجنبه. انتظار "الوقت المناسب" لبدء تنفيذ الأفكار والخطط، حتى يصبح الانتظار عادةً دائمة.

تذكر من فشلوا، وتنسى من نجحوا. ترى الثقب في الدونات، وتتجاهل الدونات نفسها. التشاؤم يؤدي إلى عسر الهضم، ضعف الإخراج، التسمم الذاتي، رائحة الفم الكريهة، والمزاج السيء.

التسويف: عادة تأجيل ما كان يجب إنجازه العام الماضي إلى الغد. قضاء وقت طويل في اختلاق الأعذار والتبريرات لعدم إنجاز العمل. يرتبط هذا العرض ارتباطًا وثيقًا بالحذر المفرط، والشك، والقلق. رفض تحمل المسؤولية عند إمكانية تجنبها. الرغبة في التنازل بدلًا من خوض معركة شرسة. التنازل أمام الصعوبات بدلًا من استغلالها كخطوات نحو التقدم. المساومة مع الحياة على مكاسب زهيدة، بدلًا من المطالبة بالرخاء، والثراء، والغنى، والرضا، والسعادة. **التخطيط لما يجب فعله عند مواجهة الفشل، بدلاً من قطع جميع العلاقات وجعل التراجع مستحيلاً.** ضعف، بل وانعدام تام في كثير من الأحيان، الثقة بالنفس، ووضوح الهدف، وضبط النفس، والمبادرة، والحماس، والطموح، والاقتصاد، والقدرة على التفكير السليم. **توقع الفقر بدلاً من المطالبة بالثروة.** مصاحبة من يقبلون الفقر بدلاً من البحث عن صحبة من يطالبون بالثروة ويحصلون عليها.

المال له تأثيره!

سيسأل البعض: "لماذا كتبتَ كتاباً عن المال؟ لماذا تقيس الثروة بالدولار فقط؟" سيعتقد البعض، ولهم كل الحق في ذلك، أن هناك أنواعاً أخرى من الثروة أكثر جاذبية من المال.

نعم، هناك ثروات لا تُقاس بالدولار، ولكن هناك ملايين من الناس سيقولون: "أعطني كل المال الذي أحتاجه، وسأجد كل ما أريده".

السبب الرئيسي الذي دفعني لكتابة هذا الكتاب حول كيفية كسب المال هو أن العالم قد مر مؤخراً بتجربة تركت ملايين الرجال والنساء مشلولين بسبب **الخوف من الفقر**. وصف ويستبروك بيغلر، في صحيفة نيويورك وورلد-تليغرام، تأثير هذا النوع من الخوف على الإنسان وصفًا دقيقًا، قائلًا:

"المال ليس سوى أصداف أو أقراص معدنية أو قصاصات ورق، وهناك كنوز في القلب والروح لا يمكن شراؤها بالمال، لكن معظم الناس، نظرًا لفقرهم، غير قادرين على تذكّر ذلك والحفاظ على معنوياتهم. عندما يكون الرجل محبطًا ومُشرَدًا في الشارع، عاجزًا عن الحصول على أي عمل، يحدث شيء ما في روحه يمكن ملاحظته من ترهل كتفيه، وضعية قبعته، مشيته ونظراته. لا يستطيع الهروب من شعور بالنقص بين الأشخاص الذين لديهم وظائف منتظمة، رغم أنه يعلم بالتأكيد ليسوا متساوين معه في الأخلاق أو الذكاء أو القدرة."

"هؤلاء الأشخاص—حتى أصدقاؤه—يشعرون، من ناحية أخرى، بإحساس بالتفوق وينظرون إليه، ربما دون وعي، كضحية. قد يستدين لفترة قصيرة، لكن ليس بما يكفي لمواصلة أسلوب حياته المعتاد، ولا يستطيع الاستدانة لفترة طويلة. ومع ذلك، فإن الاستدانة في حد ذاتها، عندما يكون الرجل يستدين فقط ليعيش، تجربة محبطة، ويفتقر المال المستدان إلى قوة المال المكتسب في رفع معنوياته."

فكّر وازدد ثراءً

بالطبع، لا ينطبق هذا الكلام على المتشردين أو المنحرفين، بل على الرجال ذوي الطموح الطبيعي واحترام الذات.

"النساء يُخفين اليأس."

"يبدو أن النساء في نفس الوضع مختلفات. بطريقة ما، لا نفكر في النساء على الإطلاق عند الحديث عن المشردين والفقراء المدقعين. فهن نادراً ما يظهرن في طوابير الخبز، ونادراً ما يُرَين يتسولن في الشوارع، ولا يمكن تمييزهن في الحشود بنفس العلامات البسيطة التي تكشف عن الرجال المفلسين. بالطبع، لا أعني النساء المهترئات في شوارع المدينة اللواتي يمثلن النسخة المقابلة للرجال المشردين المعروفين. أعني النساء الشابات نسبيًا، المحترمات والذكيات. لا بد أن يكون هناك الكثير منهن، لكن يأسهن غير ظاهر أحيانًا، وربما يصل الحال ببعضهن إلى انتحارهن."

"عندما يكون الرجل محبطًا ومفلسًا، يجد نفسه مع وفرة من الوقت للتفكير والتأمل. قد يقطع أميالًا لرؤية شخص بشأن وظيفة، ليكتشف أن الوظيفة قد شُغلت بالفعل أو أنها إحدى تلك الوظائف التي لا تقدم راتبًا أساسيًا بل عمولة على بيع بعض الحاجيات عديمة القيمة التي لن يشتريها أحد إلا من باب الشفقة. عند رفضه ذلك، يجد نفسه مرة أخرى في الشارع بلا وجهة محددة، يتجول بلا هدف.

فيتجول ويمشي، يتأمل نوافذ المتاجر المليئة بالبذخ الذي لا يخصه، ويشعر بالنقص أمام الآخرين الذين يوقفهم الفضول أو الاهتمام النشط. قد يتوجه إلى محطة القطار أو يجلس في المكتبة ليريح ساقيه ويمتص بعض الدفء، لكن ذلك ليس بحثًا عن وظيفة، فيضطر للمواصلة. ربما لا يدرك، لكن تائه بلا هدف تكشفه شخصيته حتى لو لم تظهر عليه علامات الإرهاق في ملامحه. قد يكون مهندمًا بملابس باقية من أيام الوظيفة الثابتة، لكن الملابس لا تستطيع إخفاء ترهل جسده وإرهاقه الظاهر."

"المال يصنع الفرق."

"يرى آلافًا من الناس، محاسبين أو موظفين أو كيميائيين أو عمال نقل، منهمكين في عملهم، فيحسدهم من أعماق قلبه. لديهم استقلالهم، وكرامتهم، ورجولتهم، وهو ببساطة لا يستطيع إقناع نفسه بأنه رجل صالح أيضًا، رغم أنه يجادل ويصل إلى قناعة تامة ساعة بعد ساعة.

"المال هو ما يصنع هذا الفرق فيه. بقليل من المال سيعود كما كان."

"بعض أصحاب العمل يستغلون أقسى استغلال للفقراء والمفلسين. تقوم الوكالات بوضع بطاقات صغيرة ملونة تعرض أجورًا بائسة للرجال المفلسين—12 دولارًا في الأسبوع، 15 دولارًا في الأسبوع. وتعتبر وظيفة بقيمة 18 دولارًا في الأسبوع بمثابة كنز، أما من يقدم 25 دولارًا في الأسبوع فلا يعلق الإعلان في وكالة على بطاقة ملونة. لدي إعلان وظيفة مقصوص من صحيفة محلية يطلب كاتبًا ماهرًا ونظيفًا لتلقي طلبات الهاتف لمحل ساندويشات من الساعة 11 صباحًا حتى 2 ظهرًا مقابل 8 دولارات شهريًا—ليس 8 دولارات في الأسبوع، بل في الشهر! ويضيف الإعلان: 'حدد الدين'. هل يمكنك تخيل الوقاحة البشعة لأي شخص يطلب كاتبًا ماهرًا ونظيفًا مقابل 11 سنتًا في الساعة ويسأل عن دين الضحية؟ لكن هذا ما يُعرض على الأشخاص المفلسين بالفعل."

الخوف من النقد

لا أحد يستطيع الجزم كيف نشأ هذا الخوف لدى الإنسان، لكن المؤكد أنه يمتلكه بصورة متطورة للغاية.

يعتقد البعض أن هذا الخوف ظهر تقريبًا في الوقت الذي أصبحت فيه السياسة "مهنة". يعتقد آخرون أن هذا الخوف يعود إلى العصر الذي بدأت فيه النساء يهتممن بـ"أناقة" ملابسهن.

"هذا المؤلف، الذي ليس هزليًا ولا نبيًا، يميل إلى نسب الخوف الأساسي من النقد إلى جزء من الطبيعة الوراثية للإنسان، الذي يدفعه ليس فقط إلى أخذ ممتلكات الآخرين وسلعهم، بل إلى تبرير أفعاله عبر **انتقاد** شخصية الآخرين. ومن المعروف أن اللصّ ينتقد الشخص الذي يسرق منه، وأن السياسيين يسعون للسلطة ليس بإظهار فضائلهم ومؤهلاتهم، بل بمحاولة تشويه خصومهم."

يتخذ الخوف من النقد أشكالًا عديدة، أغلبها تافهة وغير مهمة. فالرجال الصلع، على سبيل المثال، لا يعانون من الصلع إلا خوفًا من النقد. يُصاب الرجال بالصلع بسبب ضيق قبعاتهم التي تقطع الدورة الدموية عن جذور الشعر. يرتدي الرجال القبعات ليس لحاجتهم إليها، بل لأسباب أخرى. لأن "الجميع يفعل ذلك". ينساق الفرد مع التيار ويفعل المثل، خشية أن **ينتقده** أحد. نادرًا ما نجد النساء صلعاء، أو حتى بشعر خفيف، لأنهن يرتدين قبعات فضفاضة، والغرض الوحيد من القبعات هو الزينة.

لكن لا ينبغي الظن أن النساء بمنأى عن الخوف من النقد. إذا ادعت أي امرأة تفوقها على الرجل في هذا الصدد، فاطلب منها أن تسير في الشارع مرتديةً قبعة من طراز عام 1890.

لم يتوانَ مصنّعو الملابس الأذكياء عن استغلال هذا الخوف الفطري من النقد، الذي ابتُلي به البشر جميعًا. تتغير أنماط العديد من الملابس في كل موسم. من يحدد النمط؟ بالتأكيد ليس مشتري الملابس، بل المصنّع. لماذا يُغيّر الأنماط باستمرار؟ الجواب واضح. يُغيّر الأنماط ليبيع المزيد من الملابس.

وللسبب نفسه، يُغيّر مصنّعو السيارات (باستثناءات قليلة وعقلانية جدًا) أنماط موديلاتهم في كل موسم. لا أحد... يرغب في قيادة سيارة ليست من أحدث الطرازات، مع أن الطراز الأقدم قد يكون في الواقع أفضل.

لقد وصفنا كيف يتصرف الناس تحت تأثير الخوف من النقد في الأمور الصغيرة والتافهة في الحياة. فلننظر الآن إلى سلوك الإنسان عندما يؤثر هذا الخوف عليه في سياق الأحداث الأكثر أهمية في العلاقات الإنسانية. خذ على سبيل المثال أي شخص بلغ سن النضج العقلي (من 35 إلى 40 عامًا في المتوسط)، ولو استطعت قراءة أفكاره الخفية، لوجدت لديه إنكارًا قاطعًا لمعظم الخرافات التي كان يروج لها أغلب علماء اللاهوت والمتشددين قبل بضعة عقود.

لكن نادرًا ما تجد شخصًا يملك الشجاعة ليُعلن صراحةً عن معتقداته في هذا الموضوع.

فكّر وازدد ثراءً

إذا ما أُلحّ على معظم الناس، فإنهم سيكذبون بدلاً من الاعتراف بعدم تصديقهم للقصص المرتبطة بذلك الشكل من الدين الذي استعبد الناس قبل عصر الاكتشافات العلمية والتعليم.

لماذا يتردد الإنسان العادي، حتى في عصر التنوير هذا، في إنكار إيمانه بالخرافات التي كانت أساس معظم الأديان قبل بضعة عقود؟ الجواب هـو: "بسبب الخوف من النقد". لقد أُحرق رجال ونساء أحياءً لمجرد جرأتهم على التعبير عن عدم إيمانهم بالأشباح. لا عجب إذن أننا ورثنا وعياً يجعلنا نخشى النقد. لقد كان هناك زمن، ليس ببعيد، كانت فيه عقوبات النقد قاسية - ولا تزال كذلك في بعض البلدان.

"إن الخوف من النقد يسلب الإنسان مبادرته، ويقضي على خياله، ويحد من فرديته، وينزع ثقته بنفسه، ويلحق به الضرر بطرق لا حصر لها. وغالبًا ما يلحق الآباء بأطفالهم أضرارًا لا تُصلح من خلال توجيه النقد لهم. كانت والدة أحد أصدقائي في طفولتي تعاقبه بالعصا تقريبًا يوميًا، دائمًا ما تختتم العقوبة بالقول: "ستنتهي في السجن قبل أن تكمل العشرين". وقد أُرسل بالفعل إلى مؤسسة إصلاحية عندما كان في السابعة عشرة من عمره."

النقد هو نوع من الخدمة التي يمتلكها الجميع بكثرة. لدى كل شخص رصيد منه يُقدّم مجانًا، سواءً كان مطلوبًا أم لا. غالبًا ما يكون أقرب الناس إلينا هم أسوأ من يُسيء إلينا. لذا يجب الاعتراف بأن غرس عقدة النقص في ذهن الطفل من خلال النقد غير المبرر جريمة (بل هي في الواقع جريمة من أسوأ الأنواع).

أصحاب العمل الذين يفهمون الطبيعة البشرية، يحصلون على أفضل ما في الرجال، لا بالنقد، بل بالاقتراح البنّاء. قد يحقق الآباء النتائج نفسها مع أبنائهم. النقد يزرع الخوف أو الاستياء في قلب الإنسان، لكنه لا يبني الحب أو المودة.

أعراض الخوف من النقد

يكاد هذا الخوف أن يكون عالميًا كخوف الفقر، وآثاره مدمرة للإنجاز الشخصي، ويرجع ذلك أساسًا إلى أنه يقضي على المبادرة، ويثبط استخدام الخيال. أهم أعراض هذا الخوف هي:

الوعي الذاتي المفرط. يتجلى عادةً في العصبية، والخجل في الحديث وعند مقابلة الغرباء، وحركات اليدين والأطراف غير المتناسقة، وحركة العينين.

انعدام الاتزان. يتجلى في عدم القدرة على التحكم في الصوت، والعصبية في وجود الآخرين، وسوء وضعية الجسم، وضعف الذاكرة.

الشخصية. الافتقار إلى حزم القرار، والجاذبية الشخصية، والقدرة على التعبير عن الآراء بوضوح. عادة تجنب المشاكل بدلًا من مواجهتها مباشرة. الموافقة على آراء الآخرين دون دراسة متأنية لها.

عقدة النقص. عادة التعبير عن الرضا عن الذات بالكلام والأفعال، كوسيلة لإخفاء الشعور بالنقص.

استخدام كلماتٍ مُنمّقة لإبهار الآخرين (غالباً دون معرفة معناها الحقيقي). تقليد الآخرين في الملبس والكلام والسلوك. التباهي بإنجازاتٍ وهمية، مما يُعطي أحياناً مظهراً سطحياً للشعور بالتفوق.

الإسراف. عادة محاولة مُجاراة الآخرين، والإنفاق بما يتجاوز الدخل.

انعدام المبادرة. عدم اغتنام فرص التطور الشخصي، والخوف من التعبير عن الآراء، وانعدام الثقة بالأفكار، وتقديم إجابات مُراوغة على أسئلة الرؤساء، والتردد في الكلام والتصرف، والخداع في القول والفعل.

انعدام الطموح. الكسل الذهني والجسدي، وقلة الثقة بالنفس، والبطء في اتخاذ القرارات، وسهولة التأثر بالآخرين، والميل إلى انتقاد الآخرين في غيابهم والتملق لهم في حضورهم، والاستسلام للهزيمة دون اعتراض، والتخلي عن أي مشروع عند معارضة الآخرين، والريبة في الناس دون سبب، وقلة اللباقة في الكلام والتصرف، وعدم الرغبة في تحمل مسؤولية الأخطاء.

الخوف من المرض

يمكن إرجاع هذا الخوف إلى عوامل وراثية جسدية واجتماعية. وهو مرتبط ارتباطًا وثيقًا، من حيث أصله، بأسباب الخوف من الشيخوخة والخوف من الموت، لأنه يقود المرء إلى حافة "عوالم مرعبة" يجهلها الإنسان، ولكنه سمع عنها قصصًا مقلقة.

كيف تتغلب على أشباح الخوف الستة

يسود اعتقادٌ عامٌّ بأنّ بعض الأشخاص غير الأخلاقيين المنخرطين في الترويج لمنتجات، علاجات، أو برامج صحية مشبوهة بهدف الربح قد ساهموا بشكلٍ كبيرٍ في إبقاء الخوف من المرض حيًّا.

في الغالب، يخشى الإنسان المرض بسبب الصور المرعبة التي ترسّخت في ذهنه عمّا قد يحدث إذا ما أدركه الموت. كما يخشاه أيضًا بسبب الخسائر الاقتصادية التي قد يتكبّدها.

قدّر طبيبٌ مرموقٌ أنّ 75% من جميع الأشخاص الذين يزورون الأطباء للحصول على خدماتٍ طبيةٍ يعانون من توهم المرض (مرضٌ وهمي). وقد ثبت بشكلٍ قاطعٍ أنّ الخوف من المرض، حتى في غياب أدنى سببٍ للخوف، غالبًا ما يُنتج الأعراض الجسدية للمرض المُخيف.

إنّ العقل البشري قويٌّ وعظيم! فهو يبني أو يهدم.

باستغلال هذا الضعف الشائع المتمثل في الخوف من المرض، جنى مُروّجو الأدوية غير المُرخصة ثرواتٍ طائلة. أصبح هذا النوع من التلاعب بالبشر السذج شائعًا جدًا قبل نحو عشرين عامًا، لدرجة أن مجلة كوليرز ويكلي شنت حملة شرسة ضد بعض أسوأ المخالفين في تجارة الأدوية غير المرخصة.

خلال وباء "الإنفلونزا" الذي انتشر أثناء الحرب العالمية، اتخذ عمدة مدينة نيويورك إجراءات حاسمة للحد من الضرر الذي كان الناس يلحقونه بأنفسهم بسبب خوفهم الفطري من المرض. استدعى الصحفيين وقال لهم: "أيها السادة، أرى من الضروري أن أطلب منكم عدم نشر أي عناوين *مثيرة للذعر* بشأن وباء "الإنفلونزا".

"ما لم تتعاونوا معي، سنواجه وضعًا لا يمكننا السيطرة عليه".
توقفت الصحف عن نشر أي أخبار عن "الإنفلونزا"، وفي غضون شهر واحد، تم احتواء الوباء بنجاح.

"من خلال سلسلة من التجارب التي أُجريت قبل عدة سنوات، ثبت أن الناس قد يُصابون بالمرض نتيجة الإيحاء. وقد أجرينا هذه التجربة بأن جعلنا ثلاثة من المعارف يزورون الأشخاص الذين أُطلق عليهم "الضحايا"، وكان كل واحد منهم يطرح السؤال نفسه: "ما الذي يشكو منه حالك؟ تبدو مريضًا للغاية".
كان السائل الأول عادةً ما يُقابل بابتسامة، وبإجابة غير مكترثة من الضحية تقول: "لا شيء، أنا بخير".
أما السائل الثاني، فكان غالبًا ما يتلقى الإجابة: "لا أعرف بالضبط، لكنني أشعر بتوعك".
وعند السؤال الثالث، كان الضحية في الغالب يقرّ بصراحة تامة بأنه يشعر فعلًا بالمرض."

جرّب هذه الطريقة مع أحد معارفك إذا كنت تشك في أنها ستُزعجه، ولكن لا تُبالغ في التجربة. هناك طائفة دينية معينة ينتقم أتباعها من أعدائهم بطريقة "السحر". يسمونها "إلقاء تعويذة" على الضحية.

هناك أدلة قوية على أن المرض يبدأ أحيانًا على شكل دافع فكري سلبي. قد ينتقل هذا الدافع من عقل إلى آخر، عن طريق الإيحاء، أو قد يخلقه الشخص في ذهنه.

قال رجلٌ، مُنِحَ حكمةً تفوق ما قد يُشير إليه هذا الحادث، ذات مرة: "عندما يسألني أحدٌ عن حالي، أرغب دائمًا في الردّ عليه بضربه أرضًا".

ويرسل الأطباء مرضاهم إلى مناخات جديدة من أجل صحتهم، لأن تغيير "الحالة الذهنية" أمر ضروري."

تسكن بذرة الخوف من المرض في عقل كل إنسان. فالقلق والخوف والإحباط وخيبة الأمل في الحب والعمل، تُنمّي هذه البذرة وتُرسّخها. وقد أبقت الأزمة الاقتصادية الأخيرة الأطباء في حالة تأهبٍ دائم، لأن أي شكلٍ من أشكال التفكير السلبي قد يُسبب المرض.

وتتصدر خيبات الأمل في العمل والحب قائمة أسباب الخوف من المرض. فقد عانى شابٌ من خيبة أملٍ في الحب أدخلته المستشفى، حيث ظلّ لشهورٍ بين الحياة والموت. ثم استُدعيَ أخصائيٌ في العلاج الإيحائي، فغيّر الأخصائي ممرضته، وأوكل إليه رعاية *شابةٍ فاتنةٍ* بدأت (باتفاقٍ مُسبقٍ مع الطبيب) بمغازلته في أول يومٍ لها في العمل. في غضون ثلاثة أسابيع، خرج المريض من المستشفى، لا يزال يعاني، لكن بمرض مختلف تمامًا. لقد **وقع في الحب من جديد**. كان العلاج مجرد خدعة، لكن المريض والممرضة تزوجا لاحقًا. وكلاهما يتمتعان بصحة جيدة وقت كتابة هذه السطور.

أعراض الخوف من المرض

أعراض هذا الخوف شبه العالمي هي:

الإيحاء الذاتي. عادة استخدام الإيحاء الذاتي بشكل سلبي من خلال البحث عن أعراض جميع أنواع الأمراض وتوقع العثور عليها. "الاستمتاع" بمرض وهمي والتحدث عنه كما لو كان حقيقيًا. عادة تجربة جميع "البدع" و"الأساليب" التي يوصي بها الآخرون على أنها ذات قيمة علاجية. التحدث مع الآخرين عن العمليات الجراحية والحوادث وأنواع الأمراض الأخرى.

تجربة الحميات الغذائية، والتمارين الرياضية، وأنظمة إنقاص الوزن، دون إشراف طبي. تجربة العلاجات المنزلية، والأدوية، والعلاجات غير الموثقة.

الوسواس المرضي. عادة الحديث عن المرض، وتركيز الذهن عليه، وتوقع ظهوره حتى حدوث انهيار عصبي. لا يوجد دواء في الصيدليات يعالج هذه الحالة. إنها ناتجة عن التفكير السلبي، ولا شيء سوى التفكير الإيجابي قادر على الشفاء. يُقال إن الوسواس المرضي (مصطلح طبي يُشير إلى المرض الوهمي) يُسبب أحيانًا ضررًا يُضاهي ضرر المرض نفسه. معظم حالات "التوتر العصبي" المزعومة ناتجة عن مرض وهمي.

الرياضة. غالبًا ما يُعيق الخوف من المرض ممارسة الرياضة البدنية بشكل صحيح، ويؤدي إلى زيادة الوزن، من خلال تجنب الأنشطة الخارجية.

الاستعداد للإصابة. يُضعف الخوف من المرض مناعة الجسم الطبيعية، ويُهيئ بيئة مناسبة لأي نوع من الأمراض التي قد يُصاب بها الشخص.

غالباً ما يرتبط الخوف من المرض بالخوف من الفقر، خاصةً لدى الشخص المُتوهم بالمرض، الذي يُقلقه باستمرار احتمال دفع فواتير الأطباء والمستشفيات، وما إلى ذلك. يقضي هذا النوع من الأشخاص وقتاً طويلاً في الاستعداد للمرض، والحديث عن الموت، وتوفير المال لشراء مدفن، وتكاليف الدفن، وما شابه.

التدليل المفرط. عادة استدرار التعاطف، باستخدام مرض وهمي كذريعة. (يلجأ الناس غالباً إلى هذه الحيلة للتهرب من العمل). عادة التظاهر بالمرض للتغطية على الكسل، أو كذريعة لقلة الطموح.

الإفراط. عادة تعاطي الكحول أو المخدرات لتخفيف الآلام مثل الصداع، وآلام الأعصاب، وما إلى ذلك، بدلاً من معالجة السبب.
عادة قراءة المعلومات عن الأمراض والقلق من احتمال الإصابة بها.
عادة قراءة إعلانات الأدوية.

الخوف من فقدان الحب

لا يحتاج المصدر الأصلي لهذا الخوف الفطري إلى شرحٍ مُطوّل، لأنه نشأ بوضوح من عادة الإنسان في تعدد الزوجات، حيث كان يختطف شريكة أخيه، ويستغلها كلما سنحت له الفرصة.

تنشأ الغيرة، وغيرها من أشكال الخرف المبكر المشابهة، من خوف الإنسان الموروث من فقدان حب شخص ما. هذا الخوف هو أشدّ المخاوف الستة الأساسية إيلامًا. وربما يُلحق ضررًا أكبر بالجسد والعقل من أيٍّ من المخاوف الأساسية الأخرى، إذ غالبًا ما يؤدي إلى الجنون الدائم.

يُرجّح أن الخوف من فقدان الحب يعود إلى العصر الحجري، عندما كان الرجال يختطفون النساء بالقوة الغاشمة. ولا يزالون يختطفون النساء، لكن أساليبهم قد تغيّرت. فبدلًا من القوة، يستخدمون الآن الإقناع، ووعد الملابس الجميلة والسيارات الفارهة، وغيرها من "الطُعم" الأكثر فعالية من القوة البدنية.

عادات الإنسان هي نفسها التي كانت عليها في فجر الحضارة، لكنه يعبّر عنها بطرق مختلفة.

"أظهر التحليل الدقيق أن النساء أكثر عرضة لهذا الخوف من الرجال. ويمكن تفسير هذه الحقيقة بسهولة؛ إذ تعلّمت النساء من خلال التجربة أن الرجال ميّالون بطبيعتهم إلى التعدد، وأنه لا يمكن الوثوق بهم عند وجود منافسات."

أعراض الخوف من فقدان الحب

من أبرز أعراض هذا الخوف:

الغيرة. عادة الشك في الأصدقاء والأحباء دون أي دليل معقول أو أسباب كافية. (الغيرة شكل من أشكال الخرف المبكر الذي قد يتحول أحيانًا إلى عنف دون أدنى سبب). عادة اتهام الزوج أو الزوجة بالخيانة دون دليل. الشك في الجميع، وعدم الثقة المطلقة بأحد.

التذمر. عادة انتقاد الأصدقاء والأقارب وزملاء العمل والأحباء لأتفه الأسباب، أو دون أي سبب على الإطلاق.

المقامرة. عادة المقامرة، والسرقة، والغش، والمجازفة غير المبررة لتوفير المال للأحباء، اعتقادًا بأن الحب يُشترى. عادة الإنفاق المفرط، أو الاقتراض، لتقديم الهدايا للأحباء، بهدف الظهور بمظهرٍ حسن. الأرق، والعصبية، وقلة المثابرة، وضعف الإرادة، وقلة ضبط النفس، وقلة الاعتماد على الذات، وسوء المزاج.

الخوف من الشيخوخة

ينبع هذا الخوف في الأساس من مصدرين. أولهما، الاعتقاد بأن الشيخوخة قد تجلب معها **الفقر**. وثانيهما، وهو المصدر الأكثر شيوعًا، التعاليم الخاطئة والقاسية من الماضي، والتي امتزجت جيدًا بعبارات الترهيب والوعيد، وغيرها من الأفكار المغلوطة المصممة بذكاء لاستعباد الإنسان عن طريق الخوف.

في الخوف الأساسي من الشيخوخة، لدى الإنسان سببان وجيهان لتخوفه: الأول نابع من عدم ثقته بغيره من الناس، الذين قد يستولون على ما يملكه من متاع الدنيا، والآخر نابع من الصور المرعبة للعالم الآخر، والتي غُرست في ذهنه، عبر الوراثة الاجتماعية، قبل أن يكتمل إدراكه.

كما أن احتمال اعتلال الصحة، الذي يزداد شيوعًا مع تقدم العمر، يُعد سببًا مساهمًا في هذا الخوف الشائع من الشيخوخة. يدخل الشغف الجنسي أيضًا في أسباب الخوف من الشيخوخة، إذ لا أحد منا يتمنى أن تتضاءل جاذبيته الجنسية.

"أكثر أسباب الخوف من التقدم في السن شيوعًا هو الخوف من الفقر. فكلمة "دار الفقراء" وحدها كفيلة بأن تبعث قشعريرة في النفس، لأنها تستحضر صورة قاسية لمستقبل قد يُجبر فيه الإنسان على قضاء سنواته الأخيرة معتمدًا على الإعانة والعوز."

ومن الأسباب الأخرى التي تُسهم في الخوف من الشيخوخة، احتمالية فقدان الحرية والاستقلالية،

إذ قد تجلب الشيخوخة معها فقدان الحرية الجسدية والاقتصادية.

أعراض الخوف من الشيخوخة

من أكثر أعراض هذا الخوف شيوعًا:
الميل إلى التباطؤ والشعور بالنقص في سن النضج العقلي، حوالي الأربعين، معتقدًا خطأ أن قدراته تتراجع بسبب التقدم في السن. (والحقيقة أن أكثر سنوات الإنسان فائدة، عقليًا وروحيًا، هي تلك التي تتراوح بين الأربعين والستين).

عادة التحدث باعتذار عن الذات ووصفها بـ"الشيخوخة" لمجرد بلوغها سن الأربعين أو الخمسين، بدلاً من عكس هذه القاعدة والتعبير عن الامتنان لبلوغ سن الحكمة والفهم.

"من العادات الخطيرة قتل روح المبادرة والخيال والاعتماد على النفس عبر الوهم بأن الإنسان أصبح أكبر سنًا من أن يمارس هذه الصفات. وكذلك عادة بعض الرجال والنساء في الأربعين من العمر ارتداء الملابس والتصرف بأسلوب يهدف إلى الظهور أصغر سنًا بكثير، وتقليد مظاهر الشباب، الأمر الذي لا يؤدي إلا إلى إثارة السخرية من الأصدقاء والغرباء على حد سواء."

الخوف من الموت

يرى البعض أن هذا الخوف هو الأقسى بين جميع المخاوف الأساسية. والسبب واضح. ففي أغلب الأحيان

كيف تتغلب على أشباح الخوف الستة

يمكن إرجاع نوبات الخوف الرهيبة المصاحبة لفكرة الموت مباشرةً إلى التعصب الديني. فالمسمَّون بـ "الوثنيين" أقل خوفًا من الموت من أولئك الذين يُعدّون أكثر "تحضّرًا". وعلى مدى مئات الملايين من السنين، ظل الإنسان يطرح الأسئلة نفسها التي لم تجد جوابًا حتى اليوم: "من أين جئت؟" و"إلى أين أمضي؟" أين كان مبدئي، وأين ستكون نهايتي"؟

"خلال العصور المظلمة من الماضي، لم يتأخر الأكثر دهاءً ومكرًا في تقديم إجابات جاهزة عن هذه الأسئلة... **مقابل ثمن.** وهنا يكمن أحد المصادر الرئيسية لنشوء **الخوف من الموت.**

"ادخل خيمتي، واعتنق إيماني، واقبل عقائدي، وسأمنحك تذكرة تضمن لك الدخول فورًا إلى الجنة بعد موتك"، هكذا يصرخ أحد قادة التعصب الديني. ثم يضيف القائد نفسه: "ابقَ خارج خيمتي، وليأخذك الشيطان ويحرقك إلى الأبد".

بهذه اللغة، تم زرع الخوف في النفوس، وتحويل المصير الإنساني إلى وسيلة للترهيب والمساومة."

"**الأبدية** وقت طويل، و**النار** شيء مروع. فكرة العقاب الأبدي بالنار لا تجعل الإنسان يخاف الموت فحسب، بل غالبًا تفقده عقله. فهي تدمّر الاهتمام بالحياة وتجعل السعادة مستحيلة.

أثناء بحثي، اطلعت على كتاب بعنوان "فهرس الآلهة"، الذي يسرد 30,000 إله عبدهم الإنسان على مر العصور. تخيل ذلك! ثلاثون ألف إله، تمثل كل شيء بدءًا من الجرادة وحتى الإنسان نفسه. ليس من المستغرب إذًا أن يصبح الناس خائفين عند اقتراب الموت.

"قد يعجز الزعيم الديني عن ضمان دخول الإنسان إلى الجنة، ولا يتيح عدم هذا الضمان للمتعسف أن يسقط في الجحيم، ومع ذلك، تبدو احتمالية الجحيم مرعبة للغاية، حتى أن مجرد التفكير فيها يستولي على الخيال بطريقة واقعية تشل العقل وتزرع الخوف من الموت."

في الحقيقة، **لا أحد يعلم**، ولم يعلم أحدٌ قط، كيف تبدو الجنة أو النار، ولا أحد يعلم إن كان أيٌّ منهما موجودًا أصلًا. هذا النقص في المعرفة اليقينية يفتح باب العقل البشري للمشعوذين، فيتسللوا إليه ويسيطروا عليه بحيلهم وأساليبهم الملتوية في الخداع والتضليل.

لم يعد الخوف من **الموت** شائعًا كما كان في زمنٍ لم تكن فيه الجامعات والكليات الكبرى. فقد سلط العلماء ضوء الحقيقة على العالم، وهذه الحقيقة تُحرر الرجال والنساء بسرعة من هذا الخوف الرهيب من **الموت**. لم يعد الشباب والشابات الذين يرتادون الجامعات والكليات يتأثرون بسهولة بـ"النار" و"الكبريت". فبفضل علم الأحياء والفلك والجيولوجيا وغيرها من العلوم ذات الصلة، تبددت مخاوف العصور المظلمة التي سيطرت على عقول البشر وأفسدت عقولهم.

في الحقيقة، لا أحد يعلم، ولم يعلم أحدٌ قط، كيف تبدو الجنة أو النار، ولا حتى إن كان أيٌّ منهما موجودًا أصلًا. تمتلئ المصحات العقلية برجال ونساء أصيبوا بالجنون بسبب **الخوف من الموت**.

"هذا الخوف لا جدوى منه. فالموت سيأتي، مهما كانت أفكار الإنسان تجاهه. اقبله كأمر محتوم، وحاول إخراج هذه الفكرة من ذهنك. لا بد أن يكون الموت أمرًا ضروريًا، وإلا لما حلّ على الجميع. وربما لا يكون بهذه الرهبة التي تم تصويره بها."

يتكون العالم بأسره من عنصرين فقط: الطاقة والمادة.

في الفيزياء الأساسية، نتعلّم أن المادة والطاقة (الحقيقتان الوحيدتان المعروفتان للإنسان) لا تُخلقان ولا تُفنى. يمكن تحويل كلٍّ منهما، لكن لا يمكن إفناؤهما.

الحياة طاقة، إن كانت شيئًا. إذا كانت الطاقة والمادة لا تُفنى، فمن الطبيعي أن الحياة لا تُفنى. الحياة، كغيرها من أشكال الطاقة، قد تمرّ بعمليات تحوّل أو تغيير مختلفة، لكنها لا تُفنى. الموت مجرّد تحوّل.

الموت ليس إلا انتقالًا. إذا لم يكن الموت مجرد تغيير أو انتقال، فلن يأتي بعده إلا نومٌ طويلٌ أبديٌّ هادئ، والنوم ليس مدعاةً للخوف. وهكذا يمكنك أن تتخلص، إلى الأبد، من الخوف من الموت.

أعراض الخوف من الموت

تتمثل الأعراض العامة لهذا الخوف فيما يلي:
عادة **التفكير** في الموت بدلًا من الاستمتاع **بالحياة** على أكمل وجه، ويعود ذلك غالبًا إلى انعدام الهدف أو عدم وجود عمل مناسب. ينتشر هذا الخوف بين كبار السن، ولكنه قد يصيب الشباب أيضًا. وأفضل علاج للخوف من الموت هو **الرغبة الجامحة في الإنجاز**، مدعومةً بخدمة الآخرين. نادرًا ما يجد الشخص المشغول وقتًا للتفكير في الموت، فهو يجد الحياة مثيرةً للغاية بحيث لا يفكر في الموت.

أحيانًا يرتبط الخوف من الموت ارتباطًا وثيقًا بالخوف من الفقر، حيث قد يترك موت المرء أحباءه في فقر مدقع. وفي حالات أخرى، يكون الخوف من الموت ناتجًا عن المرض وما يتبعه من ضعف في مناعة الجسم.

أكثر أسباب الخوف من الموت شيوعًا هي: اعتلال الصحة، والفقر، وعدم وجود عمل مناسب، وخيبة الأمل في الحب، والجنون، والتعصب الديني.

قلق الشيخوخة

القلق حالة ذهنية مبنية على الخوف. يتسلل ببطء، لكنه مستمر. إنه خبيث وماكر. خطوة بخطوة، يتغلغل في النفس حتى يشلّ قدرة المرء على التفكير، ويدمر ثقته بنفسه ومبادرته. القلق شكل من أشكال الخوف المستمر الناتج عن التردد، ولذلك فهو حالة ذهنية يمكن السيطرة عليها.

العقل المضطرب عاجز. التردد يولد عقلًا مضطربًا. يفتقر معظم الناس إلى قوة الإرادة لاتخاذ القرارات بسرعة، والالتزام بها بعد اتخاذها، حتى في الظروف العادية. خلال فترات الاضطرابات الاقتصادية (كما شهد العالم مؤخرًا)، لا يقتصر الأمر على إعاقة الفرد بسبب طبيعته البطيئة في اتخاذ القرارات، بل يتأثر أيضًا بتردد من حوله الذين خلقوا حالة من التردد الجماعي.

خلال فترة الكساد، ساد جو من الخوف والقلق في جميع أنحاء العالم، وهما داءان نفسيان بدآ ينتشران بعد جنون وول ستريت عام 1929. ولا يوجد سوى ترياق واحد معروف لهذين الداءين، ألا وهو عادة اتخاذ **القرارات السريعة والحاسمة**. بل هو ترياق يجب على كل فرد أن يطبقه على نفسه.

لا نقلق بشأن الظروف، بمجرد أن نتخذ قرارًا باتباع مسار عمل محدد.

أجريتُ مقابلةً ذات مرة مع رجلٍ كان سيُعدم بالكرسي الكهربائي بعد ساعتين. كان المحكوم عليه أكثر الرجال هدوءًا من بين ثمانية رجال كانوا معه في زنزانة الإعدام. دفعني هدوؤه إلى سؤاله عن شعوره وهو يعلم أنه سيُفارق الحياة بعد قليل. قال بابتسامة ثقة: "أشعر أنني بخير. فكّر يا أخي، ستنتهي متاعبي قريبًا. لم أعرف في حياتي إلا المتاعب. لقد كان الحصول على الطعام والملابس أمرًا شاقًا. قريبًا لن أحتاج إلى هذه الأشياء. شعرتُ بالراحة منذ أن **تأكدتُ** من أنني سأموت. حينها عزمتُ على تقبّل مصيري بروحٍ طيبة."

وبينما كان يتحدث، التهم عشاءً يكفي لثلاثة رجال، يأكل كل لقمةٍ مما قُدِّم له، ويبدو أنه يستمتع به كما لو لم تكن هناك كارثةٌ تنتظره. لقد منح **القرار** هذا الرجل استسلامًا لمصيره! كما أن القرار قد يمنع المرء من قبول الظروف غير المرغوبة.

تتحول المخاوف الستة الأساسية إلى حالة من القلق نتيجة التردد. تخلص من خوف الموت إلى الأبد، باتخاذ قرار بتقبّله كحقيقة لا مفر منها. اقهر خوف الفقر باتخاذ قرار بالعيش بما تستطيع جمعه من ثروة **دون قلق**. تغلب على خوف النقد باتخاذ قرار **بعدم الاكتراث** بما يفكر فيه الآخرون أو يفعلونه أو يقولونه. اقضِ على خوف الشيخوخة باتخاذ قرار بتقبّلها لا كعائق، بل كنعمة عظيمة تحمل معها حكمة وضبطًا للنفس وفهمًا لا يعرفه الشباب.

تخلص من خوف المرض باتخاذ قرار بتجاهل الأعراض. تغلب على خوف فقدان الحب باتخاذ قرار بالعيش بدون حب، إن لزم الأمر.

اقضِ على عادة القلق بكل أشكالها، باتخاذ قرار شامل بأن لا شيء في الحياة يستحق ثمن القلق. مع هذا القرار، سيأتي الاتزان وراحة البال وهدوء الفكر، مما يجلب السعادة.

إن الرجل الذي يمتلئ عقله بالخوف لا يُضيّع فرصته في اتخاذ قرارات سليمة فحسب، بل ينقل هذه المشاعر السلبية إلى عقول كل من يخالطه، فيُضيّع فرصهم أيضًا.

حتى الكلب أو الحصان يعرف متى يفتقر صاحبه إلى الشجاعة؛ بل إنه يستشعر مشاعر الخوف التي تنبعث منه، ويتصرف وفقًا لذلك. وفي مستويات أدنى من الذكاء في عالم الحيوان، نجد القدرة نفسها على استشعار مشاعر الخوف. فالنحلة تستشعر الخوف في قلب الإنسان فورًا، ولأسباب غير معروفة، تلسع النحلة من يشعّ بالخوف في قلبه بسهولة أكبر من لسعها من لا يشعر به.

تنتقل ذبذبات الخوف من عقل إلى آخر بنفس سرعة ودقة انتقال صوت الإنسان من محطة البث إلى جهاز الاستقبال في الراديو، **وعبر نفس الوسيلة.**

التخاطر الذهني حقيقة واقعة. تنتقل الأفكار من عقل إلى آخر طوعًا، سواء أدرك ذلك الشخص الذي أطلقها أم لا، أو الأشخاص الذين استقبلوها.

من المؤكد تقريبًا أن من يُفصح عن أفكار سلبية أو هدّامة سيُعاني من عواقبها المدمرة. كما أن إطلاق دوافع فكرية هدّامة، دون استخدام الكلمات، يُحدث ارتدادًا بأكثر من طريقة. أولًا وقبل كل شيء، وربما الأهم، أن من يُطلق أفكارًا هدّامة سيُصاب حتمًا بأضرار نتيجة انهيار ملكة الخيال الإبداعي.

ثانيًا، يُؤدي وجود أي عاطفة سلبية في العقل إلى تكوين شخصية سلبية تُنفر الناس، وغالبًا ما تُحوّلهم إلى خصوم. أما المصدر الثالث للضرر الذي يلحق بالشخص الذي يُفكّر في الأفكار السلبية أو يُطلقها، فيكمن في حقيقة هامة: هذه الأفكار لا تُؤذي الآخرين فحسب، **بل تتجذّر في عقل الشخص الذي يُطلقها**، وتُصبح جزءًا من شخصيته.

لا يُمكن التخلص من الفكرة بمجرد إطلاقها. فعندما تُطلق الفكرة، تنتشر في كل اتجاه، عبر الأثير، ولكنها أيضًا تستقر *بشكل دائم في عقل الشخص الذي يُطلقها*.

من المفترض أن يكون هدفك في الحياة هو تحقيق النجاح. ولتحقيق النجاح، يجب أن تجد راحة البال، وتُلبّي احتياجاتك المادية، وقبل كل شيء، أن تُحقق **السعادة**. كل هذه الدلائل على النجاح تبدأ في شكل أفكار.

بإمكانك التحكم بعقلك، فلديك القدرة على تغذيته بأي أفكار تختارها. ومع هذه الميزة تأتي مسؤولية استخدامها بشكل بنّاء. أنت سيد مصيرك في هذه الحياة، تمامًا كما لديك القدرة على التحكم بأفكارك. يمكنك التأثير في بيئتك وتوجيهها، بل والتحكم بها في نهاية المطاف، لتجعل حياتك كما تريدها، أو قد تهمل ممارسة هذه الميزة التي تملكها، وهي تنظيم حياتك، فتُلقي بنفسك في بحر الظروف العريض، حيث ستُقذف هنا وهناك، كقطعة شظية على أمواج المحيط.

ورشة الشيطان
الشر الأساسي السابع

إضافةً إلى المخاوف الأساسية الستة، هناك شر آخر يُعاني منه الناس. إنه يُشكل أرضًا خصبة تنمو فيها بذور الفشل بكثرة. إنه خفيٌّ لدرجة أنه غالبًا ما لا يُكتشف. لا يُمكن تصنيف هذا البلاء على أنه خوف. **إنها أعمق تجذراً وأكثر فتكًا من جميع المخاوف الستة مجتمعة. ولعدم وجود اسم أفضل، فلنسمِّ هذا الشرّ "التأثر بالتأثيرات السلبية".**

الرجال الذين يجمعون ثروات طائلة يحمون أنفسهم دائماً من هذا الشرّ! أما الفقراء فلا يفعلون ذلك أبداً! على الناجحين في أي مجال أن يُهيّئوا عقولهم لمقاومة هذا الشرّ.

إذا كنت تقرأ هذه الفلسفة بهدف جمع الثروة، فعليك أن تُمعن النظر في نفسك لتحديد ما إذا كنت عرضة للتأثيرات السلبية. إذا أهملت هذا التحليل الذاتي، ستفقد حقك في تحقيق ما تصبو إليه.

اجعل التحليل دقيقاً. بعد قراءة الأسئلة المُعدّة لهذا التحليل الذاتي، التزم بالدقة في إجاباتك. تعامل مع المهمة بعناية كما لو كنت تبحث عن عدوّ آخر تعلم أنه يتربص بك، وتعامل مع عيوبك كما لو كنت تتعامل مع عدوّ حقيقي.

يمكنك حماية نفسك بسهولة من قطاع الطرق، لأن القانون يوفر تعاونًا منظمًا لمصلحتك، لكن "الشر الأساسي السابع" أصعب في التغلب عليه، لأنه يباغتك وأنت غافل، نائمًا كنت أم مستيقظًا. علاوة على ذلك، سلاحه غير ملموس، لأنه مجرد **حالة ذهنية**. هذا الشر خطير أيضًا لأنه يباغتك بأشكال متنوعة كتنوع التجارب الإنسانية. أحيانًا يتسلل إلى العقل عبر كلمات الأقارب الحسنة النية. وأحيانًا أخرى، يتغلغل من الداخل، من خلال موقفك الذهني. وهو دائمًا قاتل كالسم، وإن لم يكن سريعًا في القتل.

كيف تحمي نفسك من التأثيرات السلبية؟

لحماية نفسك من التأثيرات السلبية، سواء أكانت من صنعك أم نتيجة لأفعال الأشخاص السلبيين من حولك، أدرك أن لديك **قوة إرادة**، واستخدمها باستمرار، حتى تبني جدارًا منيعًا ضد التأثيرات السلبية في عقلك.

أدرك أنك، وكل إنسان، بطبيعتك كسول، غير مبالٍ، وعرضة للتأثر بكل ما ينسجم مع نقاط ضعفك.

"اعترف بالحقيقة أن كل إنسان، بما في ذلك أنت، بطبيعته يميل إلى الكسل واللامبالاة، ويكون عرضة للتأثر بأي فكرة أو اقتراح يتوافق مع نقاط ضعفه."

أدرك أن التأثيرات السلبية غالبًا ما تعمل عليك من خلال عقلك الباطن، ولذلك يصعب اكتشافها، فاحفظ عقلك بعيدًا عن كل من يُحبطك أو يُثبط عزيمتك بأي شكل من الأشكال.

نظّف خزانة أدويتك، وتخلص من جميع علب الأدوية، وتوقف عن الاستسلام لنزلات البرد والآلام والأمراض الوهمية.

ابحث عمدًا عن صحبة من يُلهمونك للتفكير والتصرف باستقلالية.

لا **تتوقع** المشاكل، فهي غالبًا ما تأتي دون أن تُخيب آمالك.

لا شك أن أكثر نقاط الضعف شيوعًا بين البشر هي ترك عقولهم عرضة للتأثير السلبي للآخرين. هذا الضعف أشدّ ضرراً، لأنّ معظم الناس لا يدركون أنّهم مُبتلون به، وكثير ممّن يُقرّون به يُهملونه أو يرفضون تصحيحه حتى يُصبح جزءاً لا يُمكن السيطرة عليه من عاداتهم اليومية.

لمساعدة من يرغبون في رؤية أنفسهم على حقيقتهم، أُعدّت قائمة الأسئلة التالية. اقرأ الأسئلة وأجب عنها بصوت عالٍ لتسمع صوتك الداخلي. سيُسهّل هذا عليك أن تكون صادقاً مع نفسك.

كيف تتغلب على أشباح الخوف الستة

أسئلة اختبار التحليل الذاتي

هل تشكو كثيرًا من شعورك بالسوء، وإذا كان الأمر كذلك، فما السبب؟
هل تنتقد الآخرين لأتفه الأسباب؟
هل ترتكب أخطاءً كثيرة في عملك، وإذا كان الأمر كذلك، فلماذا؟
هل أنت ساخر وجارح في حديثك؟
هل تتجنب عمدًا مخالطة أي شخص، وإذا كان الأمر كذلك، فلماذا؟
هل تعاني كثيرًا من عسر الهضم؟ إذا كان الأمر كذلك، فما السبب؟
هل تبدو لك الحياة عبثية والمستقبل ميؤوسًا منه؟ إذا كان الأمر كذلك،
فلماذا؟
هل تحب عملك؟ إذا لم يكن كذلك، فلماذا؟
هل تشعر بالشفقة على نفسك كثيرًا، وإذا كان الأمر كذلك، فلماذا؟
هل تحسد من يتفوقون عليك؟
إلى أي جانب تُكرّس معظم وقتك، التفكير في **النجاح** أم في **الفشل**؟
هل تزداد ثقتك بنفسك أم تنقص مع تقدمك في العمر؟
هل تتعلم شيئًا ذا قيمة من كل خطأ؟
هل تسمح لأحد أقاربك أو معارفك بإقلاقك؟ إذا كان الأمر كذلك، فلماذا؟
هل أنت أحيانًا في حالة من السعادة الغامرة، وأحيانًا أخرى غارق في
اليأس؟
من هو الشخص الأكثر إلهامًا لك؟ ما السبب؟

هل تتسامح مع التأثيرات السلبية أو المُثبِّطة التي يمكنك تجنبها؟

هل أنت مهمل لمظهرك الشخصي؟ إذا كان الأمر كذلك، متى ولماذا؟

هل تعلمت كيف تُغرق نفسك في مشاكلك بالانشغال الشديد لدرجة أنك لا تُبالي بها؟

هل ستصِف نفسك بالضعيف عديم الشخصية إذا سمحت للآخرين بالتفكير نيابةً عنك؟

"هل تهمل تنظيف روحك من الداخل حتى يصل بك الحال إلى تسمم ذاتي يجعلك عصبيًا وسريع الانفعال؟"

كم عدد المضايقات التي يُمكن تجنبها والتي تُزعجك، ولماذا تتسامح معها؟

هل تلجأ إلى الكحول أو المخدرات أو السجائر لتهدئة أعصابك؟ إذا كان الأمر كذلك، فلماذا لا تجرب قوة الإرادة؟

هل يُلِحّ عليك أحد، وإذا كان كذلك، فلماذا؟

هل لديك **هدف رئيسي محدد**، وإذا كان كذلك، فما هو، وما هي خطتك لتحقيقه

هل تعاني من أي من المخاوف الستة الأساسية؟ إذا كان الأمر كذلك، فأيها؟

هل لديك طريقة لحماية نفسك من التأثير السلبي للآخرين؟

هل تستخدم الإيحاء الذاتي بوعي لجعل عقلك إيجابيًا؟

ما الذي تُقدّره أكثر، ممتلكاتك المادية، أم قدرتك على التحكم في أفكارك؟

هل تتأثر بسهولة بالآخرين، خلافًا لرأيك؟

هل أضاف يومك شيئًا ذا قيمة إلى رصيدك المعرفي أو حالتك الذهنية؟

هل تواجه الظروف التي تُشعرك بالتعاسة بشجاعة، أم تتنصل من المسؤولية؟

هل تُحلل جميع الأخطاء والإخفاقات وتحاول الاستفادة منها، أم أنك تتخذ موقفًا مفاده أن هذا ليس من واجبك؟

هل يمكنك ذكر ثلاثة من نقاط ضعفك الأكثر ضررًا؟ وماذا تفعل لتصحيحها؟

هل تشجع الآخرين على مشاركة همومهم معك طلبًا للتعاطف؟

هل تستخلص من تجاربك اليومية دروسًا أو تأثيرات تُسهم في تطويرك الشخصي؟

هل يؤثر وجودك سلبًا على الآخرين في الغالب؟

ما هي عادات الآخرين التي تُزعجك أكثر؟

هل تُكوّن آراءك الخاصة أم تسمح للآخرين بالتأثير عليك؟

هل تعلمت كيف تُهيئ لنفسك حالة ذهنية تحميك من كل المؤثرات المُثبطة؟

هل يُلهمك عملك بالإيمان والأمل؟

هل تُدرك امتلاكك لقوى روحية كافية تُمكنك من الحفاظ على ذهنك خاليًا من كل أشكال **الخوف**؟

هل يُساعدك دينك على الحفاظ على إيجابية ذهنك؟

هل تشعر أنه من واجبك مُشاركة هموم الآخرين؟ إذا كان الأمر كذلك، فلماذا؟

إذا كنت تؤمن بمقولة "الطيور على أشكالها تقع"، فماذا تعلمت عن نفسك من خلال دراسة أصدقائك؟

ما هي الصلة، إن وجدت، التي تراها بين الأشخاص الذين ترتبط بهم ارتباطاً وثيقاً، وأي تعاسة قد تشعر بها؟

هل من الممكن أن يكون شخصٌ ما تعتبره صديقًا لك هو في الحقيقة أسوأ أعدائك، بسبب تأثيره السلبي على عقلك؟

بِأيِّ معايير تحكم على مَن هو نافعٌ لك ومَن هو مُضِرٌّ بك؟

هل المقربون منك أكثر ذكاءً منك أم أقل منك؟

كم من الوقت تخصصه من كل ٢٤ ساعة لـ:
أ. عملك
ب. النوم
ج. اللعب والاسترخاء
د. اكتساب المعرفة المفيدة
هـ. إهدار الوقت

مَن مِن بين معارفك،
أ. يشجعك أكثر
ب. يحذرك أكثر
ج. يثبط عزيمتك أكثر
د. يساعدك أكثر في جوانب أخرى؟

ما هو أكبر همومك؟ ولماذا تتحمله؟

عندما يقدم لك الآخرون نصائح مجانية غير مطلوبة، هل تقبلها دون تساؤل، أم تحلل دوافعهم؟

ما الذي **ترغب** فيه أكثر من أي شيء آخر؟ وهل تنوي الحصول عليه؟

هل أنت مستعد للتضحية بكل رغباتك الأخرى من أجل هذه الرغبة؟
كم من الوقت تخصصه يوميًا لتحقيقها؟
هل تُغير رأيك كثيرًا؟ إذا كان الأمر كذلك، فلماذا؟ هل تُنهي عادةً كل ما تبدأه؟
هل تُبهرك بسهولة ألقاب الآخرين في مجال الأعمال أو مهنهم، أو شهاداتهم الجامعية، أو ثرواتهم؟
هل تتأثر بسهولة بما يفكر فيه الآخرون أو يقولونه عنك؟
هل تُجامل الناس بسبب مكانتهم الاجتماعية أو المالية؟
من تعتقد أنه أعظم شخص على قيد الحياة؟ في أي جانب يتفوق عليك؟
كم من الوقت خصصت لدراسة هذه الأسئلة والإجابة عليها؟ (يلزم يوم واحد على الأقل لتحليل القائمة بأكملها والإجابة عليها).

إذا أجبت على جميع هذه الأسئلة بصدق، فأنت تعرف عن نفسك أكثر مما يعرفه معظم الناس. ادرس الأسئلة بعناية، وعد إليها مرة واحدة أسبوعيًّا لعدة أشهر، وستندهش من كمية المعرفة الإضافية القيّمة التي ستكتسبها من خلال طريقة بسيطة وهي الإجابة على الأسئلة بصدق. إذا لم تكن متأكدًا من إجابات بعض الأسئلة، فاستشر من يعرفونك جيدًا، وخاصةً من لا يسعون إلى تملقك، وانظر إلى نفسك من خلال أعينهم. ستكون التجربة مذهلة.

أنت تملك **سيطرة مطلقة على شيء واحد فقط**، ألا وهو أفكارك. هذه هي أهم وألهم حقيقة عرفها الإنسان! إنها تعكس طبيعته الإلهية. هذه النعمة الإلهية هي الوسيلة الوحيدة التي يمكنك من خلالها التحكم في مصيرك. إذا فشلت في السيطرة على عقلك، فكن على يقين أنك لن تسيطر على أي شيء آخر.

إذا كان لا بد من التهاون في ممتلكاتك، فليكن ذلك فيما يتعلق بالأمور المادية. *عقلك هو ثروتك الروحية!* احمه واستخدمه بالعناية التي تليق بالملوك. لقد مُنحتَ **قوة الإرادة** لهذا الغرض.

للأسف، لا توجد حماية قانونية ضد أولئك الذين، عن قصد أو عن جهل، يسممون عقول الآخرين بالإيحاءات السلبية. يجب أن يُعاقب على هذا النوع من التدمير بعقوبات قانونية رادعة، لأنه قد يُدمر، بل ويُدمر في كثير من الأحيان، فرص المرء في امتلاك أشياء مادية يحميها القانون.

حاول أصحاب العقول المتشائمة إقناع توماس أديسون بأنه لا يستطيع بناء آلة تُسجل الصوت البشري وتُعيد إنتاجه، بحجة أنه "لم يسبق لأحد أن صنع مثل هذه الآلة". لم يُصدقهم أديسون. كان يعلم أن العقل قادر على إنتاج **أي شيء يتصوره ويؤمن به**، وكانت هذه المعرفة هي ما ميّز أديسون العظيم عن عامة الناس.

أخبر أصحاب العقول المتشائمة إف. دبليو. وولورث أنه سيُفلس إذا حاول إدارة متجر بمبيعات تتراوح بين خمسة وعشرة سنتات. لم يُصدقهم. كان يعلم أنه قادر على فعل أي شيء، في حدود المعقول، إذا ما دعم خططه بالإيمان. وبممارسة حقه في تجاهل اقتراحات الآخرين السلبية، جمع ثروة طائلة تجاوزت مئة مليون دولار.

قـال أصحـاب العقـول السلبية لجـورج واشنطن إن لا أمل لـه في الانتصار على القوات البريطانية الكاسحة، لكنه تمسّك بحقه الإلهي في **الإيمان**. وهكذا وُلد هـذا الكتـاب تحت راية النجوم والخطـوط، بينما تلاشى اسـم اللـورد كورنواليـس حتى كاد يضيع في غبار النسيان.

سخـر المشككون باستهزاء حين جرّب هنري فورد سـيارته الأولى، المصنوعة ببدائية، في شـوارع ديترويت. قال بعضهم إن هذا الشيء لـن يصبح عمليًا أبـدًا، وقال آخرون إن أحـدًا لن يدفع مـالًا مقابل مثل هذه **البدعة الغريبة. وقد فعلها فعلًا.** إن اختياره أن يثق بحكمه هـو كان الشـرارة التي صنعت ثروة هائلة، ثروة تفوق ما قد تسـتطيع خمسـة أجيال متعاقبة من ورثته إنفاقه. ولمن يطمحون إلى الثراء العظيم، يجدر أن يُحفظ هذا الدرس جيدًا: إن الفارق الحقيقي — بل يكاد يكون الفارق الوحيد — بين هنري فـورد وأكثر من مئة ألف رجل يعملون لديه هو أمر واحد لا غير: **فـورد امتلك عقله وأحسـن قيادته، بينمـا امتلك الآخرون عقولًا لم يحاولوا يومًا قيادتها.**

لقد جرى ذكر هنري فورد مرارًا، لأنه مثال مذهل على ما يمكن لإنسـان يملك عقلًا مستقلًا وإرادةً للسـيطرة عليه أن يحققه. إن سيرته تهدم من أساسها ذلك العذر البالي المتداول: "لم تُتح لي فرصة قط". فـورد نفسه لم تُتح لـه فرصة أيضًا، لكنه صنع الفرصة بيديه، ودعمها بإصرار لا يلين، حتى جعلته أكثر ثراءً من كرويسوس.

التحكم بالعقل هو نتيجة الانضباط الذاتي والاعتياد. إما أن تتحكم بعقلك أو يتحكم هو بك. لا يوجد حل وسط. إنّ أنجع الطرق للسيطرة على العقل هي عادة إشغاله بهدفٍ محدد، مدعوم بخطةٍ محكمة. تأمل في مسيرة أي رجلٍ حقق نجاحًا باهرًا، وستلاحظ أنه يسيطر على عقله، بل ويمارس هذه السيطرة ويوجهها نحو تحقيق أهدافٍ محددة. فبدون هذه السيطرة، يستحيل النجاح.

"سبعة وخمسون" عذرًا شهيرًا
من رجلٍ عجوز

يشترك الفاشلون في سمةٍ مميزة: فهم يعرفون *كل أسباب فشلهم*، ولديهم ما يعتقدون أنها أعذارٌ دامغة لتبرير إخفاقهم.

بعض هذه الأعذار ذكية، وبعضها الآخر مُبررٌ بالحقائق. لكن لا يُمكن استخدام الأعذار لكسب المال. فالعالم يريد أن يعرف شيئًا واحدًا فقط: **هل حققت النجاح؟**

وقد جمع محللٌ للشخصيات قائمةً بأكثر الأعذار شيوعًا. أثناء قراءتك للقائمة، تفحّص نفسك جيدًا، وحدّد عدد الأعذار التي تُقدّمها، إن وُجدت، والتي تُعدّ من صميم شخصيتك. تذكّر أيضًا أن الفلسفة المُقدّمة في هذا الكتاب تجعل كل عذر من هذه الأعذار لاغياً.

لو لم تكن لدي زوجة وعائلة...
لو كان لديّ نفوذ كافٍ...

لو كان لديّ مال...
لو كنتُ حاصلاً على تعليم جيد... لو استطعتُ الحصول على وظيفة...
لو كنتُ أتمتع بصحة جيدة... لو كان لديّ وقت كافٍ... لو كانت الظروف أفضل...
لو فهمني الآخرون...
لو كانت الظروف من حولي مختلفة... لو استطعتُ أن أعيش حياتي من جديد...
لو لم أخشَ ما سيقوله الآخرون... لو أُتيحت لي فرصة...
لو كانت لديّ فرصة الآن...
لو لم يكن الآخرون يتربصون بي... لو لم يحدث شيءٌ يوقفني...
لو كنتُ أصغر سناً...
لو استطعتُ أن أفعل ما أريد... لو وُلدتُ ثرياً...
لو استطعتُ مقابلة الأشخاص المناسبين...
لو كنتُ أملك الموهبة التي يملكها البعض... لو تجرأتُ على إثبات نفسي...
لو استغللتُ الفرص السابقة... لو لم يُزعجني الناس...
لو لم أكن مضطراً لتدبير شؤون المنزل والاهتمام بالآخرين بعد الأطفال...
لو استطعتُ توفير بعض المال...
لو قدّرني مديري...
لو كان لديّ من يساعدني... لو تفهّمتني عائلتي...
لو كنتُ أعيش في مدينة كبيرة...
لو استطعتُ البدء... لو كنتُ حرة...
لو كانت لديّ شخصية بعض الناس... لو لم أكن بدينة...

فكّر وازدد ثراءً

لو عُرفت مواهبي... لو حظيتُ بفرصةٍ سانحة...
لو استطعتُ التخلص من ديوني... لو لم أفشل...
لو كنتُ أعرف كيف...
لو لم يعارضني الجميع... لو لم تكن لديّ كل هذه الهموم... لو تزوجتُ
الشخص المناسب... لو لم يكن الناس بهذه السذاجة...
لو لم تكن عائلتي بهذه البذخ... لو كنتُ واثقًا من نفسي...
لو لم يكن الحظ ضدي...
لو لم أولد تحت نجمٍ مشؤوم... لو لم يكن صحيحًا أن "ما قُدِّرَ سيكون"...
لو لم أضطر للعمل بجدٍّ كبير...
لو لم أخسر أموالي...
لو عشتُ في حيٍّ مختلف... لو لم يكن لي ماضٍ...
لو كان لديّ عملي الخاص...
لو أن الآخرين يستمعون إليّ...
لو *** وهذا أعظم "لو" على الإطلاق ***

امتلكتُ الشجاعة لأن أرى نفسي كما أنا حقًا، *لاكتشفتُ ما الخلل في داخلي، ولعملتُ على تصحيحه.* عندها فقط قد تتاح لي فرصة أن أستفيد من أخطائي، وأن أتعلم شيئًا من تجارب الآخرين. فأنا أعلم يقينًا أن هناك أمرًا **خاطئًا** فيّ؛ وإلا لكنتُ اليوم **في المكان الذي ينبغي أن أكون فيه،** لو أنني قضيت وقتًا أطول في تحليل نقاط ضعفي، ووقتًا أقل في اختلاق الأعذار للتستر عليها.

اختلاق الأعذار لتبرير الفشل هواية شائعة. هذه العادة قديمة قدم البشرية، وهي *قاتلة للنجاح!*

لماذا يتمسك الناس بأعذارهم المُفضلة؟ الجواب واضح. إنهم يدافعون عن أعذارهم لأنهم **هم من يختلقونها**! عذر المرء هو من صنع خياله. من طبيعة الإنسان الدفاع عن أفكاره.

اختلاق الأعذار عادة متأصلة. يصعب التخلص من العادات، خاصةً عندما تُبرر أفعالنا. كان أفلاطون يُدرك هذه الحقيقة حين قال: "إن أول وأفضل انتصار هو التغلب على الذات. أما أن تُهزم من قِبل نفسك فهو، من بين كل الأمور، أشدها عارًا ودناءة."

وعبّر فيلسوف آخر عن الفكرة نفسها حين قال: "لقد فوجئتُ كثيرًا حين اكتشفتُ أن معظم القبح الذي رأيته في الآخرين لم يكن إلا انعكاسًا لطبيعتي."

قال إلبرت هوبارد: "لطالما حيّرني لماذا يُضيّع الناس الكثير من الوقت في خداع أنفسهم عمدًا باختلاق الأعذار لتغطية نقاط ضعفهم. لو استُغلّ هذا الوقت بطريقة مختلفة، لكان كافيًا لعلاج الضعف، ولما احتجنا إلى أعذار."

"الحياة رقعة شطرنج، واللاعب المقابل لك هو الزمن. فإذا ترددت قبل أن تتحرك، أو أهملت أن تتحرك في الوقت المناسب، فسيمحو **الزمن** قطعك من فوق الرقعة. أنت تلعب ضد خصم لا يتسامح مع **التردد**!"

ربما كان لديك سابقًا عذر منطقي لعدم إجبار الحياة على تلبية كل ما طلبته، لكن هذا العذر لم يعد له وجود، لأنك الآن تمتلك المفتاح الرئيسي الذي يفتح لك أبواب ثروات الحياة الوفيرة.

المفتاح الأعظم غير ملموس، لكنه بالغ القوة. إنه امتياز أن تخلق *في عقلك* رغبةً ملتهبة في نوع محدد من الثروة. لا توجد عقوبة لاستخدام هذا المفتاح، لكن هناك ثمنًا لا بد من دفعه إذا أهملته. وهذا الثمن هو **الفشل**. أما إذا أحسنت استخدام المفتاح، فالمكافأة عظيمة إلى حد يدهش العقول؛ إنها الرضا العميق الذي يناله *كل من قهر ذاته وأجبر الحياة على أن تمنحه ما يطلب*.

إن هذه المكافأة جديرة بكل ما تبذله من جهد. فهل ستخطو الخطوة الأولى وتصل إلى اليقين؟

قال إمرسون الخالد: "إن كنا من طبيعة واحدة، فلا بد أن نلتقي". وفي الختام، أستعير فكرته فأقول: "إن كنا من طبيعة واحدة، فقد التقينا — عبر هذه الصفحات".

النهاية

هذا الجيش النظامي
في خدمتك

سيجلب لك الشهرة، والثروة، وراحة البال،
أو أي شيء تطلبه من الحياة!

في هذه الصورة، ترى *أقوى* جيش على وجه الأرض. لاحظ التركيز على كلمة "قوي". هذا الجيش في حالة تأهب، مستعد لتنفيذ أوامر أي شخص يقوده. إنه جيشك إذا توليت قيادته.

هؤلاء الجنود يتميزون بما يلي: هدف رئيسي واضح؛ عادة الادخار؛ الثقة بالنفس؛ الخيال؛ المبادرة؛ القيادة؛ الحماس؛ ضبط النفس؛ بذل المزيد من الجهد؛ شخصية جذابة؛ تفكير دقيق؛ التركيز؛ التعاون؛ تقبّل الفشل؛ التسامح؛ القاعدة الذهبية؛ العقل المدبر.

هذا الجيش النظامي سيجلب لك الشهرة، والثروة، وراحة البال، أو أي شيء آخر تطلبه في الحياة! دراسة معمقة وشاملة لحياة 500 من عظماء الرجال والنساء الأمريكيين، بالإضافة إلى شهادات حقيقية

فكّر وازدد ثراءً

تُثبت شهادات قادة مشهورين على المستوى الوطني أن هناك *مبادئ أساسية تُبنى عليها كل نجاح حقيقي ودائم.*

القوة تأتي من الجهد المنظّم.
ففي هذه الصورة — في هؤلاء "الجنود" — ترى القوى التي تدخل في كل جهد منظّم. إذا تمكنت من السيطرة على هذه القوى الستة عشر أو الصفات الشخصية، *فقد تحصل على كل ما ترغب فيه في حياتك.*

بعض الكلمات من الناشرين

وبسبب رغبتنا في مساعدتك على إتقان هذه القوى، يرغب ناشرو كتاب " **فكّروازدد ثراءً** " في إجراء حديث قصير معك. على مدار أكثر من خمسين عامًا، قدّم "رالستون" لمئات الآلاف — وربما الملايين — من الرجال والنساء الطموحين كتب دراسة منزلية تحقق الصحة والثروة والقوة والسعادة.

لدينا العديد من الكتب التعليمية الخاصة وغير التقليدية والمثيرة التي تغطي كل القوى الإنسانية. من حين لآخر، سنوجّه إليك دعوة لقراءة هذه الدورات. ولكن في الوقت الراهن، دعنا نركّز على الرسالة الملهمة التي يحملها لك نابليون هيل، مؤلف كتاب " **فكّروازدد ثراءً** ".
قال رجل الأعمال الكبير وخبير النجاح جون واناميكر، أمير التجارة في نيويورك وفيلادلفيا:

"لو كان لدي ابن شاب، لأصريت على أن يقرأ كل كلمة من كتاب " **قانون النجاح** " لنابليون هيل، وكتب الدكتور .... هذان الرجلان ربما يكونان أكثر الكتاب تأثيرًا وإلهامًا في العالم. وأعلم يقينًا أن السبعة عشر مبدأً أساسيًا للنجاح التي وضعوها صحيحة، لأنني أطبقها في أعمالي منذ أكثر من ثلاثين عامًا."

فكّر وازدد ثراءً

نابليون هيل كتب لك دورة متقدمة

لأننا نؤمن حقًا أن كل قارئ لهذا الكتاب ينبغي أن يواصل رحلته التعليمية عبر هذه الدورة المتقدمة، المعروفة باسم **"قانون النجاح"**، نغتنم هنا فرصة لتسليط الضوء على بعض جوانب هذا العمل الرائع.

يقدّم **قانون النجاح**، ولأول مرة في تاريخ البشرية، الفلسفة الحقيقية التي تُبنى عليها كل نجاح دائم. فالأفكار، حين تتحول إلى خطط عمل ذكية، تمثل البداية لكل إنجاز ناجح. ويكشف لك القانون كيفية ابتكار أفكار عملية تلبي كل حاجة بشرية،

مقدمة في دروس واضحة وسهلة الفهم تساعدك على تطبيقها في حياتك اليومية. ويقدم ذلك من خلال دروس سهلة الفهم.

لقد قضى نابليون هيل الجزء الأكبر من خمسة وعشرين عامًا في صقل فلسفة النجاح هذه. وخلال هذه السنوات الطويلة من العمل، تمت مراجعة أجزاء منها، أو كاملها، وتمت الإشادة بها من قبل العديد من أعظم الأمريكيين في عصرنا.

ومن بين هؤلاء: أربعة رؤساء للولايات المتحدة هم ثيودور روزفلت، وودرو ويلسون، ووارن هـ. هاردينغ، وويليام هـ. تافت؛ بالإضافة إلى توماس إديسون، لوثر بيربانك، وويليام ج. وريجلي، ألكسندر غراهام بيل، القاضي إتش. غاري، سايروس هـ. كيرتس، إدوارد بوك، وإي. إم. ستاتلر — عشرات الأسماء اللامعة في مجالات السياسة، والمالية، والتعليم، والاختراع.

أندرو كارنيجي هو من أطلق شرارة البداية

منذ أكثر من خمسة وعشرين عامًا، أرسل نابليون هيل، حين كان شابًا ويعمل كمحقق خاص لمجلة أعمال وطنية مشهورة، لإجراء مقابلة مع أندرو كارنيجي. وخلال تلك المقابلة، ألمح كارنيجي بدهاء إلى قوة عظيمة كان يستخدمها؛ قانون سحري للعقل البشري — مبدأ نفسي قليل المعرفة عنه — مدهش في تأثيره.

اقترح كارنيجي على هيل أن هذا المبدأ يمكن أن يكون الأساس لبناء فلسفة النجاح الشخصي الكامل، سواء أقيس بالمال، أو القوة، أو المكانة، أو النفوذ، أو تراكم الثروة.

ذلك الجزء من المقابلة لم يُنشر في مجلة هيل، لكنه كان الشرارة التي أشعلت أكثر من عشرين عامًا من البحث والدراسة المتواصلة للكاتب الشاب. واليوم، يُفتح **أمامك** سر هذا الاكتشاف وطرق تفعيل القوة الثورية التي ألمح إليها كارنيجي بصمت. والأساليب المدهشة لتوظيفها مُقدمة الآن في ثمانية كتب تُعرف باسم **"قانون النجاح"**، لتمنحك مفاتيح السيطرة على حياتك وتحقيق أعظم طموحاتك.

في خضم دروس **قانون النجاح** تأتي الإنجازات الحقيقية، لا مجرد التسلية أو إضاعة الوقت. فتظهر مشروعات أكبر، حسابات مصرفية أثقل، رواتب أعلى؛ وتُبعث حياة جديدة في المؤسسات الصغيرة المتعثرة لتصبح أكثر قوة وقدرة على النمو؛ كما يُعرَف الموظفون ذوو الرواتب المنخفضة كيف يحققون تقدمًا سريعًا وملحوظًا في حياتهم المهنية.

من المستحيل في هذه المساحة المحدودة أن نوفيك صورة كاملة عن الدروس الملهمة والكاشفة في الكتب الثمانية لـ**قانون النجاح**. لكنك ستدرك أن مكافأة رائعة في انتظارك حين تطلع على آراء بعض القادة الأمريكيين الذين شاهدوا أجزاء من الفلسفة أثناء عملية ابتكارها. (انظر أيضًا الصفحتين الموجودتين في مقدمة الكتاب.)

"اسمح لي أن أعرب عن تقديري لكرمك بإرسال المخطوطة الأصلية لقانون النجاح. أرى أنك بذلت جهدًا كبيرًا ووقتًا طويلًا في إعدادها. فلسفتك سليمة، وأُهنئك على مثابرتك على هذا العمل طوال هذه السنوات. سيُكافأ طلابك بسخاء على جهودهم."

(أعظم مخترع في العالم)
توماس أ. إديسون

"عملك وعملي متشابهان بشكل لافت. فأنا أساعد قوانين الطبيعة على خلق نماذج نباتية أكثر كمالًا، بينما تستخدم أنت هذه القوانين نفسها من خلال قانون النجاح لبناء نماذج مفكرين أكثر كمالًا."

(العالم العالمي الشهير)
لوثر بوربانك

"بالتأكيد سأزودكم بالمعلومات التي تطلبونها. أعتبر هذا ليس واجبًا فحسب، بل متعة أيضًا. أنتم تعملون نيابةً عن أناسٍ لا يملكون الوقت ولا الرغبة في البحث عن أسباب الفشل والنجاح."

(الرئيس الأمريكي الأسبق)
ثيودور روزفلت

"تستند سياستنا التجارية بأكملها، في إدارة فنادقنا، على المبادئ السبعة عشر لقانون النجاح، الذي أدرسه."

(مؤسس نظام الفنادق العظيم)
إي. إم. ستاتلر

"أشعر بامتنانٍ كبيرٍ لإتاحة الفرصة لي لقراءة فلسفتكم في قانون النجاح. لو كنتُ قد اطلعتُ عليها قبل خمسين عامًا، لأمكنني على الأرجح إنجاز كل ما أنجزته في أقل من نصف الوقت. آمل بصدق أن يكتشفكم العالم ويكافئكم."

كل ما أنجزته في أقل من نصف الوقت. آمل بصدق أن يكتشفكم العالم ويكافئكم."

(رجل الأعمال في النقل البحري: خطوط دولار) –

روبرت دولار

"لقد قدّم نابليون هيل ما أعتقد أنه أول فلسفة عملية للإنجاز. وما يميزها بشكل أساسي هو البساطة التي عُرضت بها."

(جامعة ليلاند ستانفورد) –   **ديفيد ستار جوردان**

"أفضل دليل على صحة قانون النجاح، والذي أعرفه شخصيًا، هو الإنجاز الملحوظ للسيد كيرتس، الذي بنى واحدة من أعظم شركات النشر في العالم من خلال تطبيق مبادئ هذه الفلسفة."

(رئيس تحرير سابق: مجلة ليدز هوم جورنال –   **إدوارد بوك**

"يمكنك القول عن السيد روكفلر إنه يؤيد 17 مبدأً أساسيًا للنجاح التي قدمها السيد هيل، ويوصي بها لكل من يسعى للسير على طريق الإنجاز."

سكرتير جون د. روكفلر

دليل على أن المال لا يشتري كل شيء

ما ورد أعلاه يمثل دليلًا ومدحًا نادرًا لا تُمنح لأي دورة تعليمية. فالمال لا يستطيع اقتناء مثل هذه رسائل التأييد من رجال هم، أو كانوا، من قادة عصرنا.

لقد كُتبت ملايين الكتب لتسلّيك، أو لتلهيك، أو لتملأ بها أوقات فراغك، لكنها لا تقارن بالقوة والإلهام الذي تمنحه فلسفة النجاح الحقيقية.

<h1 style="text-align:center">فكّر وازدد ثراءً</h1>

لكن هنا، في كتاب "**قانون النجاح**"، ثمانية كتب مُلهمة تُشعّ طاقةً تُشكّل مصيرك، وتُثري مستقبلك، وتُحوّل آمالك وأحلامك إلى واقعٍ مُشرق.

لا تُضيّع سنوات عمرك الثمينة في البحث عن طريقٍ خفيّ للوصول إلى القمة. استفد من خبرة قادة أمريكا القيّمة. فقد خضع أكثر من 500 رجلٍ عظيمٍ وبارزٍ في أمريكا لتحليلٍ دقيقٍ - أساليبهم، ودوافعهم، واستراتيجياتهم - لاكتشاف الأسرار التي أوصلتهم إلى القمة.

سواءً كنت غنيًا أو فقيرًا، لديك رصيدٌ واحدٌ لا يقلّ أهميةً عن أغنى رجلٍ في العالم، ألا وهو **الوقت**. ولكن مع كل يومٍ يغيب فيه شمسك، تكبر يومًا، *ويقلّ لديك يومٌ* لتحقيق النجاح والثروة التي تطمح إليها. لقد أدرك آلاف الأشخاص الطموحين في جميع أنحاء قارة أمريكا الشمالية هذه الحقيقة العظيمة، وسعوا إلى طلب العون الذي يُقدّمه نابليون هيل بوضوحٍ وإلهامٍ في كتابه "**قانون النجاح**".

لا يمكنك أن تدع الأيام تمر دون أن تقتنع بهذا البرنامج. ستستفيد استفادةً عظيمة من دروس "**فكّر وازدد ثراءً**". وستجني مكافآتٍ أروع وأكثر إرضاءً من "**قانون النجاح**". التكلفة زهيدة، والفوائد عظيمة.

هل ترغب في معرفة المزيد عن "**قانون النجاح**"؟ إذا كانت إجابتك "نعم"، فأخبرنا أنك من قراء هذا الكتاب، وترغب في الحصول على **معلوماتٍ مفصلة عن قانون النجاح**.

جمعية رالستون
ميريدن، كونيتيكت

للحصول على معلومات إضافية حول كتابات نابليون هيل،
يُرجى التواصل مع المواقع التالية:

مركز نابليون هيل العالمي للتعلم
جامعة بيردو كالوميت، 2300 شارع 173
هاموند، إنديانا 46323-2094

جوديث ويليامسون، المديرة
أورييل "تشينو" مارتينيز، مساعد/مصمم جرافيك

الهاتف: 219-989-3173 أو 219-989-3166
البريد الإلكتروني: nhf@purduecal.edu

مؤسسة نابليون هيل
جامعة فرجينيا - قسم العلاقات العامة في كلية وايز
شقة رقم... ج
1 شارع الكلية
وايز، فرجينيا 24293

دون غرين، المدير التنفيذي
أنيديا ستورجيل، المساعدة التنفيذية

الهاتف: 276-328-6700
البريد الإلكتروني: napoleonhill@uvawise.edu

الموقع الإلكتروني: www.naphill.org

AF490255